# 芥子须弥

◎新疆的生活与文化

柔巴依论稿及创作

沈苇◎著

本书获2010年国家社会科学基金艺术重点项目《新疆的生活与文化》（项目号：10AA001）经费资助。

國家圖書館出版社

**图书在版编目（CIP）数据**

芥子须弥：柔巴依论稿及创作/沈苇著．—北京：国家图书馆出版社，2021.5

（新疆的生活与文化）

ISBN 978-7-5013-6075-8

Ⅰ.①芥… Ⅱ.①沈… Ⅲ.①诗歌研究—中国 Ⅳ.①I207.22

中国版本图书馆 CIP 数据核字（2017）第 086861 号

**书　　名** 芥子须弥——柔巴依论稿及创作

**著　　者** 沈　苇　著

**责任编辑** 景　晶

---

**出　　版** 国家图书馆出版社（北京市西城区文津街 7 号　100034）

（原书目文献出版社　北京图书馆出版社）

010-66114536　63802249　nlcpress@nlc.cn（邮购）

**网　　址** http://www.nlcpress.com

**经　　销** 新华书店

**印　　装** 北京武英文博科技有限公司

**版次印次** 2021 年 5 月第 1 版　2021 年 5 月第 1 次印刷

---

**开　　本** 880×1230　1/32

**印　　张** 6.5

**字　　数** 170 千字

**书　　号** ISBN 978-7-5013-6075-8

**定　　价** 45.00 元

---

# 总　序

韩子勇

2009年新疆“7·5”事件发生后，新疆形象和外界关于新疆的认知出现诸多意料之中的混乱。修复新疆形象、厘清新疆认识，成为官、学两界急迫的任务。基于社会责任和学者的良知，我申报的国家社会科学基金艺术学重点项目《新疆的生活与文化》有幸获批立项。

该课题的初衷是为新疆写一份个性化的、好看好读、真实可信、可感可触，有细节、有温度、有灵魂的“说明书”。比如有关西域的想象、神话与传说，考古、典籍与现实，大地、生活与文化，族群、宗教和艺术，地方知识、社会细节、诗与思的杂糅……

原计划该课题用一本书来完成，但在实际开展的过程中，我感到面对一个多民族、多宗教、多语言和文化，历史和今天都异常复杂的新疆，用一本书来结构和串联，力有不逮，难以在周全的概括中仍然保留细浪般流动的感性细节，很可能会流于空泛、概念化和符号化，变成令人生厌的教条。从西域的形象传播史来看，历史上沿着丝绸之路逶迤而来的胡商、胡姬、胡僧与胡语、胡乐，西域的奇花异果、玉石珍宝、大漠风光和汗血宝马，乃至名噪一时的边塞诗，无不是落脚在具体可感的大物象、大意象上。于是，本课题改变研究与叙事策略，选取了新疆生活与文化中的几个经典寓象：木卡姆、柔巴依、巴扎、胡姬、典籍……来展开、激活、发现新疆的形象。

木卡姆是新疆维吾尔族最重要的大型文化遗产，是融歌、舞、乐、诗为一体的最具代表性的古典文明结晶。它以音乐为贯穿，篇幅浩大而结构宏伟，流布于天山南北各维吾尔社区。木卡姆音乐文化现象广泛分布于北非、西亚、中亚、南亚各伊斯兰沙漠绿洲生活圈，但因历史、民族、地域和生产生活方式的不同而千姿百态、争奇斗艳。其中，新疆维吾尔社区的木卡姆又是世界木卡姆家族中最东端的木卡姆。对外界而言，木卡姆是进入维吾尔心灵的一把钥匙，对新疆而言，木卡姆是新疆文化形象不可或缺的重要构成，是我国第二批被列入联合国教科文组织的非物质文化遗产。我有幸牵头该项目申报的组织、指导工作，为此细读了二百多本与此或近或远的著作，写过一本《木卡姆：巨灵如风吹过》的书，这次的重述，也是新的沉淀和翻说。

新疆各民族古典文化的内核是诗和音乐。新疆古典文化长于抒情而拙于叙事，各民族无例外地把诗与音乐作为他们经典的精神生活中最重要的两个品类。新疆的古代文明有一个漫长、复杂和多变的“青春期”，而诗与音乐正是他们青春的内里与装束。“柔巴依”这种维吾尔古典四行诗的形式，与中原的诗歌传统，与波斯和中亚，都有源远流长、或明或暗的美妙联系。课题组成员沈苇先生，是目前国内有代表性的诗人和诗歌理论家，曾获首届鲁迅文学奖、刘丽安诗歌奖、柔刚诗歌奖、《诗刊》年度诗歌奖、花地文学奖、十月文学奖、“华语文学传媒大奖”年度诗人奖、首届李白诗歌奖等。他研究柔巴依、受教于柔巴依，也力图将柔巴依的精神气质融入自己的诗歌血脉之中，由他来讲述一个异乡人的柔巴依故事，再合适不过。

“巴扎”是广泛存在于伊斯兰沙漠绿洲生活中的集市。在沙漠绿洲生活中，最为经典的世俗景象便是千百年来浓郁不散的巴扎。它不仅是一个人流、物流、信息流的龙卷之风，更是独特的文化空间，是秩序、礼仪、文化、象征、暗示，是公共交往空间和市俗生活的广场。然而，关于巴扎，目前尚无一部专著论及。王敏博士是我所带的第一个博士生，作为心思灵活的青年学者，她之前的著述多而杂，但缺乏自己的新垦地。作为课题组成员，她领受了为巴扎塑形、代言、阐释的任务，奉献了第一本关于“巴扎”的志书。巴扎是沙漠红尘，是绿洲之门。打开它，就走进了扑面而来的西域生活。

从与西域有关的汉诗及文献中，特别是《全唐诗》中，人们记住了一个词：胡姬。“胡姬”寄托着相当一部分人对西域的性别想象和浪漫生活，也夹杂了不少的误解。近年来专门或侧面论及胡姬的文章也有一些，但成系统、有规模、全面阐述的专著尚无。我的博士生邹淑琴女士，从“胡姬之胡”“胡姬之姬”“胡姬之舞”……一点点剥洋葱头般地全景展示了她对“胡姬”的理解与分析。人永远是生活和文化的主人，理解生活和文化的起点与目标，永远应该是人。

语言存放和构筑着人类最主要的精神世界。新疆是语言博物馆。西方人在近代新疆探险猎获的古代语言材料，曾为梳理察辨东西方语言的谱系与变迁提供了很大帮助。王菲女士的《维吾尔古代文献中的文化观》，从典籍入手，剥开文化馨香，在这五本书中，别具一格。

总之，《木卡姆》《芥子须弥——柔巴依论稿及创作》《巴扎志》《胡姬》《维吾尔古代文献中的文化观》这五本书，构成《新疆的生活与文化》重要而有特色的五个方面，共同诠释一个对公众而言熟悉而陌生的新疆。下一步，我们计划解读尼雅出土的《五星出东方利中国》护臂锦、西域古代建筑、高僧大德鸠摩罗什和中华精神之山——昆仑，期望通过一个又一个精彩的侧面，展现新疆的生活与文化。

2015 年 10 月 30 日

# 目 录

# 一、柔巴依之路

## 旧书摊的馈赠

十多年前，也就是我刚到新疆的时候，在印刷厂工作的一位朋友从乌鲁木齐旧书摊上为我找来一本欧玛尔·海亚姆的《柔巴依集》[①]。那天，他从黑茄克口袋掏出用维吾尔文报纸包裹的这册诗集时，其神色如同诡秘的“地下工作者”，更像一位给人带来意外惊喜的丝路邮差。他说（这句话估计他已憋了一路）：“终于找到它了——遥远的波斯湾古歌!”

我的这位朋友几乎天生没有听力，与我同龄，至今未婚。但他嗜书如命，对书籍的鉴赏力也高，是民间版本专家。藏书过万册这笔私人财富常使他沾沾自喜、四处炫耀，但谁要借他的书却比登天还难，简直是要他的命。有时我去他的单身宿舍翻翻他的藏书，他会像一个影子一样在我身边徘徊，一边不停地搓手，嘴里还嘟嘟囔囔的——他用紧张、不安、身体的

① 黄杲炘译，上海译文出版社1982年版。

颤抖提醒我："免开尊口。"这一次，他的慷慨出乎意料，着实让我感动。

其实，欧玛尔·海亚姆的《柔巴依集》我是读过的。即大学期间读到的郭沫若的译本《鲁拜集》，他将作者译为莪默·伽亚谟。但当时未留下太深印象。而黄杲炘译的这册薄薄的只有55页的《柔巴依集》，使我如获至宝，爱不释手。我喜欢它整饬的四行体形式，喜欢它一唱三叹回肠荡气的抒情效果。那是抒情的极致，有着万花筒式的绚丽多彩，又如语言的多棱镜，各个侧面都闪烁着令人目眩的光芒。还有它精美的插图，装饰性的、典雅迷人的波斯风格……更重要的，这册诗集来得正是时候，它的气质、语调、抒情方式和精神指向契合我当时的心境：困惑与迷惘、好奇与求索的心境——作为一名江南之子，在新疆生活多年之后，对异域传统的渴望已成为一种如饥似渴的相思病！

从那时开始，我对柔巴依产生了浓厚的兴趣，这种兴趣转化为对波斯柔巴依、维吾尔柔巴依乃至中亚地区各民族柔巴依的广泛搜寻和阅读。也正是从那时起，我开始尝试柔巴依的写作，看看这种古老的诗歌形式在当代汉语中会呈现怎样的面貌和景观。我称我的"仿作"为《新柔巴依集》。作为一名诗歌学徒，我承认《新柔巴依集》是一个"鹦鹉的舌头"。然而，如果模仿的是旷世天籁，是黄金圣乐，做一个"鹦鹉的舌头"又有什么不好？每一个当代的舌头都是接替古典的舌头而歌唱的。

"柔巴依"，阿拉伯语的意思是"四行""四行诗"。这种古典抒情诗的基本特征是：每首四行，独立成篇；

押韵方式为一、二、四句或四句全部押尾韵，也有二、四句押韵的样式，在民间柔巴中，押韵方式相对自由些；每行诗由五个音组构成，形成和谐的对仗；诗的内容往往涉及爱情、饮酒、自然、信仰等哲理性的主题。柔巴依格律严谨，音调优美，特别适宜吟咏，是一种抑扬顿挫、琅琅上口的古体诗。不少柔巴依诗人同时是出色的歌手。它优雅迷人的悦耳音律强化了表达，使诗的内容和思想令人经久难忘。

多数观点认为，柔巴依起源并定型于波斯，传入西域后，在突厥语文化圈中发扬光大，产生了众多的柔巴依诗人。另有观点认为，柔巴依与唐代绝句有深刻的渊源关系，是唐代绝句通过丝绸之路传入波斯的。在古波斯语中，柔巴依也叫“塔兰涅”（Taraneh），意思就是“绝句”。关于波斯绝句和唐代绝句的关系，我们在下文还会谈到。

波斯被誉为“诗人之邦”。“谁要真正理解诗歌，/应当去诗国徜徉；/谁要真正理解诗人，/应当前去诗人之邦。”① 在波斯，鲁达基、萨迪、欧玛尔·海亚姆、哈菲兹都是写作柔巴依的高手。波斯文学的奠基人鲁达基尝试过多种诗歌形式，柔巴依是其中之一。他是第一个为柔巴依定型的诗人。作为“波斯诗歌之父”，他同时是当之无愧的“柔巴依之父”。萨迪的《蔷薇园》和《果园》影响很大，至今仍是世界范围内学习波斯语的重要课本。他喜欢用柔巴依的方式表达他的生活教诲和道德劝诫——先讲一个先人的故事，然后用柔巴依概括

① ［德］歌德：《东西合集》，安徽文艺出版社 1998 年版。

其中蕴含的启悟。哈菲兹同样写过许多柔巴依，歌德对他推崇备至。65岁写《东西合集》时以哈菲兹为“精神向导”，就像但丁在《神曲》中以维吉尔为精神导师一样。

波斯柔巴依的巅峰之作是欧玛尔·海亚姆的《柔巴依集》。它有101首，404行诗句，其中真正能归在海亚姆名下的据称只有66首。然而这薄薄一册《柔巴依集》，成为“波斯诗歌的最高典范”，使海亚姆跨入了不朽者的行列。时至今日，它被翻译成世界上几乎所有的文字，译本有500多个，译本之多，仅次于《圣经》。

**英文版《柔巴依集》插图**

1859年，英国诗人菲茨杰拉德翻译、整理、出版《柔巴依集》，初版售价仅一便士。到1929年，在纽约竞拍到每本8000美元。还有一本牛皮封面珠宝镶嵌的豪华精装本，1912年随“泰坦尼克号”沉入了大西洋海底。在

《牛津引语词典》中，《柔巴依集》中半数以上的诗句被作为脍炙人口的名句而入选。

十多年前，当我读到《柔巴依集》中这样的诗句时，就被深深折服了——

于是，我朝着回旋的苍天呼叫——
我问："命运用什么灯盏来引导
她那些暗中跌跌撞撞的孩子？"
"用一种盲目的悟性！"苍天答道。

维吾尔柔巴依滥觞于高昌回鹘王朝（约 850—1250）和喀喇汗王朝（约 840—1212）时期。中亚地区流传着这样的谚语："阿拉伯语是知识，波斯语是糖，印度语是盐，而维吾尔语是艺术。"那么，包括柔巴依在内的维吾尔诗歌就是"糖"和"艺术"的结合，是异域的"糖"奔向本土"艺术"的辽阔天地和新的襁褓。

高昌回鹘王朝的诗人大多是佛教徒和摩尼教徒，他们留下了一些赞美诗、祈祷诗、忏悔诗和挽歌。喀喇汗王朝时期编撰的《突厥语大词典》被誉为 11 世纪中亚社会的百科全书，搜集了许多珍贵的文学片断，其中仅诗歌就有 277 首，柔巴依占了三分之二，成为最主要的诗歌形式。察合台汗国和帖木尔王朝时期（1227—1507）的主要诗人有鲁提菲、赛卡克、阿塔依、纳瓦依等，纳瓦依是其中的集大成者，他的许多柔巴依进入了维吾尔大型套曲十二木卡姆，在民间经久传唱。1501 年纳瓦依去世，人们用一首柔巴依悼念他，表达内心的悲伤："噩耗传到千家万户，/四处的哭声汇成一片。/连石头都泣不成声，/悲痛的消息撕碎了人们的心田。”叶尔羌汗国时期（1514—1680）的国王爱诗如命，从宫廷到民间，有一种崇尚艺术的良好氛围，赫尔克提和翟黎里的柔巴依为人们所津津乐道。

如果说一部维吾尔文学史基本上是一部诗歌史的话，那它同时是一部柔巴依史——柔巴依作为一种重要的抒情诗样式穿越历史，以它优美的韵律延续到当代。在当代作家中，创作柔巴依的大有人在，如克里木·霍加、铁依甫江等。

在塔吉克、乌孜别克、哈萨克等新疆少数民族诗歌中，都有柔巴依存在。或是文人创作，或是无名氏所为，或是民歌的遗存。这种短短的四行诗，能浓缩他们的梦想、喜悦和悲伤，能把他们的世界装载其中。塔吉克的民间柔巴依，有专门的曲调，一人操琴，聚会时大家逐一演唱，或形成对唱。牧羊人寂寞时会自言自语地朗诵柔巴依，这是“牧羊柔巴依”。

丝绸之路是一种地理神话，是一条东西方对话之路。文明的交流，远方的文学、故事与传说，相互结合起来，产生了梦想中的地区、海市蜃楼中的帝国。穿越这片梦幻区域，走过比一千零一夜更为漫长的路程，丝绸之路也被叫作玉石之路、香料之路、瓷器之路等等。与此同时，丝绸之路也是一条诗歌之路、柔巴依之路。从八、九世纪开始，唐代绝句、波斯柔巴依、西域柔巴依在东方的天空下交相辉映，成为古典主义时代的一道文学奇观。

# 波斯绝句与唐代绝句

英国小说家吉卜林说："东方是东方，西方是西方，两者永远不会碰上。"然而，如果吉卜林对丝绸之路的历史有一定的了解，就不会说出这样武断的话。自从亚历山大东征和张骞出使西域成为打通丝绸之路的先驱以来，丝绸之路上东西方人员、物品、商业、文化的交流就没有间断过，在唐代达到鼎盛。而新疆，由于它独特的地理位置，成为东西方交流的前沿阵地，东方进入西方、西方进入东方的一块"跳板"。

对舶来品的迷恋是唐代生活的一大特征，换句话说，舶来品的魅力满足了当时人们对奇异物品的想象和渴求。开放的唐朝有一种海纳百川的胸襟和气度，是一个融合型、国际化的黄金时代，焕发着世界主义的奇光异彩。丝绸之路正处于最好时期，成为唐朝联系世界的桥梁和纽带，当中国的奢侈品诸如丝绸、陶瓷、酒、铜镜源源不断输入西方，五花八门、种类繁多的舶来品正通过丝路奔向灿烂的东方。

美国汉学家谢弗的《撒马尔汗的金桃》一书是专门从舶来品的角度谈论唐代的外来文明的，他一口气列举了 18 类 200 多种进入唐代的舶来品。以舶来品为代表的外来文化的输入，加上与本土文明的融合，使唐代文明成为一个真正的"混血儿"。

与此同时，唐代"胡风"盛行，胡服、胡食、胡乐备受青睐，对异域情调的痴迷体现在许多人的行为方式上。诗人白居易曾在自己的庭院里搭起两顶天蓝色帐篷，像突厥人一样在毡帐中款待宾客。唐太宗的一位儿子（李承乾）宁愿说突厥语而不说汉话，在皇宫里穿得像一位异族的可汗，坐在帐篷前，亲手将煮熟的羊肉用佩刀割成片大嚼大吃。元稹的《法曲》一诗形象生动地反映了当时的社会风气："自从胡骑起烟尘，毛毳腥膻满咸洛。女为胡妇学胡妆，伎进胡音务胡乐。"唐代的十部国家大乐，有三部来自西域。

唐朝与波斯的文化交流正是在这一背景下拉开帷幕的。事实上，当张骞出使西域带回两种波斯植物（苜蓿和葡萄树）时，这种交流就已经开始了。

"伊朗民族所居住的地区幅员广大，他们有些移居中国，与中国人发生接触，深深影响了不同种族的国家，尤其是土耳其和中国。伊朗人在沟通东西文化上起了很大的作用，他们把希腊思想的遗产传播到亚洲中部和东部，又把珍贵的中国植物和商品带到地中海地区。"①

当时的唐朝都城长安出现了大量的外国人：僧侣、使节、传教士、朝圣者、游客、学者、歌手、舞女、奴婢……他们大多来自西域和亚洲西部，其中就有不少波斯人。所谓"九姓胡"就包括了波斯人。

早在7世纪，来自波斯的琐罗亚斯德教和摩尼教的传教士几乎同时出现在唐王朝的宫廷里，他们在长安拥有自己的寺院和信徒。一位名叫李素的摩尼教传教士留在了长安，当上了唐朝的太史令，他的妻子卑失氏也是波斯人。长安作为一个国际大都会，西方风俗风靡一时。

---

① ［美］劳费尔：《中国伊朗编》，商务印书馆2001年版。

在夜夜笙乐的歌肆酒楼，来自波斯地区的吐火罗乐师和粟特舞女大受欢迎。“长安附近有波斯美女陪酒的酒楼，风光旖旎，使得骚人墨客流连忘返。”① 唐代的不少诗人是这里的常客，李白为此写下一首七绝《少年行》：“五陵年少金市东，银鞍白马度春风。落花踏尽游何处，笑入胡姬酒肆中。”

唐诗是盛唐之音，在长安的波斯人，特别是从事音乐舞蹈的艺术家和艺术爱好者，总会耳濡目染，受到影响。使他们尤为入迷的是五言七言绝句，其对仗工整、音韵优美、适于吟唱的风格，令人陶醉其中。这种短小精悍的中国四行诗能说出异乡人的心里话，恰如其分地表达他们思乡的惆怅与忧伤。

源于六朝乐府（和民谣）的四行绝句，到唐代，才真正到了一个成熟期和极盛期。绝句又称截句、断句、绝诗，有五言绝句和七言绝句之分，偶或也有六言绝句。唐代格律诗形成后，大量绝句入律，于是又有古绝和律绝之分。宋人洪迈辑录唐人绝句达万首之多，编成《万首唐人绝句》一书。王维、李白的五言绝句，意境含蓄、深远，被誉为五绝圣手。李白对绝句的要求是“清水出芙蓉，天然去雕饰”。杜甫写过近七百首律诗，其中绝句在一百首以上。杜牧、李商隐的许多绝句都是脍炙人口的名篇。

从波斯故事中表达的对中国文化的景仰爱慕和积极引进来看，唐人绝句“出口”波斯也不是没有可能性。这是波斯文化的主动性所然，当然还需借助西域这块“文化跳板”。我们应注意到以下事实：高适、岑参远行

① 地球出版社编辑及资料中心：《丝路巡礼》，台湾地球出版社 1981 年版。

西域，写下大量的边塞诗，其中也有绝句，对此，当时的西域知识界不会是一无所知的。从回纥汗国始，一些北方或西域少数民族人中就有用汉语写作的诗人、作家、学者。公元5至10世纪，佛教兴盛，许多西域僧人精通汉语，龟兹人鸠摩罗什是最杰出的代表。到元代，维吾尔诗人用汉语写作达到高潮，贯云石、马祖常都写过绝句。明代的维吾尔诗人偰逊只留下一首汉文绝句《山雨》，却颇有唐诗风韵：“一夜山中雨，林端风怒号。不知溪水长，只觉钓船高。”

音乐无壁垒，诗歌无国界。在诗与歌融为一体尚未分开的时代，四行体的唐代绝句与波斯柔巴依之间，究竟蕴涵怎样的文化交流信息，是值得深入探讨的。关注这方面的信息，是还原历史、接近真实的第一步。当然，历史是暧昧而复杂的，但历史有它来自源头的轨迹：在文化差异性中，是对文化融合的憧憬，以及对文化亲缘关系的本能的求索。

## 柔巴依在波斯

柔巴依在波斯是诗歌中的奇葩，柔巴依诗人则是诗人中的宠儿。

齐雅尔王子昂苏尔·玛阿里在《卡布斯教诲录》中说，波斯诗歌共有17种韵体，包含53种韵声和82种节奏。从内容上分颂赞诗、抒情诗、讽刺诗、哀悼诗、修行诗等。柔巴依是抒情诗中的一种，风格上追求“情韵缠绵、清新俊逸”。

《卡布斯教诲录》成书于1082年，此时，柔巴依在

波斯文版《柔巴依集》插图

波斯文坛已是一种十分成熟的诗体。齐雅尔王子强调了韵律对于诗歌的重要性，他说："没有和谐的韵律不能称其为诗。诗歌应该有盎然的诗意，明快的节奏。不论写什么诗，都应该开阖顿挫、韵律严谨。"风格的旷达晓畅、词句的雅丽、感情的细腻，是一首诗必须具备的。诗歌切忌粗俗生硬，因为诗不是小调，而是雅曲。齐雅尔王子还劝告诗人们"不要总是紧皱眉头、衣衫褴褛，而应当精神抖擞、满面春风"。

从9世纪初起，随着阿拉伯人建立的阿拔斯王朝势力的日渐衰落，波斯境内出现了一些独立性的地方政权，如萨曼王朝、伽色尼王朝、塔希尔王朝、萨法尔王朝等。王朝并列的局面有点像中国的春秋战国时期，而且大多王朝重视文化艺术建设，重视天文、数学、历史、哲学的研究。许多学者雅士、文人骚客纷纷前来投奔，麇集宫中，受到优厚待遇，出现了宫廷诗人。这是波斯历史上的“诸子百家时代”。与此同时，现代波斯语（达里波斯语）诞生了，波斯文学随之进入繁荣期，并一直延续到15世纪。

宫廷豢养诗人蔚然成风，对诗歌特别是四行体柔巴依的热爱成为国王们的时尚。仅伽色尼宫廷聚集的诗人就有600多位，最杰出的宫廷诗人被封为“诗王”。昂萨里是伽色尼王朝的第一位“诗王”，他写了一首题为《头上青丝剪何妨》的柔巴依，国王玛赫穆德大为欣赏，竟下令用珍珠宝石把他的嘴填满三次。这首柔巴依是这样写的：“头上青丝剪何妨？万勿愁坐枉悲伤。良辰美酒应一醉，柏枝剪后枝更长。”

鲁达基是萨曼王朝的宫廷诗人，一首诗能得到成千上万的金币。在“拄杖荷袋，行乞为生”的晚年，他常常回忆当宫廷诗人时的情景：“……我享尽了人间的荣华富贵，/承蒙了萨曼家族的恩惠。/一次，霍拉桑国王赏我四万金币，/亲王玛康又加赠五千谢礼。”鲁达基是公认的波斯加宰里诗、吉他诗和柔巴依的奠基人和定型者。他十分高产，共写过130万行两行诗和四行诗，流传下来的只有2000多行。

花园、柏枝、酒宴、琴音、朝霞、灰烬、麝香的苹果、郁金香的面纱……是鲁达基柔巴依中经常出现的意象。他认为人生和诗歌是上帝“爱的游戏”：“我的上帝不爱祈祷，/他创造我们是为了爱的游戏。”人生要用善行去摆渡：“世界就是海洋。你愿意航行吗？/那就用善行去修造渡船吧。”他也写饮酒、美人、爱情，但他不是沉醉者，不是骨子里的享乐主义诗人，相反，他有一种警觉的理性主义倾向。爱情之渴和人的伤痛在他诗中是并存的："情人的亲吻，如同盐水——/喝得越疯狂，渴得也就越强烈。""折磨心灵的美人啊，/你是圣贤无罪的信仰上的缺口。"由于对死亡的忌考，由于"要学会看到垂死的外表的背面"，鲁达基诗中有一种紧迫感，一种难言的悲哀——

盘缠着的树脂色鬈发的美妙，
远比红艳的蔷薇还妩媚。
每一个发髻里——有千颗心，
每一绺鬈发里——有千种悲哀。

鲁达基之后到12世纪，重要诗人有塔吉基、菲尔多西、巴巴塔赫尔·欧里扬、欧玛尔·海亚姆、内扎米等。其中海亚姆的《柔巴依集》是波斯柔巴依的巅峰之作，是世界文学的瑰宝。欧里扬是一个被忽略的诗人，他的柔巴依有一种娓娓道来、从容不迫的风格，巨大的哀伤隐藏在客观性的场景中——

新春姗姗来到田野荒原，
一位青年却没能走完自己的春天。
当郁金香覆盖他坟冢的时候，
一群新月般的少女会来这里游玩。

萨迪和哈菲兹是13世纪南方名城设拉子的诗人。萨迪很喜欢旅行，自称游方者，到过叙利亚、埃及、印度，还到过新疆喀什。他的《蔷薇园》和《果园》至今仍是世界各地穆斯林学习波斯文的基础读本。北京牛街清真寺收藏着一册《蔷薇园》的古老抄本，它是1280年一位伊斯兰学者从波斯带来的，当时，萨迪尚在人世。

《蔷薇园》的基础是道德训诫，涉及修身养性、交友、礼仪、教育等内容。文体很独特，是故事与诗、散文与韵文的结合，犹如文字的串珠，又像诗与文的拼贴画。它的故事曾深深影响了拉封丹的《寓言诗》。萨迪善于从故事中总结人生的感慨和启迪，或议论，或规劝，或诅咒，或讽喻。诗歌部分大量采用了柔巴依的形式，叙事与抒情相得益彰。

萨迪在《蔷薇园》中讲了这样一个故事：有一位国王得了绝症，医生说要用人的胆汁下药才能治好。宫中的人找来了一个农家孩子。国王给他父母许多礼物，买下孩子的心。法官做出了判决，刽子手准备用刑，这时孩子笑了起来。国王说，你死到临头了，有什么好笑的。孩子回答说："父母是爱护儿女的，法官是为民申冤的，国王是主持正义的。如今父母为了一点小惠，把我断送。法官判我死刑。王上也只顾自己死里逃生。除了真主而外，谁还能庇护我呢？"国王听了孩子的话十分感动，流着泪说："我宁可病死，不愿杀死一个无辜的人。"他吻了孩子，把他释放了。七天后，国王的病就痊愈了。故事讲完了，萨迪用一首柔巴依来总结故事，引出怜悯与爱的主题——

在尼罗河边有一个赶象的夫子，
我还记得他的两句歌词：

“你若想知道你脚下蚂蚁的惨状，
请设想我的大象踏在你的身上。”

哈菲兹写过一百多首柔巴依，是波斯文学中最后一个柔巴依大师。他与萨迪一样，生活在“玫瑰与夜莺之城”设拉子。他能背诵整部《古兰经》，曾短暂加入过苏菲派团体，诗歌中有一定的神秘主义倾向。但美酒、爱情与美人是哈菲兹最为热衷的主题。抒情主人公给人的感觉是一个酩酊大醉的瘾君子，一个受尽爱情折磨而炽热依旧的痴心情郎，一个沉浸在“酒林肉池”中的长醉者。关于酒，他写道：“宁做一个饮酒者——/心地高洁纯善；/也不做一个禁欲者——/胸怀虚诈欺骗。”有时他又觉得最好三个月以酒为友，八个月要去当隐士，内心还是矛盾的。哈菲兹是彻头彻尾的女性崇拜者，认为女人的美貌是我们的“明镜”，心儿挣脱了酒窝，又悬挂在秀发上，刚逃出陷阱，紧接着又陷进罗网——在女人和爱情面前，他无路可逃。有时，美酒和美人又成为幻觉中的一个整体：“在酒杯的辉映中，/我看到了情人面颊的形象。”

哈菲兹诗中有享乐主义者和道德虚无主义者的坦诚。他的炽热感，还有飘逸、恣肆、狂放，常常使人想起李白。他就是波斯的李白，在人生如梦中寻求解脱的方式。在通用现代波斯语的国家中，哈菲兹是最受人们喜爱的诗人。伊朗家庭必备的两本书是《古兰经》和《哈菲兹诗集》。有一首哈菲兹的柔巴依，一首情歌，我们是耳熟能详的——

哈菲兹墓

假如那设拉子的美女，
有朝一日能对我钟情，
为了她那颗美丽的印度痣，
我不惜把撒马尔罕和布哈拉献奉。

波斯诗歌中还有独特的一枝，那就是苏菲派诗歌。“苏菲”的原意是“羊毛”，是伊斯兰教神秘主义派别，因该派成员身着粗羊毛而得名。苏菲以《古兰经》和《圣训》中关于敬畏、顺从、禁欲、苦行等观念为依据，又接受新柏拉图主义、诺斯替教、印度瑜伽派等外来思想的影响。苏菲诗歌诞生了萨纳依、阿塔尔等大家，但鲁米是其中的集大成者。鲁米说：“萨纳依是眼睛，阿塔尔是心灵，我们追随的是他们两人的传统。”相对于波斯诗歌中普遍存在的现世享乐主义倾向，鲁米更注重内心的修炼与醒悟，善于营造诗中的神秘气氛。他也写爱情诗，是以抒写爱情的方式表达对真主的热爱。鲁米将信徒的内心修炼放在了信仰的首位，认为十次朝拜天房比不上一次收心敛性的自我修养。在鲁米的观念中，主仆本为一体，天房就是自己，在朝拜心灵天房之前，首先要拂去心镜上的浮尘与污秽。

我只读到鲁米的一首柔巴依《同心同德》，却从中看出了他的智慧、他的世界主义眼光：无论是什么民族，印度人还是突厥人，“心”的沟通是人的基本前提——

印度人与突厥人可能有共同语言，
两个突厥人可能彼此疏远。
可见语言是同心同德之结，
同心同德又胜过共同语言。

## 《柔巴依集》：一部诗歌圣经

欧玛尔·海亚姆不仅仅属于波斯，更属于世界。《柔巴依集》作为“波斯的声音”传播甚广，已成为世界文学中的经典作品。

时至今日，《柔巴依集》已被翻译成世界上几乎所有国家的文字，版本之多，仅次于《圣经》。据不完全统计，在中国已有 12 个译本，有 25 人翻译过它。有的从波斯文直译，有的从其他外文转译。1919 年，胡适翻译了其中的两首，是最早的译作。郭沫若翻译的《鲁拜集》是第一个全本。闻一多、徐志摩均尝试过《柔巴依集》的翻译。闻一多说："精美的文字之音乐中的'感觉的魔术'，这些文字在孤高的悲观主义的暗影外，隐约地露示一种东方的锦雉与象牙的光彩……这些文字变成梦幻，梦幻又变成了图画。"对《柔巴依集》的评价十分到位。

欧玛尔·海亚姆（1048—1122）生于波斯湾边的内沙浦尔。他的姓氏"海亚姆"意为"帐篷制作者"。他博学多才，写过有价值的数学和哲学论文，精通历史、法学和医学，修订过历法，主持修建了塞尔柱王朝的天文台，还当过宫廷御医。作为诗人的他，名气并不很大。写诗纯粹是业余爱好，大多是为了赠送朋友、饮酒吟诵之用。他的柔巴依只在少数知心朋友间传诵，几近失传和湮没。据此，我们可以断定欧玛尔写过的"柔巴依"肯定比我们现在看到的多得多。

这是一个差点被埋没的诗人。几个世纪之中，欧玛尔默默无闻，几乎被人们遗忘。直到1859年，英国学者兼诗人爱德华·菲茨杰拉德不署名地整理发表了《欧玛尔·哈亚姆之柔巴依集》，共101首，404行。此后，欧玛尔名声大振，渐渐享有了世界性的声誉。初版的《柔巴依集》卖不出去，上了廉价书架，每本售价只有一便士，到1929年，在纽约杰罗姆·克恩拍卖会上，这一版中的一册（522号），竞拍到8000美元。

这是文学史上的美谈和佳话。某种程度上说，是菲茨杰拉德使欧玛尔的灵魂复活了，也是欧玛尔的灵魂经过了长达七个世纪的漫长等待终于在菲茨杰拉德的灵魂中落了户。"一个屈尊写诗的波斯天文学家和一个浏览

**欧玛尔·海亚姆肖像**

东方和西班牙书籍、也许不一定全懂的古怪的英国人，两人偶然的结合产生了和两人并不相像的一个了不起的诗人。”博尔赫斯说：“一切合作都带有神秘性。英国人和波斯人的合作更是如此，因为两人截然不同，如生在同一时代也许会视同陌路，但是死亡、变迁和时间促使一个人了解另一个人，使两人合成一个人。”

菲茨杰拉德将零散的《柔巴依集》改造成“波斯花园里的一种伊壁鸠鲁式的田园诗”，将破碎的波斯玫瑰施以符咒，变成了朵朵盛开的奇葩。美国诗人洛厄尔用一首柔巴依来纪念这一穿越700年时间的神奇合作——

波斯湾孕育了这些思想之珠——
一颗颗闪着满月的柔和光辉——
欧玛尔掰蚌剖贝把珠儿采出，
菲茨杰拉德用英语一线串住。

菲茨杰拉德如同欧玛尔的灵魂转世。他在翻译整理《柔巴依集》时说："欧玛尔未能找到别的世界，只找到了这个世界，于是，他最大限度地利用它；他用他眼中所见的事物，经由感官再得到默许，来抚慰心灵；而不是用徒劳的忧虑，追随事物应该怎样，去迷惑心灵。"这是诗人对"此岸"和"现在"的肯定，是词对物的拯救。

欧玛尔是用薄薄一册诗篇赢得永恒的诗人。《柔巴依集》被誉为"波斯诗歌的最高典范"。它的精神倾向曾经激怒过《古兰经》的正统追随者。《哲人传》的作者卡法蒂就认为欧玛尔的诗歌"对伊斯兰法规来说，不啻是伤人的毒蛇和引人误入歧途的链条"。因为伊斯兰教指向"来世"，欧玛尔强调"现在"——一种热忱的享乐主义倾向。

音律的精确、用词的典雅、口吻的热忱、思想的色彩缤纷、哀伤中的甜蜜气息……《柔巴依集》是一曲快乐与忧伤的变奏，一部散发异域芬芳的杰作。欧玛尔的现在主义是健康的，有着阳光的热烈和明媚，肉体的温润、迷醉和痛楚。他喜欢反复使用夜莺、玫瑰、歌声、少女、新月、塔楼、陶罐等意象，形成简洁优雅的风格。在他笔下，那种感伤的快乐主义、日常生活的神性和朴素事物的魅力得以一一呈现，享乐主义的声音是明确的、诱人的，有时是紧迫的——

啊，把剩下的一切尽情地享用——
趁我们还没有沉沦于泥土之中；
尘土复归于尘土，长眠尘土下——

无酒无歌无歌手，而且无穷。

我曾经写过一首《木乃伊》的一行诗：“精通死，胜过我们理解生。”由于“死亡”这一现实的存在，享乐主义者总能找到享乐的依据，厌世主义者也能找到厌世的理由。时光飞逝，人生短暂，伊壁鸠鲁主义是成立的，而且是感人的。但是，享乐主义如果发展成为愚蠢盲目的乐天和简单的动物式的吃喝玩乐，就成了赫拉克利克所批评的“像猪猡在污泥中打滚取乐”。诗人的享乐主义与常人的享乐主义的不同之处在于：诗人在享乐中遇见了忧伤——忧伤是闪耀的灯火和不眠的眼睛，是滴落的美和觉醒的疼——他爱的是享乐中的苦行，是享乐与苦行的合谋。在欧玛尔的诗中，忧伤的声音有时盖过了享乐的声音——

可春天哪，要同玫瑰一起消亡！
芬芳的青春手稿呀，也得合上！
夜莺啊，曾在树间娇啼曼唱——
谁知道他来自哪里，去向何方！

享乐带来忧伤，而忧伤带来深刻，带来灵魂的自省、顿悟和智慧。这使《柔巴依集》成为一首“痛楚的时间之歌”，一部“饱含肉欲之美的神圣诗篇”。原则上，我们需要传道书和启示录的庄严，同时又渴求一种轻松的有血有肉的智慧。我们容易高蹈，或者陷入阴郁的泥潭不可自拔，而忽视了快乐、温暖和爱的重要性。《柔巴依集》是从心灵和体验出发的诗，欧玛尔说：“我本身便是天堂和地狱。”他把我们从虚妄拉回到此在——此在的个体生命的自足与神圣。如此说来，《柔巴依集》就是一部诗的启示录。

路易斯·安特迈耶在英文版《柔巴依集·跋》中说得好：“人的最隐晦最沉重的难题在这里遇到了最轻松的哲学家……是欢快和热忱使《柔巴依集》成为我们的良友。它贴近‘心的欲求’——从消极的怀疑，进入积极的欢悦。”

## 维吾尔柔巴依

维吾尔柔巴依是诞生于怎样一个历史、地理和文化背景中的呢？

我一直认为，丝绸之路是由人类梦想开辟出来的一条伟大的通道。由于丝绸之路这一纽带，亚洲腹地的新疆成为多元文明融会的地方，成为东西方对话的前沿和窗口。历史学家认为，新疆是地球上唯一的四大文明融会区，即：华夏文明、印度文明、波斯—阿拉伯文明、希腊—罗马文明。再加之中亚或者说西域在历史上一直是各民族各色人种的角逐之地，大大小小的文明随着族群、骑手、驼队的出现相继登场，风一样拂过草原、沙漠和绿洲，又谜一样地消失。这使这个地区的文明变得异常丰富、复杂和深邃，它是一种文明的百感交集，文明的纠缠不休，是一个文明的博览中心。

新疆的文化传统虽然复杂，缺少头绪，难于清晰地一一道来，但有一个特征是显而易见的，那就是，除却地理和政治上与中原汉地的依存关系，新疆在历史上一直保存着一种“向西开放”的胸襟和姿态，它能吸纳和融入的东西比我们想象的要多得多。这使我们通常所说的中亚传统变得宽泛和广博。在诗歌传统方面，也莫不如此。波斯诗歌和阿拉伯诗歌的影响更是显而易见。

沙漠是海。新疆沙漠就是一个海纳百川的地方。这是一个重要的瀚海，给予人们包容性的目光以及对多种历史回音的耐心倾听。多民族的共居、闪烁的面影、宗教氛围、现世主义歌舞、无限图案……这些，构成了活着的传统，醒着的传统。在新疆的现在时和过去时中，你常常能感受到浓郁的印度味道、阿拉伯味道、波斯味道乃至希腊味道。20世纪初，斯坦因博士在南疆的米兰故城中发现了犍陀罗风格的有翼天使壁画，这宣告了希腊传统曾在塔里木盆地的存在。在雅典奥运会的闭幕演出中，我惊讶地听到了类似新疆十二木卡姆的音乐，以及维吾尔纳格拉鼓的节奏。这使我浮想联翩：如果大地是一个胸膛，它原本是无国界的，而鼓声，正是来自这个胸膛的共同的心跳……

《突厥语大词典》被誉为11世纪中亚社会的百科全书，保存在这部词典里的四行诗是迄今为止我们见到的最早的接近柔巴依的维吾尔诗歌样式。马赫穆德·喀什噶里在引言中写道：“我走遍了突厥人的所有村庄和草原。突厥人、土库曼人、乌古斯人、处月人、样磨人和黠戛斯人的韵语完全铭记在我心中……在进行了长期的研究和探索后，我用最优雅的形式和最明确的语言写成此书。”《突厥语大词典》是一部精心编撰的语言学巨著，为研究喀喇汗王朝历史和当时突厥人生活提供了重要的资料。它收录词条7500多个，涉及天文、历史、地理、数学、医药、饮食、服饰、器用、鸟兽、植物、金石等诸多方面。它的另一个重要价值是，它还是一部珍贵的中古时期突厥语文选。“我将此书用名言、韵文、寓言、诗歌、英雄史诗和散文片断加以修饰，并按字母顺序专门列出。”词典中收录诗歌277首，谚语216条。

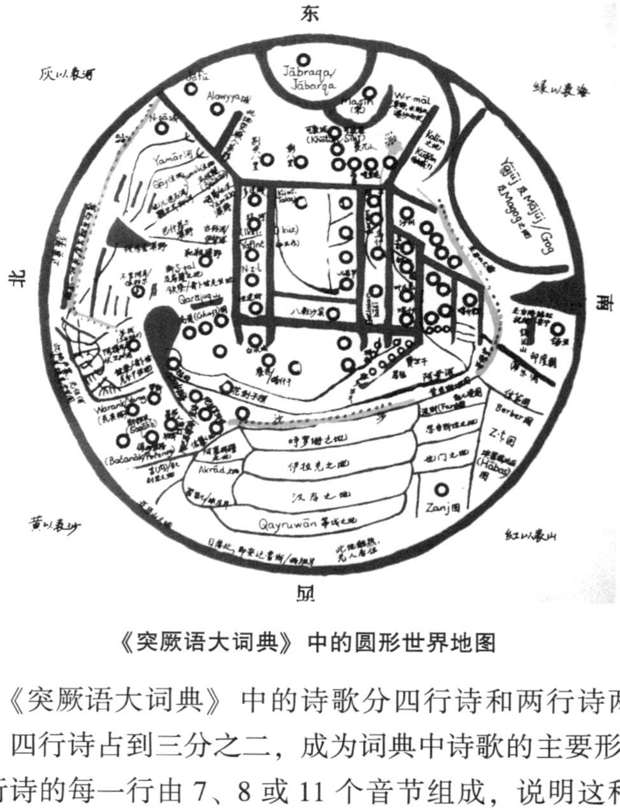


**《突厥语大词典》中的圆形世界地图**

《突厥语大词典》中的诗歌分四行诗和两行诗两大类。四行诗占到三分之二，成为词典中诗歌的主要形式。四行诗的每一行由7、8或11个音节组成，说明这种诗歌样式在11世纪和11世纪之前的维吾尔等突厥民族中已相当成熟了。这些四行诗，不再局限于“美酒佳人”

的波斯模式，题材更广泛，出现了自然、四季、战争、节日、狩猎、待客之道、悼念英雄等丰富的内容。与波斯柔巴依相比，这是不小的突破。如下面一首“准柔巴依”，生动展现了战斗中骏马奔驰的情景，读来身临其境、恍若眼前——

看那走马迎风驰骋，
火星子紧随着蹄声，
猛可飕飕飘过耳门，
一路枯草忽忽燃烧。

马赫穆德·喀什噶里说：“道德之首乃是语言。”他把语言比作玉石，谁的身边有玉石，闪电就不会击中他。在收录诗歌时，是以“最优雅的形式和最明确的语言”为选择标准的。马赫穆德·喀什噶里不是四行诗的创作者，却是出色的采集者——采集诗歌之珠、语言之玉。毫无疑问，他的工作可以与孔子对《诗经》的杰出贡献相媲美。

1070年，玉素甫·哈斯·哈吉甫在喀什完成长诗《福乐智慧》。这是维吾尔历史上第一部文人创作的长诗（长达13290行），也是用回鹘文（古突厥文）完成的第一部大型作品。在双行诗体中夹杂并出现了近百首四行体诗。“在《福乐智慧》中作者还掺有一些被称为‘柔巴依’的四行诗。这种诗体在鲁达基之后经许多代人的共同努力才逐步定型的。因此，《福乐智慧》中的四行诗，就其未被作者冠以‘柔巴依’的诗体名称而加以区别这一点来看，认定它们是柔巴依早期的代表作品，是合乎逻辑的。这样，《福乐智慧》就为维吾尔族柔巴依传统的确立，奠定了一个坚实的基础。”① 在新版《福乐智慧》中，译者不再称这些四行诗是柔巴依。也许按严格的波斯格律来说，它们离柔巴依还有一定的距离，但我们无疑从中可以看到早期柔巴依的雏形。

**汉译本《福乐智慧》**

《福乐智慧》直译的意思是“赋予（人）幸福的知识”。它主要讨论的是“知识”与“智慧”，有着浓郁的劝谕和教诲色彩，并涉及正义、理想、忠诚、英明、勇敢、谦虚、死亡、醒悟、祈祷、感恩、善与恶、爱与恨、容貌与品行、财富与负担等主题。书中充满了精辟的哲理和机智的辩证观，如：“幸运偶尔和无知者相伴，/它

---

① 玉素甫·哈斯·哈吉甫：《福乐智慧·译者序》，民族出版社 1986 年版。

却在智者中扎下根。”“有了知识，福乐和你长随，/卑微者也能飞上蓝天。”“即令你头顶蓝天，摘到星星，/你的双脚仍然离不开大地。”“幸运者啊，死亡是你的苦痛。/受苦人啊，死亡是你的幸运。”

玉素甫·哈斯·哈吉甫墓

维吾尔古典诗歌十分重视格律和音韵，适宜吟诵和歌唱，诗中“歌”的成分很明显，对柔巴依的音律要求尤为严谨。有“第二大师”之称（亚里士多德被誉为“第一大师”）的艾卜·奈斯尔·法拉比对维吾尔诗歌的韵律、韵脚和语言进行过认真系统的研究，著有《学科分类》《论道德城居民之观点》等论著。他还是个音乐家，著有《音乐大全》一书。据说他擅长弹琵琶，能使人破涕为笑，或催人入眠。法拉比说：“规律中的根本是韵律问题，它是诗歌艺术达到至高境界的必备条件。”“没有用同一种语调的韵律组织起来的诗不能称之为诗，只是富于诗意的议论而已。”他尖锐地指出：“诗人在诗歌领域的一种倒退是：他们已误入了叫嚷的道路。”

除了理论，法拉比同样注重诗歌实践。他写过这样一首柔巴依——

我哪有心思打扮自己的生活，
花样年华随箭离弦飞向天涯。
当幸运开始，不幸又接踵而至，
天地无言，催我们快快回老家。

法拉比于9世纪初确立的韵律原则，在后世维吾尔诗人的创作中得到了充分体现。从喀喇汗王朝到察合台汗国，从叶尔羌汗国与和卓时代直到近代，一部维吾尔文学史基本上是一部诗歌史。而柔巴依如同一条金色丝线，贯穿了文学史的始终——它是维吾尔诗歌中生机勃勃、焕发奇光异彩的一条特殊的血脉。许多诗人的柔巴依诗作随手稿和抄写本散佚了，但留下来的仍数量可观。在《维吾尔文学史》一书中我作了一个大概的统计：《突厥语大词典》和《福乐智慧》中的“准柔巴依”，阿合买提·亚萨维《真理的入门》的正文部分，鲁提菲18首，拉失德2首（见于米儿咱·马黑麻·海答儿的《拉失德史》），翟黎里26首，古穆纳木24首，诺毕提31首……这个统计仍是很不完备的，我们期待着从维吾尔柔巴依的海洋中采撷更多的浪花和珍宝。

与波斯柔巴依华丽缜密的宫廷特征相比，维吾尔柔巴依有一种扑面而来的清新质朴的旷野气息。它更天然，更率性，但又不丧失必要的优雅与古朴。维吾尔诗人游走在经院与民间、书斋与旷野之间，善于倾听民间的声音，向民歌学习，汲取其中的精华。15 世纪的鲁提菲，称自己为“巡游诗人”，他说：“要听听农夫的规劝，他们给世界很多宝石。”这是许多诗人的共同态度。与此同时，柔巴依进入了民歌，进入了十二木卡姆，从而得到了广为传唱和传播。这是一个十分有趣的现象：维吾尔诗人集“学院派”和“民间派”为一身，对于他们来说，中亚大地，新疆的草原、绿洲、沙漠，既是他们的“民间”也是他们的“学院”。

爱情仍是柔巴依中经久不衰的主题，诗人们献给心中佳丽的诗篇可以车载斗量，美人的樱唇是力量的源泉，在她容光的照耀下，黑夜也能变成白昼……诗人们不停地诉说、表白，常常把自己搞得痛苦不堪。史学和理论著作中镶嵌着柔巴依（如《拉失德史》），以体现作者的诗歌修养和生活情趣，同时也符合伊斯兰“无限图案”的装饰风格，增添了文字的迷人性。出现了以诗歌方式讨论学术的文体，如亚萨维的《真理的入门》，原来真理、知识、人性、谦卑等主题是可以用诗歌来表达的——

我要送你一句有用的话，
请你注意倾听吧！
那就是：把骄傲打翻在地，
紧紧抓住谦虚，再不要放开它。

接下来我想重点谈谈纳瓦依（1441—1501）和他的柔巴依。

纳瓦依出生于呼罗汗国的首府赫拉特。他用波斯语和突厥语写诗，是“双语诗人”。用波斯语写的诗署名“法尼”，用突厥语写的诗署名“纳瓦依”。这种身份的分裂感促使他写下《两种语言之争辩》一书。当时，操突厥诸语的诗人用波斯语写作成为一种时尚，认为波斯语是“蜜糖”，是真正的诗歌语言，而维吾尔语不登大雅之堂。对此，纳瓦依说“不”！他用大量例子说明突厥语的优点：概念之准确、词汇之丰富、构词之灵活、表意之细腻等。他把诗人比作下海捞珠的人。美言带来重生，恶言则是死灰。他说——

> 词者——珠也，其源在海。心亦海也，犹明镜也，总摄万千之词。自有下海人，始有珠出世。珠之美在璀灿，词之贵，见诸谈吐，因学人之巧思而藻丽，因言者之机锋而完美……美言之出，朽腐可以重生；恶言之来，生体须臾死灰。

纳瓦依是语言的洁癖主义者，为语言之美呕心沥血的人。他一生写了30多部著作，有抒情诗、叙事长诗、诗论、传记、自传等。传世作品有《四卷诗集》、《五卷诗集》（《哈米沙》）、《心之所钟》、《文坛荟萃》、《鸟语》、《天课书》等。抒情诗《四卷诗集》是一年内完成的，共3130首，45000行，用了15种诗体，其中有不少柔巴依。让我们来读其中的一首——

疯狂爱你，纳瓦依变成了非人，
如同一堆垃圾被扔在路边。
你爱情的火焰将他烧成了灰烬，
求你不要再送他去地狱遭受熬煎。

这里表达了爱的煎熬、痛苦、无望。他的柔巴依中有夜莺、百花、明月、晨星，也有破酒馆、尘土、黑夜、裹尸布。我们常常认为维吾尔诗歌（和民歌）是快乐的，喜气洋洋的，这实在是极大的误读，我们把它们简单化了，庸俗化了。纳瓦依诗中忧伤的氛围、悲哀的语调使我们疼痛、战栗。《四卷诗集》完成后他写道："在荒芜的园子里，时有我的身影，/啊，干枝上一片黄叶临风。"

我脑海里常浮现纳瓦依的形象。不，不是我想到了纳瓦依，在新疆我常常遇到纳瓦依——维吾尔大型套曲十二木卡姆集合了44位诗人的4492行诗，其中纳瓦依的诗（歌词）占到五分之一的篇幅！我心目中的纳瓦依是多种身份的叠加：回鹘后裔。赫拉特的执政官。宫廷艾米尔（宰相）。双语诗人（突厥语和波斯语）。两座著名清真寺的建造者。400幢城市建筑的设计师。穷人们的慈善家。画家、歌手们的资助人。文坛领袖。诗歌园丁。独身主义者。妇女们的偶像。学子们的导师……他的诗歌被人们比作销魂的美酒，但更像一座缤纷丰盛的花园。通过十二木卡姆，他的诗在宫廷夜宴上传唱，在中亚最偏远的乡村传唱，在沙漠的麻扎（墓地）传唱，在情侣、乞丐、老者、孩子们中间传唱。

纳瓦依是一流的抒情高手，维吾尔诗歌的集大成者，杰出的柔巴依大师。而在深入人心、广为流传方面，维吾尔诗人中几乎无人可以与之匹敌。《拉失德史》的作者米儿咱·马黑麻·海答儿说："什么人也没有用突厥语写过比他水平更高的诗歌。"纳瓦依曾把死神比作商人，赢取利润后转身扬长而去。在赫拉特城，人们已离不开纳瓦依，离不开他的诗。诗人之死使整座城市陷入黑暗之中。"今天——回历 706 年 6 月 12 日，是历史上最沉痛的日子。整个赫拉特在悲哀的气氛中苏醒了，噩耗流入每个人的心田，使它们在悲痛的烈火中熊熊燃烧。每个人都在自己的头顶上看到了死神的影子……每个赫拉特人都感到，不仅在自己的心灵上空，而且在整个京城，整个国家都笼罩着一种压抑人心的空旷。人们仿佛失落了给生活赋予灵魂、给事物赋予意义的一样东西……在历史上曾经埋葬过多少伟人的赫拉特，从来也没有像今天这样在悲痛的漩涡里浮沉过。"①

在我眼里，新疆是一个美的自治区，一册以天山为书脊打开的经典，南疆和北疆展开辽阔的页码。柔巴依内容的绚烂和形式的克制十分适合新疆的表达，几乎是新疆的天然气质与本土声音。新疆的辽阔壮美应该放在一首柔巴依中——160 万平方公里的大地可以浓缩为诗的精华。也许在新疆的"大"（地理、文化）中，"小"（诗歌、柔巴依）应该获得优先的发言权。这是诗的准则与尊严，也是我们心灵的地缘学。

这是我的一个"私人理想"：一个美的自治区，存在于一首最绝美的柔巴依中。

---

① ［乌兹别克斯坦］阿依别克：《纳瓦依》第 37 章，新疆人民出版社 1999 年版。

## 美酒佳人·伊壁鸠鲁·希伯来情歌

“美酒佳人”是波斯柔巴依和维吾尔柔巴依中最常见的主题，与爱情主题交织在一起。有时，酒中的沉醉、对佳人和爱情的渴慕演化为理想信仰的追求。它是拜物主义的，同时也是一种象征。当然，每个诗人的倾向性有所不同，如欧玛尔·海亚姆倾向于“美酒”，鲁达基倾向于“佳人”，哈菲兹则“美酒佳人”缺一不可。

葡萄在古波斯语中意为“生命饮料之树”，称葡萄酒为“葡萄的女儿”。波斯人希望死后埋在葡萄树下，以便天天有酒喝。他们认为，大地上的葡萄酒不能禁止，正如快乐和梦想不能取消。葡萄酒是他们“克服地球引力的重要力量”，它为单调呆板的尘世生活插上翅膀。希罗多德在《历史》一书中说，波斯人好饮且酒量大，他们甚至要在喝得醉醺醺时才讨论重大问题。波斯人大概会赞赏波德莱尔的诗：“我们以酒为马来骑上，/驰往神圣仙境的穹苍！”（《情侣的酒》）

维吾尔人酿造一种叫“木赛莱斯”的葡萄酒。与现代工艺酿造的葡萄酒不同，木赛莱斯的颜色有些暗淡、混浊，有点混沌初开的样子，又好像有一场沙尘暴钻进去把它搅浑了。这种最古老最原始的葡萄酒无疑具备这样的特点：质朴、天然、醇厚，喝着它，会使人产生回归自然和乡野的感觉。他们在酿造木赛莱斯时喜欢添加一些别的东西。加入鸽子血，还有枸杞、红花、肉苁蓉等药材，是最常见的。和田人喜欢在木赛莱斯中加入玫瑰花，使其更加芬芳醉人。阿瓦提人则把整只烤全羊放入其中，待羊肉完全融化于酒中，捞起羊骨架，木赛莱斯就酿成了。这种木赛莱斯营养很好，也最为混浊，有人干脆把它叫作“肉酒”。流传于莎车的一则民间故事说，木赛莱斯是一位名叫麦力吾尼的人发明的。他为了提高酒力，在木赛莱斯中加入了老虎、狐狸和公鸡的血。所以人喝了之后，像老虎一样勇猛，狐狸一样狡猾，公鸡一样淫荡。

在波斯人和维吾尔人那里，“酒神精神”和“女性崇拜”是密不可分的。诗人们在酒馆里狂喝滥饮，那是他们借酒浇愁的地方，也是治疗爱情痛苦的医院。“能在酒店里看一眼真火之光，/强似在圣堂神殿踌躇徘徊。”（欧玛尔·海亚姆）在沉醉迷狂的片刻，他们看到心仪的美人在酒杯里荡漾、摇曳。波斯诗人在迷醉中不可自拔，希望“时时厮伴女郎，日日不离酒浆”，而维吾尔诗人则勇敢、执着、全力以赴，愿意做一只扑向火焰的“爱情的飞蛾”。他们是情种、酒徒、神魂颠倒者、现世主义的浪子。

“揭开你的面纱，/让热恋的少年把你的美貌顾盼。/让爱情的火焰/去烧那飞舞的灯蛾吧！”（纳瓦依）由于伊斯兰的禁忌，“面纱”成为诗人与热恋对象之间的重大“障碍”，它遮蔽了一种不可揣测的稀世之美。同样因为《古兰经》的戒律，诗人们很少描写美人颈项以下的部位，注意力集中在脸庞。美人的脸庞，以及脸庞的各个部位，描写和赞美它们的诗篇之多，足以编撰一部诗歌小词典。我们试举一二——

头发。“香獐子窃取她秀发的芬芳，/在于阗酿成麝香。”（鲁提菲）“你的香发引得我欲念炽热，啊，那里有盛开的百花……”（巴巴塔赫尔·欧里扬）

眼睛。“你无情的眼睛已将世界掠夺一空。”（翟黎里）“弯弯的眉毛底下，炽热的眸子好似水仙盛开，/可是华丽的风信子石，还在发环之间隐藏。”（鲁达基）

嘴唇。“你那樱唇多像红宝石的酒杯，/我愿用这酒杯喝个大醉。”（纳瓦依）“你宝石般的朱唇让我亲吻，我心灵的伤口才会愈合。”（诺比提）

美人痣。“亭亭紫罗兰无论长何方，/都是仙女们美痣的投影。”（欧玛尔·海亚姆）“为了她那颗美丽的印度痣，/我不惜把撒玛尔罕和布哈拉献奉。”（哈菲兹）

在波斯和维吾尔柔巴依中，我们能隐隐约约听到希腊的声音，尤其是它的感官主义倾向、对个人快乐和自由意志的强调，使我们想起“花园哲人”伊壁鸠鲁的“知足原则”：“知足的硕果是自由。”

的确，在阿拉伯人之前，波斯经历了一个漫长的“希腊化”时代，希腊的哲学思想和文学理念产生了不可低估的影响。亚历山大东征，在波斯地区建立大批希腊城，大量希腊人在波斯东部安家，直到中亚西部。希腊文化对当地文化影响巨大，特别是城市生活，明显打上了希腊文化的烙印。希腊的造型原则，在此后的很长时间里都发挥着作用。对身体之美的崇拜，对尘世光明的追求，等等，都影响了波斯人的审美观念。

伊壁鸠鲁的“花园派”哲学受到推崇，它几乎是波斯思想和波斯精神的一个“翻版”，或者伊壁鸠鲁就像一个提前出世的“波斯人”。伊壁鸠鲁认为，外部事物带给我们的感性表象是认识的基础，“世界无限多”，同我们的世界相似并且存在着动物、植物等的世界，这是完全可能的。他不是在物理学范畴内，而是在伦理学意义上承认神的。伊壁鸠鲁伦理学的基本原则是“个人的快乐”，他说：“当我们说快乐是最终目的时，并不是指放荡者的快乐或有些人想象的那种肉体享受的快乐……我们所谓的快乐，是指身体的无痛苦和灵魂的无纷扰。”他的学生们把老师的思想总结成四句格言：“神不足惧”“死不必忧”“良善可得”“逆来顺受”。

在柔巴依中我们还能看到古代希伯来情歌的影子，感受到它们之间的气息相通。在巴勒斯坦地区，情歌不仅是婚礼上的主角，而且可以在各种各样的场合吟诵、演唱。让我们来读《圣经·雅歌》的一首——

我的良人哪，
求你等到天起凉风、日影飞去的时候，
你要转回，
好像羚羊或像小鹿在比特山上。

这使我想起纳瓦依的一首柔巴依，也是与鹿有关的：“少女，你答应我吧！/让我天天睡在你的门前。/我愿变成一只山鹿，/混在你的鹿群里。”简洁、饱满、深情，这是希伯来情歌和爱情柔巴依的共同特点，自然造化的美和被造之物的美升华了，被放到了信仰的高度。它们带着一个人来自血肉和灵魂深处的体温，而不是词的拼贴与组合。当然，希伯来情歌中也有柔巴依似的炽热——对爱的执着和忠贞不渝："即使我死了，我的双耳仍要倾听，/倾听你裙衫上金铃碰撞发出的美妙乐符。"此外，希伯来情歌和柔巴依（包括唐代绝句）都存在意象的重复，有人认为是败笔，但对于东方人来说，意象的重复恰恰是优点所在，是诗歌写作必需的"游戏规则"。

以色列·亚伯拉罕在《快乐书》中说："东方情歌尽管绝少达到像但丁所歌咏的爱情那么纯洁的程度，但它们的水平也绝不会堕落到奥维德所描绘的爱欲那么放荡的地步。"从巴勒斯坦旷野到伊朗高原，再到新疆沙漠，希伯来情歌—波斯柔巴依—维吾尔柔巴依，共同构建了东方诗歌的"雅歌谱系"。

## 世界的柔巴依

从地底深处直到土星之巅，
我已解决了宇宙间的一切疑难，
如今，没有什么问题使我困惑，
但是，面对死亡之结我仍感茫然。

这首诗出现在福州市郊外一处穆斯林麻扎的一位伊朗人的墓碑上，是欧玛尔·海亚姆《柔巴依集》中的一首，刻诗时间为1306年。1348年，摩洛哥旅行家伊本·白图泰到达杭州，在西湖边听到一位本地歌手居然用波斯文演唱歌曲，歌词是萨迪的一首抒情诗。

爱默生称萨迪是“可亲可近、忘我而平静的诗人”。他写道：“萨迪，你的话语将传播四方，/在你的诗歌里太阳永不落。”在法国，雨果的《东方集》汲取了《蔷薇园》中东方斑斓绚丽的色彩，达到了诗与画的融会。他的五行诗，犹如一串串叮当悦耳的宝石音节，传递着波斯柔巴依的韵律和节奏。安德烈·莫洛亚说，雨果用《东方集》使法国浪漫派空前团结。拉封丹《寓言诗》中的许多故事来自《蔷薇园》。自雨果之后，对东方的迷恋成为法国浪漫派作家的时尚，纪德、克洛岱尔、夏多布里昂等都写过以东方为题材和内容的作品。

正如我前面说过的，欧玛尔·海亚姆的《柔巴依集》版本之多、传播之广，也许只有《圣经》和《古兰经》才能与之相比。它直接影响了菲茨杰拉德同时代的许多作家，如丁尼生、萨克雷、卡莱尔等，对19世纪末英国唯美主义文学和世纪末颓废情调影响不小。华尔特·品特说：“永远用一种坚硬的、宝石般的火焰燃烧，保持一种狂喜，就是人生的成功。”这几乎是柔巴依的风格和柔巴依诗人的口吻了。他强调人生最重要的是取得亲身经验——“不是经验之果，而是经验本身”。这一学说得到他的学生王尔德的全力宣扬和充分发挥，在年轻人中产生了巨大影响。

当王尔德说“我们每个人身上都兼有天堂和地狱”时候，我不禁想起欧玛尔·海亚姆的类似表达：“我本身便是天堂和地狱。”王尔德认为源于艺术家心灵、具有象征意义的形式美高于一切，其特征为装饰、韵味、主观显现。而王尔德对“感官”的重视，对“新的享乐主义”的阐述，使他看起来更适合做柔巴依诗人们的理论旗手：“生活中最伟大的秘密之一——用感官来医治灵魂的创痛，用灵魂来医治感官的饥渴。”“一种新的享乐主义，就是我们这个时代需要的……我很喜欢简单的享受，它是错综复杂的现代生活中最后一个避难所。”

歌德对哈菲兹推崇备至：“哈菲兹啊，除非丧失了理智，我才会把自己和你相提并论。你是一艘张满风帆劈波斩浪的大船，而我只不过是在海浪中上下颠簸的小舟。”这里有歌德的谦卑，更有他对东方的尊重——他在与艾克曼谈话时同样十分尊重中国人：“中国人在思想、行为和感情方面几乎和我们一样，使我们很快感到他们是我们的同类，只是在他们那里一切比我们这里更明朗、更纯洁、更合乎道德。”

65岁，歌德写作《东西合集》，他是以哈菲兹为精神向导的——哈菲兹是贯穿诗集始终的一条引线：一个被追随者。漫游在东方的塔楼、集市、果园、乡村和人群之间，歌德找到了诗歌力量的新源泉，灵感汩汩流淌，正如他在一首柔巴依仿作中写的：“既然芦苇曾超群出众/使尘世生活甜蜜，/那就让我的鹅毛管中/流出美丽的诗句。”①

此时的歌德，陶醉在东方世界里，俨然已东方化了。“老年歌德逃向东方/遗弃的躯壳碎片散落沙漠尘途/要

① 注：波斯人用芦苇制笔，而欧洲人在钢笔诞生前用的是鹅毛笔。

用乳香、龙涎香沐浴/要用上好的干果喂养灵魂、体力/布哈拉的城墙、撒玛尔罕的绢纸/适宜写下一部新的圣训/一张柏树皮留下他的箴言：/‘从苏来卡到苏来卡，就是我的去迹和来踪。’/逃亡！向着新的一千零一夜/‘无论何处，我们都在自然的内部，/像星辰，绕着自己的重担旋转。’/在哈菲兹的家乡，死亡宽恕他/银杏树身披奥义的叶子/葡萄藤攀援天空的一角/白发男婴，明媚阳光提炼的心灵/一个东方梦游者：/酒肆里的少年维特/四海为家的威廉·麦斯特/骑一头骡子的浮士德……/‘永恒的女性，领我们飞升？’/现在，他的智慧有点恍惚/他的向导，是一位无名的沙漠女子。”①

纳瓦依在中亚各国家各民族中影响巨大。15 世纪后的数百年间，他的作品一直是新疆各地旧式学堂的主要文学读本。他是诗人中的“多棱镜”，除文学外，还留下了哲学、历史学、宗教学、语言学、伦理学、建筑学等多方面的宝贵财富。他的诗歌，是突厥语诗学的百科全书。

在当代，东方不仅仅是西方乌托邦的一种呈现（代表了罗曼蒂克、异国情调、美丽的风景以及种种域外的天方夜谭），更是知识、传奇、想象力的一个精义宝库。东方是隐喻和神话，是博尔赫斯的梦、镜子、迷宫、图书馆，“我总把乐园想象为一座图书馆，而不是一座花园。”东方正是心灵与地理、历史与文明的图书馆。博尔赫斯对《柔巴依集》《一千零一夜》等东方经典深有研究，他在读过《柔巴依集》后说，宇宙的历史是神所

---

① 沈苇诗作《东方歌德》。

设想、演出、观看的戏剧，而诗人——不仅仅是欧玛尔·海亚姆和菲兹杰拉德——只是神的暂时形象。

东方诗歌—唐人绝句—波斯柔巴依—希伯来情歌—维吾尔柔巴依等，是世界文学的一部分，对我来说是有着独异价值和非凡意义的一部分，通过地理最终成为“心灵之根”。我学习并珍视这些悠久而伟大的传统。“古典可以用来解忧”（沃尔科特语），而世界文学则教会我们谦卑——深知山外有山、楼外有楼的谦卑。在新疆的辽远博大中，在古老西域的时间投影中，我时常感到异乡或异域是不存在的，因为到处都是人的生活，到处都是可以筑居的地方，因为诗歌就是一个可以自由放牧的家园。时至今日，对世界文学的憧憬难道不正是对人类故乡的渴望？但话要说回来，如果一个人不把“根”带在身上，这个“故乡”又有何用？

# 二、柔巴依之乡

喀什噶尔、叶尔羌（莎车）、帕米尔（葱岭），是新疆的柔巴依之乡，突厥—波斯柔巴依的西域故园。对这些区域自然、历史、人文的考察，涉及城池、绿洲、高原，有助于我们了解柔巴依诞生的地理背景。诗歌，乃是一门心灵的地理学。

## 喀什噶尔：西域天方夜谭

我在新疆生活了二十年，在总结新疆魅力时，常告诉内地来的朋友：风光看喀纳斯，人文看喀什噶尔。我知道，这样的表达过于概括、简单，远不能道尽新疆的丰盛，但细细一想，自有我个人的理解和体会在里面。

我所说的“两喀”，一南一北，交相辉映。一个是西域风光的杰作，另一个则是中亚人文宝库和维吾尔文化中心。喀纳斯位于盛产黄金的阿尔泰山，而喀什噶尔在古突厥语中意为“美玉般的地方”，因此在我的理解中，新疆是一个在黄金和玉石的光芒照耀下的“美的自治区”。

正是由于这两种光芒的照耀和恩惠，我们对这片亚洲腹地的阅读才有了可能。如果把新疆比作一本书，它就是以天山为书脊打开的一册经典，南疆和北疆展开它的页码，沙漠、戈壁、绿洲、群山均是华彩的篇章和段落。人们往往只看到这个地区表面上的荒凉，却看不到它骨子里的灿烂，看不到它的丰盛和多元，更看不到它消失的部分（斯坦因所说的“沙埋文明”）能够如此炽热地点燃我们的探究之心和历史想象。历史学家说，这里是地球上唯一的四大文明融会区；地理学家则认为，凡是地球上具有的地貌新疆都具备……

在新疆这么多年，毫不夸张地说，我走过的路以万里为单位，喝过的酒以吨来计算，看过的美景也只能以“盛宴”来描述了。漫游在书斋与旷野之间，我走遍了天山南北，但兴趣点之一却落在了喀什噶尔。

我生活在乌鲁木齐，喀什噶尔却是我每年必去的地方，有时一年要去好几趟。它像一场旷日持久的恋爱，已是一个难舍的宿命般的情结，仿佛在那里，在沙漠与高原间的喀什噶尔绿洲，我能建立起一种新的亲缘关系——或许可以一厢情愿地称之为“他乡的故乡”吧。

喧闹的巴扎、迷宫似的老城、学者和汗王们的寝陵、晨光中的艾提尕尔清真寺、经书和香料的气息、建筑内部的无限图案……喀什噶尔是丰盛的、华美的、多义的：它是一个词中的“各色砖房”“玉石集中之地”“初创”（“喀什噶尔”在古突厥语中的3种含义）。同时，她是本真的、深邃的、引人入胜的。她的美，是尘土中开放的玫瑰、风中摇曳的沙枣树，是褐色面纱下难于揣度的女性的禁忌与妩媚，是银髯飘飘的老者阅尽人世沧桑后脸上的从容安详，还有孩子们稚气大眼睛中深深的蓝。

尽管现代性已给喀什噶尔抹上了一层异样的色彩，但她骨子里依然珍藏着古老的个性。是她缓慢流淌的时光中安宁和停顿的部分挽留了我们，使我们流连忘返，由衷感叹，并在当代生活迷雾重重、焦灼万分的一路狂奔中找到了镇静和喘息的机会。

我想，在喀什噶尔浓郁风情的外表下一定隐藏着另一座城：一种纷乱现在时中遥远的过去时，一份由信仰、传奇和艺术构成的精神图谱。她是世俗之城，更是精神之城、信仰之城。如果把新疆比作一本书，喀什噶尔则是书中之书：一部圣哲之书，一部西域天方夜谭——

“书面的美最难企及，
无论呕心沥血的人力，还是自然的鬼斧神工。”
你说，拨亮羊油浸泡的灯捻
转身消失在一本积满灰尘的书里
你留下自己的名字：马赫穆德·喀什噶里
玉素甫·哈斯·哈吉甫……或者别的什么
或者不署名，就像一株葱郁的树
增加或减去一片叶子
都不损害树的灵魂

“书面的美是一座麻扎，在静静消化死这个词。”
守墓人！你与文字间游荡的亡灵对话
深知伟大的书取缔作者
取缔他的简历、生平和转述
……翻到十一世纪幽蓝的一页
突厥语、波斯语、阿拉伯语

交换内在的信物和光芒
正如小径交叉的桃花石汗花园
慷慨的百花交换各自的芬芳

你谈到封存的智慧，书中的天窗
破晓的一千零一夜——
“在喀什噶尔，我热爱的城，
皇家经学院的诵读声
使庭院里的石榴树一夜无眠……”

（《喀什噶尔》，2005）

在我看来，迄今为止所有写喀什噶尔或与喀什噶尔有关的书都是在向这座西域城池致敬，无论是失传的《喀什噶尔史》，还是流传至今的《拉失德史》，以及著名的《突厥语大词典》《福乐智慧》，都是“致敬之书”。而我的这些文字，只能表达自己的一点微薄的敬意。

16 世纪的喀什噶尔人、《拉失德史》的作者米儿咱·马黑麻·海答儿称喀什噶尔是“天堂般的城市和地狱般的沙漠之间的炼狱”。他说，城市居民到那里去，把喀什噶尔看作野地，可是游牧民却把它看作文雅的城市。如果问那些从炼狱中来的人，他们会说这里就是天堂。

海答儿还写道：“这里是以贫为乐和富而不贪的人的世外桃源。由于过去住过有福的圣哲，所以现在虔敬的人也大受其惠。”时至今日，我们仍在领受这种恩泽，无论世居者还是偶尔的闯入者，都受到喀什噶尔传统与现实的双重哺育和教诲。

面对喀什噶尔，我希望我的表达是慎重、妥帖和恰如其分的。多年来，我总在思念她，频返这一魂牵梦绕之地。如今，在纷繁印象和零乱记忆中，我是否触摸到了她的一点脉搏，目睹了她神秘面纱下的真容？

作为一部圣哲之书、一部西域天方夜谭，喀什噶尔是历代智者和无名者写下的集体经卷，在时光幽深处静静吐芳并熠熠生辉。拂去泛黄羊皮封面上的灰尘和落叶，尽管我已读过多遍，但不能说自己已真正领悟她的奥义和真谛。

## 一座城市的气味

一定程度上来说，气味是打开一座城市的门。它是看不见的，不会吱呀开合的，却是可以直接认知和直达心灵的感官之门。

读过中世纪的一部欧洲传奇，里面有这样一个细节："东方？"一位苏格兰长者一次突然说："东方只不过是一股气味！"

同样，我们可以将喀什噶尔描述成一股气味：一座气味之城。

喀什噶尔的气味中有香料的气味、饮食的气味、瓜果花卉的气味、尘土的气味、经书古籍的气味、伊斯兰的气味……她是一部气味大全，是气味的博览中心。她的气味其实是一种与众不同的气息和气质，四处弥漫，扣人心弦，使我们的嗅觉突然觉醒，内心也恍若有悟。

一位烤肉师傅往吱吱冒油的羊肉串上撒孜然。一位主妇将切好的金黄色榅桲放入泡好的大米中，为家人做一锅香喷喷的抓饭。一位白胡子老者坐在巴扎的凉棚下，吃着抹了藿香酱的馕，一边喝着放了玫瑰花和沙枣花的药茶。一个小男孩津津有味地吃着农民汤饭（羊肉汤面片），汤饭上飘着一些切碎的薄荷叶，他用核桃木勺舀起，吹一吹，小心烫了自己的嘴……这是喀什噶尔现实生活中的典型场景。

喀什噶尔过去和今天的生活都离不开香料。但我们知道，香料最早是高高在上的，是用来取悦神灵的，是寺庙和祭祀仪式的用品。再后来与女性、闺房发生了关系，成为情欲的催化剂。维吾尔人却将它从空中请回到人间，请回到世俗和日常，使袅袅香烟重返它真实的根部。

这使我想起新疆的清真寺。许多清真寺的楼上是祈祷室和讲经堂，是举行神圣仪式的地方，楼下往往是烟熏火燎的餐厅和人头攒动的商场。这种情况对于基督教堂和佛教寺庙来说是不可思议的，也是不太可能出现的。它与土耳其人在墓地开咖啡馆、印度人将餐厅开在棺木旁，或许存在某种共通之处。

清真寺呈现的有趣格局是维吾尔人生活态度的某种象征：日课是日课，日子是日子。就像一位刀郎艺人对我说过的那样："有时是安拉和使者，有时是歌唱和舞蹈。"信仰是信仰，生活是生活，它们成了两条"战线"，成了"生活之寺"的楼上和楼下，却一点也不冲突，反而和谐地交融在一起了。

简单地说，将信仰生活化和将生活信仰化，是维吾尔人的生活哲学。气味与感官，精神与秘密，也常常交错和置换。

我们知道，丝绸之路有时也被叫作“香料之路”，东西方的香料贸易要早于丝绸贸易。公元前128年，张骞出使西域，发现疏勒（宋元之前喀什噶尔的习惯称谓）“有市列”，虽人口不多，却俨然已是一座城市。从公元前2世纪到公元15世纪，疏勒一直保持了葱岭之东商业都会的地位。

尤其是在唐代，疏勒成为丝绸之路南道上最重要的商品集散地和贸易中转站，是著名的国际商埠。“驰命走驿，不绝于时日；商胡贩客，日款于塞下。”集市上商品琳琅满目，仅香料的运输清单中，就有来自中国内地的肉桂、龙脑、香茅、麝猫香、紫花勒精，来自波斯、印度乃至地中海地区的檀香、沉香、乳香、安息香、没药、波斯树脂、苏合香。作为一个香料集散中心，东西方的奇香熏染过喀什噶尔大地。

时至今日，对香味的迷恋仍是喀什噶尔生活的一个可见的特征。香味渗透到日常生活的各个侧面和细节：饮食、起居、服饰、信仰、艺术等。维吾尔人常常将“香”等同于“热”。凡是热性的东西，都是好的，对身体和精神有益的。他们对“香”的迷恋其实是对“热”的渴望。当香料走下神坛，走向民间和日常，它就成了更具现实用途的调料，成为嗅觉和舌尖的共享。

像所有维吾尔族聚居的城市一样，来自波斯的孜然（安息茴香）是喀什噶尔的第一调料、第一香味。孜然独特的芳香来自烤肉炉、馕坑，来自快餐店、宴会厅，来自调料铺、药材店……孜然无处不在，它的芳香四处飘散、弥漫。是孜然激发了喀什噶尔饮食的特点：质朴、浓郁、热烈。在孜然飘香的街区和小巷，借助感官的陶醉，我们似乎能一下子抓住这座城市的灵魂。

孜然香味激发了旅行者对喀什噶尔的记忆，它就像普鲁斯特笔下的小玛德莱娜点心，多年之后当他们在别的地方闻到类似的气味时，会情不自禁回想起在喀什噶尔度过的难忘时光。

喀什噶尔一带出产奇花异果。叶城的石榴，英吉沙的巴旦杏，伽师的甜瓜，疏附的阿月浑子，疏勒的榅桲，阿图什的无花果，吐曼河边的沙枣树，还有一种长得疙里疙瘩的化石模样的土梨，使人如数家珍。13 世纪的意大利旅行家马可·波罗看到的喀什噶尔“幅员极其辽阔广大……这里有美丽的花园、果木园和葡萄园”。《拉失德史》上说，喀什噶尔不贩卖水果，也不禁止任何人采摘。果树一般都种植在路边，大家可以随意采摘。

在我眼里，喀什噶尔和它的绿洲就是一个巨大的花果园，是由不计其数的花园和果园组成的。喀什老城有一个叫“亚瓦格”的地方，意为“悬崖乐园”或“峭崖上的花园”，用来描述整个喀什噶尔也是恰如其分的。

这片土地上四季飘散的花果芳香（冬季围着火炉吃瓜，还有各种花酱）使人想到天堂和乐园，更联想起伊甸园的景象。

所有的乐园都缺少不了瓜果、花木、美女、美食等元素，无论基督徒描述的还是穆斯林想象的。14 世纪成书于阿拉伯—波斯的《先知史》传入新疆后，添加了许多中亚维吾尔人的信仰和传说。在他们的讲述中，大洪水变成了塔克拉玛干的沙尘暴，伊甸园也移植到了从喀什噶尔到于阗（和田）一带的昆仑山北麓。《先知史》中还说，亚当和夏娃分离 7 年后在昆仑山的冰川上重逢，他们再也控制不住炽热的情欲，便在冰川上做起爱来。所以，从那一天开始，女人的臀部是冷的，男人的腰部是凉的。“于阗”的发音就取自“伊甸”，或者说是对“伊甸”的附会。

从地理角度去看，喀什噶尔三面环山，北依天山，西为帕米尔高原，南边则是昆仑山系。喀什噶尔就像一个群山环抱中的襁褓，更像以连绵山峦为背景的一个孤寂的舞台，独自面向塔克拉玛干沙漠空无一人的剧场，并承受着来自沙漠腹地的沙尘暴的侵袭。

在这里，我要写一写喀什噶尔更为宏大的一种气味：尘土和沙暴的气味。每年春天到初夏的尘霾天气，阳光明媚的喀什噶尔变得朦胧、暧昧而昏暗，它不再是伊甸般的乐园了，而更接近《拉失德史》的作者米儿咱·马黑麻·海答儿所说的“炼狱”。一个炼狱般的喀什噶尔，出现在群山与沙漠之间。

上个世纪初，英国驻喀什噶尔总领事馆的两位领事夫人绘声绘色地描写过这里的沙尘天气。有一天，凯瑟琳·马嘎特尼看到远处沙漠里升起一个巨大的黑柱子，穿过晴朗的天空疾驰而来。黑柱子越变越大，太阳变成了一个苍白的球，很快就消失了。天空越来越暗，紧接着是狂风呼啸，铺天盖地袭来，像要把人裹挟而走。空气中的尘土穿过每一条缝隙扑向室内，使人连呼吸都感到十分困难。一般风暴要持续24小时左右，才会平静下来。凯瑟琳写道：“在那些天气里，如果你把一张白纸摊放在什么地方，过不了多久，纸上就会出现一层厚厚的尘土，你可以在上面写自己的名字，清晰可见。”①

---

①［英］凯瑟琳·马嘎特尼、戴安娜·西普顿：《外交官夫人的回忆》，新疆人民出版社1997年版。

另一位领事夫人戴安娜·西普顿说，喀什噶尔无穷无尽的尘霾就像伦敦大雾一样，好几个星期都不会消失，把自然界的万物都罩在里面了。她把尘霾比作一个大信封，将人装在昏天黑地之中。“你吃的是尘土，闻到的是尘土，打喷嚏喷出的也是尘土。尘土无孔不入，钻到了房子里的每一个角落。然而，又是尘土，却也常常清洁着空气。”①

尘霾现象几乎四季都发生，春夏之交最甚。天空经常在下土，即使天晴气朗的时候。只有在雨后或雪后才稍有停息，但雨雪天气在喀什噶尔并不多见。在喀什老城的庭院里，几乎家家户户种有无花果树，因为无花果宽大的叶子能吸附和过滤空气中的沙尘和毒素。还有绿洲上挺拔的白杨树，同样起到了抵挡沙暴的作用。

在巴扎、老城、小巷以及广袤的乡村，尘土的气味是每时每刻可以闻到的气味，它就是大地本身的气味，代表了大地的安宁和暴戾。一个喀什噶尔的孩子，从小就在尘霾中长大，尘土的气息他是再也熟悉不过的了。他熟悉它如同熟悉自己的家人、熟悉家里的气息。

特别是喀什噶尔的女孩子，从小就从母亲那里学到了对付尘土飞扬的办法：每天早晨起来，提一桶清水，洒在院子里、大门外。行人走过小巷，能闻到湿气传递的含有腥味的尘土气味。这个女孩子一天天长大，后来做了母亲、祖母，直到耄耋之年，她都会不停地重复这一洒水的动作。这个动作无疑已成为喀什噶尔女性的日课，是我们能看到

---

① ［英］凯瑟琳·马嘎特尼、戴安娜·西普顿：《外交官夫人的回忆》，新疆人民出版社 1997 年版。

的最经典的动作之一。它是简单的、重复的，但其片刻的停顿和凝神包含了古老雕塑般的内涵与力度。

当我们面对瀚海腹地袭来的沙尘暴时，我们是在经历它的洗礼。尘土和沙暴来自沙漠本身，也可能来自楼兰、尼雅废墟和众多沙埋古城，来自某个血腥的古战场和某座圣人麻扎（墓地），来自这块土地上宗教、政治曾经博弈的时光深处……如果尘霾是一部历史，那么通过它，我们正可以呼吸喀什噶尔的历史。每一粒尘埃，每一颗沙子，或许都包含了时光所丢失的鲜活细节。

气味统治我们的感官，解放我们的心灵。喀什噶尔的气味是一席嗅觉的盛宴。气味来自尘土、花果、香料和饮食，也来自一切可能的别处：古老的木卡姆音乐、绚丽的艾德莱斯绸、老城民居里的壁挂和地毯。还可能来自艾提尕尔清真寺边的几家旧书店，在那里，我买到过胡桃木做的读经架和赫尔克提的一册诗集。那么，喀什噶尔的气味同样可能来自赫尔克提的诗集，来自他的几行诗：

> 我呀，并不需要去天方朝觐，
> 喀什噶尔有的是麻扎，擦眼土药也够用；
> 用睫毛扫净那大片的广场，
> 哭出你的泪水，这支天堂里的礼歌。

## 桃花石汗时代

这里所说的“桃花石汗时代”指的是喀喇汗王朝（约840—1212），中亚历史上第一个信仰伊斯兰教的维吾尔王朝。由于他们的战旗是黑色的，汉文古籍中也称之为“黑汗王朝”。

喀喇汗的首领们自称“桃花石汗”，意为“中国的汗”，或“东方和中国的王”。说明他们对中央王朝和中国概念的认同。连11世纪喀什噶尔的大学者马赫穆德·喀什噶里也自称秦人，即中国人。

> 桃花石——此乃摩秦的名称。摩秦距离契丹有四个月路程。秦本分为三部：上秦在东，是为桃花石；中秦为契丹；下秦为八儿罕。而八儿罕就是喀什噶尔。但在今日，桃花石被称为摩秦，契丹被称为秦。
>
> （《突厥语大词典》第一卷）

回鹘西迁揭开了桃花石汗时代的第一页。

回鹘也叫回纥，其族源可追溯到古代的丁零和铁勒，因他们的车轮高大，又称高车或高车丁零。“其俗骁强，无君长，居无恒所，随水草流移。”他们起先游牧于巴尔喀什湖和贝加尔湖之间的草原地带，后游牧于漠北高原的鄂尔浑河流域，其部落和部落联盟加入草原上崛起的东突厥汗国和西突厥汗国。

公元840年，突厥汗国解体，回鹘分三支西迁：一支进入河西走廊；一支迁徙到天山以东以南，建立了高昌—龟兹政权；人数最多的一支有15部之众，在庞特勤率领下西迁到伊犁谷地和七河流域，并发展到费尔干、喀什噶尔及和阗地区，与当地土著居民结合，在亚洲腹地建立了一个崭新的政权——喀喇汗王朝。

王朝沿袭草原传统，实行“双王制”。大可汗叫狮子汗（阿尔斯兰汗），驻地巴拉沙衮；副可汗公驼汗（布格拉汗），驻地先后在怛逻斯和喀什噶尔。公元893年，奥古勒恰克·布格拉汗迁都喀什噶尔。从此，喀什噶尔成为喀喇汗王朝的政治中心，并逐渐发展成为经济和文化中心。

伊斯兰教最早是随阿拉伯远征军进入中亚的，但这些以“圣战”为名的远征是试探性的，不成规模。接着，是阿拉伯传教士的陆续到来。第一个皈依伊斯兰教的喀喇汗王朝的汗王是奥古勒恰克的侄儿萨图克·布格拉汗。据伊本·阿西尔《全史》记载，萨图克有一天梦见一个人从天而降，在一团光芒中对他说：“为了拯救自己的今世和来世，你要皈依伊斯兰教!”《全史》还说，萨图克是受了他的老师——一位苏菲派传教士的影响而入教的。

另一个说法是，9世纪中叶的某一天，16岁的萨图克·布拉格汗在沙漠中游猎，看到一阿拉伯穆斯林商队到了日课时间，将自己的行装和货物散放四周而不顾，却面向西方不停地起跪礼拜。他大为惊奇，认为这一虔诚信仰和严格纪律可帮助自己成就大业，就毅然皈依了伊斯兰教。

宣布伊斯兰教为国教的是萨图克的长子穆萨·阿尔斯兰汗，时间是在公元960年。那一年，喀喇汗王朝境内有20万帐、近100万人的部众皈依了伊斯兰教。仅喀什噶尔城内，就一次宰杀了2万只羊，用于庆贺仪式。穆萨还在喀什噶尔创办了皇家经学院——汗勒克麦德力斯。

我们注意到，世界三大宗教中的基督教和伊斯兰教都是诞生于沙漠背景中的。诞生于阿拉伯沙漠的伊斯兰教最终传入了新疆沙漠，这是一个有意思的现象。在阿拉伯语中，“沙漠”和“宗教”都是“恐惧和敬畏”的同义词。人在沙漠，因为绝望，因为死的恐惧，他更加频繁虔敬地祈祷上帝，指望上帝将自己从死神的手掌中解救出来。当他终于逃过劫难，得以生还，便由衷地赞美上帝，将奇迹归于上帝，他对上帝就越发坚信，也更加忠诚。对上帝的思慕在深陷困厄的人身上切开无数伤口，也开凿了一个个流水淙淙的涌泉，使他在沙漠中不至于焦渴而死——是沙漠催醒并保护了人的宗教意识。因为，沙漠对于自然来说，是一种荒芜，而对于宗教信仰来说，却是一片沃土。

喀喇汗王朝面临的最大冲突是与于阗佛教政权的不可调和的矛盾。佛教在西域有近1000年的历史，形成了于阗（和田）、疏勒（喀什噶尔）、龟兹（库车）、高昌（吐鲁番）等四大佛教中心。在今天的喀什噶尔，还能看到三仙洞、莫尔佛塔等佛教遗址。其中三仙洞是西域最古老的一处佛教洞窟，开凿时间比敦煌莫高窟要早200年左右。公元644年，玄奘从印度取经归国途中经过疏勒，看到这里的人民笃信佛法，“伽蓝数百所，僧徒万余人，习学小乘教说一切有部”。

喀什噶尔穆斯林与于阗佛教徒之间的宗教战争持续数十年。战争是残酷的、血腥的，尸骨遍野，身首异处，哀歌动地，哭声震天。从现在塔里木盆地南缘和昆仑山北麓留下的不计其数的圣战麻扎以及被毁坏的佛教遗址上，仍可见当年战况之惨烈。以“圣战”的名义，人类的自相残杀有了充足的理由，渎神事件也时有发生。《突厥语大词典》收录了这样一首战歌：

我们像急流奔驰，
我们出现在城中；
我们毁坏佛寺，
我们在佛像头上撒尿。

事实上，在伊斯兰教传入之前，西域民族除了信仰佛教而外，还信仰过萨满教、祆教（拜火教）、摩尼教、道教、景教等。在很长的历史时期内，这些宗教是多元并存的。马可·波罗看到13世纪喀什噶尔东面的叶尔羌，尚有部分居民信仰基督教，属聂斯脱利教派。伊斯兰教在塔里木盆地彻底占据统治地位已到15世纪，也就是喀喇汗王朝消亡后几个世纪的事了。

喀喇汗王朝的300多年，其地理版图是有所变化的。大体的范围是：西起喀拉库姆沙漠，东至罗布泊，北达巴尔喀什湖，南到阿姆河流域。

这个王朝，也就是我们所说的“桃花石汗时代”，之所以在西域历史上是十分重要的，是因为它的建立标志着一种融合型的文化“伊斯兰—维吾尔文化”的出现，也标志着现代维吾尔族的诞生。

法国经济学家谢松曾用“倒金字塔理论”推断，认为现在每个人的血管里至少流淌着生活于公元1000年的2000万人的血液（按每个世纪有3代人计算）。按照谢松的理论，这个世界上没有一个人不是“混血”的，也不能宣称哪个民族是不折不扣的真正的“纯种”。

维吾尔族同样是一个“混血民族”。其民族主体是从漠北高原西迁而来的九姓回鹘，同时融入了中亚古老的土著居民的血统，如葛逻禄、突骑施、样磨、处月、古斯、粟特等。以喀什噶尔为例，最早生活在这里的有雅利安人种的东伊兰人（塞种人），葛逻禄人和样磨人也较早来到这里，还有大月氏、吐火罗、吐蕃、柔然、羌等，他们都或多或少融入喀什噶尔维吾尔族祖先的血脉中去了。

回鹘西迁后，完成了从草原游牧民族到绿洲定居民族的过渡。喀什噶尔一带“宜谷稼，多众果”，出现了较为发达的农业、手工业和商业。作为都城的喀什噶尔，成为喀喇汗王朝的政治、经济、文化和宗教的中心。

城市规模明显扩大了。像布哈拉、撒马尔罕等，城区面积比以前大了好几倍。喀什噶尔，也就是两汉时期的“疏勒国”，西汉时有 1500 户、18647 人，东汉时 2100 户，而喀喇汗时期，光城区人口已过万。王宫设在有 9 股泉水的布拉克贝希以南的高地上，城墙周长达 4.5 公里，有 4 座高大的城门，分别是：欧尔勒达大门、喀日克大门、苏大门和托克扎克大门。城墙之外叫欧尔达阿勒迪，意为“王宫之地”。喀喇汗的王宫成为喀什噶尔的中心，直到 15 世纪艾提尕尔清真寺建立后，市中心才转移到这座著名清真寺的附近。

城市发展的标志之一是商业、手工业和建筑业的繁荣。

喀喇汗王朝与宋王朝保持了密切的商业往来。通过喀什噶尔，中亚商队“远不逾一二岁，近则岁再至”，有时几个商队同时到达汉地。据《宋史》记载，输入宋朝境内的主要商品有珠玉、珊瑚、翡翠、象牙、乳香、木香、琥珀、花蕊布、硇砂、龙盐、西锦、马、驴等。其中乳香为大宗。1072 年，喀喇汗王朝的商队一次就给宋朝运来了“乳香三万一千余斤”。而宋王朝运往西域的主要是茶叶、丝织品、服装和工艺珍品。

玻璃制品出现了，工匠们已熟练地掌握用人工吹气法来制造玻璃器皿。釉下彩陶的生产达到了鼎盛时期，虽然比不上中国瓷器的精美和半透明，但陶工们已较好地解决上釉和控制焙烧温度等技术难题。纺织、金属制品、桑皮造纸等也大放异彩。现在喀什的东湖畔有一处名叫“阔孜其亚贝希”的地方，意为“高崖土陶”，据说就是喀喇汗王朝陶工们居住的地方。手艺人在那个时代受到尊重，享有美誉，像炼金术士一样，被认为是拥有某种行业秘密的人。玉素甫·哈斯·哈吉甫在《福乐智慧》中提醒人们要盛情款待手艺人，因为“世界的装饰靠他们，人间的奇迹由他们创造”。

建筑的变革是从砖的出现开始的。出现了阿拉伯—波斯风格的穹隆式圆拱屋顶、尖拱形洞式门窗和壁龛。由于砖的普遍使用，建筑物更加坚固、结实，还能修得雄伟、宏大了。例如清真寺，它的邦克楼开始尽可能地向空中拓展，变得更为高大、匀称和美观了。高耸的清真寺打破了城市低矮、单调的平面格局，使城市有了立体感，也更有生机了。陵墓的装饰手段变化万千，是所有建筑中最为壮丽堂皇的，通常采用几何图案和植物图案的凹凸瓷砖或彩色瓷片来装饰。在民用建筑中，砖与砖坯、泥块混合使用，平面配置普遍带有内院，具有外粗内秀、庭院化、私密性等特点。砖的出现在中亚建筑史上具有划时代的意义，直到今天，“喀什噶尔小红砖”仍是新疆维吾尔建筑和装饰中颇受青睐的材料。

喀喇汗王朝时期开创了维吾尔文化史上的“黄金时代”，它创造的璀璨文化如今已是一种传统，具有源头般的力量。

王朝境内通用 4 种语言：突厥语（回鹘文）、粟特语、波斯语和阿拉伯语。马赫穆德·喀什噶里在《突厥语大词典》中说，突厥语已由受到惊吓的鹿的时代，转而成为赛场中冲刺的骏马；突厥语和阿拉伯语，如今已是竞赛中并驾齐驱的两匹马。当时流行这样一句谚语：“阿拉伯语是知识，波斯语是糖，印度语是盐，而突厥语（维吾尔语）则是艺术。”

多元文化在这片土地上并存，无论是希腊哲学、波斯诗歌还是宗教保守主义、苏菲派思想，都能找到自己生存的土壤，它们相映生辉，相互融合。在文学上，出现了时髦的“维吾尔风格”；在诗歌领域，阿拉伯—波斯阿鲁孜形式开始了本土化。诞生了维吾尔文化史上最早一批杰出的诗人、学者、思想家。他们当中大多是喀什噶尔人或与喀什噶尔有关。

1069 年，出生于巴拉沙衮的玉素甫·哈斯·哈吉甫在喀什噶尔完成了维吾尔文学史上第一部劝诫性长诗《福乐智慧》，共一万三千余行。1074 年，喀什噶尔出生的马赫穆德·喀什噶里在巴格达完成了巨著《突厥语大词典》，这本书被誉为有关 11 世纪中亚社会的百科全书。12 世纪初，阿勒马伊在喀什噶尔写下《喀什噶尔史》和《晒赫词典》，这两本书现已失传。13 世纪初，盲诗人阿合买提·玉格乃克用喀什噶尔地方语写下长诗《真理的入门》……

为喀喇汗王朝敲响丧钟的是契丹人建立的西辽政权，时间是在 1211 年。7 年后，蒙古大军占领了喀什噶尔。此后，喀什噶尔成为成吉思汗次子察合台的领地。

## 老城·迷宫

喀什老城从前包括了以艾提尕尔清真寺为中心的大片区域。也就是说，它是以清真寺广场为轴心向四周辐射、延展的。但随着城区拆迁、改造以及盲目的“现代化”，目前只剩下清真寺对面从解放路到吐曼河一片了。这里，曾是喀喇汗王朝王宫所在地。布拉克贝希的 9 股泉水至今仍有 5 股在汩汩流淌，残留的高大城墙在诉说失去的时光。

我曾对喀什地区的一位专员说，没有老城就没有喀什。老城不是过时的建筑遗址，而是一笔珍贵的文化遗产。这位专员对我的看法表示认同。

这里保留至今的地名像老城本身一样悠久，它们又是极有诗意的：恰萨——十字路口，阿热亚——峡谷，欧尔达希克——宫殿之门，亚瓦格——悬崖乐园，阔纳代尔瓦扎——老城门，诺尔贝希——木头水管，再格来——首饰匠人，阔孜其亚贝希——高崖土陶……

喀什老城是对时光的一次挽留。触目可见的土灰色几乎是时间本身的颜色。建筑材料是生土、土块、砖、砖坯和南疆最常见的白杨木。布局是随意的、自由的，巷子总是那么狭小、幽深，沿着它们，仿佛能走到时光的尽头去。

喀什老城

这里的密集和拥挤呈现了一种故园般的亲切，如同建筑物与建筑物相互依偎、取暖，并长久地呢喃、倾诉。每个人似乎都能在这里遇到听不懂的乡音——前世和异域的乡音。城市道路的宽度，往往能体现居住者与居住者之间的距离。而在喀什老城，狭小的巷子几乎取消了这种距离，也取消了人与人之间的隔阂。不像现在的城市，道路越修越宽，人心却越离越远。

喀什老城代表了一种天真的建筑学，它的自然本色，它凝固的流淌，无疑是音乐科学最为朴素的一种表达。现居北京的文学评论家韩子勇先生说，喀什老城是建筑学意义上的麦西来甫（Mexrep）。麦西来甫是维吾尔族集歌、舞、乐等为一体的民间传统的娱乐形式，意为“聚会”“集会”。那么，喀什老城就是建筑的聚会和集会了。

时间过去了几百年，漫长的岁月并未毁掉它旧时的容颜，时光在这里静止下来，紧紧依附在过街楼、厚实的土墙和油腻斑驳的门楣上面。不少人描绘过的“中世纪风格的喀什噶尔”，指的就是喀什老城。瑞典东方学家贡纳尔·雅林在《重返喀什噶尔》一书中写道：“1929年来到喀什噶尔，就如同从现代回到中世纪，回到为拍摄电影《一千零一夜》所设置的场景中。”雅林还讲到自己在喀什经常做的一个迷路的梦：沿着长长的小巷漫游，天棚上吊着一串串的葡萄，阳光透过天棚上的白杨木板泄了进来，但巷子越来越暗、越来越黑，也越来越窄，连移动一下自己身子的空间几乎都没有了。紧接着，一堵墙挡在了面前……“为了能够返回，我只好选择让梦结束。”雅林说。

走在喀什老城，就是走在一千零一夜的深处，走在天方夜谭故事的跌宕起伏的进程中——引人入胜的美，总在那些曲径通幽的迷宫般小巷的最深处。

是的，老城就是一个“深处”。它隐秘、含蓄、自足，接受了时光之手的打造，收下了岁月微薄的遗赠，却保留和酿造了时光中遥远的声音、气息和色彩：一种原始的古朴和芬芳。它是人类摆脱了居无定所的游牧生涯后的一次诚恳的落脚，是永久性建筑对临时性毡房的置换，无疑也是人类玩泥巴的童年爱好的一次集体性放大。

古巷内总是十分安静，偶有卖酸奶、凉粉的小贩穿巷而过。光线忽明忽暗，明暗反差是如此之大，如同一幅变幻的黑白木刻。土墙和过街楼挡住了阳光的直射和曝晒，即使在最炎热的夏天，走在古巷内，你仍感到十分凉爽。白天，男人们上班或做买卖去了，小巷内只留下妇女和儿童。孩子们玩陀螺、跳皮绳，围在一起分享一盆水煮土豆。妇女们绣花帽，晾晒地毯，撩开沙枣核的门帘，相互久久地交谈，倾吐心里的话。穿艾德莱斯绸的姑娘像一朵彩色火苗，款款走过幽深的小巷，梦境般远去了。首饰匠的喷枪呼呼呼地喷着蓝色火苗，像是魔法，很快做好了一枚银戒指。裁缝店里传来缝纫机嗡嗡嗡的鸣叫，还有孩子的哭闹。老式理发店散发着肥皂好闻的香味。铁匠铺前拴着乡下来的马匹，它在等待换一副新的铁掌，由于紧张和害怕，身子在微微颤抖、冒汗……

在建筑格局上，老城民居普遍采用平面配置带内院的方法。这种格局，从实用的角度讲，能有效地防风沙、抗干旱，保证居家的私密性，并且体现维吾尔人性格中“外粗内秀”的特点。推开一扇虚掩的木门，你看到的内院景象总是别有一番天地的：盆栽的无花果树和各种鲜花长得兴旺，葡萄架上挂着令人垂涎的葡萄，一张大炕占据院子的很大面积，炕上铺着鲜艳的毡毯，雕花回廊连着客厅和卧室，或者通向二楼年轻人的房子，一位慈眉善目的老大娘正往院子地上洒水或者正在做一锅香喷喷的抓饭……老城民居是对金玉其外、败絮其中的反动，它是质朴其外、华美其中的。

就拿位于欧尔达希克路上的汗勒克麦德力斯（皇家经学院）来说，外观上一点也不气派，甚至有些寒碜，大门也与普通民居没多少差别。但作为喀喇汗王朝的“最高学府”，除了主修《古兰经》《圣训》等宗教科目

老城人家

外，还讲授天文、历史、地理、医学及哲学、文学、诗歌等内容，阿拉伯语和波斯语也是基础学科。从这里走出去的学者、诗人不计其数。马赫穆德·喀什噶里年轻时曾在这里求学，玉素甫·哈斯·哈吉甫晚年在此开坛授业。

黄昏的时候，爬着摇摇晃晃的木梯，我登上了我的朋友阿不都·苏甫尔家的屋顶。

从吐曼河边望过去，老城就像是一座遗弃的坟场，破落而杂乱，露出一点死气沉沉的土灰色。而此刻，我只上到几米高的屋顶，展现在眼前的却是另外一番壮观景象：参差错落的屋顶绵延起伏，依旧是土灰色的波浪，依旧是几何学的变幻，在你视线中展开，带着一种令人踏实的泥土的颜色，一直铺向天边。它的辽阔和开敞完全超乎我的想象——它像一片海，一片提升到空中的海面！

我无法描述它给人的辉煌壮丽的感觉，但它的确充满生机，甚至有一种杂乱的繁华：在傍晚橙色柔和的光线中，电视天线像人的手臂伸向空中，捕捉着天空的音讯。家家屋顶上种着鲜花，盛开的夹竹桃，沉甸甸的无花果，著名的喀什玫瑰，构成一个名副其实的“空中花园”。厨房也搬到了屋顶上，主妇们在忙碌，洗菜，切西红柿，空气中传来葱爆羊肉诱人的香味。养鸽人唱着古老的喀什噶尔民歌，用玉米粒喂养心爱的蓝鸽子。鸽群在天空盘旋，撒下嘹亮的哨音。这哨音就像是它们播下的种子，可以控制屋顶上晨昏的明灭。“那些翻跟头的鸽子更是独特无比，它们表演的节目就像死去的鸟又活了过来：一跟头笔直地栽了下来，又刷地一跃而起，在空中重新展翅飞翔。它们有的尾巴上装着鸽哨，哨音就像轻柔的音乐，非常迷人。”①

我的目光在土灰色的苍茫的海面上巡逡、游弋，最后停泊在一座座蓝色“岛屿”上：清真寺的圆顶，邦克楼上的新月，蓝和绿闪烁，阿訇召唤人们做昏礼的呼喊声浮上来，回响在老城上空，一直飘向郊外的原野……

“上苍的屋顶……”我在心中自语。

老城的生活分成了两部分：屋顶上和屋顶下。屋顶上的繁华、激荡，向着上苍的吁请，屋顶下幽深交叉的

---

① ［英］戴安娜·西普顿：《古老的土地》，新疆人民出版社1997年版。

小巷、隐秘之美以及从未吐露过的生活的欢欣和苦恼。然而它们又是一个不可分割的整体，就像形而上和形而下，交融在一起。如果屋顶是巨大的树冠，那么，老城深深扎下的基石就是粗壮的根。一切的开敞都以隐匿为基础，一切的高处均以深渊为贮备。当你在屋顶上信步、狂想，就在下面，有人跪在毡毯上祈祷、落泪。当你的遐思到达了天边，身体轻盈，几乎可以展翅去飞，而在迷宫般的小巷深处，有人在好心地提醒："不要走得太深，小心迷了路。六边形地砖代表前方有路，四角形说明此路不通……"

"屋顶的风光总是看不够。我从 1 岁看到 41 岁了。"阿不都·苏甫尔对我说。

站在中亚的屋顶，恍惚迷离之中，我突然产生了时光倒流的感觉。觉得自己变成了一位古代的喀什噶尔人，正沿着时间之河逆流而上，去采撷失去的花园里的露珠，或者把香料和玉石运送到遥远的东土……我感到失去的时光带走了我，带我返回时间的源头，返回梦境般的喀什噶尔：一种"初创"。

## 沙枣树下的美人

墨西哥诗人奥克塔维奥·帕斯说："树是一位女性，我在她的枝叶中/将她具有时间味道的果实品尝，/这些果实就是认识和遗忘。"

在新疆，有一种树是与一位喀什噶尔女子的名字联系在一起的。

这位女子是香妃，她的维吾尔名字叫伊帕尔罕。与她联系在一起的这种树，就是新疆和中亚地区十分常见的沙枣树。

沙枣树属胡颓子科落叶灌木或小乔木。在新疆和中亚，有大沙枣、小果沙枣、尖果沙枣、准噶尔沙枣等多个品种。它有着银光闪闪的叶子，结金色的果子。果实吃起来发涩，果肉像干粉，却能治疗脾胃虚弱和消化不良。

沙枣树开繁盛的钟状小花，外银白，内淡黄。花香很浓，很有穿透力。有一次，我和几位朋友驾车在南疆旅游，路途漫漫，风景单调，我们开始瞌睡、打盹。但忽然间，我们被一种浓郁的花香惊醒了。原来我们正在穿过一片沙枣林，车内弥漫了沙枣花香。奇怪的是车窗紧关着，车也是密封性能极好的崭新的越野车——莫非沙枣花香能穿透玻璃和钢铁？

有朋友称沙枣树是中亚香水之树。它就是新疆大地上的焚香和熏香，每年五六月花开季节，把亚洲腹地变成了一只巨大的香炉。沙枣花香浓郁而热烈，令人陶醉而晕眩，有一种摄魂夺魄的力量。有了它，生活在这里的人们就有了一年一度的嗅觉的盛宴、嗅觉的节庆。

沙枣树是干旱、贫瘠与荒凉中的女性之树。它的命运已与不能被遗忘的香妃的命运融为一体了，仿佛弥漫的沙枣花香珍藏了她的故事与传奇、容貌与眼神、歌咏与叹息。

如今，只有沙枣花香才能温暖她的寒骨和芳魂——伊帕尔罕，她不是作为紫禁城里的美人，而是以一位楚楚动人的思乡者的形象，出现在我们心目中的。

如果不是清宫意大利画家郎世宁留下的画像，我们是无法一睹香妃的容颜和形象的。但后世画家在评论郎世宁时，说他画的清宫后妃、宫女，形象大同小异，好像是一个模子里刻出来的。

**清宫意大利画家郎世宁画的香妃像**

一个香喷喷的异族妃子，是不会雷同于别的美人的——她用香味征服了皇帝和世界，同时也征服了后人的记忆和想象。

可以想象，皇帝一闻到她身上的香气就神魂颠倒了。后宫佳丽三千，唯独这位来自西域的喀什噶尔美人，皇帝只看了一眼，他那衰老的心像一匹旧马达重新发动起来了，死灰般的爱情又喷溅出了火花。至于美，皇帝已司空见惯了。令他怦然心动、魂不守舍的是她身上散发出好闻的沙枣花香气，芬芳袭人，微微令人头晕，使人产生梦境般的飘飘欲仙的感觉。这种香气使皇帝上了瘾，成了他的迷魂药和兴奋剂。

伊帕尔罕是被她哥哥图尔地当作一件礼物献给皇帝的。图尔地曾协助乾隆平定大小和卓叛乱，作为有功之士晋封辅国公，定居京城，拥有皇家拨付的一处大宅第和衣食无忧的万贯家产。从和卓叛乱时期流放伊犁的落魄者，变成京城新贵、皇宫座上客，享受很高的政治和经济待遇。伊帕尔罕进宫后，3 个月内从秀女晋升为贵人。由于皇帝的宠幸和垂爱，几年后又从贵人晋升为嫔妃，在后宫眷属中名列第 3 位。她就是清宫文献中记载的容妃。

《喀什噶尔史话》上说，容妃在清宫中深得乾隆宠爱，皇帝还曾专门向她学习过维吾尔语，据说还讲得不赖，甚至到了能用维吾尔文书写的程度。乾隆每次去各地巡游视察，都喜欢带着容妃随驾同行，时常按维吾尔族习俗为她封赏。

皇帝深爱着这位西域美人。为讨她的欢心，免除思乡之苦，尽早适应宫中生活，特意允准她穿本民族服饰。宫里增设了清真餐厅，为她制作新疆风味的可口饭菜。又从喀什噶尔请来一支乐队，供她排忧娱乐之用。皇帝还在宫中建了一个喀什噶尔花园，种上西域的玫瑰、石榴、白杨，盖了清真寺、望乡塔。

然而这一切并没有使香妃开心，她的思乡病和忧郁症在一天天地加重。常常愁眉不展地在花园里徘徊、呆坐，望着故乡的方向轻声叹息。

据说香妃写过一首思乡诗，请新疆来的乐师为它谱上古老的木卡姆曲调。这首诗出现在上个世纪初3位法国女传教士写的一本书中。是她们从东疆民间采集来的。3位女传教士在旅途中对有关香妃的传说时有耳闻，格外熟悉，并说沙枣花源源不断的香味是与一个家喻户晓的“喀什噶尔女郎”的故事联系在一起的。这首诗的全文如下：

这，真像我的家乡：
故国轻柔的语调飞扬，
将我家乡的歌儿唱
——在那晨曦初透的时光，
高塔的后方。
但，相似仅止于斯，
那只让我，想家想得更痴，
昔日同伴的语丝，
才能将我把乡愁医治。
这，真像我的家乡，
却总让我更添惆怅，
无尽的追忆，煎我愁肠，
我呀，但愿能够遗忘。
好意盖起的宫院，
却是赝品一件。
他要我的欢颜，
我却卸不下心中的怨。
为何翘首西盼？
只为啊！我的家
近在眼前，远在天边！

有一天，皇帝问香妃还有什么心愿时，她说："我渴望闻到一种树的香气——它长着银色的叶子，金色的果子。"香妃指的是沙枣树。记得在家乡的时候，她有一个特别的爱好，就是用沙枣花浸泡过的泉水沐浴，所以身上才会散发出好闻的沙枣花香味。用沙枣花来熏衣也是一个习惯。于是皇帝派使者前往喀什噶尔，找到了银叶金果的沙枣树，带回宫来种在她的花园里。当沙枣树在花园里摇曳，飘来阵阵沁人心脾的芳香，她像看到了久别重逢的亲人一样，忧怨的心荡起了一点欢愉，脸上有了笑颜，觉得自己离家乡近了一些。

然而这仅仅是一个幻觉。皇帝的爱情也不能治好她的思乡病。等级森严、钩心斗角的紫禁城也不是她所爱的一个地方，她爱的是故乡的城市、绿洲、喧嚣的巴扎、芬芳的果园、明媚的阳光、亲人的脸庞……当沙枣树因水土不服一棵棵死去的时候，她的花园萧条了，荒芜了，她的灵魂也随着缕缕散尽的花香而去了。

香妃死于 1788 年，享年 55 岁。她被葬在河北遵化清东陵的裕妃园寝中。

喀什东郊浩罕村里的香妃墓，其实是香妃的"衣冠冢"。她死后，嫂子苏德香将她的衣冠和遗物带回喀什，葬在浩罕村。香妃墓又叫阿帕克霍加麻扎。阿帕克霍加是 17 世纪中晚期伊斯兰教白山派的首领，他以喀什噶尔为基地，统治南疆六城，创建了天山以南第一个政教合一的"霍加"政权。香妃作为阿帕克霍加的重侄孙女，在这个葬有五代 72 人的显赫家族墓地占有一席之地。

但人们还是喜欢将阿帕克霍加麻扎叫作香妃墓。人们的善良之心是希望香妃死后真的能回到故乡，使她的灵魂安息，再也不受思乡病的折磨。

现在，香妃墓是喀什的一个著名景点。它在当地女性心目中有很高的地位，历史上是她们占卜婚姻、祈福求子和倾吐心事的地方。清代诗人萧雄说：香娘娘（香妃），乾隆间喀什噶尔人，降生不凡，体有香气。其后甚著灵异，凡妇人求子，女子择婿或夫妇不睦者，但手捧门锁尽情一哭，闻往往有验。

民国时期的谢彬在《新疆游记》说，香娘娘庙一带为繁庶之区，宛若街市。“庙周有垣，妃陵位东北隅。上圆下方，墙皆绿色花砖，望若琉璃。鼎帨包以黄金，重五十两。宏敞壮丽，胜哈密回王陵寝数倍。涝坝（池塘）绿水清碧，果园清幽宜人。喀什近郊游观佳处，此为第一”。

我去过香妃墓不下五六次，对那里的建筑和景物了如指掌。20 多米高的陵墓，方形的底部和半球形的穹顶，四角耸立圆柱体的邦克楼，陵墓的外墙镶嵌绿色琉璃砖，夹杂着蓝色和黄色，通体呈现出伊斯兰建筑庄重、稳定、圣洁的特征。还有绿拱北、高低寺、门楼、水塘、果园和花圃。是一个让人流连忘返和无限遐想的地方。

我徘徊在香妃墓，试图找到一些沙枣树，但找来找去只找到了五六棵，而白杨、榆树和苹果、香梨等果木倒有不少。我感到了极大的遗憾。不知是人们没有想到还是有意忽略，香妃墓的沙枣树实在太少了，少得寒碜、落寞，少得令我要站出来为香妃打抱不平。

在我并不过分的希冀和想象中，香妃墓的四周都应该种上沙枣树，让香妃安息在大片的沙枣林中。当人们前来凭吊时，在沙枣树的浓荫中去回忆、认识和想象这位传奇的西域美人，在沙枣花的缕缕飘香中去感受芬芳的香妃之魂。

## 叶尔羌或小布哈拉（外一篇）

从地名学角度去理解，叶尔羌既是河流（叶尔羌河），也是16至17世纪的汗国（叶尔羌汗国）和王城（叶尔羌城）；是今天的莎车县，也是古代的部落国——莎车国。

关于叶尔羌，汉文史籍中有近10种称谓，如鸭儿看、叶尔钦、鸦鲁砍提、斫巨迦、朱俱婆、渠沙（渠搜国）等。《山海经》说这里是“后稷之葬地”。“其城方三百里，盖天下之中，素女所出也……冬夏播琴，鸾鸟自歌，凤鸟自舞。灵寿实华，草木所聚，爰有百兽相群爰处，此草也冬夏不死。”

传说渠搜国百岁老人很多，国内有一片寿木之林，日月为之隐蔽，人常在林中休憩，会不死不病。渠搜国还产一种名叫“网衣”的服装，曾献给中国的皇帝，“烧之，烟如金石之气”。①

叶尔羌是物华天宝、人杰地灵之地。13世纪，马可·波罗经过莎车，发现“叶尔羌是一座雄伟壮丽的城市，城里有风光明媚的花园。城外环绕广阔的平原，出产人们所希望的瓜果。人民都是手艺精良的工匠”。

“小布哈拉”，是瑞典东方学家贡纳尔·雅林对叶尔

---

① （晋）王嘉：《拾遗记》，中华书局1981年版。

羌的印象。他在《重返喀什噶尔》一书说，叶尔羌城因其纺织品、刺绣和地毯而闻名中亚，它的名气还由于靠近印度和富有得到加强和弘扬。这里是翻越喀喇昆仑山脉的商队贸易线上的终点。在明清时期叶尔羌的巴扎上，常能遇到印度人、阿拉伯人、阿富汗人、布哈拉人、安集延人、克什米尔人，俨然一个小型的国际都会。

的确，叶尔羌在历史上是中亚商贸重镇。明代叶尔羌汗国时期，有商户 1400 户，出产毡、毯、刀、矛、套具、鞋帽等。清代，在回、汉两城都有繁荣的巴扎，店铺百余间，因通道顶部用木板挡风遮尘，时人称之为“黑巴扎”。到了民国时期，“列市长十里，置八栅（巴扎），陈百货，男女蜂集。珍怪琦赂卷握之物，不可殚述。”①

1514 年，察合台后裔苏丹·赛义德建立了叶尔羌汗国，其都城就在现在的莎车县城。由于喀什噶尔的暴君阿巴拜克日在疯狂的寻宝运动中将喀什老城翻了个底朝天，苏丹·萨义德只好将王城设在莎车，并通过他和他后代 160 多年的统治，将一座商业之城改造成了中亚闻名的艺术之都。

当时的都城有六个城门。城门口有巨型烽火台，朋友来了奏乐、铺地毯欢迎，敌人进犯则弓矢乱石俱发。叶尔羌的史学家米儿咱·马黑麻·海答儿是这样描写这座城市的：“四郊大约有十座花园，花园中有高大的楼房，每一楼房约有一百个房间。这些房间内陈设着书架，墙上有壁龛，天花板是用灰泥涂抹的，护壁板是用釉面

① 谢彬：《新疆游记》，新疆人民出版社 1990 年版。

砖砌成的，上面画着壁画。行人大路的两侧是一排排的白杨，所以顺城外四周走去，每边都有一标准程半的林荫大道。大道两旁有水渠。”

叶尔羌的水，来自有一个月路程的冰封雪积的群山，水质甚佳。医师们说叶尔羌的水是世界上最好的，能治百病。水通过人工渠引入城内，流向不计其数的花园。居民们炫耀说，城内共有12000座花园。这个数字显然是被夸大了的，但从另一个侧面说明了叶尔羌城内花园之多。

汗国全盛时期，疆域西至帕米尔高原及瓦罕走廊，东达嘉峪关与明朝邻接，北抵天山，南依昆仑。其势力一度扩张到克什米尔、天山北部的蒙古斯坦及费尔干西部一带。在亚洲的势力版图上，是当时唯一能与明王朝抗衡的汗国。但汗国与明朝的关系是友好而密切的，曾多次派出使臣朝贡，建立了固定的“朝贡”关系。

在长达160多年的叶尔羌汗国时期，莎车是新疆和中亚地区的政治、经济、文化、艺术中心。那个时期群英荟萃、崇尚艺术的良好氛围，至今为人们所津津乐道。汗国扩建了哈喀尼亚经学院，办起了高等学府，新建了国家图书馆（迪迈哈那），成为学术交流中心。宫廷里聚集了大量的乐师、诗人、史学家、翻译家。文职官员中诗人占了多数。莎车成为中亚地区令人心驰神往的艺术之都、诗人之城。这是一座弥漫书香、回响音乐优美旋律的城市。

如果说喀喇汗王朝时期代表了维吾尔文学艺术的“黄金时代”的话，叶尔羌汗国时期则是“白银时代”。莎车文化成为那个时期维吾尔文化的主体。

莎车啊，你是园中之园，
自古以来你是绿洲，春光灿烂。
我满怀敬意来到你的身边，
莎车，你使我得到安慰不再孤单。

（麦希胡里）

开国之君苏丹·赛义德汗是一位诗人，他常常即席赋诗，喜欢在聚会时朗诵，而不让别人记录，认为诗歌经过朗诵就完成了它自身的使命。

第二代汗王阿不都·热西提汗（拉失德）更是酷爱艺术，是一位多才多艺的诗人、音乐家和书法家。“他那高雅的谈吐，宛如绝世无双的明珠。对于某几种乐器他是技艺娴熟，对于所有的艺术和工艺都卓具才能。”① “他是一位学问渊博、雷厉风行的可汗。是诗人，是乐师，熟识波斯文、突厥文诗歌，懂得希腊音乐。”②

《拉失德史》中保留了阿不都·热西提汗的两首诗歌，其中一首写道：“高居于华贵宝座而不可一世的君王，/死期来临时不比贫穷者有何优势。/拉失德，哪座花园的花朵不曾凋谢？/你万不可在人间的花园里迷痴惑惑。”可见他是一位自省、贤明、有平等思想的汗王。

在阿不都·热西提汗的倡导和带动下，大批诗人、艺术家云集叶尔羌。汗王一有闲暇，就和他们讨论诗歌、

① 米儿咱·马黑麻·海答儿：《拉失德史》，新疆人民出版社1983年版。

② 毛拉·穆萨·赛拉米：《安宁史》，新疆人民出版社1989年版。

音乐、宗教等方面的问题。他形影不离的好友是诗人、宫廷首席乐师玉素甫·喀迪尔汗。史书上说，没有喀迪尔汗作陪，阿不都·热西提汗是不会进餐饮酒的。喀迪尔汗是热瓦甫和丝弦的发明者，有一副优美绝伦的嗓子，自称是纳瓦依的崇拜者。毛拉·艾斯木吐拉·穆吉孜《乐师史》中记载："有许多人不远万里，穿越城镇戈壁，来自伊拉克、伊朗、提比里孜、呼罗珊、花剌子模、撒马尔罕、安集延、伊斯兰堡、克什米尔、斑里赫、设拉子等地，向他学习音乐。"

叶尔羌时期最大的艺术成果是对维吾尔古典音乐木卡姆进行了规范化整理。这项工程是在喀迪尔汗和阿不都·热西提汗的王妃阿曼尼莎的组织和参与下完成的。他们整理的木卡姆有16套，后来演变为12套，也就是今天喀什噶尔十二木卡姆的前身。12套曲的名称分别是：拉克、切比亚特、木夏吾来克、恰勒尕、潘吉尕、乌扎勒、艾介姆、吾夏克、巴亚特、纳瓦、希尕和依拉克，每套又由琼乃合曼（大曲）、达斯坦（叙事组曲）和麦西来甫三部分组成。共包含了170多首曲牌、70多首乐曲和2707段唱词，全部演唱一遍需24小时。

木卡姆是黎明前的晨风，
它是世上哈伦（套曲）的前奏，
百灵在它面前觉得惭愧，
世上再无超过它的价值。

（喀迪尔汗）

莎车老城。仿佛来到时光幽深的背面。交叉小径的老巷尘土飞扬，15 世纪的加米清真寺、宫湖和烽火台，几乎是同一时代的古老民居，彩门敞开的院落撒了清水，夹竹桃和玫瑰花在怒放……沿街的烤肉铺，凉粉摊，馕巴扎，切开的西瓜和甜瓜，羊肉铺子引来苍蝇和蜜蜂，空气里弥漫孜然和薄荷的香味……一位苏菲出现在正午的街道上，衣着褴褛，身上挂着铁链和五颜六色的易拉罐，但他神色庄严，人们见了他总是敬而远之……

一个赤足的苏菲，他的装束
取消夏天与冬天，中古与现在。
他伸出的手是赠与，而祈求
已是修行和仪轨的要素。

（耿占春）

阿勒屯鲁克，意为“黄金之地”。这里葬着叶尔羌汗国的历代汗王及王室成员共 48 人。其中包括第一代汗王赛义德、第二代汗王拉失德和他的王妃阿曼尼莎。它始建于 1533 年。

进入这座皇家陵园，迎面就是阿曼尼莎墓。鲜花和矮松簇拥的陵墓显得素朴典雅，墓室的四壁是阿曼尼莎的诗句和后人写给她的赞美诗，还有乐器、葡萄和巴旦杏的图案。站在这里，你会情不自禁怀念这位才华横溢的叶尔羌女子。左侧是阿勒屯清真寺，彩绘天棚和绿色木柱的礼拜寺已有近 500 年的历史，散发着一种遥远岁月的气息。高大的门楼令人仰视，清真寺的阿訇登上宣礼塔，正召唤老城的穆斯林前来做礼拜。人们放下手头的工作，匆匆忙忙往这里赶……

皇家陵园的主体阿勒屯麻扎，位于一个微微隆起的台地上。围墙内葬着叶尔羌汗国的历代汗王。其中心是一座深红色的木制陵墓，庄重而和谐，里面却是空的，莫非象征了一去不返的权力与显赫？还是万事皆空的一种隐喻？

我想起叶尔羌汗国时代以及在这里生活过的诗人，他们又在哪里呢？莫非死后在莎车的大地上继续流浪？我想起赫尔克提，他原名穆罕穆德·伊明·霍加库力，赫尔克提是他的笔名，意思是"衣衫褴褛之人"，他的另一个笔名是"古穆纳木"——"无名氏"。他当过园丁、司灯、烤肉师傅，最喜欢用柔巴依这种精短的形式来锤炼诗艺。翟黎里，莎车人，写过大量一流的诗歌作品，自称是"诗歌、铙钹和笛子的俘虏"。还有大名鼎鼎的喀迪尔汗以及阿亚兹别克、萨拉依、乌玛尔·巴克、海斯太等。如今他们魂归何处？

种花、养鸽、听木卡姆，是老城居民的最大爱好，这个传统来自叶尔羌汗国时期。鸽群在老城上空盘旋(据说现在的莎车老城养了400多万只鸽子)。鸽子已不是叶尔羌时代的鸽子，但嘹亮的哨音——天空的音乐会——恍若从前，如同失去的时光来到我们眼。诗人们的嘴唇凋零了，但他们优美的诗篇流传下来，在此时此刻的生活中，在城市和乡间，经久传唱……

如果喀什噶尔是一部圣哲之书，那么莎车就是一卷诗集，是由叶尔羌时代的诗人和曾经在这片土地上生活过的诗人们共同谱写的。我脑海里时常浮现他们的形象、气质、举止，他们诗篇里的韵律、节奏、呼吸……我把他们综合为一个诗人，一个叶尔羌的诗人，正如我们可以把“世界无限多”概括成一首诗，一首贯穿一个人一生的一首诗：

在贫乏的日子里他写下一行诗
最好是两行，搀扶他衰老的智慧
向前迈出踉跄的一步
使结冰的情欲，再次长出炽热的翅

他吟咏玫瑰、新月、土陶、美酒
将破碎的意象，重塑为一个整体
海亚姆，鲁米，纳瓦依，他的导师
一个苏菲，他走散的兄弟
享乐与忧伤，行动与虚无
一再点燃他的青春主题

在叶尔羌花园，在一张飞毯上
他写下——
“心里装满忧伤的人是多么孤独啊，
他最终会死在爱的火山间。
曾有人死在姑娘的两条辫子上，
也可能死在诗人的两行文字间。”

一再失去的，是他取自琴弦的韵律
一再失去的，是他在丝绸与道路
美玉与躯体之间，寻找的比喻
还有他在叶尔羌河畔爱过的女子
落日余晖抹杀她的荒原野性

她的美貌，如今是面纱后
不可揣度的禁忌和谜语

十六世纪快过去了
天空蓝得像麻扎镶嵌的琉璃
岁月疯长的荆棘
逼他写下心平气和的诗
如果诗歌之爱
不能唤醒又一个轰响的春天
他情愿死在叶尔羌一片薄荷的阴影下

（《叶尔羌》，2006）

## 阿曼尼莎的琴弦

维吾尔木卡姆，是流传于中国新疆各维吾尔族聚居区的各种木卡姆的总称，是集歌、舞、乐为一体的大型综合艺术形式。

“现代维吾尔语中，‘木卡姆’一词主要指‘大型套曲’，此外还有‘法则’‘规范’‘曲调’‘乐曲’‘散板序唱’等多种含义。在维吾尔人的特定文化语境中，‘木卡姆’已经成为包容文学、音乐、舞蹈、说唱、戏剧乃至民族认同、宗教信仰等各种艺术成分和文化意义的词语。该语义中蕴涵的文化含量，已远远超出了艺术载体的狭义范围。”①

继昆曲和古琴之后，维吾尔木卡姆是我国第三个获

① 《中国新疆维吾尔木卡姆艺术》申报书。

得联合国教科文组织“世界非物质文化遗产”称号的艺术样式。这是一种极高的荣誉和褒奖。在今天的荣誉中，我们不能忘记一位女性的名字——阿曼尼莎。

阿曼尼莎像

她是一位才女，也是一名王妃，但对她的历史记载凤毛麟角。米儿咱·马黑麻·海答儿的历史巨著《拉失德史》没有提到这位女艺术家。和田人毛拉·艾斯木吐拉·穆吉孜的《乐师史》写到了维吾尔族历史上的17位音乐大师，阿曼尼莎列在末位。对她用的笔墨却是最多的。

相传有一次，叶尔羌汗国的第二代汗王阿不都·热西提汗（拉失德）带着随从沿叶尔羌河去塔克拉玛干打猎。每到夜晚，他就化装成农民到乡村借宿，借以调查官员们是否有欺压百姓的情况。一天，来到一户贫穷的打柴人家。樵夫名叫马合木提，他有个女儿叫阿曼尼莎。拉失德进去后，见墙角上挂着一把弹拨尔，就请主人弹几首曲子。马合木提说："我不会弹，这琴是我女儿的。"拉失德就请阿曼尼莎弹奏。阿曼尼莎用弹拨尔弹奏了潘吉尕木卡姆，弹得异常绝妙，使拉失德万分惊奇。令他更为惊奇的是，阿曼尼莎采用的是自己填的词。拉失德不禁对她产生了强烈的爱慕之情。

姑娘还拿出自己写的几首诗，说自己的笔名叫"乃斐斯"，已写诗好几年了。拉失德发现她的诗句和书法像她的面容一样美丽。他有点不敢相信自己的眼睛，难道这荒郊野外还有这等才女？就请姑娘当场写一首诗。姑娘拿起笔，写下了这样的诗句：

真主啊，你的奴仆在怀疑地看我，
今晚这屋里长出了刺，在逼着我！

拉失德十分佩服，公开了自己的身份，请求主人把女儿嫁给他。阿曼尼莎很快成为拉失德的王妃，进宫时年仅15岁。他们共同生活了20年。

阿曼尼莎进宫后，由于她和拉失德的共同爱好与一致推动，叶尔羌汗国的王宫成了音乐、诗歌和艺术的殿堂。拉失德将全国各地的乐师、诗人、歌手召集入宫，在阿曼尼莎和宫廷首席乐师喀迪尔汗的带领下，收集整理民间流传的木卡姆诸曲，首次形成规范化的木卡姆套曲，共16部，后来又演变成十二木卡姆。

十二木卡姆继承了疏勒乐、高昌乐、龟兹乐等西域大曲歌、舞、乐三位一体的艺术形式与结构，同时受到中亚西亚和丝绸之路多元文化的影响，在叶尔羌汗国时期的规范化整理，标志着进入了艺术发展的成熟期。这其中，阿曼尼莎的贡献是毋庸置疑的。

“历经多次在太平盛世由民间上升到宫廷、富宅、名刹，战乱时又由宫廷、富宅、名刹下沉至民间的锤炼之后，在公元16世纪叶尔羌汗国的宫廷中形成了16套大型的歌舞套曲形式，十二木卡姆是其中的精华。它集维吾尔木卡姆之大成，不断演化流传至今，并对其他维吾尔聚居区的木卡姆从形式到内容产生了深远的影响。目前在新疆各绿洲流行的多种木卡姆，都与十二木卡姆有着直接或间接的关联。”①

《乐师史》对阿曼尼莎的评价是：“她作为当代唯一的一位女性诗人，著有《精美的诗篇》这部语言极为优美、甜蜜的书。她还是一位书法家。在音乐方面达到了炉火纯青的境界……除《精美的诗篇》外，她还著有《美丽的情操》以及对妇女进行训诫的美学作品。还写了一部关于诗歌、音乐、书法的书，名叫《心灵的协商》。这些著作都是当代第一流的。”

木卡姆的搜集、整理、成形，注定了一位女性的使命，是冥冥中上苍的选择。首次规范化整理，如同把散佚民间的点点金屑重塑为一块金砖。在叶尔羌汗国时代，从王宫到乡村，诗歌和音乐是维吾尔人每日餐桌上必备的食粮，时代氛围犹如果园的芬芳。十二木卡姆就是从枝头摘下的十二串葡萄，十二只咧嘴歌唱的石榴。《乐

① 《中国新疆维吾尔木卡姆艺术》申报书。

师史·绪言》中提到："从国王到穷人，从圣人到异教徒，所有的人都从音乐这个形式里得到兴奋和娱乐。"

34岁，阿曼尼莎死于难产。但木卡姆是顺产的，它诞生于叶尔羌大地，也诞生于阿曼尼莎的子宫。十二个歌唱的婴儿，他们的音乐传遍中亚大地，他们心中有一位年轻的呕心沥血的母亲：阿曼尼莎——木卡姆之母。

阿曼尼莎去世后，拉失德为爱妃服丧忘哀，最后在她的墓地因过度悲痛而逝世。《拉失德史》中保留了他写给阿曼尼莎的一首诗，这首悼亡诗更像是一首炽热的情诗——

晨风啊，带去我心中的秘密吧。
请向我的爱人送达我的问候。
清晨或黄昏你挨近她的身边，
请转述我对她朝夕不断的思念。

古典的华美，时光枯枝上的辉煌……从十二木卡姆开始，维吾尔民族有了一根完整的歌唱的神经，它柔韧而不可折断。一个歌唱的民族是不会消亡的。人离去，歌声留下。

据有关专家考证，阿曼尼莎的出生地在莎车县喀尔苏乡夏布都鲁克村。这是叶尔羌河东岸的一个村庄，毗邻沙漠，离县城50多公里。

我在莎车新认识的维吾尔族朋友努尔顿开车带我去。他不知道村庄的确切位置，但说通过打听是可以找到的。这使我放心了。

路不太好走，穿行在尘土飞扬的乡间公路上，经过一座座村庄、一片片田野。一座小学的孩子们在白杨林带里上课，在老师的领读下书声琅琅。正值六月初，水渠边沙枣树的叶子在阳光下银光闪闪，阵阵沙枣花香混合着扑面而来的尘土气味。新建的叶尔羌大桥沟通了两岸。河水若有所思，静静流淌，带走了此时此刻，也带走了往昔岁月，包括以这条河流命名的一个汗国的历史。

女诗人铁梅在写作《琴弦上的叶尔羌》一书时，曾到夏布都鲁克村做过实地调查。她说这个村庄是她曾经见过的最孤独的村庄，甚至阳光也被村子染上了孤独。

此时我正置身在这个孤独的村庄。村里静悄悄的，敲了几户人家的门，都没有应声——人都到哪里去了呢？我们在村里瞎转悠。村路上浮土没踝。院落四散，树木零乱。终于遇到了一个名叫艾则木·依则木的中年男子。他说村里人都收麦子去了，他是来看看女儿们放学回家了没有。当我问到阿曼尼莎时，他脸上的表情变得友好而生动，就像我们在打听他的一位亲戚那样。他把我们领到村里的一块麦地旁。

那里有一座孤零零的荒坟。

艾则木说，这就是阿曼尼莎的墓。

微微隆起的坟丘上是乱石和土块，上面长满了芦苇和杂草，似乎还有一个七零八散、朽烂了的抬尸架。围着荒冢，种着一圈沙枣树，看上去已有五六十年的树龄了。我数了一下，不多不少，刚好是12棵！它们惊人地符合我的预感和想象。12棵沙枣树，是对十二木卡姆最恰当的比喻，显然也是后人对阿曼尼莎最好的纪念。

夏布都鲁克村的村民们都认为阿曼尼莎死后是埋在这里的。这样，阿曼尼莎就有了两个安息地：夏布都鲁克和阿勒屯鲁克。孰真孰假，其实并不重要，重要的是人们心中对她的缅怀之情。就像梁山伯与祝英台，现在全国有近十个地方认为自己的家乡是他们殉情的合葬地。一个人死后能拥有这么多的家乡，是多大的幸福和荣耀啊！

艾则木告诉我，这个村有80多户人家，家家户户都有人会唱木卡姆。据小时候爷爷说，从前每年要在阿曼尼莎麻扎边举办一次大型的木卡姆演唱会。人们通宵达旦地唱歌跳舞，热闹极了。莎车各地的人来了，连麦盖提、叶城等地的歌手也会远道赶来。也许12棵沙枣树正是在那时栽种的。

艾则木邀请我们去他家坐坐。两个女儿也放学回来了。14岁的乌尔克赛腼腆羞涩，7岁的努尔阿米娜调皮可爱。努尔阿米娜给我们端来了一大碗酸奶，还有两个馕。乌尔克赛有一个小本子，她给我们看，是一些诗歌体的东西。陪同我的维吾尔族朋友努尔顿说是乌尔克赛写的“歌词”。他试着翻译：“鸟儿飞走了……花还在花里……开花……”接着抓耳挠腮，翻译不下去了，因为他的汉语水平只够用来日常交流。

他请乌尔克赛唱几句，但含羞的姑娘撒腿就跑，转眼就不知躲哪儿去了。

“鸟儿飞走了，花还在花里开花。”虽然只有一句，却足够了，并深深地印在了我脑海里。这样好的句子，很难相信出自一位14岁的女孩之手。它更像阿曼尼莎的所闻所见、所思所想，在今天通过家乡的一位少女得到了表达。

在夏布都鲁克，在一户普普通通的农家，我仍能感受到阿曼尼莎的存在——荒冢边的12棵沙枣树，散发她音乐与才华的气息和芳香。

# 帕米尔五题

## 塔吉克的太阳崇拜

塔吉克人抬头看见了太阳，太阳很低，就在头顶，伸手可及。他们把太阳摘下来，太阳就变成了一面手鼓。手鼓很大，比绿洲平原的手鼓大多了。要由两个妇女来合作，一个击打、掌握节奏，另一个用千变万化的指法来配合。她们将手鼓敲打出了声音、节奏和光芒。光芒来自天空和头顶的太阳。有时，太阳像大鸟一样飞走了，几个小伙子吹奏起鹰笛，另有一些小伙子跳起了鹰舞，模拟鹰的展翅翱翔，去追赶太阳……

关于塔吉克人生活的高原，从前的诗人有过精彩而形象的描述：

道路犹如情人的心胸般狭窄。
路面就像美人的心肠一样坚硬。
色勒库尔（帕米尔）的大山高耸入云，
在那里，人们看不见春色的踪迹，
看见的是一个银色的世界。

（巴巴福汗）

我走过一条条狭窄的小道，
它就像鸡冠和鹰爪。

（艾布·苏莱曼·哈塔比）

的确，帕米尔高原堪称这个世界上最大的“鸡冠”和“鹰爪”了。在这个“世界屋脊”和“万山之祖”，“鹰爪”就是从峰峦叠嶂的中心伸向四面八方的亚洲山脉：喜马拉雅山、喀喇昆仑山、昆仑山、天山、兴都库什山。

正如古代诗人们写到的那样，道路和山谷总是那么狭窄，高山支离破碎，被切割成许多峡谷。住在山谷里的人，如在井底，一天中只能享受到不多的几个小时的阳光，有的地方只有半个多小时。在一个叫科库西力克的地方，有 9 条平行的峡谷，每天，太阳自东向西，从第一条峡谷落下，在第二条峡谷升起，从第二条峡谷落下，又在第三条峡谷升起。因此，科库西力克一天出现了 9 次日出日落。在帕米尔高原，日出日落是一件大事，牵动并影响着塔吉克人的内心生活。

高原的阳光是慷慨的，又是吝啬的。在阳光汹涌的帕米尔，总有一些阳光无法到达的峡谷和深渊，如同在光明的漩涡中留下了漆黑的盲点。离太阳最近的人，有时离太阳很遥远。

帕米尔的海拔和坡度，自上而下分布着，如同参差错落的气温的琴键：海拔每升高 100 米，气温就下降 0.6℃。还有，一天中的昼夜温差如同从火坑到冰窖。有记录的夏天极端高温和冬天极端低温：68.9℃ 和-43.8℃。阳光的手指弹奏着高寒王国的这些琴键，忽明忽暗，忽强忽弱。阳光的手指，一半是火，一半是冰。

塔吉克人的祖先塞人用马匹作牺牲来祭祀太阳神。在西部帕米尔和七河地区的塞人墓葬中，曾发现了许多祭马坑，出土了马头、骨架等残骸。这些祭马坑与太阳崇拜有直接的关联。希罗多德在《历史》一书中谈到游牧的塞人时写道："在诸神中间只崇拜太阳，他们献给太阳的牺牲是马。他们把马当作牺牲的理由是：只有人间最快的马才配得上诸神中最快的太阳。"

今天，塔吉克人已不可能用大量的马匹来做牺牲了，他们的太阳崇拜出现了一些变化，譬如用泥塑马鞍来代替马匹，将它们立在墓地里，成为一种普遍的墓葬方式。当然，关于墓地马鞍的另一个解释，是生者祈祷死者能快马加鞭进入天堂。其实，这种解释与太阳崇拜并不相悖。今天的塔吉克人与别的游牧民族的一个重要区别是，他们忌食马肉，忌饮马乳。这个习惯和传统根深蒂固，自古至今没有改变。在他们看来，马是献给太阳神的祭品，是神圣的动物，代表了所有动物的最高层次。

大约在公元前 5 世纪，生活在帕米尔高原的塔吉克祖先开始信仰琐罗亚斯德教（又称祆教或拜火教）。他们的保护神名叫阿胡拉·马兹达，是一个善神，也是太阳神和光明之神，其对立面是恶神安格拉·曼纽。前者驾一匹金耳朵的白骏马，后者骑一匹狰狞可怖的黑秃马。就像马的一白一黑，琐罗亚斯德教的基本教义是"善恶二元论"，其宗旨是崇尚光明、礼拜圣火，将太阳崇拜推向了一个新高度。

在永恒的、快似骏马的太阳［升起］之

前，出现在哈拉山顶的第一位天神［正是他］。
他身披万道霞光，最先从壮丽的［哈拉山］顶
探出头来，从那里俯视所有雅利安人的家园。
（《阿维斯塔》第三卷《亚什特》）

塔吉克民居

琐罗亚斯德教的圣书《阿维斯塔》用金字写在12000张熟牛皮上，全书21卷，35万字，公元前330年亚历山大东征时焚毁了大部分，现在流传下来的只有其中的五分之一。在这部圣书中，太阳/骏马是一种同在，是神圣的一体，阿胡拉·马兹达以风、雨、云和冰雹创造了4匹骏马，它们与日月并驾齐驱。世界由99999个纯洁、善良而强大的灵体守护着，借助于众灵体的光芒和灵性，太阳、月亮和星辰沿着自己的轨道运行。这些

光芒和灵光庇护了人类，就像厩房使牲畜得以安身一样。“正是马兹达，从太阳之上为你开辟了一条通道，才使你免遭毒蟒和恶神的伤害！”①

从亚历山大的一把大火中抢救出来的《阿维斯塔》，虽残缺不全，却代表了波斯—塔吉克民族的基本信仰，以及他们的世界观和方法论。同时，太阳崇拜、火崇拜和白色崇拜，构成了他们从精神层面到日常生活的一个完整的“崇拜体系”。

在塔吉克人看来，火（阿太西）和水（阿甫）、土（哈格）、空气（哈瓦）是组成世界的四大元素。火是神圣和光明的象征，能治病、驱魔、净化人的心灵。火是一种熔炼，指向一个人的新生。“须知，灵魂的得救和美好奖赏的享有，皆取决于熔铁般的考验。”（《阿维斯塔·伽萨》）塔吉克人有一个重要的节日——皮里克节，也叫“灯节”。这个节日要举行两天。第一天晚上是“家中皮里克”，每人做两支油烛，插在一个盛满沙子的大盆内，大家围坐在一起，祈祷，诵经，念每个人的名字，相互祝福。第二天夜里举行“墓地皮里克”，全家人都要参加，主要是祭奠死去的亲人，祈愿亡灵保佑子孙后代。墓地皮里克结束后，每家屋顶燃起火把，孩子们在空地上燃起篝火，做各种的游戏。皮里克节的帕米尔高原，到处是火把和篝火，火焰把夜空映照得如同白昼。

“拜火教在塔吉克人中的遗存并非只有皮里克节，

---

① ［伊朗］贾利尔·杜斯特哈赫编：《阿维斯塔——琐罗亚斯德教圣书》，商务印书馆2005年版。

在生活的其他方面亦可见到。如遇有日食、月食之时，要燃起篝火；孩子呱呱坠地时，要在门槛上燃起烟火；牧民转场时，要在棚圈四周点起烟火；病人通过点烟火祈福禳灾；在埋葬死者的当天晚上，要在坟墓周围点灯。"[1] 墓地灯祭要用绵羊作牺牲，不用山羊，因为山羊往往被看作是精怪。被宰杀的绵羊是死者去向阴间的坐骑，而用绵羊油点燃的灯，可照亮死者去另一个世界的路。

白色食物被塔吉克人视为"光芒般的食品"。所以，奶和面粉是他们最为珍爱的。奶，特别是牛奶，不单是健康有益的饮品，还是形成银河、星空和人间乐园的要素。在塔吉克民间神话中，天空原本是经常下面粉的，由于人类糟蹋粮食，不知珍惜，上苍生气了，就改下冰冷的白雪了。但出于怜悯，还是给人类留下了一粒麦种。人类靠这粒麦种活了下来，从此知道了耕种的艰辛和面粉的珍贵。每年春分的肖公巴哈尔节，塔吉克人在清扫房屋后，要在墙上撒面粉，用面粉画各种各样的抽象图案，以示幸福、吉祥。婚礼上，要在新郎新娘身上撒面粉，以表达亲人们的祝福。

塔吉克是一个被石头囚禁的民族，他们的石头房子低矮简陋，他们的高原是世界上最大的一块石头，只提供有限的出产。然而，只要照常太阳升起，鹰笛和手鼓声响起来，他们就在重中变轻，在石头的囚禁中展翅，一种永恒的光芒来自内心纯正的信仰。阿胡拉·马兹达

---

① 西仁·库尔班等著：《塔吉克民俗文化》，新疆人民出版社1993年版。

曾为塔吉克人在太阳上开辟了一条通道，他们为了生存而游牧、耕作，散居高原各处，世世代代用对太阳的崇拜、对光明的祈祷，寻找一条重返太阳的道路。谁说他们不是“离太阳最近的人”？

### 冰山

冰山在高处沉沦，在眩晕中向着自我回归。

这些沉默的巨轮，在无始无终的时间长河里漂浮，缓慢移动。它凝固最初的火焰、最初的歌声：巨犀冻伤的嗓子，鸟儿夭亡的音符……它像壮丽的坟茔，封存星星的尸骨和天地分离时透露的第一缕曙光。它的船帆高高挂起，洁净无瑕，仿佛从大地沉重的肉身抽象出来的一个轻盈而脆弱的符号。无疑，它全身的镜子是易碎的，令人目眩的反光，不断放大着孤寂，以及对孤寂的屈从。

冰山不是一个可以居住的地方：刺骨的寒冷，稀薄的空气，惊心动魄的悬崖绝壁……但冰山可以用来祝福，正如“冰山之父”慕士塔格，常用低沉的嗓音为塔吉克人、柯尔克孜人，还有他们的牦牛、羊群祝福——它是一枚倒映在湖中的护身符。

所谓“冰山来客”只是一个幻觉，他们行踪诡秘，漂泊不定，成为影子的影子，梦境中隐蔽的一群。

没有一块石头不拥有自己的家乡，
没有一匹骆驼能驮走太阳的新娘，
没有一位冰山来客能摘走一朵帕米尔花。

我们想象中的神灵居住在悬崖上，在太阳之光颤动的指尖上。在悬崖上睡着了，在悬崖上醒来了，这大概是神灵们日复一日的生活。

冰山的缓慢融化，它的涓涓细流，是一支无名的歌，最终汇入泥沙俱下的绿洲河流，怀着鲁莽的冲动，投入沙漠的怀抱。但冰山的庞大和恢宏并不需要节制生育的本能和神圣的情欲。它是一种冷却的母性，一个虚空的子宫。正如尼采所言：“只有子宫才了解男人那多样的生命自我分裂的痛苦。”

尽管冰山经历着形体的缓慢而微妙的变化，但它腹中依然怀着冰的锐角、锋利的刀剑、一大堆杂乱无章的不规则的几何形。就像一位母亲生下了孩子，但她感到他仍在自己体内——她一辈子都无法将他生下来。

冰山分裂症对应着那些孤独而决绝的灵魂，对应着失去的故园、存在的晕眩、雪地里的跋涉、旷野上的苦吟……但人的灵魂无法治愈冰山的破碎（它内部的国破家亡），人与冰山是两个疏离的躯体。冰山的寒光，闪烁在我们炽热身体之外，它的疼痛和缄默，它的自我医治，都是一种遥远而孤傲的存在。

在帕米尔高原，只有冰冷的白雪，才能治愈山峰与山峰间开放的伤口。

## 古墓与石塔

塔什库尔干县城东北石崖上的石头城，罗马人很早就知道它的存在，称它为“石塔”（Lithincs Prygos），将其视为中国（赛里斯国）西境的门户。

公元 100 年 11 月，第一个罗马商团到达中国，并觐见了汉和帝。记录罗马商团行程的马其顿人马林写道："从幼发拉底河畔的道城到石塔之间的距离是 876 波斯里或 26280 希腊里，从石塔到赛里斯国首都洛阳城之间的距离步行可达 7 个月，即由同一纬度算起，共 36200 希腊里。"

石塔是西方商队进入东方和中国的重要标志。4 世纪的罗马人阿米安·马尔塞林在《事业》一书中说，塞种人生活的群山形成了该地区的最高点，"当经过这些山脚和那个被称为'石塔'的村庄之后，便开始了一条为商人开放的交通大道，商人们便由此地前往赛里斯人中去"。此后，玄奘称它为"朅盘陀"，认为石头城的所在地就是公元初期塔吉克人建立的朅盘陀国的都城。10 世纪末的波斯文献《世界境域志》称它为"石城"（Bikath），并说"石城是石国的首府"。

在今天，石头城遗址不是别的，恰恰是整整一部石头的编年史，到处是石头的篇章、页码，以及石头无言的文字。聚礼的石头，孤立的石头，散落的石头，破碎的石头，一败涂地的石头，一蹶不振又似乎随时会一跃而起的石头……石头用它的钝角和锐角，顶住时间傲慢的腹部，顶住日复一日时光的流逝。石头是塔吉克人的无字之书，他们的历史通过冰冷破碎的石头之书，得以部分地保留下来。石头就像一把把刻刀，刻进时间虚无的肉身里去。帕米尔的石头，刻进了塔吉克人的历史与记忆，也刻进了他们现世的家园和生存的孤寂。

与暴露在阳光下的石头城遗址形成对比和呼应的，是离它只有两公里的香宝宝古墓。这处新时期时代的遗址是一个地下幽冥世界，被认为是公元前 5 至 4 世纪塔吉克先民塞人的墓葬，比石头城要早四五百年。在已经发掘的40座古墓中，有19座火葬墓、21座土葬墓，它的墓葬形式和出土文物，见证了古代塞人在帕米尔高原的活动。

当我们俯视地下幽冥世界时，得到的也许只是冰凉阴森的一瞥。这缄默的一瞥来自一截枯骨，也可能来自一只暗淡的手镯。米歇尔·拉贡在研究墓葬与幽冥国度的《地下幽深处》一书中说："地上和地下是一个双面镜。消失在地下的人无处不在，他们纠缠不休，回应着地面上运动的看得见的人。"当我们俯视地下世界时，我们是置身于"双面镜"中的人，自身的"被俯视"显然要多于"被眺望"。所以，对于历史，我们最好保持一种"向下俯瞰"的姿态。

石头城下面是水草丰美的阿拉尔草滩，这里四溢的泉水和来自上游的支流汇成了塔什库尔干河。早晨，太阳从阿拉尔草滩上升起，金子般的光芒撒在草尖上、河道里，撒向周围绵延的群山。草滩的许多地方是沼泽，牛群一不小心就会陷入其中，但它们总有办法挣扎出来，好像是每天必玩的惊险游戏。而行人陷入其中就比较麻烦了，所以他们小心翼翼地绕道而走，在草滩上堆砌了石头小路。汲水的塔吉克妇女随日出来到泉池边，眸子里有着晨露般晶莹的光，脸上柔和安详的表情一定来自遥远的古代，还有她的穿着、塔吉克语的问候以及汲水的简单动作，一定是传统的延续，就像古代塞人一个未竟的梦。连驮水的小毛驴，也保持了千百年前细碎的步伐和温顺的性格。

在阿拉尔草滩上，我们正可以学习眺望。找到的每一眼泉水，都是眺望石头城的绝好角度。2000 年过去了，它的造型和雄姿没有多少改变，是帕米尔的石头使这座小小的城池有了不败的精骨和谦卑的气势。每一年、每一天，石头城里的每一块石头都在进行重组，重组成一座往昔城堡，重组成一块完整的朅盘陀石头。当石头的影子倒映在阿拉尔草滩上，它构成了帕米尔高原的一次俯身——石头的影子有着古老的重量和天空深沉的蓝。我想，这样的眺望不是一种幻觉。

事实上，石头城、塞人墓和孤寂的塔什库尔干县城代表了三种时间，却置身于同一个亲密空间里。当塔什库尔干河缓缓流过它们身边时，母亲般的河水接纳了它们，将三种时间融会成同一种时间、同一种波光的闪耀。消失的历史与时日、故事与传奇、生命与细节，在高原的河水中继续流淌，几乎变成了一曲新生的歌谣……

## 塔合曼，一个婚礼

青稞和豌豆已经收割，越冬的干草已为牲畜储备，土地休耕了，忙碌了一年的塔吉克人也要歇一歇了。高原上，深秋十月宛若寒冬，天空飘着零星雪花，时断时续。来自峡谷的风，贴着地面使劲地刮，呼呼呼吹起尘土，吹在脸上有了寒意。这个季节，你随便去哪个塔吉克村庄，都能遇到热闹的婚礼或新婚的伉俪。深秋的帕米尔高原，到处在结婚，到处是喜庆，也到处是手鼓和鹰笛的音乐。

在塔合曼草原一个名叫白尕吾勒的村庄，我们遇到了一场婚礼。主人叫夏达利，今天是他女儿阿伊尔出嫁的日子。

塔吉克族的婚礼要举行 3 天。第一天，新郎新娘在各自家里沐浴净身、穿着打扮，并宰羊煮肉招待宾客；第二天，新郎与迎亲队伍来到女方家，在“婚姻之父”拜德尔汗主持下正式举行婚礼；第三天，新郎新娘和迎亲队伍回到男方家，婚礼才告结束。

今天是婚礼的第二天，也即迎亲的日子。看热闹的人从村里的四面八方赶来，妇女们衣着鲜艳，男人们一律戴黑羔皮的吐马克帽，孩子们有的在玩耍，有的则怯生生地看着这么多的大人。看热闹的人太多，几乎把夏达利家的泥巴小屋围得水泄不通。在塔吉克村庄，婚礼是全村人的节日。所以，每一个婚礼都为村庄增加了一个喜庆的节日。

迎亲的马队在收割后的青稞地里来回奔跑，踩踏并扬起大雾般的尘土，使人看不见蓝天和远处的慕士塔格峰。骑手们发出吆喝声和口哨声，马儿打着响鼻，显得有些兴奋，又好像等得有点不耐烦了。

夏达利邀请我们去屋内坐坐。门，矮得不能再矮，需低头弯腰才能进去。屋内狭窄而昏暗，习惯了户外耀眼的阳光，进去时有好几秒钟都看不清里面的情景。只见天窗投射下一个巨大的光柱，光柱里的尘埃像柳絮一样飞舞，它们好像被光芒吸附了，笼罩了，再也飞不出去了。仔细看清，两三个房间里全是人，安安静静地，几乎是肃穆地，坐在室内四周的土台上，仿佛在进行一个神圣而秘密的仪式。轻声传来塔吉克语的嘀咕和呢喃。挤在房子里的人，比围在屋外的人还要多。又矮又小的土坯房子居然装下了这么多人，真是令人吃惊。

新娘阿伊尔和她的新郎坐在大土炕的里侧，有些拘谨和羞涩，两人身上撒了祝福的面粉。人们轮流走过来，轻声说着祝福的话。在村里的海里派（宗教人士）诵经祈祷之后，一位长者（女方选定的“婚姻之父”拜德尔汗）端来一碗盐水，让新郎新娘各喝了一口，还吃了点馕和羊肉，象征他们从此将生活在一起了。阿伊尔和她的新郎交换了系有红白两色绸带的戒指。一位妇女往他们身上抛撒糖果，孩子们围过来争抢，抢到的孩子是有福的。两位妇女一起敲打一只大手鼓，配合默契，很有节奏感。鼓声是对新人的祝福。

房子里实在太拥挤了，几个小伙子来到屋外。他们都兴高采烈的样子，看来是要乐一乐。果然，有两个小伙子掏出鹰笛，开始吹奏起来，另有一位小伙子不知从哪里找来一面手鼓，与他们配合。人群围成了圈，一位年龄稍长的男子首先跳起了鹰舞，双臂一前一后地舒展，双肩微微抖动，模仿鹰的展翅飞翔。他边跳边唱，唱起了一支好听的恰甫索孜（歌舞曲），大意是：“你的眼睛迷住了我的心，你的嘴唇勾走了我的魂，你的美貌燃起我的情火，而你却冷得像冬天的冰!”他唱一段，众人就合他的最后一句——“而你却冷得像冬天的冰!”如此反复。在这位男子的带领下，更多的小伙子加入了舞蹈的行列。全是男人们在跳舞，妇女们则在一旁静静观看，好像她们要和欢乐保持一定的距离。

塔吉克男子平时看上去有些矜持和古板，但只要鹰笛和手鼓响起，他们脸上的表情会变得生动起来，眼睛也会发出光来，好像突然换了个人似的。此刻，在音乐的魔法术中，正有一位两眼放光的帅气小伙子，盯上了

塔吉克妇女

与我们同行的一位汉族姑娘。他的舞步有节奏地一点点挪近，仿佛在人群中找到了“猎物”，其实是邀请姑娘一起跳舞。他的蓝眼睛，异常大胆地，咄咄逼人地，带点挑逗和挑衅地，盯住姑娘的黑眼睛。我们的姑娘浮皮潦草地做了几个动作，就招架不住，败下阵来，躲到人群中去了。

在塔吉克人炽热而大胆的目光中，我们是来自他们陌生的另一个世界的人，是冰山上的过客和偶尔的闯入者，因而在我们自己看来就是略显尴尬和无趣的人。我们的相机装满了礼貌、歉疚和瞬间的光与影，而不是摄影作品《塔吉克婚礼》或《塔吉克新娘》。许多东西，许多感觉，是相机装不动、取不走的。在神圣高原，应该砸碎猎奇者的镜头，只带着你的眼睛和心就够了。

娶亲的马队踩踏起越来越多的尘土，新娘马上要上路了。深秋的村庄里已没有多少绿色，不多的几棵树像牲畜一样圈养着，显得落寞、萧条，牛粪饼整整齐齐地码在房顶上，预示着一个漫长冬季的开始。在荒凉的帕米尔高原，一个婚礼为塔合曼草原，为白尕吾勒村，增添了一份华彩、一种音色、一点人间的暖意。而对于我们这些冰山上的来客来说，一个塔吉克婚礼的热闹、喜庆和欢娱，只能小部分地为我们所分享。这，已是一种奢侈。

## 葱岭上的玄奘法师

公元628年（唐贞观二年），玄奘离开长安，西行赴天竺求经。其出国线路在新疆境内走的是丝绸之路中道（塔里木盆地北道），经高昌（吐鲁番）、阿耆尼（焉耆）、屈支（龟兹）、跋禄迦（温宿），翻越凌山（木扎特达坂）到大清池（伊塞克湖），再迂回南下到达印度。在南亚度过15年时光，游历了100多个国家、城邦和地区，并在大乘佛教的中心那烂陀寺获取真经之后，这位中国历史上最伟大的“留学生”踏上了东归之路。

玄奘回国走的是丝绸之路南道，要经过帕米尔高原，也即中国古籍中所说的“葱岭”。时间是在公元644年（贞观十八年）。

玄奘时年43岁，与他同行的是520夹、657部佛经和一些梵文著作，这些经卷在渡印度河（信度河）时遇大风浪，损失了50夹，摩揭陀国的戒日王送他的一头大象也不幸死于途中。但与去印度时历经的千难万险、九死一生相比，玄奘的回国之路还算是顺利的。一路上不断有僧侣和商队加入进来，形成了一个浩浩荡荡、凯旋而归的旅行团。

据冯其庸先生考证，玄奘是经瓦罕走廊，翻越海拔4700米的明铁盖达坂，到达朅盘陀国（今天的塔什库尔干）的。玄奘口述、弟子辩机记录的《大唐西域记》说，从活国（今阿富汗昆都士）东入葱岭。“葱岭者，据赡部洲中，南接大雪山，北至热海、千泉，西至活国，东至乌铩国，东西南北各数千里。崖岭数百重，幽谷险峻，恒积冰雪，寒风劲烈。多出葱，故谓葱岭，又以山崖葱翠，遂以名焉。”当时，帕米尔高原有10多个国家，玄奘详细记录了这些国家地理、气候、物产、人种、信仰等方面的情况。其中写朅盘陀国的笔墨是最多的，因为始建于公元初期的朅盘陀国，到7世纪仍是帕米尔高原上最为重要的国家。

玄奘法师对朅盘陀国的概述是：“周二千余里。国大都城基大石岭，背徙多河，周二十余里。山岭连属，川原隘狭。谷稼俭少，菽麦丰多，林树稀，花果少。原隰丘墟，城邑空旷。俗无礼义，人寡学艺，性既犷暴，力亦骁勇。容貌丑弊，衣服毡褐，文字语言大同佉沙国（疏勒国）。然知淳信，敬崇佛法。伽蓝十余所，僧徒五百余人，习学小乘教说一切有部。”

统治朅盘陀的无忧王，是一位仪容娴雅、笃志好学、敬重三宝的国王。当时，临近的健驮逻国有一位名高当世的尊者，名叫童受，自幼聪慧，早年离俗，一心修佛，能日颂佛经三万二千言，是一位名震遐迩的高僧。在印度，“东有马鸣，南有提婆，西有龙猛，北有童受，号为四日照世”。无忧王闻童受之大德，对健驮逻国兴兵动众，将童受劫持到朅盘陀，腾出王宫建起了伽蓝，悉心供养。台阁高广，佛像庄严，吸引了四方信众，童受伽蓝成为帕米尔高原上香火甚旺的佛教寺院。

从玄奘记录的一个细节中，可以推断佛教传入帕米尔的大概时间。朅盘陀王城东南的一处大石崖上有两间石室，内各有一罗汉，已入定700多年，形若蜡人，肤骸不朽，端然而坐，难以动摇。他们的须发还在不断生长，因此每年都有僧人为他们理发、修剪指甲、更换衣服。从罗汉入定的年代推算，佛教传入帕米尔应该在公元前了，不会晚于传入西域第一个佛教中心于阗。

当然，关于朅盘陀国的情况，《大唐西域记》中最有意思的故事是“公主堡”和“汉日天种”的传说。相传很久以前，波斯国王迎娶一位美丽的中国公主。公主由宫娥、太监、卫队护送，一路风餐露宿，来到帕米尔高原现在公主堡所在的地方。由于战乱，只好暂留此地。不料3个月后，公主有了身孕。原来每日正午，有一束光线自太阳落下，进入公主卧室，与公主幽会。送亲的队伍只好在高原上留了下来，就地安家，立公主为王。后来，公主生下一个英俊的男孩，母摄政事，子称尊号，建起了自己的城池和王国。这就是高原之国朅盘陀的来历。这个国家的王族虽身衣胡服，却貌同中国。因为“以其先祖之出，母则汉土之人，父乃日天之种，故其自称汉日天种”。现在塔吉克人的太阳崇拜与这则传说不无关系，他们认为自己是太阳神的后裔，是真正的“太阳部落”。

葱岭古道素以艰险困厄著称。历代旅行者称它为“云端上的路”，他们写到过这里的严寒和风雪，可怕的雪崩，缺氧后要死要活的高山反应，还有一路上被冻死的人和马，争抢死尸的秃鹫……玄奘写到了葱岭东部一个叫“福舍”的地方，这里四季积雪，风寒飘劲，不见树木，只有细草。“人徒才入，云雾已兴。商旅往来，苦斯艰险。”曾有一大型商队，遭遏了大风雪。朅盘陀国的一名大罗汉预见到了这场风雪，但当他前去救助时，商队已遇难，人畜俱丧。大罗汉后悔自己晚来了一步，就收拾商队遗留的珍宝、物资，买了一块地，在这里建起一座馆舍，专门用来救济往来的商旅行人。玄奘到达时，“福舍”还在发挥它的作用。

公元 645 年，玄奘回到长安。在唐太宗的亲自关心和过问下，网罗各地僧侣中的才俊，在弘福寺组织了“译场”。此后 19 年，直到 664 年圆寂，玄奘的主要精力都用在了译经、著书上，共译出佛经和佛教论著 75 部，1335 卷。他与鸠摩罗什、真谛并称为中国佛教三大翻译家。

“玄奘的西行之路，被现代人认为是一条由信念、坚韧和智慧浇铸而成的求知之路，是一个民族胸襟开放、海纳百川的真实写照。”① 事实上，远行印度求经和翻越帕米尔天险的高僧不止玄奘一人，中国历史上的舍身求法者，是大有人在的。像法显、宋云、悟空、义净、慧轮等，都在其列。据统计，从公元 3 世纪到 8 世纪，共有 169 位求法僧来到印度，但翻越葱岭古道平安回国的只有 42 人，他们中的大多数为求法而舍身了。佛教徒的牺牲精神令人高山仰止。伟大的丝绸之路，很大一部分正是舍身求法的僧侣们走出来的。

---

① 钱文忠：《玄奘西游记》，上海书店出版社 2007 年版。

# 三、柔巴依精选

欧玛尔·海亚姆《柔巴依集》32首

1.

醒醒吧！太阳已把满天的星斗
赶得纷纷飞离了黑夜的田畴，
使夜色随着星星逃出了天庭；
阳光之箭已射上苏丹的塔楼。

2.

在倏忽的晨曦幻影消失之前，
酒店里仿佛有谁在高声呼喊：
“神殿里的一切都已准备齐全，
礼拜者为何在殿外合着睡眼？”

3.

公鸡已在啼晓；在酒店的门外，
等着的人们喊道：“快把门打开！
你知道，我们的逗留多么短暂——
一旦离去，也许再也不能回来。”

4.

来，把杯儿斟满；往春天的火里，
抛去你悔恨交加的隆冬外衣；
时光之鸟只能飞短短的距离——
现在，这鸟儿已经在振翅扑翼。

5.

在枝干粗壮的树下，一卷诗抄，
一大杯葡萄美酒，加一个面包——
你也在我身旁，在荒野中歌唱——
啊，在荒野中，这天堂已够美好！

6.

瞧我们身边的玫瑰。她说：
“看哪，我含笑来世上绽出花朵，
转眼，我香囊的丝穗断裂破碎，
囊中的珍宝就在园子里撒落。”

7.

人们所心向神往的世俗企求
变成了灰烬或烈焰烹油；尔后，
就像雪飘落灰封尘蒙的沙漠——
辉映了一时半刻便化为乌有。

8.

啊，我亲爱的，斟满这今日之杯，
浇却那往日之悔和来日之畏；

明天哪！哎，到了明天连我自己
怕已归入昨天的七千年之内。

9.

因为我们所热爱的人间精粹——
流光从它葡萄中榨出的汁水——
都已喝干了他们的三杯两盏，
一个个无声无息地溜去安睡。

10.

对两个世界高谈阔论的圣贤，
全像是无聊先知，给推在一边；
那逗人笑骂的话语东飘西散，
连他们的嘴巴也已被泥土填满。

11.

不知什么是根由、哪里是源头，
就像是流水，无奈地流进宇宙；
不知哪里是尽头、也不再勾留，
我像是风儿，无奈的吹过沙丘。

12.

我请帷幕后的我中之你指点——
在黑里摸索我中之你的灯盏；
一句话像是从身外传到耳中：
“其实你中之我什么也看不见。”

13.

于是我举起粗笨的陶质酒杯
来探索生之奥秘。杯口刚沾嘴，
它就对着嘴咕哝：“活着就一醉！
因为你一旦离去，再不能返回。”

14.

如今酒杯的答话已飘忽难寻，
但我想，它曾有生命，也曾酣饮。
啊，我吻过的嘴唇多麻木不仁——
它能接受多少、能给人多少吻！

15.

别再为人间和天上心神不宁，
明天的纷繁还是让风去理清；
那司酒的身材修长有如翠柏，
让你的手指在她发丝中忘情。

16.

如果说，你喝的酒和你吻的唇
都要归于万物的归宿和根本，
你想想，今天你既是昨天的你，
那到了明天，你不会增损一分。

17.

要是灵魂能把躯壳丢在一边，
无牵无挂的遨游于天地之间，

那么难道它竟然不感到羞惭——
还留在无用的泥土遗骸里面?

18.

当你和我消失在帷幕的后边,
这世界还将长久地往前推衍;
在它眼里,我们的到来和别离
像颗小小的石子溅落在海面。

19.

片刻的停留:从这荒漠的泉流
舀起生命之水匆匆地尝一口。
看!幻影商队已到了太虚之境——
到达它出发之处。啊,快喝个够!

20.

不久之前,在酒店洞开的门口。
暮色里来了位天使。他的肩头
托着个坛子,全身闪耀着光辉。
他叫我尝尝:原来是葡萄美酒!

21.

葡萄美酒,它能以绝对的雄辩
叫你争我吵的教派哑口无言;
这至高无上的法师,能把生活之铅
点化成黄金,而且在瞬息之间。

22.

跟这人生的慰籍得一刀两断——
或者是害怕死后的赊账清算，
或者是巴望在我零落成泥后，
会有更神妙的酒灌满这杯盏。

23.

啊，对地狱天堂的恐惧和渴望！
至少一点无疑：此生像飞一样；
就这点无疑，其他的全是撒谎；
一度盛开的花朵，将永归灭亡。

24.

我把灵魂向幽冥之境派去，
想讨个死后生活的一言半语；
没多久我的灵魂已回来复命，
他说："我本身便是天堂和地狱。"

25.

那翻转的碗儿他们唤作天空，
下面是我们生死其中的樊笼；
别趴倒在地下举手向天求助——
它之行动无力和你我相同。

26.

昨天，准备了今天的颠倒、疯狂；
酝酿了明天的沉默、凯旋、绝望：

喝吧，你又不知从何来、为何来：
喝吧，你又不知因何去、去何方。

27.

我知道：不管是真火点燃情爱，
还是天怒之火烧尽我的骨骸，
能在酒店看一眼真火之光，
强似在圣堂神殿踌躇徘徊。

28.

请为我凋零的生命把酒置办，
把死去的身子用酒洗涤一番，
用葡萄青青的叶瓣把我装殓，
埋我在并非人迹罕到的园边。

29.

真的，我长期热爱的这些偶像，
使我在世上的声望大大遭殃：
让荣誉在浅浅的杯盏中消融，
把令名声誉只换了几声歌唱。

30.

但愿天使飞来时还剩些时间，
好收起已经展开的命运文卷，
叫那位严厉的录事重新写过，
或者就完全涂掉原先的那篇！

31.

那边升起了找寻我们的明月——
今后她还有多少回阴晴圆缺，
将多少回在这园中找寻我们，
但我们中有人或已消歇寂灭！

32.

如果你也像这月儿，啊，送酒的，
你会穿过星散在草上的游客，
欢乐地来到我曾坐过的地方——
啊，请把空空的酒杯倒个个儿！

（黄杲炘译）

鲁达基 4 首

1.

斟酒吧，那酒滴入尼罗河里，
鳄鱼将醉卧一个世纪，
如果牝鹿喝了，它就会变成
恫吓过虎豹的威严的狮子。

2.

别指望在尘世花园里有果实，
那些花园里只有垂柳在哭泣。
园丁已经走过了。小心呀！
风一吹过，留下的只有灰烬。

3.

我们都将归天，孩子，宇宙的进程就是这样。
我们犹如麻雀，而死亡却像巨鹰在等待。
任何一朵花儿早晚都要凋谢——
死亡用它的锉刀要把所有的生灵磨掉。

4.

抑制盲目的怪癖——你就会很高贵！
不欺负瞎子与残废——你就会很高贵！
谁踩上跌到者的胸脯，谁就不高贵。
不！把跌到者扶起来——你就会很高贵！

（潘庆舲译）

萨迪 2 首

1.

一个人的才华没有显露，
他的优劣别人很难知道；
不要以为林莽中空无一物，
那儿也许有一只老虎睡觉。

2.

沉香本来没有气息，
放在火上才会散出芬芳。
只有善行才会为你带来声誉，
种子只有撒在地里才会生长。

（水建馥译）

## 哈菲兹8首

1.

那俏皮的茨冈人哪，
使全城的人为之动容；
她竟然夺走了我的理智，
像鞑靼人把筵席掠夺一空。

2.

是我眼中的热泪，
公开了我心中的缺点。
告发者就是我自己，
岂能把他人埋怨。

3.

假如命运赐给我恩惠，
我将投奔亲友的住处。
让她柔软的发辫，
扫尽我身上的尘土。

4.

从我这造孽者凄凉的心底，
迸发出深沉的叹息；
我要让它化作烈火，
把亚当夏娃的罪孽毁弃。

5.

来自上天的利箭射中了我，
拿酒来吧，我要大醉一场；
把那双子星座的箭袋，
紧紧捆扎在我的腰上。

6.

对于爱情的乞求，
这是主宰世界的真谛；
为了爱情和美酒，
我将把这浮世抛弃。

7.

有朝一日命运的双手
用我们的骨灰制成酒坛，
端起我们的颅骨吧，
用葡萄酒把它斟满！

8.

即便你给我带来伤痛，
也比他人的药物更值得珍惜；
宁愿饮下你的毒药，
也不愿喝下他人的解毒剂。

（邢秉顺译）

## 巴巴塔赫尔·欧里扬2首

1.

成了恋人就不再怕失去生命，
也不会在乎监牢或酷刑。
恋人的心儿有如自由的野狼，
从不畏惧牧羊人的驱赶和喊声。

2.

当我终被死神战胜的那一天，
让我的头枕上鲜花和青砖，
我的远行之梦送往商队，生命留在草原，
因为我的躯体打算向毒蛇和虫蚁应战。

（张晖译）

## 马赫穆德·喀什噶里《突厥语大词典》2首

1.

爱情激动了我，
思念涌向了我，
我的心萦注于她，
我的面庞枯黄了。

2.

让我们吆喝着各饮三十杯，
让我们欢乐蹦跳，

让我们如狮子一样吼叫，
忧愁散去，让我们尽情欢笑！

（何锐等译）

玉素甫·哈斯·哈吉甫《福乐智慧》9首

1.

幸运于人，好比羚羊般无羁，
如果它来了，要捆住它的四蹄。
你若会驾驭幸运，它不会逃走，
它若逃走了，再无得到的时机。

2.

舌头是愚民们头颅的敌寇，
它夺走了多少人头，还不罢休。
舌头天天在威胁你的脑袋，
要保全头颅，须收敛舌头。

3.

灯光有灭时，行人有停时，
高升者下降，下降者上升。
世上万物，都求圆满，
圆满的事物，走向亏损。

4.

死神挨班儿对世人光顾，

愿你为接待它早做准备。
有人系着银腰带，不可一世，
死神揪住他，腰带断了系。

5.

情人的脸上迹象分明，
开口说话，流露着深情。
你若想知道她是否爱你，
眼睛凝视你，即是表征。

6.

你享用的是珍馐美味，
我却满足于小麦麸皮。
吃饱后晚上照样安眠，
我的日子也照样过去。

7.

切莫因尊贵而忘乎所以，
尊贵者有数不尽的头疼之事。
何处有欢乐，最终必降临灾祸，
何处有幸福，必伴随着千般痛苦。

8.

心儿若爱谁，缺陷会成优点，
左会变为右，欠缺会得到补填。
心儿喜爱谁，他样样可爱，
他打你的眼睛，你视而不见。

9.

养肥了躯体，蛆虫在等你，
尽管你享了终生，终为过客而已。
生命如梦而流逝无终，
消逝的岁月即是证据。

（郝关中等译）

鲁提菲 2 首

1.

明月般的美人在街头出现，
手牵着裙裾漫步姗姗。
她那娇美的秋波一盼，
叫多少有情人魂消魄散。

2.

情人的娇态多么美妙，
世人谁能比得她窈窕。
只可惜我虽有意，她却无情，
若是两情相投，该多么美好！

（郝关中译）

纳瓦依 3 首

1.

若问我为什么浑身是火

是她的红颜朱唇把我燃烧。
我心灵的小鸟儿飞出胸膛，
是因为明月的脸庞在东方高照。

2.

啊，美人，愿你垂怜，我心愁绪万端，
爱的折磨，颠沛流离，阿伽门农一样的疯癫。
黎明前，泪珠的繁星照不亮我的房间，
雾霭是我的叹息，天空和流星变得暗淡。

3.

遁世者啊，天仙归你，园丁归我，
天国归你，酒馆归我。
酒馆里应有佳人和金樽，
金樽里应是美酒荡漾，源源不绝。

（王一之译）

翟黎里 2 首

1.

四处漂泊的人即使做了世界的君王，
他也会像那受伤的百灵百倍怀念故乡。
若让他从国王满是珍馐的餐布上取块冰糖，
他会觉得好似拿到了一副枷锁一样。

2.

让那白皙的美人手捧鲜花，
愿她化为花香，愿她变做百灵。
亲爱的萨克，你是花园中的明灯，
看一眼翟黎里吧，他愿当你的仆人。

（张玮译）

诺比提 2 首

1.

我向大路眺望，等待心上人的来临，
她到来时必定将发辫梳成九根。
我急不可耐地要与她相会，
看一眼她的花容月貌我死无悔恨。

2.

如果情人和我在一起开心娱乐，
如果情人把爱情的美酒斟我一杯，
如果情人把宝石般的朱唇让我亲吻，
那时啊，我心灵的创伤才会快乐愈合。

（卜昭雨译）

塔吉克民间柔巴依 3 首

1.

谁没有朋友谁便是可怜人，

这种人是世上无翅的飞禽。
就算你用黄金铸成稀世珍宝，
黄金昏暗，需要友情来浇灌。

2.

我的丈夫挺着一个草包肚，
麻竿腿，大麻脸，贼眼珠，
捉住他的麻竿腿扔进坟墓，
这是我摆脱他的唯一路途。

3.

智者时刻有忧愁相伴，
蠢蛋也没有欢乐可言，
尽管他无知无识又无机巧，
却像野兽，把世界走遍。

柯尔克孜柔巴依 1 首

在四十处驰名的凹地山谷中，
哪一处没有柯尔克孜人的白骨？
在四千棵长在山上的白桦树上，
哪一棵没有柯尔克孜人的斧痕？

# 四、柔巴依访谈

## 柔巴依、身边传统及其他
### ——沈苇答诗人艾龙问

**艾龙（以下简称艾）**：据您所知，在您之前有汉族诗人用汉语创作过柔巴依吗？从时间上看，您大概是1990年接触到黄杲炘译的《柔巴依集》，如您所言，“也正是从那时起，我开始尝试柔巴依的写作”。在1996年之前，您一定有过零星的创作吧？写第一首柔巴依是什么时候？哪一首作品？

**沈苇（以下简称沈）**：或许是个人阅读的局限，我尚未发现汉族诗人创作的柔巴依。但波斯柔巴依很早就译介到了中国，几乎与新诗诞生是同步的，这是一个事实。胡适于1919年2月出版《尝试集》，其中就有从英文转译的两首欧玛尔·海亚姆的柔巴依。1923年郭沫若将欧玛尔·海亚姆《柔巴依集》的英译本译成中文，名为《莪默·伽亚谟：鲁拜集》。郭是意译，有一定的个人创作成分在里面。

据不完全统计，《柔巴依集》在中国有 12 个译本，有 25 人翻译过它。有的从波斯文直译，有的从其他外文转译。我去过俄罗斯，在圣彼得堡的一家书店里，发现俄译《柔巴依集》也有十多个版本。时至今日，《柔巴依集》已被翻译成世界上几乎所有国家的文字，据说有 500 多个版本，版本之多，仅次于《圣经》。

**俄文版《柔巴依集》**

事实上，大量创作汉语柔巴依的是新疆的少数民族诗人，他们都是些“双语诗人”，如曾任中国作协副主席的维吾尔族诗人铁依甫江、将《红楼梦》译成维吾尔文的克里木·霍加等。20 世纪 80 年代末，北京民族出版社还出版过一部铁依甫江主编的《维吾尔柔巴依选》。

除了维吾尔族诗人，哈萨克、柯尔克孜、塔吉克诗人中创作柔巴依的，也是大有人在的。

我尝试柔巴依的写作是受了黄杲炘先生翻译的《柔巴依集》的启发。觉得这种诗歌形式很有意思，短小精悍，琅琅上口，就像“压缩饼干”一样饱含了诗的能量，可以借鉴它，用来锤炼自己的诗艺。况且，这种诗歌形式已是我生活的新疆，乃至中亚西亚地区重要的诗歌传统，是身边的传统。1996 年之前，已经开始尝试它的写作了。也许写于 1991 年的、收入多个国内诗歌选本的《一个地区》可以算是一首柔巴依：“中亚的太阳。玫瑰。火/眺望北冰洋，那片白色的蓝/那人傍依着梦：一个深不可测的地区/鸟，一只，两只，三只，飞过午后的睡眠……”

**艾：**您 1996 年开始系统创作“新柔巴依”的时候，已经对中亚地区各民族的柔巴依有过广泛的搜寻和阅读吗？这个“新”如何理解？是因为它尝试了在汉语世界里的可能性？“自由的柔巴依”？还是和这份广泛的阅读有关以致力求有所“创新”？

**沈：**作为一个移民诗人，一名在新疆生活了 20 年的汉族诗人，我珍视身边的传统，多民族的传统。新疆多元文明的同在与共存是一个启示录式的背景，而对异域传统的渴望是我的相思病。在这个远方，我漫游、阅读、聆听异域的教诲——心灵的分身术终于在远方有了一个新的空间和载体。

我对中亚文化的关注不只局限于诗歌。但对柔巴依的研读的确使我受益良多。它在方寸世界里浓缩了浩瀚宇宙，就像一位波斯诗人说的那样："区区一壶的容量，能容纳无际的海洋。"有时我感到它是一种智慧的老年文体。它是波斯和突厥共有的一种古老的诗歌样式。在波斯，除了欧玛尔·海亚姆，鲁达基、哈菲兹、萨迪、莫拉维（鲁米）等都是柔巴依大师；在维吾尔古典诗人中，法拉比、纳瓦依、玉素甫·哈斯·哈吉甫、鲁提菲等对柔巴依都是有贡献的，纳瓦依是其中的集大成者。

我的柔巴依是"拿来主义"，是"鹦鹉的舌头"。如果有人称它是"仿作"，我也觉得无伤大雅并乐意接受。我还仿过突厥占卜书、哈萨克谎言歌等。但我的柔巴依在汉语世界中无疑是一个新鲜的东西。承"旧"，才能创"新"。在有时绝望的片刻，我感到世界到处是旧，除了旧还是旧，只有所谓的新的假象，没有新的实质与真相。仿佛世界被已逝的大师们写尽了，只给我们留下几道窄缝、一点微光……

**艾：**到目前为止，您一共创作了多少首柔巴依？它在您的创作中处于什么样的位置？

**沈：**共5组，103首，400多行。似乎比流传至今的欧玛尔·海亚姆的《柔巴依集》还多了两首。我写柔巴依是一个间断而持续的过程，一两年写一组，现在仍在这个过程中。也许到了老年，我就可以完成一部厚重而无愧的《新柔巴依集》了。

这些作品，只能算是一点小小的探索和尝试。它在我已创作或出版的4部诗集中比重不大，质量上也不一定是所有诗歌中最好的，但它独特、别致，有些精美的样子。第一组新柔巴依发表在1996年《诗刊》上，是梅绍静老师发现并给予了肯定。她是我心目中的一位好编辑。

**艾：**您对不同地区和不同民族在不同时期创作的柔巴依有过横向、纵向的比较吗？请就最有代表性的几种（或几位诗人）简要谈谈它（他）们各自的特色。

**沈：**这个问题在《柔巴依论》中有较为详尽的阐述。我主要通过波斯柔巴依和突厥柔巴依，并将它们与唐代绝句和希伯来情歌作了对比，力图描绘一条世界范围内的"柔巴依之路"。有意思的是，这条诗歌之路与丝绸之路是重叠、切合的，也与"木卡姆音乐带"同处一个文化和地理区域。

我们知道，从地中海穿越亚洲高地到新疆，存在一个世界木卡姆音乐带。其中维吾尔木卡姆是我国继古琴和昆曲之后第三个获世界非物质文化遗产称号的艺术样式。欧洲学者认为，包括维吾尔木卡姆在内的中亚木卡姆是世界音乐的"胸脯"。那么我想谨慎地推测，包括唐诗和柔巴依在内的古典诗歌，又何尝不是10世纪左右世界诗歌的"胸脯"呢？欧洲口传史诗要早一些，但文人诗歌的高峰（如但丁的《神曲》）还要晚好几个世纪才出现。

所以，柔巴依的价值不仅仅是诗学意义上的，这一诗歌现象蕴含着丰富的文化信息和深邃的文化启示，关于文化的碰撞、融合，关于东西方文明的交流，关于失去时代的信仰与美德，等等。

代表性诗人在《柔巴依论》中有具体介绍，这里就不再重复了。当然，他们当中，欧玛尔·海亚姆仍是我最热爱的，还有苏菲主义大师鲁米，他的《玛斯纳维启示录》是我百读不厌的书，歌德对他评价很高。

**艾**：柔巴依在形式方面的必要因素是什么？总不能凡是四行的自由诗，就称为“柔巴依”吧？另一方面，因为长期以来，四行就是诗歌的基本结构单元，四行单独成篇的也不少，那么，肯定也有一些作品符合柔巴依的各种要素——但它们的作者，不管是无名氏还是有署名，却不知道有柔巴依这种诗歌形式——这些作品，还能称之为柔巴依吗？

**沈**：柔巴依是形式感很强的诗体，是特殊类型的四行诗。它的基本特征是：每首四行，独立成篇；押韵方式为 aaaa 和 aaba，也有二、四句押韵的样式；每行有 9—13 个音节。因此柔巴依是格律诗，我称它是“波斯绝句”。

在波斯，民间柔巴依在 7 世纪或者更早的时候就存在了。那时的柔巴依是用来演唱的，有固定的曲调，格律要求不严，格律和文字为音乐服务。第一个为柔巴依定型的人是诗人鲁达基。他将民间柔巴依按阿鲁孜格律理论为之定型，固定了格律，写出 100 多首书面体的柔巴依。鲁达基作为波斯诗歌之父，也是当之无愧的柔巴依之父。到了 12 世纪，卡塔那 · 玛尔瓦泽系统研究了柔巴依的格律，将它上升到理论高度。共发现了 24 种格律，将它们分成两组，画出了图谱。此后波斯诗人在创作柔巴依时，都遵循了卡塔那的格律理论，12 世纪成为波斯柔巴依的繁荣期和鼎盛期。

波斯柔巴依传入阿拉伯文学和突厥语文学后，格律仍是诗人们遵循的原则，但要求已没有波斯那么严格。

在阿拉伯语中，“柔巴依”的意思是“四行”或“四行诗”。维吾尔劝谕性长诗《福乐智慧》中的哲理诗，有人认为是柔巴依，有人认为是四行诗。

事实上，无论是柔巴依还是四行诗，只要写得好、传之久远，形式和格律不一定是人们最关注的了。在中国古典诗歌的华彩篇章中，也存在反格律的情况。拿我自己来说，所写的柔巴依已不是古典意义上的格律诗，只是尝试了它们在现代汉语中的可能性。它们是柔巴依的一种变体，可称之为“准柔巴依”或“疑似柔巴依”。

**艾**：特定的诗体都像是一个筐，只是筐有大小，有各自特点。十四行诗就曾经是被西方诗人普遍接受的筐。绝句、律诗，各种词牌、散曲也是一个很大的筐。另一方面，一种诗歌体式的形成，它的兴衰，实在是由种种因素促成。您认为柔巴依是一个怎样的筐？

**沈**：筐这个词很有意思。中国绝句、西方十四行诗都是了不起的筐，伟大的筐，是装满了丰盛内容的筐。有时，内容的澎湃冲破了筐的堤岸——筐是诗的地形学和建筑学，也是莫里斯·布朗肖所说的“文学空间”——显现时间中沉默和孤独部分的空间，因此是“乌托邦”的一种实有和物化形式。

柔巴依是精美、别致的筐，是一个以小见大的筐——用一滴水看大海，在方寸世界窥探宇宙。柔巴依用一种诗的减法形式，达到了诗的加法效果，有时效果是惊人的。这就涉及了诗歌中“大”与“小”的问题，以小见大或以大见小都很重要，是诗的秘密之一。如果长诗是大海，自由诗是河流，柔巴依就是点点滴滴的水。

为了守护和推动这一滴水，需要付出的勇气和力量并不亚于西西弗斯面对一块巨石。所以，柔巴依诗人就是一滴水的西西弗斯。

**艾：** 定型诗的创作与自由诗相比，有什么区别？

**沈：** 定型诗是已经完成了的成熟文体，化为源远流长的传统的一部分。因此，定型诗是一种骄傲，唐诗宋词就是我们的骄傲。而自由诗（新诗）在中国不到一百年历史，在文学史和诗歌史中是一个青少年，它还在成长，处在一个充满各种可能性的值得期待的过程中。所以这八九十年，是诗歌现象风起云涌的时代（“文革”除外）。有人提出诗歌要20年回头一看，我觉得颇有道理。现代文学中回头一看，看到了穆旦；朦胧诗时期（或相当于那个时期）诗人中回头一看，看到了昌耀、多多。

定型诗仍有一定的开拓余地，但十分有限。譬如现代文学中，郁达夫和李叔同的古体诗就很好，甚至徐志摩，他的古体诗也超过了这位江南才子二三流水准的新诗。但在当代，古体诗弄不好就成了“老干部诗歌”和“打油诗”。我称柔巴依是智慧的老年文体，但在现在的柔巴依写作中，我们很可能只看到“老年文体”，而“智慧”则荡然无存。

**艾：** 您对柔巴依这种特定形式的“局限”与“自由”如何认识？一旦出现普遍的内容与特定形式不相吻合的情况，您是怎么处理的？

**沈：** 柔巴依是戴着镣铐跳舞，是障碍赛跑。戴着镣镣铐跳舞，能跳得更有张力，更为感动人心，因为这是奴隶的舞蹈；而跑道上的障碍，则带来更大的挑战和精彩。诗是不自由的，但饱含了对自由的憧憬和梦想。自由中的自由是向着虚幻的蒸腾，不自由中的自由才更值得珍视。局限是对自由的挑战，反之亦然。

奴隶们戴着镣铐跳舞，总怀着砸碎镣铐的冲动，还有内心和周遭看不见的无形枷锁。如果奴隶之舞代表了一种普遍内容和普遍存在，那么镣铐就是他的特定形式——一种值得怀疑的形式。

**艾：**您在《柔巴依论》中也考察了柔巴依和绝句的关系，但留下了很多悬念。您现在有哪些观点需要补充（或者史学界有新的考古发现）？您对这两种形式是否有过比较？您认为它们在表现题材、意象处理等方面有什么明显不同？各自有什么特色？

**沈：**柔巴依与中国绝句之间存在的关系有待进一步考察和认识。应该作为重要课题，用专著的方式来加以研究。而我只做了一点粗浅的考察，谈不上研究，但可以抛砖引玉、期待来者。

柔巴依和绝句都是古典诗歌样式，是四行体的格律诗。它们之间存在许多相似之处，比如普遍采用第一、二、四行押韵的方式，即 aaba 的形式，当然柔巴依的押韵方式更多一些，还有 aaba、baca 等方式。绝句有五言、七言之分，也有少量的六言，而柔巴依也有音节方面的规定。在诗与歌尚未分家的时代，柔巴依和绝句都是可以用来吟诵和歌唱的，文字形式上很工整。

总体上来说，绝句在表现领域和题材上更为开阔，意象的利用也较为丰富、多样。而柔巴依中意象的重复比较明显，美酒、佳人和爱情，还有人生哲理，往往是最基本的抒写内容。但这是有其特点和道理的：要在短短四行的篇幅内表达丰富而深刻的内容，既要抒发感情又要表达哲理，而且不能破坏一首诗的整体感，必然会重复一些基本的主题和意象。意象太多了反而会出现混乱，不利于主题表达的深入。柔巴依中的意象往往不是特指什么，而是蕴涵多重象征的，譬如酒，它当然是借酒浇愁的酒，使人酩酊大醉的酒，但它也用来表达信仰——信仰的热烈、虔诚和迷惘。而美人，又象征了时光流逝、自然枯荣、四季轮回等。柔巴依是精短而浓缩的，它在方寸中容纳万千气象，在单纯性中表达复杂性。

从现象学上来看，波斯柔巴依和唐代绝句产生于相近时期，那时候，唐朝和波斯的文化交往是很密切的，这种密切程度甚至超过了现在，因为丝绸之路正处于鼎盛时期，所有的交流都是畅通无阻的。这是一个文化交流的国际化时代。许多波斯的艺术家，包括诗人、歌手、乐师、舞女，去过汉地，有的还在长安生活过，对脍炙人口的唐代绝句不可能是一无所闻、一无所知的……但学术不能只停留在现象上，而要找到现象后面的细节、史料和具体的文本，才能得出更有说服力的观点。这需要我们下工夫好好研究。

我注意到翻译家紫军在《中国绝句与柔巴依》中的最新观点。他说，在唐代，至少有两条渠道使绝句与柔巴依产生了联系：一、当时的长安，生活着一大批精通中国文化的波斯诗人，他们都是“双语诗人”，仅在史书上记载的就有李珣、安附国、李元谅、石楚温等人。

他们既能写中国诗歌，包括绝句，也按此形式写波斯诗歌。因篇幅短小、适宜吟唱，一般波斯商人也能学会，并随他们的商队流传在丝绸之路上，带回自己的故土。这些反复吟唱的波斯语"绝句"，持续几十年，乃至几百年后，经鲁达基等诗人的加工、定型，就形成了著名的柔巴依体诗歌。二、公元 840 年回鹘西迁，有一支迁到葱岭（帕米尔高原）及其以西的地方，而这个地方恰恰是波斯萨曼王朝的所在地，波斯诗歌之父鲁达基的故乡也在其管辖范围内。回鹘西迁，将自己的文化和部分唐文化，包括绝句在内，带到新的地区。一个世纪后，波斯就出现了柔巴依诗体。这种情况与回鹘带去的汉文化应该是密切相关的。

**艾：**您对诗歌形式的探索，主要受哪些诗人或哲学的影响？在新诗形式的探索上，与关于自由与格律、半逗律、音尺等的探索相比，对诗形（包括建行、分节、外在形式等）的探索是否更为直接、更有价值？

**沈：**我同意福楼拜的观点：内容之于形式就如灵魂之于肉体。也许它们分属两个概念领域，却是一个有机体，一个本质上的共同体——诗是灵肉同源的艺术。

你所说的格律、半逗律、音尺等是诗歌科学，而诗形可能就是诗歌伦理。我相信，在一首诗中，伦理比科学更为重要。正如诚恳比技艺重要，因为"技艺是对诚恳的考验"。

**艾：**您的"新柔巴依"，大多采用"组诗"形式，这是否和柔巴依的容量有关，毕竟每篇只能在四行以内经营，且采用的是现代汉语？您是否考虑过借鉴其他定型诗体——比如十四行诗有单篇、叠冠、截尾等等——的方式，或者考虑在同一标题下创作两首以上的柔巴依？

**沈**：你的建议不错，在以后的柔巴依创作中要尝试一下。我的新柔巴依之所以采用组诗形式，的确如你所说的是考虑到了诗歌的容量问题，同时想把一个特定的主题尽量发挥到极致。组诗形式的柔巴依是以前从未出现过的。我将柔巴依与自由诗的组诗形式作了一次结合。

**艾**：柔巴依是波斯民族和操突厥语民族共有的诗歌样式，那么维吾尔柔巴依的情况如何？它与波斯柔巴依有什么不同之处？

**沈**：维吾尔柔巴依的萌芽不会晚于喀喇汗王朝时期。到了察合台汗国时期，一个重要诗人诞生了。他就是纳瓦依。他是波斯柔巴依进入维吾尔文学的重要“桥梁”。纳瓦依是双语诗人，精通波斯语和突厥语，他把波斯语中的许多诗歌题材用突厥语来改写或重写，用突厥语完成了抒情诗集《四卷诗集》，其中有不少柔巴依。这是一个了不起的贡献。他的柔巴依已成为维吾尔古典文学中的经典，同时确立了维吾尔柔巴依的一些基本准则。后来的柔巴依，在题材和表现内容上有明显的开拓，不像波斯柔巴依，常常拘泥于比较单一的主题。

维吾尔族是一个诗歌民族。诗歌贯穿了整部维吾尔文学史，诗人在历史上拥有很高的地位，受到人们的爱戴和尊重。维吾尔文学史就是一部诗歌史。这无疑与这个民族生活的地理环境、抒情心理以及后来阿拉伯—波斯文化的影响是有关系的。就像绝句已是我们重要的诗歌传统一样，柔巴依是维吾尔诗歌传统中的经典短歌，是流淌在血脉里的不朽的歌吟与传唱。

**艾：**作为一种古典诗歌形式，柔巴依能对复杂的现实发言吗？或者说，这种古老的诗体在表达当代生活时仍是可行的吗？它仍有生机与活力吗？

**沈：**有这么一个故事：1992 年苏联解体，塔吉克斯坦独立，在社会动荡中，有 60 多万难民逃往阿富汗。联合国在阿富汗边境建了三个难民营。这些难民营中每天有人死亡，每天都有柔巴依创作出来。后来塔吉克斯坦科学院共收集了 3000 多首来自难民营的柔巴依，它们大多表达离乱、死亡、思念祖国和家乡的主题，读来催人泪下，有些作品已找不到作者。这是死者们的柔巴依，是一部亡灵诗集，我觉得我们应该把它翻译过来。

**艾：**您是如何理解诗歌的形式与内容的关系？

**沈：**从亚里士多德到新批评，这是一个争论不休的话题，还会继续争论下去。

无论是亚里士多德、黑格尔还是托尔斯泰、福楼拜，都是从整体论来认识形式与内容的关系的，整体论就是形式与内容的统一论，也是新批评的有机论。这方面，黑格尔的观点最具代表性。他说：“没有无形式的内容，一如没有无形式的质料，内容之所以成为内容，是因为它包含了成熟的形式。”他认为，内容与形式互为存在的前提，也是相互转化的：“内容非它，即形式回转到内容；形式非它，即内容回转到形式。”唯美主义的有机论是一种唯形式论，强调内容从形式中诞生，内容是形式的派生物，人是通过创造形式来把握世界的。到了新批评那里，情况要复杂些，既有艾略特的“想象逻辑”、兰色姆的内容形式二元论（即“构架—肌质”论），也存在布鲁克斯把一首诗比作一个统一构造物的观点。

我倾向于形式内容的整体论。它们之间的关系不是决定论的，而是一个相互寻找、发现和唤醒的过程，是一种可能性的关系——形式和内容在寻找自己的另一半，使一首好作品诞生——形式和内容在创造自己的孩子和未来。这是它们的前世姻缘。

如果形式是诗的建筑学，它拒绝建筑物的空洞、缺失和荒芜，因为它需要居住者（甚至是老建筑中游荡的幽灵、魅影），需要与周边环境和谐统一。居住者就是可能的内容，而这个需要协调的周边环境正是我们置身其中的生活与时代。

一首诗的发生和完成好比布鲁茨基的黑马来到我们当中寻找骑手。正如内容和形式的关系一样，黑马和骑手是理论上的两个概念，却是事实上的统一体。当骑手很好地驾驭了黑马，他们就合二为一，融成了一个整体。诗人们的驾驭也莫不如此。

**艾**：诗歌既是一种有意味的艺术形式，也是语言的艺术。您在语言形式上的追求是什么？如何将特定的诗歌形式与个人风格的语言形式统一起来？

**沈**：我想引用《突厥语大词典》中的一句话：“语言乃道德之首。”语言具有道德的尺度、意义和要求。诗歌从语言开始，到语言终结。语言不仅仅是工具和载体，它是心灵之物，是诗人的气息和口吻，是诗人们的乌托邦——确切地说是词与物的乌托邦式的显现。在杰出诗人那里，诗歌形式和个人风格永远是和谐统一的，是走向从容和澄明的修为过程，特定的形式也常常被突破。

**艾：**用诗歌尤其是柔巴依的形式，能否完整地传达您的文学观念、人生态度？如果不能，您还采取了哪些艺术形式？您对其他门类的艺术、文化形式有何了解，并进而为诗歌所借鉴采用？

**沈：**柔巴依是部分的传达，是传达方法之一。在诗歌形式上，除柔巴依之外，我还尝试过突厥占卜书、哈萨克谎言歌、一行诗等形式，也写过100至300多行的小长诗。自由体短诗仍是最主要的，写起来也比较得心应手。

我基本保持了每天读诗的习惯，特别是临睡前。即使是一首不好的诗，我也会通过想象和内心的改写，努力读出它的好来。我喜欢某些类型的音乐：佛教音乐、东正教唱诗班、古琴曲、十二木卡姆，喜欢民间舞蹈，写过一本画家传记。喜欢静止在某个地方的旅行，喜欢收集县志，写过国内第一部诗歌体县志《鄯善鄯善》（从古代楼兰写到现在鄯善）。这几年，在人文地理写作方面下过一番功夫，出过四五本书，其中《喀什噶尔》和《植物传奇》是我比较满意的两本。

社会学、人类学和民俗学著作都是我爱读的。人类学“以他者的目光看他者”的箴言给了我很大的启发，它可以用来有效地处理诗歌中“我”的问题。人类学已影响到我近几年的写作。我认为，当代诗歌中“本己”的无限放大，造成了诗歌表现的狭隘和虚弱。而人类学可以调整我们对“本己”的态度。

**艾：** 诗歌也是一次和陌生读者的对话，而对话的内容与形式似乎应该不断变易才能产生更大吸引力，引起更大期望。另一方面，诗人既有的经验和思维模式有可能导致写作成为一个无效“生产”而非个体“创作”的过程。面对柔巴依这个伟大的传统，您在处理素材时是否先有一些警惕之心？您更愿意自己的写作“缓慢些，有时还需要停顿和静止”，也包含这层考虑吧？您如何使柔巴依这个伟大的传统在现代社会保持活力，在汉语世界创造活力？

**沈：** 诗歌不是和陌生读者，而是和理想的精选读者对话。博尔赫斯说，作者在诞生儿子也在创造他的父亲，同样，理想读者也在创造理想作者。另一方面，每一个诗人身上都活着这么一个读者、一个诗歌批评者——诗人是他自己的“检察官”，诗歌伦理与诗歌德行意义上的“检察官”。从这个意义上说，诗人都是些怀着警觉之心的人，是怀疑主义者。但，怀疑主义者往往是最大的肯定者。

要使柔巴依这种诗歌形式在当代语境中保持活力，首先是诗人的活力，一种持续成长与持续创造的活力，对柔巴依在汉语世界中写作可能性的开拓与实践。还有，阅读和欣赏的热忱似乎是更重要的。就像唐诗宋词，在它们面前，再狂妄的作者都变成了虚心的读者——我突然感到，自己说得再多，还不如推荐大家去认真读读欧玛尔·海亚姆的《柔巴依集》，400多行的诗，一个小时大约就读完了，但足以为你打开一个古老情感的新世界。

**艾：**您的“新柔巴依”——除了“谎歌柔巴依”之外——在句法上比海亚姆的要繁复，在意象上也更庞杂，短短四行之中完成繁复曲折的心灵之旅，这是否与身处现代社会有关？来自现实生活的种种“力量”是否会影响您的创作？

**沈：**我尊重诗歌中那种直接、清澈、化繁为简的抒情力量，同时追求抒情的综合性、立体感与多声部。是的，诗歌的多声部正是现代社会的复杂性在语言世界的一种投影。这种现实的影响力必然是存在的，是无法回避的。但即使大浪滔天或泥沙俱下，诗人都必须保持骨子里的清澈力量，这是语言和现实对诗人的一致要求。

**艾：**新疆是多元文明融会的地方，也是多种宗教传播的重要地区，在您的《柔巴依论》中，就提到过多种宗教。宗教是人类心智的伟大模式，诗歌是人类心灵最富于情感的欢呼，宗教经典中就有很多诸如雅歌、亡灵书、俄耳甫斯祷歌之类的伟大诗篇。您对宗教与诗歌的关系是如何理解的？您是否从宗教诗歌中受益？

**沈：**虽然我不是教徒，甚至是一定程度上的怀疑论者，但我对有宗教感和宗教倾向的诗人，总是充满特别的敬意。像约翰·邓恩、诺瓦利斯、荷尔德林、苏菲主义诗人鲁米、《四个四重奏》时期的艾略特、《杜依诺哀歌》时期的里尔克等，都是世界诗歌的高峰。

关于宗教与诗歌的关系，这个问题太大了。我建议读一读汉斯·昆的《诗与宗教》一书。他对诗与信仰之间所具有的“持久的含混性”进行了精辟的论述。诗歌要在当代实现新启蒙，需要更加综合的眼光和更为宽广的情怀。诗的抒情也包含了更大的综合的努力。作为一种特殊真理，诗歌与宗教有一个合作的过去，是烟与焰的关系，但是很难预言它们有一个重新融合的未来。今日世界，已经碎片化了。诗人不再是弥赛亚、预言家，不再是释主、卜者、祭司，诗歌不再进入大众精神生活层面并有效地影响大众，更像一种面向“广大的少数人”（希梅内斯语）的个人宗教和个人神话……

**艾**：您的朋友或评论界对您的探索提出了哪些看法？您说“菲茨杰拉德如同欧玛尔的灵魂转世”，这是否也意味着您的使命就是在汉语世界接管、传播柔巴依？您觉得汉语柔巴依，通过您（及他人，如果有的话）的创作，已经发展到哪种程度？您认为这种形式在我国的兴起、完善，对于新诗的形式探索而言，有何意义？

**沈**：我注意到孟繁华、孟潇等评论家对我柔巴依写作和柔巴依“研究”的评价，特别是耿占春先生，在新著《失去象征的世界》（北京大学出版社 2008 年 4 月版）中，将我的新柔巴依看作是一种“自我距离化”的写作方式。“使命”这个词太重了，我难于担当。转世灵童式的说法，我更愿意成为对他人的期待。但的确，柔巴依可以为当代汉语诗歌写作注入一点新鲜的东西，或许能展开一道生动的另类风景。

2008 年 8 月

## 柔巴依，方寸世界里的浩瀚宇宙

采访对象：扎米尔·赛都拉，塔吉克族，语言文学博士，新疆大学人文学院教授。主持国家课题《阿拉伯—波斯文学阿鲁孜格律理论与我国突厥语古典文学的关系研究》《中国塔吉克族民间文学概论》等。他是我国塔吉克族的第一位博士，除母语外，还精通维吾尔语、汉语、俄语、波斯语等。

时间：2005 年 12 月 27 日

地点：新疆大学扎米尔寓所

**沈苇（以下简称沈）：**波斯柔巴依是起源于民间的？

**扎米尔·赛都拉（以下简称扎）：**是这样的。书面柔巴依在波斯是 9 世纪才诞生和定型的，而民间柔巴依在 7 世纪或者更早的时候就存在了。那时的柔巴依还不是一种文学样式，它是用来演唱的，有固定的曲调，格律要求不严，格律和文字是为音乐服务的。是音乐在控制格律，理论也尚未诞生。但文字已是四行体，一、二、三行陈述和辩论，第四行是总结，主要表达人生哲理、对万物的感慨和思考。文字（填词）相对工整，每行控制在 9 至 13 个音节之间，使之与曲调完美和谐地配合。

**沈：**那么这种民间柔巴依是如何演变为书面文学的呢？

**扎：**鲁达基是第一个为柔巴依定型的人。有一天他出去散步，听到一个孩子在唱柔巴依，他听得入迷了，觉得特别优美生动，就把它记录下来，然后按阿鲁孜格律理论为之定型，固定了格律，正式写出了书面体的柔巴依。因此，鲁达基作为波斯诗歌之父，也是当之无愧的柔巴依之父。他的柔巴依有两种押韵方式：aaaa 和 aaba，定型后的柔巴依仍是适合演唱的。到了 12 世纪，卡塔那·玛尔瓦泽系统研究了柔巴依的格律，将它上升到理论高度。他共发现了 24 种格律，将它们分成两组，并画出了图形。此后波斯诗人在创作柔巴依时，都遵循了卡塔那的格律理论，12 世纪也成为波斯柔巴依的繁荣期和鼎盛期。波斯柔巴依传入阿拉伯文学和突厥语文学后，格律仍是诗人们遵循的基本原则。

**沈**：看来格律是一个至关重要的问题。是否可以这样说，没有格律就没有柔巴依？

**扎**：是的。没有格律就没有柔巴依，就像没有格律就没有唐诗宋词一样。这是古典诗歌的一个原则。在古代波斯，要成为一个合格的诗人，首先要精通格律，尤其是写柔巴依，格律是最起码的要求。连格律都不懂，谈何做一个诗人呢？精于格律的诗人就像是名医，他们是百里挑一的，能手到病除，而后来的诗人就变成了“赤脚医生”，解决不了许多疑难杂症。他们背叛了格律，也就意味着被伟大的古典传统抛弃了。

**沈**：大概不会有“自由的柔巴依”了，因为并不存在“格律的解放”——柔巴依是戴着镣铐在跳舞吧？

**扎**：戴着镣铐跳舞是必需的，自由并不是放任自流

——不自由中的自由才是珍贵的。再说格律问题并不仅仅是格律自身的问题，也不是一个孤立的问题，它涉及诗歌技艺的方方面面。对于诗人来说，格律就是一种技艺的考验，它考验你的语言、技巧，同时也考验你的心灵和修养。可以这么说吧，格律不仅仅是技巧问题，它与内容密不可分，几乎已成为内容的一部分。格律带来诗的节奏，而节奏使一首柔巴依有了生命力，就像一个人拥有呼吸和心跳一样。的确，柔巴依中的节奏感大大提高了诗的表现力和感染力。

**沈：**如何看待柔巴依中主题和意象的重复？美酒、佳人和爱情，还有人生哲理，往往是最基本的抒写内容。重复是否是为了将表达推向极致？唐诗宋词也是重复主题和意象的，但并未损害表达的最大限度发挥，也许这是东方诗歌所共有的特点吧。

**扎：**柔巴依要在短短四行的篇幅内表达丰富而深刻的内容，既要抒发感情又要表达哲理，而且不能破坏一首诗的整体感，必然会重复一些基本的主题和意象。意象太多了反而会出现混乱，不利于主题表达的深入。柔巴依中的意象往往不是特指什么，而是蕴涵多重象征的，譬如酒，它当然是借酒浇愁的酒，使人酩酊大醉的酒，但它也用来表达信仰：信仰的虔诚和迷惘。而美人，又象征了时光流逝、自然枯荣、四季轮回等。柔巴依是精短而浓缩的，它在方寸世界里浓缩了浩瀚宇宙，就像一位波斯诗人说的：“区区一壶的容量，能容纳无际的海洋。”

**沈：**有人认为波斯柔巴依与唐代绝句有渊源关系，你是怎么看的？

**扎：**我表示谨慎地赞同，作为一种学术观点，要允许它存在，同时还需深入探讨和研究。从现象学上来看，波斯柔巴依和唐代绝句产生于同个时期，那时候，唐朝和波斯的文化交往是很密切的，这种密切程度甚至超过了现在，因为丝绸之路正处于鼎盛时期，所有的交流都是畅通无阻的，这是一个文化交流的国际化时代。许多波斯的艺术家，包括诗人、歌手、乐师、舞女，去过汉地，有的还在长安生活过，对脍炙人口的唐代绝句不可能是一无所闻的……但学术不能只停留在现象上，而要找到现象后面的细节、史料和具体的文本，才能得出更有说服力的观点。这的确需要我们下大工夫好好研究一番。

**沈：**维吾尔柔巴依的成熟期是在什么时候？与波斯柔巴依相比，在格律、表达内容等方面是否发生了一些变化？

**扎：**维吾尔柔巴依的萌芽期不会晚于喀喇汗王朝时期。有人认为在漠北时期就有柔巴依了，我是不同意的，在国家课题《阿拉伯—波斯文学阿鲁孜格律理论与我国突厥语古典文学的关系研究》中，我把这个观点否定了。到了察合台汗国时期，一个重要诗人诞生了，他就是纳瓦依。他是波斯柔巴依进入维吾尔文学的重要“桥梁”。纳瓦依是双语诗人，精通波斯语和突厥语，他把波斯语中的许多诗歌题材用突厥语来改写或重写，用突厥语完成了抒情诗集《四卷诗集》，其中有不少柔巴依。

这是一个了不起的贡献。他的柔巴依已成为维吾尔古典文学中的经典，同时确立了维吾尔柔巴依的一些基本准则。后来的柔巴依，在题材和表现内容上有明显的开拓，不像波斯柔巴依，常常拘泥于比较单一的主题。毕竟时代不一样了，生活的内容也越来越丰富和复杂了。但与此同时，有些诗人不太遵循柔巴依的格律原则了，认为四行诗就是柔巴依。这是一个很大的误区。波斯四行诗有三种形式，除柔巴依外，还有都拜体和塔兰纳，不能把它们统统叫作柔巴依。到了20世纪，有些诗人学习古典诗人写柔巴依，但他们写的不是柔巴依，而是四行诗。

**沈：**你是塔吉克族，出生在帕米尔高原，塔吉克有一种民间柔巴依我很感兴趣，一般在聚会时弹琴演唱，孤独一人时也可以大声朗诵，它们都是即兴创作的吧？

**扎：**有即兴创作的，也有从祖先那里流传下来的。我们的塔吉克语保留了波斯语中最古老的部分，也许我们听到的柔巴依正是鲁达基那个时候听过的柔巴依呢。我已经收集了500多首塔吉克族的民间柔巴依，打算以后出一本书。这些柔巴依有专门的曲调，特别适合演唱。生活在帕米尔高原的塔吉克人，大多会唱柔巴依。一般是在同辈聚会时，一人弹琴，大家逐一演唱，或者现编诗句和歌词形成对唱。青年男女在恋爱时常常用柔巴依来传递爱慕之情和相思之苦。牧羊人和行路人孤身一人时，大声朗诵柔巴依，以排遣寂寞孤独。在帕米尔高原，柔巴依无处不在，它存在于塔吉克人的日常生活中。

**沈：**它们主要表达了哪些内容？你能否介绍一两首？

**扎：**（从书房取来《塔吉克族民俗文化》一书送我）内容上有歌唱爱情的，有赞美大自然的，大多抒发人生的感慨，喜欢用格言警句，一首柔巴依阐述一个思想，或者一个哲理，简洁明快，意味深长。当然也有非常抒情的，这两首爱情柔巴依就十分抒情：“美丽的月光照亮山地，/晚风轻拂着你的裙衣，/大自然给我们爱的天性，/两颗心燃烧在两个人眼里。”“快来吧，我忠实的恋人，/我患病在床，你快来帮我呻吟。/倘若我不幸在异乡做了卖身之人，/你要敢于出钱买下我的小命。”

**沈：**很好很深情的诗！你是什么时候开始关注民间柔巴依的？

**扎：**在新疆大学读书时，我们塔吉克族的同学经常要聚一聚，聚会时少不了唱柔巴依，我会弹热瓦甫，至今还记得一些诗句，如“西方堆起了乌云，天会刮大风，/国王不公正，他的社稷不久长”，“玻璃碎了，不能复原，/人的心碎了，是永远的伤害”……那是一段令人难忘的时光。现在我又回到新疆大学教书，但那段青春时光已一去不复返了。

**沈：**你去过伊朗，在塔吉克斯坦求学多年，获得语言文学博士学位。在当代伊朗诗人和塔吉克诗人中，还有人热衷于柔巴依写作吗？

**扎：**在伊朗和塔吉克斯坦，柔巴依是一种重要的诗歌传统，诗人们以继承这一传统为荣。一位伊朗诗人告诉我，在古代波斯，自鲁达基后，几乎找不到一个没有写过柔巴依的诗人，现在的伊朗，情况也是如此。柔巴依已是一种深入人心的十分普及的诗体。1992 年苏联解体，塔吉克斯坦独立，在社会动荡中，有 60 多万难民逃往阿富汗。联合国在阿富汗边境建了三个难民营。这些难民营中每天有人死亡，每天都有柔巴依创作出来。后来塔吉克斯坦科学院共收集了 3000 多首来自难民营的柔巴依，它们大多表达离乱、死亡、思念家乡和祖国的主题，读来催人泪下，有些作品已找不到作者……

**沈**：这是柔巴依在对现实发言，说明这种古老的诗体在表达当代生活时仍是可行的，是充满生机与活力的。

**扎**：是的。因为它就在我们生活中，在我们心里。

## 柔巴依是“压缩饼干”

采访对象：伊明·艾合买提，著名维吾尔族诗人，生于喀什疏勒县。1967 年毕业于北京师范大学中文系。曾任新疆阿克苏地委副书记、新疆文联副主席、新疆艺术学院院长。著有诗集《幸福之歌》《花的海洋》《被爱的年代》等。获新疆首届天山文艺奖、全国少数民族文学“骏马奖”。

时间：2006 年 1 月 27 日

地点：新疆艺术学院伊明办公室

**沈苇（以下简称沈）**：好大的雪！让你久等了，车堵得厉害，我从北山坡跑到向阳坡花了两个多小时……

**伊明·艾合买提（以下简称伊）**：我读过你不少的

诗，尤其关注你写新疆和中亚的诗，也希望有机会交流一下。

**沈**：今天，我是就柔巴依的问题来向你请教的——正如我们常说的，一部维吾尔文学史基本上是一部诗歌史，那么柔巴依在维吾尔文学中占有怎样的地位？

**伊**：维吾尔族是一个热爱诗歌的民族，我们有这样一句谚语："世界不能没有皇帝和诗人。"皇帝是"秩序"的象征，而诗人则代表了"自由"。在过去年代的理想国度里，两者缺一不可。的确，诗歌贯穿了整部维吾尔文学史，诗人在我们民族中拥有很高的地位，受到人们的爱戴和尊重。当然，在我们的传统中，还有一些散文体的东西，如《拉失德史》《哈米德史》等，都是十分重要的作品，已成为经典。它们大都是写历史的，数量较少，但分量不轻。但诗歌，一直在我们的文学中占有最重要的地位，可以说是至高无上的地位。这无疑与我们生活的地理环境、抒情倾向的民族心理以及后来阿拉伯—波斯（伊斯兰）文化的影响有关。

**沈**：柔巴依的地位是否更高？

**伊**：柔巴依是诗中之诗，是诗歌中的瑰宝。它简直就是"压缩饼干"——你看它短短的四行，蕴涵着多少人生的思考、宇宙的奥妙和诗的能量。是的，诗是讲究能量的，柔巴依就是高能量的"压缩饼干"！它是抒情的，又是哲理的，它关注人的喜悦、悲伤和痛苦，抒发人性之美，探寻人的出路。欧玛尔·海亚姆是一个数学家、天文学家和医生，只能算是一个业余诗人，但他写出了波斯诗歌中最伟大的柔巴依。人生的许多难题大概是无法用数学、天文、医学的方法来解决的。诗在探索真理和奥秘时发挥了更大的作用。

**沈：** 最早出现维吾尔柔巴依是在什么时候？

**伊：** 是在喀喇汗王朝时期。有人认为《福乐智慧》中的四行诗不是柔巴依，我持不同意见。它一、二、四句押韵的方式是符合柔巴依格律的。《福乐智慧》是一部双行体的长诗，但夹杂着许多四行体的柔巴依，这些柔巴依总在关键时刻出现，对前面内容进行归纳、总结，常常起到“画龙点睛”的作用，又蕴含着深刻的人生哲理。玉素甫·哈斯·哈吉甫是一个了不起的诗人，可以说他是维吾尔柔巴依的开创者。当然，这种开创受到波斯柔巴依的影响，这是毫无疑问的——他是一个“拿来主义者”。

**沈：**《突厥语大词典》中的四行诗是不是柔巴依？

**伊：** 确切地说它们是民歌，是民歌的歌词，形式上是四行体的诗。马赫默德·喀什噶里从民间收集了它们，将它们放在《突厥语大词典》中，才得以流传到今天。它们大部分出现的时间要早于11世纪，在波斯柔巴依诞生时早已存在了。

**沈：** 维吾尔柔巴依最能打动你的地方在哪里？作为一种波斯文体，它又是怎样与新疆的本土特征相结合的？

**伊：** 是内容的深刻与精辟！一首柔巴依体现了一个诗人的学问、修养、情感强度和表达能力，包含了深度、广度和张力。对，张力是很重要的。在波斯，的确出现了不少柔巴依诗人，由于神学环境的原因，诗人们善于使用隐喻、象征的手法，写美酒、美人、爱情、大自然，并不局限于原来的主题，主题是延伸开去的，更多是表达人生哲理和对命运的思考。譬如写姑娘脸颊上的一颗“美人痣”，歌颂它，赞美它，为它神魂颠倒，却往往表达了信仰的迷狂和执着。维吾尔诗人受的束缚要少些，题材更开阔，表达更自由，但还是很少有人写柔巴依……

**沈**：这是什么原因？

**伊**：不是人人都能写好柔巴依的。我注意到这样一个现象，在维吾尔诗人中，不论是过去的诗人还是现在的诗人，他们写大量的四行诗，但不敢轻易写柔巴依，更不敢将自己的四行诗称之为柔巴依。这其中包含了对这种文体的敬畏。一个真正诗人总是有敬畏感的，只有肤浅之辈和狂妄之徒才是满不在乎的。当然，能写好柔巴依的诗人一定是一个好的诗人，是诗人中的佼佼者，因为他在语言和心灵的磨炼中达到了一个高度、一种境界。

**沈**：你写过柔巴依吗？

**伊**：以前写过，但我认为大多是失败之作。现在想写，但苦苦下不了笔，也不敢轻易动笔。难度越来越大，大得好像与一种巨大的无形力量在较量……

**沈**：因为柔巴依已成为一种传统。这种传统被古人穷尽了，已没有我们的地盘。后人要做的，是创造一种新的可能的传统。

**伊**：它是一种成熟的传统。所谓“超越传统”常常是不负责任的狂妄之言。传统是一种信仰，人怎么能超越信仰呢？

**沈**：看来你是一个古典主义者，也是一个内容至上主义者。“格律论”者认为，没有格律就没有柔巴依，就像没有格律就没有唐诗宋词一样，格律包含了最基本的技艺……

**伊**：这话当然没错。但格律是能学的，是通过后天的训练就可以掌握的。而诗人是天生的，后天的自我培养是一种内心的修行，直接与一首诗的内容有关。我更关心一首诗的内容。柔巴依的关键问题是内容问题，即每一行诗包含的内容深度，要每字每句落到实处。格律并不难，难的是内容。如果我能掌握汉语古诗的平仄规律，我也能写绝句。至于写得好不好，质量如何，那是另外一个问题了。有那么多掌握了一点诗歌格律的人，把当代古诗写成了“打油诗”。

**沈**：因为他们骨子里不是诗人，只是在用一种形式哗众取宠，搞搞噱头。

**伊**：对！

**沈**：在维吾尔古典柔巴依中，有你十分难忘的诗人和作品吗？

**伊**：维吾尔柔巴依出现过三个高峰，分别在喀喇汗王朝时期，察合台汗国和铁木尔三朝时期，还有 18 世纪。每个时期都有自己的代表诗人。喀喇汗王朝时期是玉素甫·哈斯·哈吉甫，察合台汗国和铁木尔王朝时期有阿塔依、赛卡克、鲁提菲、纳瓦依等。其中纳瓦依是当之无愧的集大成者，是一位百科全书式的诗人，也是我们文学源头上的诗人。还有一位诗人，叫巴布尔，他的柔巴依最是打动我，但我们的文学史绝少提到他。在父辈的王朝被乌孜别克族所灭后，他 12 岁来到阿富汗，在喀布尔建立了自己的王朝。后来又远征印度，成为莫卧尔王朝的创建者。他的后裔在印度一直统治到 1948 年。巴布尔是诗人、国王、流亡者，在流离失所和戎马生涯中，写下了大量出色的柔巴依。我认为他的柔巴依是纳瓦依之后写得最好的。他还写过一部传世的散文体作品《巴布尔书》。

**沈**：我读过铁依甫江、克里木·霍加等当代诗人的柔巴依，总觉得他们在题材的开拓、诗歌表现力等方面是有局限的（也许是时代的局限吧）。就像现在的汉人写格律诗，总是写不过古人的。柔巴依写作是否同样存在“今不如昔”的情况？

**伊**：铁依甫江是我敬重的一位诗人，他的柔巴依是那一代诗人中写得最好的。20 世纪 80 年代末，民族出版社出版过一部铁依甫江主编的《维吾尔柔巴依选》，后来引起了极大的争议，因为其中的许多作品是四行诗，而不是严格意义上的柔巴依。铁依甫江和克里木·霍加在去世前写过不少柔巴依，很精彩，他们两人都得了肺癌，在生命的尽头，对命运、时间、死亡等主题有了新的思考……现在的青年诗人，对柔巴依有点“敬而远之”的样子，更愿意作为一种传统去学习，像现在的汉族人欣赏唐诗宋词一样，是对文化遗产的珍视。

**沈：**我在维吾尔柔巴依中读到了优雅和深情。这种优雅和深情在当代是否仍是可能的？当代是复杂而暧昧的，也许我们早已丧失古人那种单纯的力量和明朗的气质。

**伊：**优雅和深情？在古代柔巴依诗人那里，他们的优雅和深情是真实的，因为他们的生活和写作是统一的。而在当代，谁能优雅？谁能深情？当代人心浮气躁，沉醉物欲，没有满足感，因而也就没有悲剧感、责任感——对自己、对社会都缺乏责任感。我们每个人都应该问问自己：活得真实不真实？在诗中我是真实的，在生活中就不一定。我也有“两个伊明”啊！在他人面前皮笑肉不笑的伊明，在内心却是一个自我拷问的伊明。这不仅仅是我个人的，而是当代人的分裂症。现在我很少写诗，怕的是自己说假话，或者言不由衷。此外，用柔巴依来表现当代生活是一个难题，当代生活与柔巴依有距离，这种距离超过了今人与古人的距离。譬如抗洪救灾、石油开发、非典、禽流感等，就很难用柔巴依来表达。

**沈：**最后一个问题，也是我很感兴趣的——维吾尔新诗的现状如何？尤其是青年一代诗人，他们在关注什么？

**伊：**维吾尔新诗受自身传统和汉语新诗的影响，在摆脱了概念化、模式化倾向后，20 世纪 80 年代到 90 年代又出现了一股玩语言、玩技巧之风，认为越“朦胧”就越“先锋”，越“晦涩”就越“现代”。现在的青年诗人比较冷静、平和，在表达上有整体感，有更多人文的东西，呈现出多元共存的格局。这种多样化探索是好的，值得肯定的。也许我们已进入一个个人化写作的时代——所谓条条大道通罗马嘛。我喜欢和年轻人在一起，可以从他们身上学到不少东西。他们也乐意与我交流。所以几年前出版的《飞石——当代维吾尔青年诗选》(汉文版)，把我这个“老青年”收了进去。这部诗选能代表维吾尔青年诗歌的现状和水准。

# 五、新柔巴依集

1996年夏。首次尝试柔巴依的写作。古典的调子，整饬的形式，一定的当代性和明确的地域性，夏天的暴戾与温情……在词与背景中，展开“新疆”“中亚”“丝绸之路”的主题。我要尝试的是柔巴依的一次呈现，以及它在汉语世界里的可能性。并不拘泥于押韵要求，它是一种解放了的“自由的柔巴依”。首批33首一气呵成，是一组“仿作”，也是一次学习，是向欧玛尔·海亚姆和他的《柔巴依集》致敬。

1.

醒来吧！黎明的大幕徐徐拉开，
黑夜不是撤退了，而是已为白昼殉葬。
是谁派遣了太阳的孤旅？光芒之箭
射中天山之峰：一顶中亚的皇冠。

2.

大玫瑰和向日葵下，亚洲的心脏
跳动如新生的处子，如不倦的羯鼓。
丝绸之路，一条穿越时空的长线，
连接着死去的心和活着的心！

3.

火车向西行驶像在抒写一部长篇，
辽阔是它的页码，荒凉是它的文字。
向着腹地：古道、西风、瘦马，
黄沙起伏如喘息，如末日的大海。

4.

是路途的火焰还是血液中的风暴，
率领我们进入一个灵魂自治区？
灵魂是失去乐园的蛇，匍匐而行，
在自我放逐中抵达另一个故乡。

5.

每一天都是崭新的开始，请注意
云中仙鹤的歌唱，请听万物体内的马达声，
永恒的旋律自草木鸟兽唇间吐出，
即使我们不在现场，世界照样继续。

6.

鼓声来自绿洲的村庄，饱含热情与忧伤，
高一声低一声，仿佛大地的咚咚心跳。
白杨与胡杨：一群坚守岗位的哨兵，
黄沙包围的绿洲是一块惊人的翡翠！

7.

沙漠围向冰山上孤傲的雪莲花，
飞禽与走兽守护深山中的珍宝，以及

无人见识的美。假如秘密的圭臬仍然存在
“芝麻开门”的钥匙是否依然有用？

8.

古道湮没，楼兰的蜃景灿烂一现，
香喷喷的妃子何时告别了喀什噶尔？
天鹅成群结队回到美丽的巴音郭楞，
它们去过的世界我一无所知，一无所见。

9.

干旱，灵魂的干旱陪伴着肉体的疼痛，
一千年的麦粒等待发芽，三千岁的胡杨
流下硕大的泪滴。风沙四起又归于平静，
一次又一次，锋刃与经籍碰撞出火花。

10.

现状需要改变，而奇迹必须诞生，
炼金术的火焰高过契丹的塔楼，
萨满的舞蹈迎向刀梯，感动神灵，
掀起盖头迎娶新娘的是俊美的童子。

11.

偶尔，雨水进入边疆，又肥又大的几滴，
从天空跳下，转瞬就消失得无影无踪，
盛装的葡萄树下，行人驻足眺望，
而毛驴眼中满是谦卑温柔的目光。

12.

清风和泉水来自天山，异族的热血
流过我全身，内在的矛盾放下各自的干戈，
是我们改变了事物还是事物改变了我们？
为了再次诞生，世界爬进另一个世界。

13.

赞美天山女儿！高高的婚床铺满
燃烧的玫瑰，火浣布的婚纱抜身，
目光清澈如水，抚慰游子向西的荒凉，
指尖流淌爱意，要在异乡建设故乡。

14.

群山上升，宁静的湖泊好像蓝色的睡眠，
使低处的梦倒映高处的梦。当树叶的金币
齐声叮当作响，鸟儿的歌唱也汇入了天籁。
白云追逐着白云，谁在吞食大团大团的阳光？

15.

风中摇曳的罂粟，植物之火，我的姐妹，
阳光堆积的大地是我们共同的母亲。
我抓住天体的竖琴，爱的光芒刹那间
将我笼罩，使我成为颤栗不已的一株！

16.

沉醉的时刻，迷狂的时刻，爱推动
众人的车辇，也旋转这孤独的星球。

从窗口向外看，爱着的人比他自身强大，
被爱的事物也与往日有所不同。

17.

我愿意将我的心脏放在远方，在寂寞中
歌唱未来。在那里，我要揭开大地的皮肤，
让荒原覆盖我全身。说：一切，我要！
太阳俯下身，像王者垂青于我的作为。

18.

飞鸟的正午，太阳滚进十个村庄，
黄塔碧寺，琉璃反光，感恩的颂辞
来自泥土中的嘴巴。时候到了，启示近了，
卑微低矮的事物接纳了最高的景象。

19.

粉红椋鸟带来丝路花雨和金色羊毛的一天，
马驹银白，背上驮着阳光明晃晃的刀子；
向着牺牲之鼓，公牛上路了，尾巴佩戴
燃烧的火焰——多少头颅与太阳齐飞！

20.

冬去春来，草坡绿了，白羊上山。
牧人迁徙配合四季变幻，而蝗虫的大军
紧随身后。啊，人生好比一顶帐篷，
那么，何处为我们准备了永久的居室？

21.

更多的人置身现实如流散虚幻之国，
四周的空气环绕他们，像果皮包围着果核。
他们是隔夜的梦想家、宿命的旅人，
在头脑中漫游世界，在掌纹中走尽人生。

22.

从宇宙阳台往下看，死者与生者平起平坐。
一次，在炎热的吐鲁番，我参观博物馆，
我对木乃伊少女说："醒醒！"一旦她醒来，
整个消失的过去都将赫然站在眼前。

23.

四季的流水账。死者的奢华超过了
生者的盛宴，那是往日歌谣、古老的安魂曲，
是流逝的一切安排了未来。向死而生啊，
向着死亡的还乡，要用一生的努力才能到达。

24.

风中的头发乱了，手里的黄沙四散，
心脏的一只只气球，被风吹上山去——
滚动啊，向着山顶和山顶之上的天空，
离永恒，总差那么一步、那么一点点！

25.

斯世何世？这仍是青春少年的大地吗？
热血稍稍高于头顶，眼睛好像日月摘下，

双手扶起盛大风景，摇醒祖国山河，
他们奔跑，带动周围的一切奔跑起来。

26.

典雅的孕妇从无花果树下走过，
果实熟了，天空低了，身体亮了。
是提醒更是催促，那风，那尘埃，那云彩，
在一个巨大的子宫里，纷纷加快了脚步。

27.

世界尚未诞生，却指向开敞的旷野，
在时间中人们随波逐流，寻找自己的故乡。
怀着希望，一个时代梦想着另一个时代，
就像父母冲着儿女们喊：“未来！未来！”

28.

全部的未来是现在，是园中葡萄的成熟和
缓缓发酵，灵魂因努力渗出美酒的芳香。
天堂和地狱一起下降，像大鸟的来临，
饥饿的嘴巴落向人间盛宴和悲伤。

29.

一切都在结合：风与尘，沙与金，
草与木，山与壑，光与影，梦与真，
高歌与低吟，飞翔与沉沦，伤痛与抚慰……
天赐的姻缘铺天盖地，笼罩了万事万物。

30.

天空蔚蓝，好像我们的大地，
大地荒凉，我们在这里继续。
鞋底磨破了，看上去十分忧伤，
向上的路和向下的路要合而为一。

31.

时间中的旅人，命运的传播者，记得
每一个持续的瞬间，丰盈高过了贫乏，
意义从无意中升起。所以他心怀感激，
将诅咒变成葡萄园，将苦吟变成欢愉。

32.

漫游大西北，仰望中亚巍峨的高山，
我寻访一个地区的灵魂，学习福乐的智慧。
漫漫帛道供我们上下求索，去了解一点
生的秘密，爱的秘密，力与美的秘密。

33.

从天山到昆仑，永不停息的是沙漠的浪涛，
是大鸟的飞翔和新夸父的逐日运动，
小小的爱和伟大的爱展开了奋飞的翅膀。
让落日的圆满下降，请新月的福祉上升！

1999 年秋。环准噶尔盆地的“金色旅行”。它侧重的是关于北疆地理、风光和自然的思考，是一组“旷野柔巴依”。在额尔齐斯河边的白桦林里，抬头望天，是被树叶的金黄映衬和加深的蓝。蓝得汹涌澎湃，将人融化，蓝得使人灵魂出窍，飘飘欲仙……有很长时间，我都沉浸在这种陶醉感中。

1.

北风越过阿尔泰山，将羊群驱向旷野
正当戈壁石发黑、变硬，芨芨草长发飘扬
羊群缓缓移动，如古老名词的漫漫长旅
上帝之鞭下杂乱的一群，踩踏惊悸的尘土

2.

史诗的北疆，也许已翻到结束一页
夏日自林中撤退，吐尽最后一口热气
看那白杨的鹅毛笔，用完绿墨水
成排插入大地，使疼痛从肌肤传向深处

3.

新的一页，疼痛是未来的经典
是骑手的箭射向无垠的疆域
是苏菲的苦修，刀梯上一个萨满的跋涉
是北风的尖锐和太阳的慷慨使金色分娩

4.

金色！金色统治准噶尔盆地
挺拔的白杨部落，沧桑的胡杨部落
还有隐居群山的白桦部落
在金色中团结一致——金色是秋天的可汗

5.

当树叶叮当作响，是黄金在树上舞蹈
命令我沉默——色彩征服了声音
生命在林中惊讶、昏迷，无数个凡·高疯狂
无数幅油画挥霍铺天的金黄

6.

落叶缤纷，凋零前的奋力一搏
聚集并升起光芒四射的树冠——
一个透明的头颅转动大师的智慧
转动经验、洞察，对时光的挑战

7.

克拉玛依学生公墓，另一种凋零
人类童贞的花朵在火中呼救、窒息
从火焰之坟到红色雅丹之坟，悲伤的旅程
仅有一步之遥，多少人活着，荒废着羞愧

8.

北屯，囤积着多少落叶，多少光阴
多少大麦与小麦的种子，多少燥土
多少牛羊的尸骸，多少骏马的长啸
多少过错，多少对明天的隐约冲动

9.

额尔齐斯河，水的蛮族之路，穿过冈心
奔向遥远的北冰洋，像一支蒙古长调

使五彩卵石拥有统一的忧郁表情
天凉了，水慢了，水用冰建设自己的骨骼

10.

乌尔禾风城，虚无的珍藏，一个干燥的
时间源头，寂静在眺望，在龟裂、作痛
与风的雕刻大师同步工作的
是一条蜥蜴、一只蚂蚁渺小的努力

11.

在努力！乌伦古湖波涛不知疲倦
幽深的蓝频频挽留天空奔驰的白云
鸥鸟侧身飞翔，翅膀一闪，遁入另一空间
一尾西伯利亚花鳅穷尽着广大的水域

12.

当湖水干涸，像头盖骨的酒杯遗弃荒原
被时光的贪婪一口口饮尽
隐匿的神，膻腥的神，要在哪一个纪元
再次斟上浅浅的一杯，或吝啬的几滴

13.

在现代旅途如在成吉思汗古道
一颗征服的心，几种归顺的事物
一幅幅离去的风景是一点点送走的
逝者的生命，是灵魂中片片剥落的花瓣

14.

车外掠过盐碱的黄昏，铜锈石的黄昏
枯草与红柳丛的黄昏，一个种族的孤独
不为世界觉察。孤独早已写在残卷上：
“除了影子没有亲人，除了尾巴没有鞭子。”

15.

向下，一只白肩雕滑翔，如血的残阳
在瞳仁里汹涌，燃烧起俯瞰的洞察力
它，时光的驯兽师，来自天空的培养
一双利爪突然抓住大地的苍凉

16.

沙洞里的鼹鼠，陋室的冥想家
让自己静止，使世界运动：晚风经过——
牧草的芬芳经过，一匹灰狼的脚步经过——
它的皮毛、牙齿、瞎眼，是彻头彻尾的忍耐

17.

青河的哈萨克三姐妹，傍晚时分
推着一车枯柴过河，寒露抓住了裙裾
灵兽般的眼睛闪烁，毡房升起炊烟
正好用来安放她们的羞涩和顺从

18.

当天光暗淡，环绕准噶尔盆地，几个地名
开始闪亮：阿勒泰、福海、富蕴、青河……

啊，散落的珠玑，远去的异族家园
我要用一根金丝线将它们串连

19.

我携带鸟巢，树上的首都，一座空城
众鸟的羽毛在四个方向飘零
暖圈垒筑，暮色中归来一个朦胧的
剪影：羊群，驼队，牧人的全部家当

20.

“骆驼，走动的雅丹地貌！”她靠近我
感到了一点命运中的苍凉与颠簸
月光下的卡拉麦里，一只跳跃的黄羊
我的心被带走，在金色北疆，永远地旅行……

2004年秋。去了趟南方，在从深圳回乌鲁木齐的飞机上写下这组柔巴依的初稿。我只是想看看柔巴依在表现城市题材、当代生活和个人纪行等方面是否是可行的。古典与当代的冲突，正如空中花园与城市深渊、象牙塔与垃圾堆的对垒，也许会使诗产生别样的效果，譬如紧张感、复杂性、语言对贫乏的干预等。这是一组意外收获的柔巴依，形式上更为自由些。

1.

“把树种到高处去，让天空开花吧！”
在经济绿洲和物质神话之上
空中花园为东城戴上一顶桂冠

与栉比鳞次的红房顶一起闪耀

2.

它的根须在哪里
难道是钢筋水泥的一种纠缠
看哪，它凌空而起，几乎展开了翅膀
——它的美悬浮着，飘扬着

3.

它是想象力的一次移植
在温润的南方，花草的柔弱
承受烈日的烘烤和雨水的击打
绽放的明媚抵御时间深处的暴戾

4.

更高些，它越过那些华丽的词藻：
新世界、御景湾、星河传说……
在上升中降临，向加速度的城
向暗哑的人心，无限敞开

5.

我记住它们的名字，就像记住兄弟姐妹：
紫荆，黄蝉，栀子花，美丽木棉
绿萝，舞草，旅人蕉，羽衣甘蓝……
我愿意是它们殷勤的侍者

6.

我赞美一株植物的和平主义
静默的忍耐，无言的执着
体内的哭泣和欢笑，静止中的狂奔
当我靠近，植物的血奔涌在我身上

7.

在东城，我是一株游荡的榕树
我杂乱的胡须要向它们的美髯致敬
我觉得，我与一株细叶榕的距离
要小于与一个人的隔阂

8.

是幻象？最高的虚构？
但它是现实主义的
当它扎根于一座城
使城市变得生动起来

9.

是点缀？轻浮的赞美？
但它在改造一座城
使它晦涩、暧昧、阴郁的部分
突然明亮起来

10.

居处，对居处的修正
屋顶上植物们的造型运动

现实中超现实的花朵……
——空中花园是对花园的一次拯救

11.
一个孩子出现在空中花园
他捕捉缺氧的蝴蝶、蜜蜂
在高处的幼儿园，几缕光线
和芬芳植物，是他的启蒙老师

12.
一个老人出现在空中花园
他枯坐，回忆年轻时的一段恋情
仿佛逝去的一切又回来了
脸上泛出淡淡光晕

13.
一个女人出现在空中花园
她惊讶地看见了自己
一旦摆脱对凋零的恐惧
她的步履就更加轻盈、优雅

14.
一个男人出现在空中花园
他洗去商业的气息，夜总会的气息
他愿意每一天都是新生
因此又陷入新的无边的狂想

15.

在东城，我做了一天的园丁
为空中花园浇水、施肥
修剪芜杂、清扫落叶
虚心学习草木花卉的语言

16.

我为它配上一座质朴的山：
旗峰山，一抹惊人的翠绿
让荔枝甜橙流蜜
让天空的蓝尽情倾泻

17.

我为它加上一座小小的人工湖：
同沙，黄昏的小径通向丰盛的果园
在湖畔，我被客家黄酒醉翻在地
一根树枝，大概是美丽木棉，扶住了我

18.

但我贫穷，只拥有戈壁沙漠
就让我在雨天注入一点干旱吧
在它日复一日的盛开中
增添一点异域的灿烂

19.

如果空中花园是一个剧场
一个人该如何同时向两千花朵说话

我不是导师和教唆犯，只是提醒花朵们
感伤主义和无病呻吟是一剂毒药

20.

“成长，阅读，对世界的阅读，
像一棵树那样，去阅读大地、天空……”
“少读活人的书，多读死人的书，
活人的书在枯亡，死人的书在开花……”

21.

然而当两千少男少女向我递上
四十二张纸条，四十二片树叶
他们的困惑和迷惘是真实的
使我长时间陷入四十二种思考

22.

做一株南方的树
意味着日复一日地站立、守望
我想问一问，你累吗？
但树木寂静无言

23.

做一朵东城的花
意味着无穷无尽地盛开、吐芳
我想问一问，四季如春是否也是一种苦役？
但花朵笑而不答

24.

一座空中花园打开葱郁的南方
打开粤语、普通话和南北方言
腊味的花园，榴莲味的花园
海腥味的花园，纷纷浮了上来

25.

街道，楼群，车流，灯火
大排档和菜市场，铁笼里的锦鸡和斑鸠
啤酒吐沫，一只生蚝在炭火上尖叫
一个打工妹背影里藏着遥远的贫寒乡村……

26.

从空中花园望下看，东城如火如荼
物质神话迅速演绎滚烫的新版本
移民的城，经济绿洲，大地上的加工厂
一种现代奇观，一个古老谜团

2004 冬。一组“谎歌柔巴依”。它的灵感来自哈萨克民间歌谣和诗性思维，以夸张的手法接近世界的真实。在哈萨克草原上，童话、传说、诗篇是可以自由放牧的羊群；生活，那亘古未变的部分，仍被一种星空般的神奇笼罩着。

1.

摘朵玫瑰，剪束沙枣
爱上几株奥斯曼草

人们说你妻妾成群
子女多如怀抱的繁星

2.

骑着旱獭去漫游
剥了张蚊子皮做大衣
领着沙狐野兔去戈壁滩
玩七天七夜，尽兴而归

3.

夜里喝醉酒，走路腾云驾雾
一不小心将月亮撞了个缺口
要用奶皮子把缺口补好
才能安心去睡觉

4.

月亮装在口袋
草坡织成毡毯
派星星去湖上散步、守夜
此时，头枕群山睡得香甜

5.

火鼠在火中叫冷
水鸟在水里喊渴
葡萄吊死在葡萄树上
嘴唇凋零在百花丛中

6.

好年景啊，冰湖上牧羊
沙漠里种麦，雪地里栽瓜
塔尔巴哈台的奶酪堆成山
伊犁河谷的蜂蜜流成河

7.

高山上开的花儿美
牛粪火烤出的馕饼香
冰块当炭，越烧越旺
泉水点灯，毡房亮堂

8.

旷野上铺餐布
一千人吃不完一个烤包子
阿肯家设宴
一个人吃掉九只烤全羊

9.

阿吾勒的集市热闹
村庄里的男女倾巢
卖掉黑夜，运回一车晨雾
卖掉一个老魔鬼，换回几个小妖精

10.

乘一片树叶漂过了河
骑一匹蚂蚱翻过了山

跟一只鼹鼠去打洞
随一叶犁铧去云间种棉

11.

乌鸦聒噪，唱歌三天
喉咙里飞出破嗓子
云雀唱一句，醉倒一对情侣
骨碌骨碌滚下山

12.

一匹马跑得太快
甩掉一道追命的闪电
一个人死得太慢
胡子长成扫帚游走草原……

2005冬。一组“雪的柔巴依”，为迎接新年而作。那么柔巴依就是一支小小的送葬队……

1.

一天的大雪。我从雪中回来
大地白茫茫一片，何处是尽头？
我无欲无求，就像雪花自然的倾泻
……而风暴在哪一处笔端麇集？

2.

雪在下。你是对的
我要安静、安静、安静

孤寂、孤寂、孤寂
这样，我就拥有六台发动机了

3.

天空的悼词，大地的占卜书
雪花飞舞、怒射、爆炸
我沉默无言，内心的挣扎在加剧
一次神圣的美学的搏斗……

4.

雪，一群飞翔的刀子
将我逼向悬崖绝壁——
深渊附身。灵魂的结晶洒落一地
燃烧的心脏也扔进了宇宙

5.

我们为死去的亲人打制棺木
却没有为邂逅者保留一个春天
我们为蝙蝠释放的夜安排山峦的枕头
却没有为雪花预备一座小小的花园

6.

在山谷，在一个巨大的巢里
积雪孵育寒冷的死亡之卵……
山崖的阴影，树的阴影
移动的、半明半暗的未来……

7.

原野的裹尸布，风掀起破损的一角
荒凉静静卧躺，像一个病重的人
艰难地翻身，发出呻吟
歌声恍若隔世，比冻僵的鸟儿飞得更低

8.

奶在壶里，刀在桌上，肉在雪中
寒骨又在哪一个深处相互取暖？
旷野上，一匹黑马以雪沐浴，以死开路
不断越过栅栏——栅栏——栅栏——

9.

冬的多棱镜，梦与水晶的造型
转动着时间的一次失神、发呆
我转动沙漠之城、雪域中的首都
转动脑海里的丰饶与苍凉

10.

雪，混合阳光的致幻剂
飞天，衣袖，翅膀，丝路花雨……
我缺席，在我所在的居处
我降临，在哪一个梦的洞窟？

11.

雪在下，并不意味着
生活会变得更好，或者更坏

神在继续沉默，来自一张毡毯的
祈祷，将毡毯变成飘泊的大地

12.

博格达峰：古老的伤口开放着
——那“痛”的孪生姊妹！
紧接着是黄昏，紧接着是夜晚
紧接着是一场雪，将它渐渐愈合……

这组名为“告别旧年”的柔巴依写于2010年元旦。在经历了2009年的惨烈事件之后，柔巴依为我疗伤，柔巴依变成了我的药。对于一片受伤的土地来说，柔巴依也不失为一剂有效的良药。形式上也有一些变化，从第二首开始，每一首的小标题均取自前一首的一个词。《诗刊》于2011年第一期节选发表，并获得《诗刊》年度诗歌奖。

1. 痛苦

他人的痛苦使我羞愧，彻夜难眠
现在，世界的残缺施加在我身上
我必须继续吞咽夜的墨水
吞咽苦涩，直到尝出一点甘甜

2. 墨水

说：“墨水比血液更加诚恳。”
倘若我的笔触只停在风和日丽中
而无法深入事物的阴影，那么它只是

一截枯枝，而墨水是漂浮败叶的血水

3. 阴影

阴影是光的匍匐，物的孪生兄弟
一个人无法揪着头发升天，只好将自己
撂翻在地。阴影是奴仆中最高贵的一位
有人却认为它是实有中最卑贱的一个

4. 自己

在异乡，在一张张异族的脸上
在一次远行，一处从未见过的风景地
在习惯了雨水却突然闯入的沙漠瀚海中
自己被改写——自我沉没，他者浮了上来

5. 他者

交织一起的人和事物？愿穿越他们的
爱、恨、情、仇，化作甘露和清风
暴风雨常在我头脑中呼啸、发作
沉寂的片刻，听到远方传来低声的哭泣

6. 头脑

一只探照灯，在黑暗的地下矿藏
照亮了一小部分的前方
如果灯光过于耀眼，就把它调暗些
朦胧的、跳跃的前方，一切皆为审美

7. 审美

头脑的存在，是为了找到一种技艺
找到可能的表达、言辞和舌尖
颠覆从事物内部开始，眼前一亮：
苍蝇和蛤蟆终于还原成审美对象

8. 颠覆

颠覆是人对事物的背叛，还是事物
对人的打击？总之，两者都受了伤
秩序被改变，需要内心去重建、辨认
颠覆悄然无声，从舔舐伤口开始新年

9. 伤

伤与飞，如残损的手掌抚摸大地
铺天的灰烬中保留了爱的余温
亲爱的伤：心的伴侣，身体的恋人
请从新的伤口，开掘我们新的源泉

10. 爱

将它分成无数份，每一份与原份
一样重，将这个词放进内心的炼丹炉
用一生的时光炼就它。它是圣徒
取之不尽的面包和酒：肉身和血

11. 面包

有人许诺：面包会有的，酒也会有的
但天上一直没有掉下馅饼，一个邪神

代替了救世主。关于面包和酒的哲学
比一片麦田和一株葡萄树离得更远

12. 遥远

遥远的地方有一个中心，在它之外
构成了偏僻。遥远，一种具体空间
一棵树、一只鸟、一个人，都是中心
遥远在迁徙，所以它的王国辽阔无边

13. 辽阔

辽阔到天苍苍、野茫茫
辽阔到牛羊在大地上挣扎、沉浮
辽阔到大地铺满雪花的裹尸布
辽阔到寒风吹侧，仿佛北极笼罩

14. 沉浮

沉浮是一种节奏，一台发动机
沉浮的人活着，没被大地溺毙
他的一生倾心于群山和岛屿的沉浮
而静止和僵硬，与朽木、顽石为伴

15. 倾心

倾心者向一朵小花交出自己
他不总是倾心于那些庞然大物的
在细小和温柔的道路上他走得更远
人们说他是投降派，其实是舍身忘我

16. 温柔

温柔放下了温柔的刀，这说明
温柔在挑战，又向前迈进了一步
寒意降临，只有当冷酷者、仇恨者
眼中复活了清澈目光，世界才有救

17. 清澈

蓄谋已久，我踏入反方向的河
生活泥沙俱下，流水越发浑浊
源头的力量被腰斩，抛尸半途
战战兢兢，我踏入反方向的河

18. 反方向

有许多先知出没在语言的密林
有几个僧侣居住在修为的寺院
有一个苏菲混迹于集市和人群
他们手无寸铁，发起无言的抵抗

19. 语言

向内的窗户，洞悉心灵的长夜
洞悉星光和破晓的曙色。一切关闭了
只有母语，留下重返的襁褓和子宫
搜集时光碎片，重塑一个水晶婴儿

20. 长夜

长夜太短，不够我做完一个梦
白昼太长，我编织不胜其烦的故事

新世纪不新，仍是那些旧面孔
旧世纪不旧，废墟里走出一群新人

21. 面孔

有时叫脸谱，其实是一张地图
可见的地貌是时光的堆积、岁月的刀痕
四十岁前父母和先人描画了它
四十岁后独自照料，修修补补

22. 地图

在地图上旅行是可能的，如内心的奔突
经度和纬度，构成了太多的十字架
在地图上旅行是可能的，我如此轻易地
到达了楼兰、尼雅，到达了拉设子、地中海

23. 十字架

一场暴力过后，我们背负起自责的十字架
暴力沿着它，横向传染，纵向遗传
现在，我们一点点将它背负起来了
蝼蚁般的身躯，必须背负起大地的重

24. 蝼蚁

蝼蚁的命也是一条命啊
命如草芥？得倒过来说：草芥是命
被不可知的力量控制着，命如琴弦、游丝
如一只龟，在命运石板上敲打出火花

25. 不可知

对于不可知的一切，最好保持沉默
有知的人啊，看上去无知到了极点
我备了一些针线，想请一位老裁缝
将那位夸夸其谈者的嘴巴缝起来

26. 沉默

在沉默中安身，逼仄而充沛
在沉默中积蓄星空的运动和实力
请靠近大自然：一种无言的教诲
请在内心保持：一种静默的猛烈

27. 教诲

白云的教诲超越了山鸦的论坛
暴风雨的教诲毁了一片原始林
沙漠的教诲是木乃伊的祈祷书
人的教诲，来自生活的背面和暗角

28. 超越

超越不是上升，而是转折、改变
是放低自己，一直放到尘土的高度
将傲慢放到谦逊的大海中不见了
更彻底的：在无限坠落中超越了

29. 谦逊

谦逊的人容光焕发，点石成金
谦逊的人通体透明，魅力雷人

谦逊的人有福了。正如圣训所言：
信仰的六十六根枝条上开出了谦逊之花

30. 信仰

原谅你这些不肖子孙吧——
自从下得昆仑始，将你一点点丢失
到今天，已隐而不现，丢失殆尽
丢失了你的三位一体：诚、信、灵

31. 灵

隐藏在万物中的眼睛，注视着
我写下的每一个词。有时我呼风唤雨
惊扰了沉睡的亡灵，为此充满歉意
在我背后，站着双目如炬的真神

32. 万物

词是物，万物之一，安放于万物中
“我”亦是，在万物的襁褓，被万物包裹
我和万物交换过沮丧，现在要交换一些乐趣
我的一生，要与万物结成亲缘和同盟

33. 交换

世界交给我这具肉身，我要
妥善保管、使用，当我活得厌倦了
就将它还给世界。我们得救于
人与人交换痛苦的时刻

### 34. 厌倦

厌倦是千回百折的绝望
是冷漠、延宕，突然丧失爱的能力
而绝望是垂直、坠落，像一块铅
转瞬沉入无底的深渊

### 35. 深渊

雨水升起，深渊搬到高处
一棵高龄的树，找不到扎根的土
我曾向着石头沉溺，现在——鸟儿
和云朵的自由，替我向着天空沉溺

### 36. 土地

土地，或者人民，一种隐形身份
没有人说到一分土地或一个人民
为了寻找一种对位，我将他们纳入
具体时空——请还给他们血肉与魂灵

### 37. 隐形

拥有的，两手空空，被空空拥有
存在的，嘲讽存在，在无情解构
消失的，走在老路，留下清晰背影
隐形的，统治世界，用看不见的“在”

### 38. 背影

请不要转身，请保持这个背影——
一门模糊学，让想象力越过肩膀的山岗

因为一旦转身，美女可能变成野兽
而背影的前方，可能是半空中的残局

### 39. 残局

又一场暴风雨过去了，又一个残局
收拾残局的人也随暴风雨而去了
残局堆积、繁荣。新人降生
坐在一盘残局上，欢天喜地洗牌

### 40. 新人

老家伙们欠起身，给让了点地盘
新人们在方寸世界遨游，认为是宇宙
舞台海阔天空，可以娱乐到死
新人咬断脐带，老家伙撤向坟墓

### 41. 娱乐

赤子们的娱乐，智者们的娱乐
气喘吁吁时代所缺失的：诗与思
愚蠢总有足够的领地自娱自乐
不毛之地，个人经验自娱自乐

### 42. 经验

经验的面孔，霸占了最后的镜子
容不下破碎的面孔、神经质的面孔
一旦经验获得了强权，人群就变成了
公共幻觉——到处是祛魅的冷记忆

### 43. 镜子

在镜子诞生之前，人与人互为镜子
在镜子诞生之后，人与人互为水银
水银砸在地上，溅起灰色浪花
镜中人：一碎再碎的玻璃碎片

### 44. 浪花

以浪花和碎片的方式见证
以街头小报的方式抵抗小说
以憔悴的诗抵抗发福的散文
以语言炸弹抵抗电视催泪瓦斯

### 45. 见证

中了速度的魔，第三世界的火车
变成了宇宙飞船，遨游于人造星空
当玛雅人提前经历了《2012》
冬眠的蛙和熊，嘲笑了哥本哈根

### 46. 遨游

星辰——这些放之天空的灯盏
灯盏——我头脑中冉冉升起的星
星光的国度，布满流放的路
数不清的渡船，丢失在天边外

### 47. 星

没有氛围的星。随着年岁的增长
反对者多了，赞成者尚未诞生

人群将你挟持到半空，收敛了根与翅
有时睡去，有时醒来，乌云送来了枕头

### 48. 半空

沉思者居于半空，梦想者居于半空
凌厉的抒情，大风一样刮过树梢
像上帝一年 365 次降下闷雷和闪电
被抒情耕耘过的半空，降下雾霭

### 49. 梦想者

说："梦是一种第二现实。"
而现实，被拖进了梦的秘密国度
对美的研究已攸关性命和未来
孤单而决绝的思，沦陷一致的醉

### 50. 国度

再一次下降——，国度是一个无名村子
村头老桂花树，使人遐想月亮和嫦娥
国度是隆冬热腾腾的灶头，大铁锅里
炖着一个咸得不能再咸的猪头

### 51. 猪头

在猪头之后，我吃到了羊蹄
有人告诉我：两者会在肚子里打架
我笑一笑，继续吃猪头，继续吃羊蹄
直到它们欣然和解，握手言和

52. 羊蹄

这片被踩踏的草场，原是一片水域
畜牧学家认为，羊有五张嘴巴吃草
四个蹄子吃得更凶。当我学会从羊蹄下
观察世界，就回到了牧草和泥土的家园

53. 水域

被败坏的水域。我在泥泞和毒素中挖
挖一种清澈，挖一个可以拯救晚年的童年
我浮出水面，看到了无垠沙漠
在水与沙之间，我躺成胡杨卡盆

54. 沙漠

沙漠从我身躯的故土上铺展开去
置身一种极端地理，我心柔和
柔和如沙漠的暮晚，如沙丘的长眠
丰盈与荒凉，来自这部瀚海之书

55. 瀚海之书

沙书第一页，是风化了的崩溃的群山
昆仑倒影，以及冰山上的来客
塔克拉玛干航空公司运来“美丽牧场”的
亡灵——2010 年的沙漠音乐会将如期举行

56. 音乐会

一碗黄沙中有亡灵们的舞蹈
脚踏毁灭的一页，像胡杨洞穿了大荒

沙砾与沙砾的打击乐，你还听不清
但每一沙砾，都是细小音符的呻吟

### 57. 大荒

洪水的大荒怎能得比上瀚海的启示
我曾在天空放牧星星，现在坐下来
在沙上写下诗篇。就像淡水加了点蜜
诗的未来——为一杯死亡添加一勺生命

### 58. 诗篇

我起身，像大海上的新航行
我迎向时日与旷野，不悲不喜
我倒在大地上，不增不减
我再次起身了，悲欣交集

……我的“新柔巴依”至今仍是未完成的。我有意缓慢地写它，间断性地写它，使它成为一首贯穿人生的诗——也许到我白发苍苍时，可以无愧地完成一部完整的《新柔巴依集》了。

# 主要参考书目

1. [波斯] 欧玛尔·海亚姆著，黄杲炘译：《柔巴依集》，上海文艺出版社 1982 年 6 月版。

2. [波斯] 莪默·伽亚谟著，郭沫若译：《鲁拜集》，中国社会科学出版社 2003 年 9 月版。

3. 张鸿年编选：《波斯古代诗选》，人民文学出版社 1995 年 5 月版。

4. 陶德臻、何乃英编选：《伊朗文学论集》，江西人民出版社 1993 年 12 月版。

5. 潘庆舲等译：《鲁达基　海亚姆　萨迪　哈菲兹作品选》，人民文学出版社 1998 年 10 月版。

6. [波斯] 昂苏尔·玛阿里著，张晖译：《卡布斯教诲录》，商务印书馆 1990 年 7 月版。

7. [美] 劳费尔著，林筠因译：《中国伊朗编》，商务印书馆 2001 年 3 月版。

8. 玉素甫·哈斯·哈吉甫著，郝关中等译：《福乐智慧》，民族出版社 1986 年 10 月版。

9. 马赫穆德·喀什噶里著，何锐等译：《突厥语大词典》，民族出版社 2002 年 2 月版。

10. 郝关中、王一之等译：《维吾尔古典文学作品选编》，新疆人民出版社 1984 年 4 月版。

11. 阿布都克里木·热合曼主编：《维吾尔文学史》，新疆大学出版社 1998 年 7 月版。

12. 李国香著：《维吾尔文学史》，兰州大学出版社

1992 年 5 月版。

13. ［阿根廷］豪·路·博尔赫斯著，王永年等译：《博尔赫斯文集·文论自述卷》，海南国际新闻出版中心 1996 年 11 月版。

14. 王佐良著：《英国诗史》，译林出版社 1997 年 7 月版。

15. ［英］吉尔伯特·默雷著，孙席珍等译：《古希腊文学史》，上海译文出版社 1988 年 5 月版。

16. ［英］以色列·亚伯拉罕著，安宁译：《快乐书》，广西师范大学出版社 2005 年 8 月版。

17. 马良春、李福田主编：《中国文学大辞典·第六卷》，天津人民出版社 1991 年 10 月版。

高等职业教育财经类教材

# 企业经营沙盘模拟

彭仁孚　编著

電子工業出版社
Publishing House of Electronics Industry
北京·BEIJING

## 内 容 简 介

企业经营沙盘模拟实训课程是借助企业经营管理沙盘模拟系统进行的一个模拟经营课程，它涵盖了企业运营中的战略规划、财务管理、市场营销管理、生产运作管理、采购管理、质量管理等关键性经营，学生作为企业运营者组成相互竞争的模拟企业，每个企业由4～6人组成，分别担任总经理、财务总监、市场总监、生产运营总监等管理角色。模拟企业成员通过连续1～6个会计年度的经营活动，在分析市场、制定战略、营销策划、组织生产、财务管理等一系列活动中，感悟科学的经营思路和管理理念，巩固专业知识，提升综合素质，训练动手能力，增强就业魅力，全面提升团队协作和经营管理能力。

本书由浅入深，重点突出；结构合理，内容适度；讲究应用，学以致用。在编写过程中，以重视巩固知识、强调技能应用为原则，尽量做到深入浅出、内容丰富、简明扼要、体系严谨。

本书不仅可以作为高等院校经济管理类各专业企业经营管理、实验、实训课程教材，也可以作为参加全国大学生沙盘模拟经营大赛的辅导书，还可供从事企业经营管理工作的社会读者自学、培训之用。



**图书在版编目（CIP）数据**

企业经营沙盘模拟 / 彭仁孚编著. —北京：电子工业出版社，2015.8

ISBN 978-7-121-26772-7

Ⅰ. ①企… Ⅱ. ①彭… Ⅲ. ①企业管理－计算机管理系统－高等职业教育－教材 Ⅳ. ①F270.7

中国版本图书馆 CIP 数据核字（2015）第 169537 号

策划编辑：贾瑞敏
责任编辑：胡辛征
特约编辑：赵树刚　罗树利
印　　刷：北京捷迅佳彩印刷有限公司
装　　订：北京捷迅佳彩印刷有限公司
出版发行：电子工业出版社
　　　　　北京市海淀区万寿路 173 信箱　　　　邮编 100036
开　　本：720×1000　　1/16　　印张：11.75　　字数：264 千字
版　　次：2015 年 8 月第 1 版
印　　次：2021 年 8 月第 7 次印刷
定　　价：28.80 元

凡所购买电子工业出版社图书有缺损问题，请向购买书店调换。若书店售缺，请与本社发行部联系，联系及邮购电话：（010）88254888。

质量投诉请发邮件至 zlts@phei.com.cn，盗版侵权举报请发邮件至 dbqq@phei.com.cn。

服务热线：（010）88258888。

# 前　言

企业经营沙盘模拟教学已经陆续被各大高等院校接受并引进，其独特的教学形式独树一帜，已经成为高校特有的“沙盘现象”。沙盘模拟教学逼真、全面地展现了管理流程和理念，同时具备高度的趣味性和竞争性。尤其针对技能和素质培养的高职院校学生，学生在教学实训环节的高度参与性，打破了传统教学的束缚和局限，使学生不再是被动地接受学习知识，而是将知识和技能融于实战环节，体验式的教学使学生上课更加投入，收获往往比书本知识更加真切和深入。

目前市面上的企业沙盘类教学软件类型颇多，此种类型的沙盘教材也鱼目混杂，教材的选择在一定程度上受沙盘软件公司的影响较大，给教师教学的开展带来较大的压力。本人从事企业沙盘教学多年，曾受邀为多所本、专科院校以及多次大赛开展沙盘师资培训，接触和熟悉的沙盘类型有工业企业沙盘、营销沙盘、经营之道、创业之星、企业经营沙盘、电子商务沙盘等，教学和实战经验颇为丰富，本书以金蝶工业企业沙盘（物理沙盘和电子沙盘结合）为蓝本成书，编写中突出以下几个特色：

（1）强调对企业沙盘原理的阐释，不管什么类型的沙盘、不管什么公司的沙盘，原理都是一样的，将一种类型的沙盘了解透彻对其他沙盘便可触类旁通。

（2）电子沙盘更适合于比赛，但就教学而言，物理沙盘和电子沙盘结合的方式便于每位学生的积极参与，也更契合高校学生的特点。

（3）本书以方便教学使用为出发点，力图以通俗的语言剖析企业经营的本质，建立全局观。

本书适合作为高等院校各类沙盘实训教程，也可以作为相关培训人员的参考书籍。如果在使用此书过程中有问题，或者对沙盘教学有任何意见，可通过出版社联系作者。

该教程在编写过程中得到电子工业出版社贾瑞敏编辑的大力协助以及多位同行的启发和帮助，在此一并致谢。对书中引用的论坛或其他著作中的观点，在此对作者表示感谢。由于水平有限，疏漏之处恳请读者多提宝贵意见，以期日后提高完善。

彭仁孚

2015 年 5 月

# 目　　录

ONE

# 第一篇 课程设计

## 1.1 课程地位与性质

企业经营沙盘模拟实训课程是借助企业经营管理沙盘模拟系统进行的一个模拟经营课程，它涵盖了企业运营中的战略规划、财务管理、市场营销管理、生产运作管理、采购管理、质量管理等关键性经营，学生作为企业运营者组成相互竞争的模拟企业，每个企业由 4～6 人组成，分别担任总经理、财务总监、市场总监、生产运营总监等管理角色。模拟企业成员通过连续 1～6 个会计年度的经营活动，在分析市场、制定战略、营销策划、组织生产、财务管理等一系列活动中，感悟科学的经营思路和管理理念，全面提升团队协作和经营管理能力。

企业经营沙盘模拟作为企业经营管理仿真教学系统还可以用于综合素质训练，使学员在以下方面获益。

### 1. 树立共赢理念

市场竞争是激烈的，也是不可避免的，但竞争并不意味着你死我活。寻求与合作伙伴之间的双赢、共赢才是企业发展的长久之道。这就要求企业知彼知己，在市场分析、竞争对手分析上做足文章，在竞争中寻求合作，企业才会有无限的发展机遇。

### 2. 全局观念与团队合作

通过沙盘模拟对抗课程的学习，学员可以深刻体会到团队协作精神的重要性。在企业运营这艘大船上，总经理是舵手、财务总监保驾护航、营销总监冲锋陷阵……在这里，每一个角色都要以企业总体最优为出发点，各司其职，相互协作，才能取得胜利，实现目标。

### 3. 保持诚信

诚信是一个企业立足之本，发展之本。诚信原则在企业经营沙盘模拟课程中体现为对规则的遵守，如市场竞争规则、产能计算规则、生产设备购置以及转产等具体业务的处理。保持诚信是学员立足社会、发展自我的基本素质。

### 4. 个性与职业定位

每个个体因为拥有不同的个性而存在，这种个性在企业经营沙盘模拟对抗中会显露无遗。在分组对抗中，有的小组轰轰烈烈，有的小组稳扎稳打，还有的小组则不知所措。虽然，个性特点与胜任角色有一定关联度，但在现实生活中，很多人并不是因为“爱一行”才“干一行”的。更多的情况是需要大家“干一行”就“爱一行”的。

### 5. 感悟人生

在市场的残酷与企业经营风险面前，是“轻言放弃”还是“坚持到底”，这不仅是一个企业可能面临的问题，更是在人生中不断需要抉择的问题，经营自己的人生与经营一个企业具有一定的相通性。

### 6. 实现从感性到理性的飞跃

在企业经营沙盘模拟中，学员经历了“理论—实践—理论”的提升过程，把自己亲身经历的宝贵实践经验转化为全面的理论模型。学员借助沙盘推演自己的企业经营管理思路，每一次基于现场的案例分析及基于数据分析的企业诊断，都会使学员受益匪浅，达到磨炼商业决策敏感度，提升决策能力及长期规划能力的目的。

# 1.2 课程学习（能力）目标

## 1.2.1 总体目标

本课程以企业经营活动为主线，采取竞技式实战的方式，使学生在团队协作中完成岗位工作任务，体验企业的经营过程及岗位职责，辅以相关的知识学习及案例分析讨论，巩固专业知识，提升综合素质，拓展思维和学习领域，训练动手能力，促进与企业实际工作“零适应”的对接，形成职业能力，增强就业魅力。

## 1.2.2 专业能力目标

（1）掌握企业经营管理的全过程，树立共赢理念、诚信理念、全局观念等；

（2）掌握战略管理、生产运作管理、市场营销管理、财务管理等基本知识，能够利用企业经营管理沙盘系统熟练完成企业经营过程，进行市场营销管理、采购管理、质量管理、生产管理、财务管理等活动，具备解决企业中的实际问题的能力；

（3）掌握企业经营管理中实施和应用 ERP（企业资源计划系统）的一般过程及基本方法，具备企业建设 ERP 系统的实施能力。

### 1.2.3　社会能力目标

（1）具有良好的职业道德和敬业精神；
（2）具有较强的口头与书面表达能力；
（3）具有团队协作精神和妥善处理人际关系的能力；
（4）具有良好的心理素质和克服困难的能力；
（5）具有良好的人际沟通交流能力；
（6）具有良好的职业岗位适应能力。

### 1.2.4　方法能力目标

（1）具有自主学习新知识、新技术的能力；
（2）具有通过多种渠道、媒体，进行查找、收集所需信息的能力；
（3）具有独立制订工作计划并落实、实施的能力；
（4）具有总结、归纳、分析的能力。

## 1.3　课程教学设计

### 1.3.1　课程整体设计构思

本实训通过直观的企业经营沙盘，来模拟企业运行状况。让学员在分析市场，制定战略，组织生产，整体营销和财务结算等一系列活动中体会企业经营运作的全过程，认识到企业资源的有限性，从而深刻理解企业经营的管理思想，领悟科学的管理规律，提升管理能力。

该实训融角色扮演、案例分析、专家诊断于一体，最大的特点是“在参与中学习”，学生的学习过程接近企业现状，在短短一周的训练中，会遇到企业经营中经常出现的各种典型问题。

使学生了解和认识各岗位的职责、范围、操作过程、管理业务流程、岗位之间的协作关系。学生必须和同学们一起去寻找市场机会，分析规律，制定策略，实施全面管理。在各种决策的成功和失败的体验中，学习管理知识，掌握管理技巧，提高管理素质。

一个班组成 6～8 个不等的若干管理团队，用沙盘教学工具模拟各企业经营，互相竞争。各团队成员分别担任企业的重要职位：总裁、财务总监、运营总监、营销总监、采购总监等。

各团队要亲自经营一家拥有一定规模资产且销售良好、资金充裕的企业，连续从事1至6个会计年度的经营活动，演练企业“成长期、成熟期”的经营过程，体验企业经营思想。通过案例分析、本团队点评、交叉点评和老师点评，使各经营团队自“形成期”开始，顺利渡过“震荡期”，缩短“规范期”，快速到达“超越期”。

总之，通过直观的企业沙盘模型进行企业经营演练，每个同学直接参与企业的模拟经营，调动同学们的主观能动性，达到以下要求：

（1）清晰了解企业战略和关键成功因素；

（2）用战略的眼光看待企业的财务管理、企业运营和决策；

（3）运用策略改进企业运营状况、创造价值；

（4）能找到跟踪企业运行状况的“仪表盘”；

（5）适时把握企业方向的“驾驶技能”。

### 1.3.2 课程能力训练模块

#### 1. 基于企业工作过程设计训练内容

企业经营沙盘模拟课程是针对代表先进的现代企业经营与管理技术——ERP（企业资源计划系统），设计的角色体验实验平台。模拟沙盘按照制造企业的职能部门划分了职能中心，如图1-1所示，包括营销与规划中心，生产中心、物流中心和财务中心。各职能中心涵盖了企业运营的所有关键环节：战略规划、资金筹集、市场营销、产品研发、生产组织、物资采购、设备投资与改造、财务核算与管理等几个部分为设计主线，把企业运营所处的内外环境抽象为一系列的规则，由受训者组成若干个相互竞争的模拟企业，模拟企业5～6年的经营，通过学生参与—沙盘载体—模拟经营—对抗演练—讲师评析—学生感悟等一系列的实验环节，其融理论与实践于一体、集角色扮演与岗位体验于一身的设计思想，使受训者在分析市场、制定战略、营销策划、组织生产、财务管理等一系列活动中，参悟科学的管理规律，培养团队精神，全面提升管理能力。同时也对企业资源的管理过程有一个实际的体验。

沙盘模拟作为一种体验式的教学方式，是继传统教学及案例教学之后的一种教学创新。借助企业经营沙盘模拟，可以强化学员的管理知识、训练管理技能、全面提高学员的综合素质。沙盘模拟教学融理论与实践于一体、集角色扮演与岗位体验于一身，可以使学员在参与、体验中完成从知识到技能的转化。

企业经营沙盘模拟通过对企业经营管理的全方位展现和模拟体验，可以使学员在以下几方面获益：

（1）战略管理

成功的企业一定有着明确的企业战略，包括产品战略、市场战略、竞争战略及资金运用战略等。从最初的战略制定到最后的战略目标达成分析，经过几年的模拟，经历迷茫、挫折、探索，学员将学会用战略的眼光看待企业的业务和经营，保证业务与战略的一致，在未来的工作中更多地获取战略性成功而非机会性成功。

（2）营销管理

市场营销就是企业用价值不断来满足客户需求的过程。企业所有的行为和资源，无非是要满足客户的需求。模拟企业几年中的市场竞争对抗，学员将学会如何分析市场、关注竞争对手、把握消费者需求、制定营销战略、定位目标市场，制订并有效实施销售计划，最终达成企业战略目标。

（3）生产管理

在模拟中，把企业的采购管理、生产管理、质量管理统一纳入到生产管理领域，则新产品研发、物资采购、生产运作管理、品牌建设等一系列问题背后的一系列决策问题就自然地呈现在学员面前，它跨越了专业分隔、部门壁垒。学员将充分运用所学知识，并积极思考，在不断的成功与失败中获取新知识。

（4）财务管理

在沙盘模拟过程中，团队成员将清晰掌握资产负债表、利润表的结构；掌握资本流转如何影响损益；解读企业经营的全局；预估长短期资金需求，以最佳方式筹资，控制融资成本，提高资金使用效率；理解现金流对企业经营的影响。

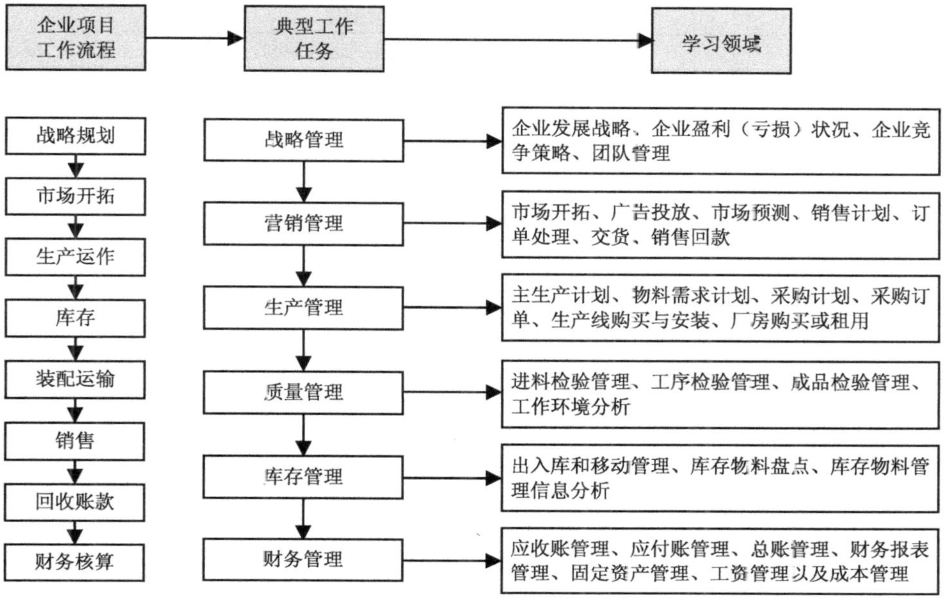


图 1-1 企业经营沙盘模拟训练模块内容

（5）人力资源管理

从岗位分工、职位定义、沟通协作、工作流程到绩效考评，沙盘模拟中每个团队经过初期组建、短暂磨合、逐渐形成团队默契，完全进入协作状态。在这个过程中，各自为战导致的效率低下、无效沟通引起的争论不休、职责不清导致的秩序混乱等情况，可以使学员深刻地理解局部最优不等于总体最优的道理，学会换位思考。明确只有在全体成员有着共同愿景、朝着共同的绩效目标、遵守相应的工作规范、彼此信任和支持的氛围下，企业才能取得成功。

（6）基于信息管理的思维方式

通过企业经营沙盘模拟，使学员真切地体会到构建企业信息系统的紧迫性。企业信息系统如同飞行器上的仪表盘，能够时刻跟踪企业运行状况，对企业业务运行过程进行控制和监督，及时为企业管理者提供丰富的可用信息。通过沙盘信息化体验，学员可以感受到企业信息化的实施过程及关键点，从而合理规划企业信息管理系统，为企业信息化做好观念和能力上的铺垫。

### 2. 教学组织学时分配表

教学组织学时分配表如表 1-1 所示。

**表 1-1　教学组织学时分配表**

| 序号 | 实验项目 | 实验内容提要 | 学时 | 实验类型 |
|---|---|---|---|---|
| 1 | 组织准备工作 | 熟悉实验室、学习实验室规则、播放录像、学员分组、职能定位、就职演说 | 2 | 演示性 |
| 2 | 基本情况描述（一） | 企业的初始状态，企业的运营规则，市场规则 | 2 | 演示性 |
| 3 | 基本情况描述（二） | 管理知识的巩固 | 2 | 演示性 |
| 4 | 初始状态设定 | 由教师带领完成第零年企业运营，总结管理知识 | 2 | 验证性 |
| 5 | 企业第 1 年运营 | 战略设计，流程操作 | 2 | 实操性 |
| 6 | 总结及讲解 | 各组汇报，营销知识巩固 | 2 | 演示性 |
| 7 | 企业第 2 年运营 | 战略设计，流程操作 | 2 | 实操性 |
| 8 | 总结及讲解 | 各组汇报，SWOT 分析模型巩固 | 2 | 演示性 |
| 9 | 企业第 3 年运营 | 战略设计，流程操作 | 2 | 实操性 |
| 10 | 总结及讲解 | 各组汇报，财务报表指标分析巩固 | 2 | 演示性 |
| 11 | 企业第 4 年运营 | 战略设计，流程操作 | 2 | 实操性 |
| 12 | 总结及讲解 | 各组汇报，目标管理分析巩固 | 2 | 演示性 |
| 13 | 企业第 5 年运营 | 战略设计，流程操作 | 2 | 实操性 |
| 14 | 总结及讲解 | 各组汇报，企业核心竞争力巩固 | 2 | 演示性 |
| 15 | 企业第 6 年运营 | 战略设计，流程操作 | 2 | 实操性 |
| 16 | 对各个企业进行点评 | 各组汇报，团队管理巩固 | 2 | 演示性 |
| 17 | 沙盘总结——教师与学生交流 | 各组汇报，综合分析 | 2 | 综合性 |
| 18 | 沙盘总结——教师点评 | | 2 | 综合性 |
| 课时合计 | | | 36 | |

### 1.3.3 教学流程设计

教学流程可以分为四个阶段，每个阶段都有不同的实训内容，如图 1-2 所示。

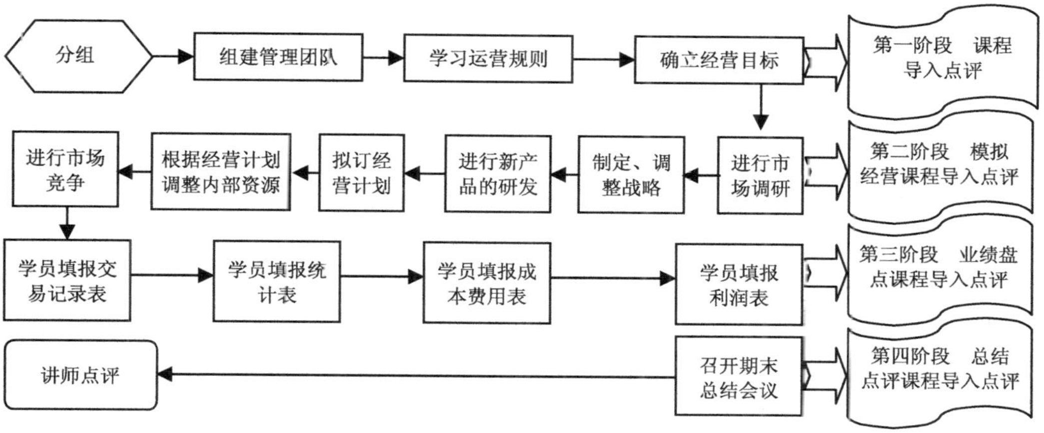


图 1-2 实训环节

#### 1. 组织准备工作

组织准备工作是企业经营沙盘模拟的首要环节。主要内容包括三项：首先是学员分组，每组一般为 4～6 人，这样全部学员就组成了若干个相互竞争的模拟企业，然后进行每个角色的职能定位，明确企业组织内每个角色的岗位责任，一般分为总经理、营销总监、运营总监、采购总监、财务总监等主要角色。当人数较多时，还可以适当增加商业间谍、财务助理等辅助角色。在几年的经营过程中，可以进行角色互换，从而体验角色转换后考虑问题的出发点的相应变化，也就是学会换位思考。特别需要提醒的是：诚信和亲历亲为。诚信是企业的生命，是企业生存之本。在企业经营模拟过程中，不要怕犯错误，学习的目的就是为了发现问题，努力寻求解决问题的方法。在学习过程中，谁犯的错误越多，谁的收获也就越大。

#### 2. 基本情况描述

对企业经营者来说，接手一个企业时，需要对企业有一个基本的了解，包括股东期望、企业目前的财务状况、市场占有率、产品、生产设施、盈利能力等。基本情况描述以企业起始年的两张主要财务报表（资产负债表和利润表）为基本索引，逐项描述了企业目前的财务状况和经营成果，并对其他相关方面进行补充说明。

#### 3. 市场规则与企业运营规则

企业在一个开放的市场环境中生存，企业之间的竞争需要遵循一定的规则。学员应综合考虑市场竞争及企业运营所涉及的方方面面，简化为以下几个方面的内容：

（1）市场划分与市场准入；
（2）销售会议与订单争取；
（3）厂房购买、出售与租赁；
（4）生产线购买、转产与维修、出售；
（5）产品生产；
（6）产品研发与 ISO 认证；
（7）融资贷款与贴现。

#### 4. 初始状态

企业经营沙盘模拟不是从创建企业开始，而是接手一个已经运营了有一定基础的企业。虽然已经从基本情况描述中获得了企业运营的基本信息，但还需要把这些枯燥的数字活生生地再现到沙盘盘面上，由此为下一步的企业运营做好铺垫。通过初始状态设定，可以使学员深刻地感觉到财务数据与企业业务的直接相关性，理解到财务数据是对企业运营情况的一种总结提炼，为今后“透过财务看经营”做好观念上的准备。

#### 5. 企业经营竞争模拟

企业经营竞争模拟是企业经营沙盘模拟的主体部分，按企业经营年度展开。经营伊始，通过发布市场预测资料，对每个市场每个产品的总体需求量、单价、发展趋势做出有效预测。每一个企业组织在市场预测的基础上讨论企业战略和业务策略，在总经理的领导下按一定程序开展经营，做出所有重要事项的经营决策，决策的结果会从企业经营结果中得到直接体现。

#### 6. 现场案例解析

现场案例解析是沙盘模拟课程的精华所在。每一年经营下来，企业管理者都要对企业的经营结果进行分析，深刻反思成在哪里？败在哪里？竞争对手情况如何？是否需要对企业战略进行调整？结合课堂整体情况，找出大家普遍困惑的情况，对现场出现的典型案例进行深层剖析，用数字说话，可以让学员感悟管理知识与管理实践之间的距离。

### 1.3.4 教学方法设计

#### 1. 体验式教学

体验式教学是指在教学过程中，根据学生的认知特点和规律，通过创造实际的或重复经历的情境和机会，呈现或再现教学内容，使学生在亲历的过程中理解并建构知识、发展能力、产生情感。体验式教学在其他许多学科的教学中得到广泛应用，最典型的是军事教学中的沙盘推演、军事演习。沙盘模拟对抗实训课程充分体现了体验式创新教学法的精髓。体验式创新教学法表现在：沙盘模拟对抗实训课程使学生感受到现场逼真的实战气氛。学生在模拟企业实战时，会遇到企业经营中经常出现的各种典型问题，针对出现的问题，学生们必须通过团队去共同分析问题、找出对策、制定决策，并组织实施。

**2. 多元化教学手段**

在选择教学手段时，强调传统手段与现代手段相结合，模拟仿真手段与实际操作手段相结合，从而形成一套融情景式教学、互动教学、自主学习、角色实训为一体的、较为完善的教学体系。

## 1.4 考核方案设计

### 1.4.1 考核标准

考核标准可以从以下几方面进行衡量：

（1）学员是否认真、积极参与。

（2）各个创建企业的经营业绩。

（3）企业长期发展的能力。

（4）实验报告格式是否正确，内容是否符合要求。

### 1.4.2 评分标准

评分标准可以综合考虑如下因素。

（1）分数等级：优为 90 分以上，良为 80 分以上，中为 70 分以上，及格为 60 分以上，不及格为 60 分以下。

（2）分数比例：学生出勤占 20%，经营状况占 40%，团队精神占 20%，实验报告占 20%。

（3）扣分标准：

① 对企业经营过程进行评分。

② 态度分：是否认真、投入。

③ 经营分：所有者权益的变化、企业成本费用的控制等。

企业长期发展能力：是否进行长期投资，是否有长远规划等。

④ 对实验报告考核。

从质、量两方面考核。以内容和字数是否达到要求为主评分。抄袭的为零分。内容尚可，字数不足 1 000 字的扣 10 分，内容空洞最高扣 40 分，格式不符的最高扣 10 分，错字较多的最高扣 10 分。按百分制评分，在总成绩中占 20%。

评分标准如表 1-2 所示。

表 1-2 评分标准

| 主要考核指标 | 权重 | 主要考核标准 | | | | |
|---|---|---|---|---|---|---|
| | | 优秀（90 分以上） | 良好（80～89 分） | 中等（70～79 分） | 及格（60～69 分） | 不及格（0～59 分） |
| 团队精神 | 20 | 凝聚力特别强，处处体现团队精神 | 凝聚力强，较好地体现团队精神 | 凝聚力一般，团队精神体现不够 | 凝聚力不够，团队精神体现不明显 | 成员较为懒散，很少体现团队精神 |
| 经营业绩 | 40 | 连续经营六年，经营业绩列第一位 | 连续经营六年，经营业绩列第二位 | 连续经营六年，经营业绩列第三、第四位 | 连续经营六年，经营业绩列第五位 | 不能完成六年的经营 |
| 实训报告 | 20 | 收获体会真实，经验教训有重要意义 | 收获体会较真实，经验教训比较有意义 | 收获不够真实，经验教训有意义 | 收获体会不够真实，经验教训意义不大 | 收获体会不真实，经验教训没有意义 |
| 出勤率 | 20 | 平均达到 95%以上 | 平均达到 85%～95% | 平均达到 75%～85% | 平均达到 70%～75% | 平均 70%以下 |

### 1.4.3 经营业绩计分公式

各组经营业绩得分=权益×（1+总分/100）

其中，总分根据如下原则计算（截止到第六年）：

技术研发完成的产品：Crystal 产品加 20 分，Ruby 产品加 30 分，Sapphire 产品加 40 分。

开发完成形成销售的市场：区域加 10 分，国内加 20 分，亚洲加 30 分，国际加 40 分。

完成 ISO 认证：ISO 9000 加 15 分，ISO 14000 加 30 分。

目前拥有的安装完成的生产线：手工线加 5 分/条，半自动线加 10 分/条，全自动线加 15 分/条，柔性线加 20 分/条。

目前拥有的自主产权的厂房：A 厂房加 40 分，B 厂房加 30 分，C 厂房加 20 分。

未借高利贷加 20 分，未贴现加 20 分。

还有长贷未还减 5 分，还有短贷未还减 10 分。

产品市场排名第一，10 分/第一，如表 1-3 所示。

表 1-3 产品市场排名统计表

| 最终市场排名 | | | | |
|---|---|---|---|---|
| 组名 | Beryl | Crystal | Ruby | Sapphire |
| 本地 | | | | |
| 区域 | | | | |
| 国内 | | | | |
| 亚洲 | | | | |
| 国际 | | | | |

得分注意事项：

① 为保证沙盘模拟比赛竞争的公平性，大赛过程中将不允许使用追加股东投资，破产将退出比赛。

② 比赛过程中广告投放时间限定为 10 分钟，超时将失去广告投放机会；每年经营总时间限定为 40 分钟，每超时 1 分钟扣 10 分。

### 1.4.4 实训报告参考格式

实训报告是学生企业经营沙盘学习后的综合衡量，一方面记录和分析在沙盘实训过程中的过程提要，另一方面剖析自身的优势和不足，如表 1-4 所示。

**表 1-4 实训报告表**

<table>
<tr><td>姓 名</td><td></td><td>班 级</td><td></td></tr>
<tr><td>实训时间</td><td colspan="3">年 月 日～ 年 月 日</td></tr>
<tr><td>实训内容</td><td colspan="3"></td></tr>
<tr><td>实训地点</td><td colspan="3"></td></tr>
<tr><td>指导老师</td><td colspan="3"></td></tr>
<tr><td colspan="4">实训报告（不少于 1 000 字，字体为宋体、字号为小四、行距为 18 磅，打印或手写）<br><br>签名：<br>年 月 日</td></tr>
<tr><td colspan="2" rowspan="2">实训鉴定评语</td><td colspan="2">综合成绩：</td></tr>
<tr><td colspan="2">指导老师签名：<br>年 月 日</td></tr>
</table>

TWO

# 第二篇 岗前培训

## 2.1 企业经营沙盘介绍

### 2.1.1 沙盘的由来

沙盘，最早源于军事上，在古代是统治者的将帅指挥战争的用具，是根据地形图或实地地形，按一定的比例用泥沙、兵棋等各种材料堆制而成的模型，常供研究地形、敌情、作战方案、组织协调动作和实施训练时使用，如图 2-1 所示。后来不断发展演变，现在有地形沙盘、建筑模型沙盘、工业模型沙盘、企业经营沙盘，等等。

图 2-1 用泥沙制作的地形沙盘图

中国历史上有记载的最早沙盘出现在东汉。据《后汉书·马援列传》记载，公元32年，汉光武帝征讨陇西的隗嚣，召名将马援商讨进军战略。马援对陇西一带的地理情况很熟悉，就用米堆成一个与实地地形相似的模型，从战术上做了详尽的分析。光武帝刘秀看后，高兴地说："敌人尽在我的眼中了！"这就是最早的沙盘作业。

1811年，普鲁士国王菲特烈·威廉三世的文职军事顾问冯•莱斯维茨，用胶泥制作了一个精巧的战场模型，用颜色把道路、河流、村庄和树林表示出来，用小瓷块代表军队和武器，陈列在波茨坦皇宫里，用来进行军事游戏。后来，莱斯维茨的儿子利用沙盘、地图表示地形地貌，以算时器表示军队和武器的配置情况，按照实战方式进行策略谋划。这种"战争博弈"就是现代沙盘作业。

21世纪，随着房地产的迅速发展，建筑沙盘模型行业作为其配套行业迅速崛起，如图2-2所示，建筑沙盘模型已悄然成为售楼中心必不可少的工具之一。随着城市规划、房地产产业和建筑设计业的蓬勃发展，沙盘模型设计制作得到了空前的发展，沙盘模型的种类也越来越齐全，有建筑模型、数字模型、商业模型、规划模型、展馆模型、工业模型、景观模型、房地产模型、方案模型、楼盘模型、售楼处模型、电子沙盘、投影沙盘……沙盘模型作为一个新兴行业，为越来越多的人所关注。

图2-2 某楼盘沙盘

## 2.1.2 企业经营沙盘模拟

企业经营沙盘模拟，是一种具有极强实战色彩的管理培训课程。企业经营沙盘模拟训练课程在1978年起源于瑞典，是知名商学院借鉴军事演习，开发出的高端培训模式。沙盘模拟演练课程是欧、美工商管理硕士的核心课程之一。欧、美、日等发达国家的众多大中型企业将其作为中高层的常设必修课程。目前，沙盘模拟培训已风靡全球，成为世界500强企业中高层管理人员经营管理能力培训的首选课程。

沙盘模拟的英译为 simulation of sandtable，常见的有 board-based simulation（物理手工沙盘）和 software simulation（电子沙盘）两种。在欧洲，物理手工沙盘比较流行，而美国等国家则更注重使用电子沙盘。就教学效果和成本投入结合考虑而言，物理手工沙盘和电子沙盘结合的沙盘系统更具有实际教学意义。

“企业经营沙盘模拟”是讲授企业经营管理的实训课程，采用的是一种全新的体验式授课方法。企业经营沙盘模拟训练课程以企业经营活动为主线，将企业的物流、生产、财务、运营、营销规划的结构及流程全部展示在沙盘上，将复杂、抽象的财经商贸及管理理论知识以最直观的方式呈现，学生以总经理、营销总监、采购总监、生产总监、财务总监、财务助理等身份体验企业经营过程，通过观察思考、协同操练、决策规划、经营体验，学习财经商贸及企业经营管理知识和技能，培养企业经营过程的各种工作技能、综合能力以及团队协作精神。

企业经营沙盘模拟是通过引领学员进入一个模拟的竞争性行业，由学员分组建立若干模拟公司，围绕形象、直观的沙盘教具，实战演练模拟企业的经营管理与市场竞争，在经历模拟企业 6 年的荣辱成败过程中提高战略管理能力，感悟经营决策真谛。每一年度经营结束后，同学们通过对“公司”当年业绩的盘点与总结，反思决策成败，解析战略得失，梳理管理思路，暴露自身误区，并通过多次调整与改进的练习，切实提高综合管理素质。

随着近年科技的不断发展，沙盘作业也在与时俱进，沙盘被运用到了企业运营中，不论企业的规模，行业的类型，通过沙盘这一工具都能够将企业的运作较为完整地表现出来，现在沙盘模拟培训在企业中的运用越来越广泛，更多的企业也更倾向于这样的培训。

沙盘模拟培训最简单的是物理手工沙盘形式，它是在模型上进行各种推演。优点是能够非常真实、直观地反映企业经营运营的状况。缺点是不能限制学员的动作。一旦学员发现错误，为了让自己的企业不至于亏损或破产，容易把之前做过的企业经营决策推翻重做，降低体验效果。其次是电子沙盘形式，它通过网络上的各台计算机互相访问。优点是企业一旦做好了经营决策就不可以更改了，而且可以在不见面的情况下，与不认识的人一起参与沙盘模拟，进行企业经营的对抗，于是产生了沙盘模拟大赛。缺点是这种不见面的形式，不够直观，不够真实，就像刷信用卡与付现金的区别一样。而且，不方便导师的指导与提升。最复杂的沙盘模拟形式是两者的结合体。通过局域网与模型两者共同完成沙盘推演。优点是直观，真实，经营决策不可逆，且导师可以在盘面上进行指导，指出企业经营中的关键问题，并进行改进。缺点是沙盘需要的器材非常复杂，既有计算机、局域网，又有实物沙盘，携带不方便。

企业经营沙盘模拟特有的互动性、趣味性、竞争性等特点，能够最大限度地调动学员的学习兴趣，使学员在培训中处于高度兴奋状态，充分运用听、说、学、做、改等一系列学习手段，开启一切可以调动的感官功能，对所学内容形成深度记忆，并能够将学到的管理思路和方法运用到实际工作中。在沙盘模拟培训中，学员得到的不再是空洞乏味的概念、理论，而是极其宝贵的实践经验和深层次的领会与感悟。

## 2.2 企业经营沙盘软件

当前，我国市面上主流的沙盘教学有纯手工沙盘、纯电子沙盘以及手工盘面与电子沙盘分析系统相结合的沙盘，不论是哪个公司开发和推广，其原理都是万变不离其宗，所以真正弄懂一种类型的沙盘，对于其他类似的沙盘也可以做到触类旁通。本教材以金蝶公司开发的工业企业经营沙盘手工盘面和电子沙盘分析系统相结合的沙盘为例讲述。

### 2.2.1 沙盘实验室的布局

沙盘实验室室内布局效果图，如图 2-3 所示。

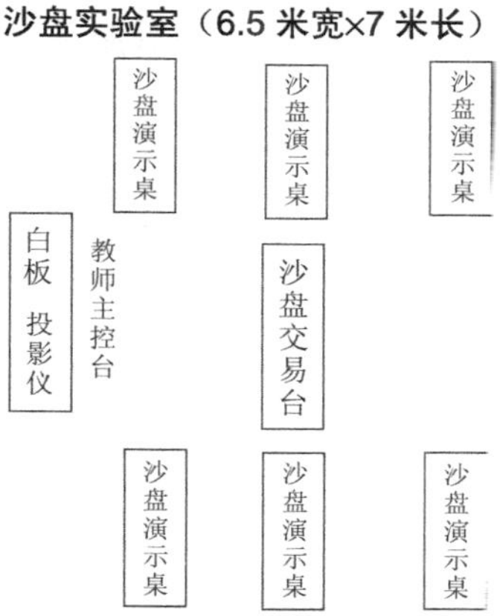


图 2-3 沙盘实验室室内布局效果图

### 2.2.2 沙盘实验室服务器及客户端的配置要求

工业企业沙盘分析软件为 B/S 架构，需要配置一台服务器，若干台学生机，各自的配置要求如下：

◆ **服务器硬件要求**

CPU：P4 2G 或更高

内存：2G 或更高

硬盘：1G 或更高空余空间

网卡：100/1 000M 以太网卡

◆ **网络交换机要求**

100M 交换机

◆ **服务器软件要求**

操作系统：Windows 2000/2003，IE 6.0 或以上

数据库：SQL Server 2000 + SP3 或 SQL Server 2005

◆ **客户端硬件要求**

操作系统：Windows 7/XP/Vista，IE 6.0 或以上

CPU：P3 600M 或更高

内存：512M 或更高

网卡：10M/100M 以太网卡

◆ **网络要求**

实验室学生机能够访问服务器。为了应对以后可能出现的一个实验室不能满足教学要求的情况，要求各个机房的学生机都能够访问到服务器。

### 2.2.3 工业企业模拟经营教学系统安装步骤

作为企业经营沙盘模拟的任课教师，应当掌握系统软件的安装与调试方法。

#### 1. 安装 J2SE 环境

双击安装盘上 Jdk 目录下的 jdk-6u12-windows-i586-p.exe，安装完毕后会出现注册的 IE，可以直接关闭。

#### 2. 安装 MySQL

单击 mysql-5.0.22-win32 目录下的 setup.exe，系统开始初始化，安装后选择“Skip Sign-Up”选项，并单击“Next”按钮，选择“Standard Configuration”选项，单击“Next”按钮，设置 MySQL 账户的密码，单击“Next”按钮，再单击“Execute”按钮，系统开始配置。配置结束后，MySQL 安装成功。

#### 3. 安装数据库

单击程序，打开命令窗口。在弹出的命令窗口中，进入 mysql 的目录。输入 mysql 目录\bin\mysql -u root -p 口令。例如：mysql 目录为：D:\Program Files\MySQL\MySQL Server 5.0。口令为 hello.（你的口令为你安装 MySQL 时所设置的口令）

在 Mysql 的命令行状态输入（注意最后的分号要输入）：Mysql > set names 'utf8'; 按回车键后，出现 Query ok, 0 rows affected <0.00 sec>。

接下来在命令行输入（注意最后的分号要输入）：Mysql> source kingdee.sql 所在的目录\kingdee.sql。按回车键，出现命令行后，输入 exit 退出 MySQL 命令行状态。

#### 4. 安装 Jetty

直接将光盘上的 jetty-6.1.3 目录复制到 C:\。

#### 5. 安装驱动程序

双击光盘 DRIVER 目录下的 skstpdrv.exe，系统就自动安装上驱动程序了。

#### 6. 运行系统

打开 c:\jetty-6.1.2 目录，右键单击 start.bat，选择发送到桌面快捷方式，这样在桌面上就生成了一个 start.bat 的快捷方式。启动批处理命令 start.bat，且在沙盘系统运行中不能关闭该批处理命令，在 IE 浏览器页面输入：http://localhost:8083/sandtable/login.jsp 就可以打开登录界面。

#### 7. 安装数据库管理工具

Navicat for MySQL是一套专为 MySQL 设计的高性能数据库管理及开发工具。它可以用于 3.21 版本或以上的 MySQL数据库服务器，并支持大部分 MySQL 最新版本的功能，包括触发器、存储过程、函数、事件、视图、管理用户等。

学生端出现的问题，例如，对于学生注册的多余用户进行删除，学生忘记认证 ISO 14000 导致第 4 年拿不到订单，临时返回只允许上一年返回一次，为了教学正常进行需要对学生端数据进行修改，讲师端可以在这个数据库管理工具中进行修改。包括为了避免服务器系统的崩溃导致中途沙盘无法进行，在每一年做完报表时可以对整个班级数据进行备份。

### 2.2.4　工业企业模拟经营教学系统服务器参数设置

#### 1. 登录系统

讲师端在浏览器页面的地址栏输入：http://localhost:8083/sandtable/login.jsp，进入登录界面。

如图 2-4 所示，在“小组”文本框后输入“admin”，口令默认为“123”。单击“登录”按钮。

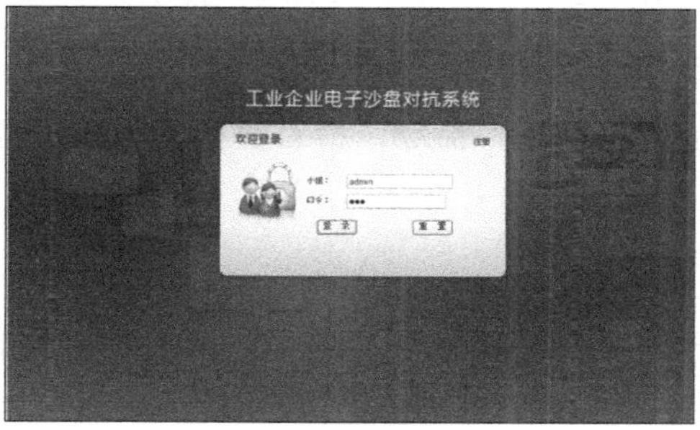


图 2-4　登录界面

### 2. 重置系统数据

如图 2-5 所示，选择“设置—重置”命令，系统弹出提示窗口，单击“是”按钮，弹出如图 2-6 所示窗口。

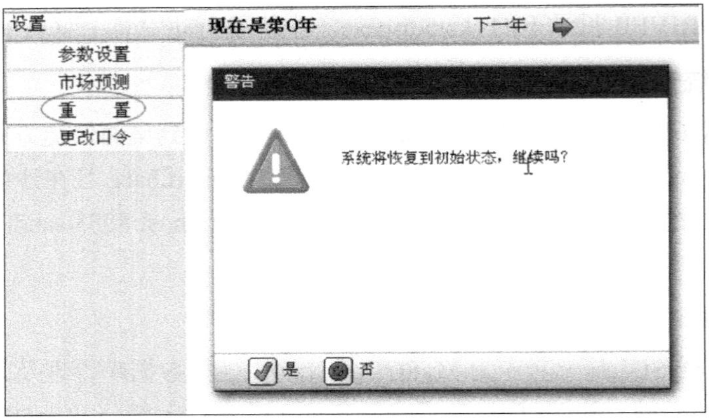


图 2-5 重置界面

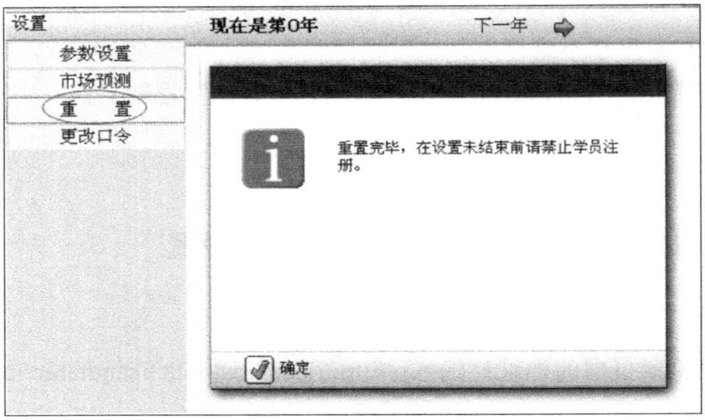


图 2-6 重置完毕界面

根据图 2-6 提示，单击状态栏的“禁止注册”，将禁止或允许学生注册。

### 3. 录入原材料数据

选择“参数设置—原材料数据”命令，检查数据的内容是否与图 2-7 所示相符。录入完毕，单击“保存”按钮。

### 4. 生产线设置

如图 2-8 所示，选择“生产线设置”页签，检查数据是否与图示相符。录入完毕，单击“保存”按钮。

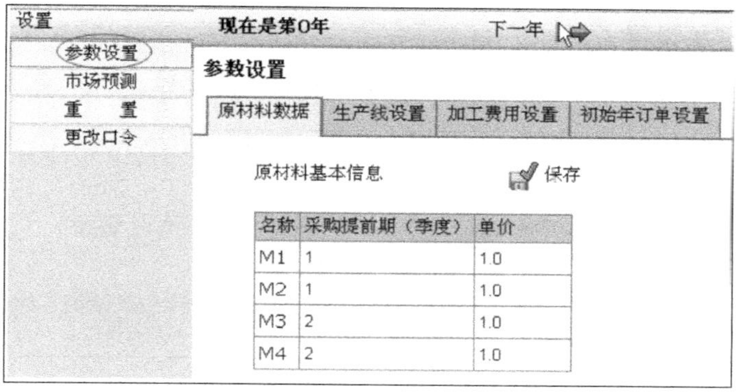


| 名称 | 采购提前期（季度） | 单价 |
|---|---|---|
| M1 | 1 | 1.0 |
| M2 | 1 | 1.0 |
| M3 | 2 | 1.0 |
| M4 | 2 | 1.0 |

图 2-7　原材料数据设置界面

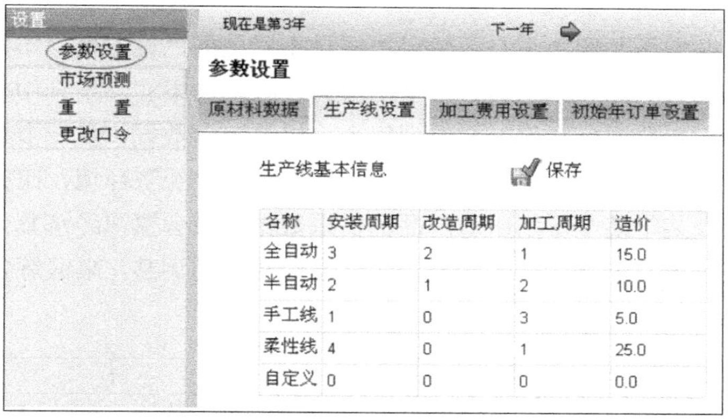


| 名称 | 安装周期 | 改造周期 | 加工周期 | 造价 |
|---|---|---|---|---|
| 全自动 | 3 | 2 | 1 | 15.0 |
| 半自动 | 2 | 1 | 2 | 10.0 |
| 手工线 | 1 | 0 | 3 | 5.0 |
| 柔性线 | 4 | 0 | 1 | 25.0 |
| 自定义 | 0 | 0 | 0 | 0.0 |

图 2-8　生产线设置界面

### 5．加工费用设置

如图 2-9 所示，进行加工费用设置，录入完毕，单击“保存”按钮。

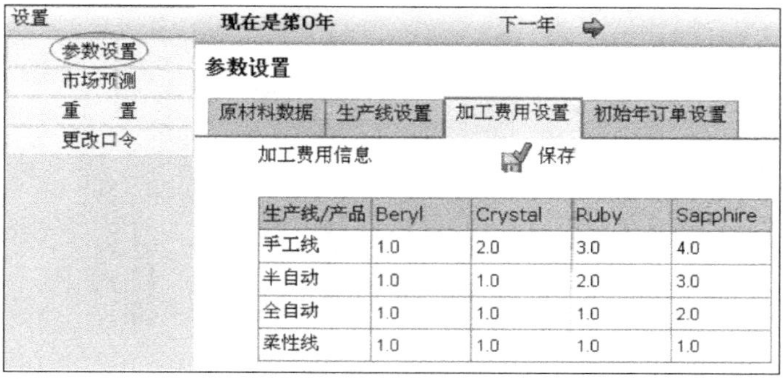


| 生产线/产品 | Beryl | Crystal | Ruby | Sapphire |
|---|---|---|---|---|
| 手工线 | 1.0 | 2.0 | 3.0 | 4.0 |
| 半自动 | 1.0 | 1.0 | 2.0 | 3.0 |
| 全自动 | 1.0 | 1.0 | 1.0 | 2.0 |
| 柔性线 | 1.0 | 1.0 | 1.0 | 1.0 |

图 2-9　加工费用设置界面

### 6. 初始年订单设置

单击“增加”按钮，按照图 2-10 所示录入初始年的订单。

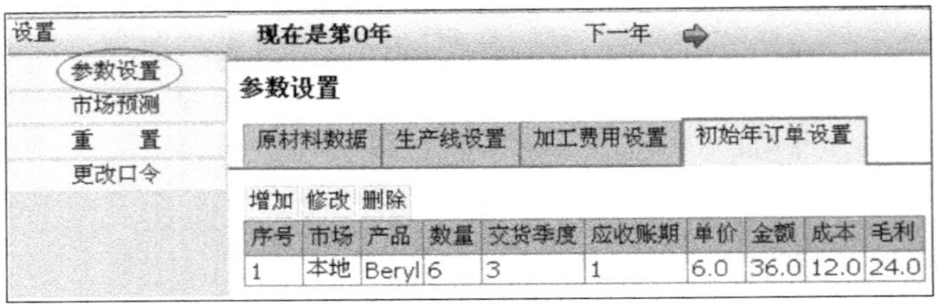


图 2-10　初始年订单设置界面

### 7. 录入市场需求预测

选择“设置—市场预测”命令，然后选择状态栏上的“设定模拟年限”的年限。如图 2-11 所示的市场容量数据是按照 8 个小组设置的。如果实际培训中多于或者小于 8 个小组，可以将下列数据分别除以 8 得到每个小组的一套数据，多一个小组或少一个小组就按照该套数据进行增减。另外，讲师也可以模拟各种经济环境，比如金融危机来临的场景，故意减少某年某个市场所有产品的需求数据；或者模拟经济繁荣的场景，故意加大某年某个市场所有产品的需求数据。通过这些数据的调整，来锻炼各个小组学员对市场的应变能力。

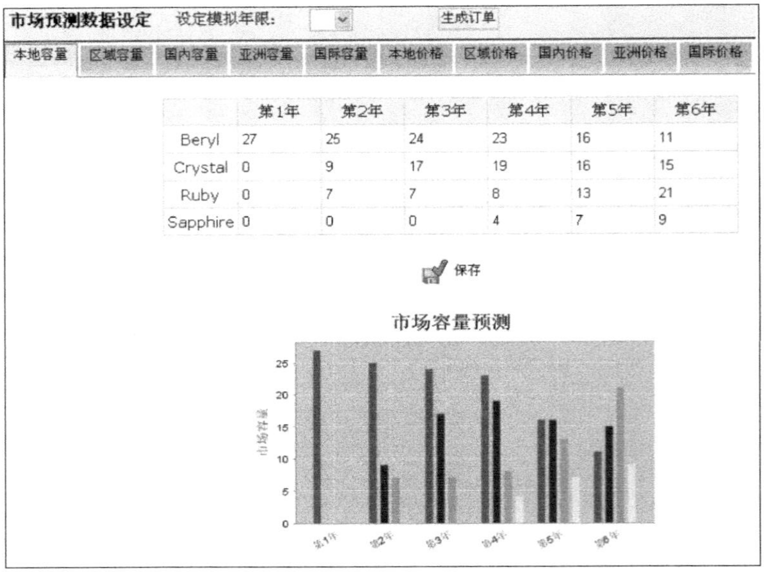


图 2-11　本地容量设置界面

选择“区域容量”页签，按照图 2-12 所示录入区域市场的数据，单击“保存”按钮。

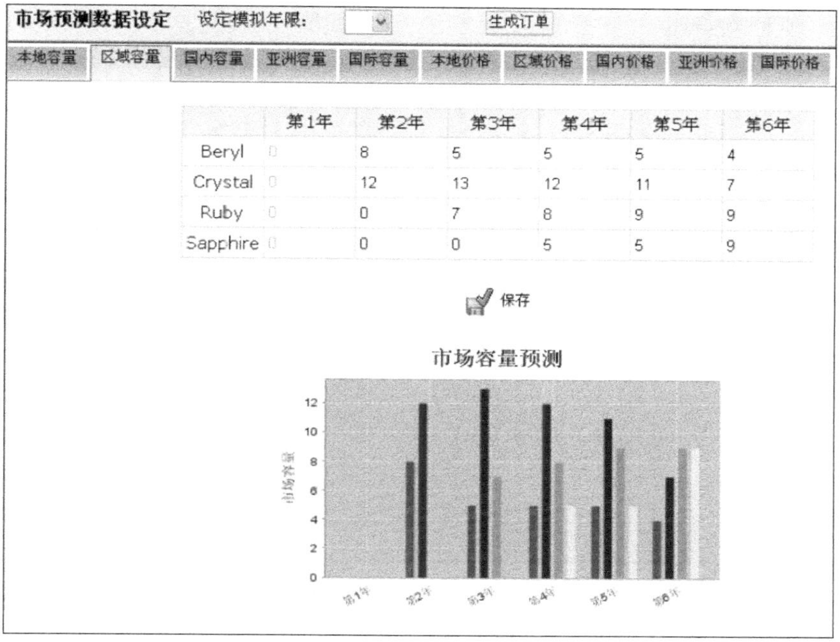


| | 第1年 | 第2年 | 第3年 | 第4年 | 第5年 | 第6年 |
|---|---|---|---|---|---|---|
| Beryl | 0 | 8 | 5 | 5 | 5 | 4 |
| Crystal | 0 | 12 | 13 | 12 | 11 | 7 |
| Ruby | 0 | 0 | 7 | 8 | 9 | 9 |
| Sapphire | 0 | 0 | 0 | 5 | 5 | 9 |

图 2-12　区域容量设置界面

如图 2-13 所示，录入国内市场的预测，单击“保存”按钮。

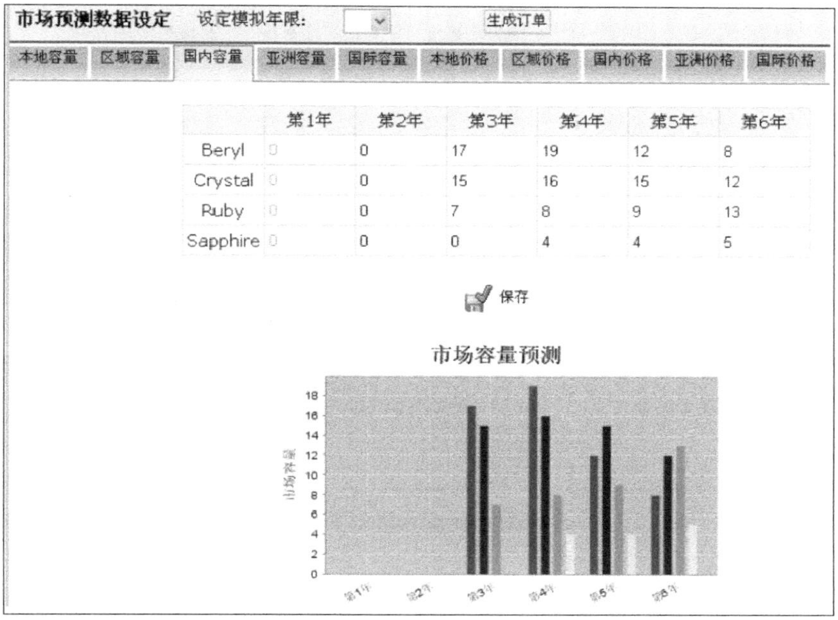


| | 第1年 | 第2年 | 第3年 | 第4年 | 第5年 | 第6年 |
|---|---|---|---|---|---|---|
| Beryl | 0 | 0 | 17 | 19 | 12 | 8 |
| Crystal | 0 | 0 | 15 | 16 | 15 | 12 |
| Ruby | 0 | 0 | 7 | 8 | 9 | 13 |
| Sapphire | 0 | 0 | 0 | 4 | 4 | 5 |

图 2-13　国内容量设置界面

如图 2-14 所示，录入亚洲市场的预测，单击“保存”按钮。

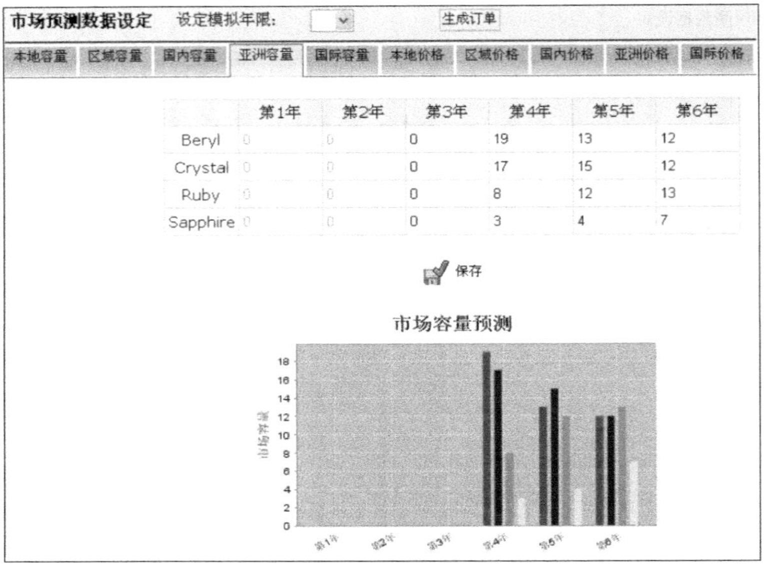


| | 第1年 | 第2年 | 第3年 | 第4年 | 第5年 | 第6年 |
|---|---|---|---|---|---|---|
| Beryl | 0 | 0 | 0 | 19 | 13 | 12 |
| Crystal | 0 | 0 | 0 | 17 | 15 | 12 |
| Ruby | 0 | 0 | 0 | 8 | 12 | 13 |
| Sapphire | 0 | 0 | 0 | 3 | 4 | 7 |

图 2-14　亚洲容量设置界面

如图 2-15 所示，录入国际市场的预测，单击“保存”按钮。

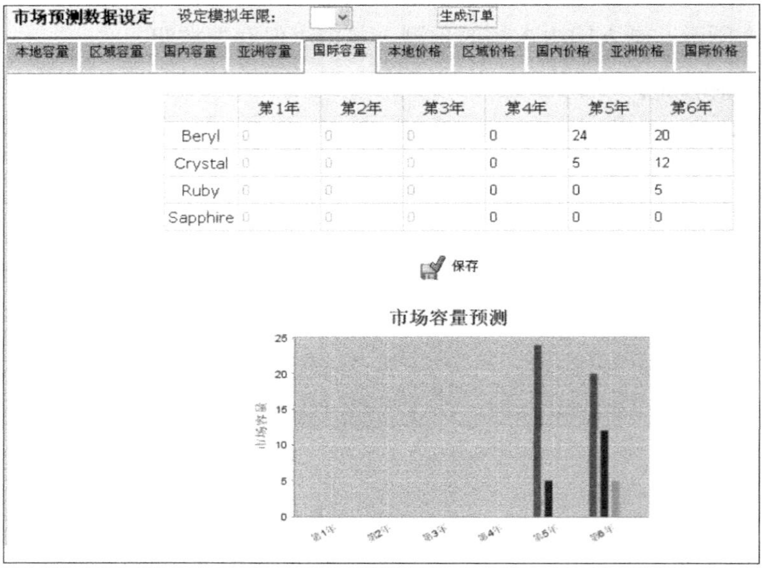


| | 第1年 | 第2年 | 第3年 | 第4年 | 第5年 | 第6年 |
|---|---|---|---|---|---|---|
| Beryl | 0 | 0 | 0 | 0 | 24 | 20 |
| Crystal | 0 | 0 | 0 | 0 | 5 | 12 |
| Ruby | 0 | 0 | 0 | 0 | 0 | 5 |
| Sapphire | 0 | 0 | 0 | 0 | 0 | 0 |

图 2-15　国际容量设置界面

### 8. 录入市场价格

选择“本地价格”页签，按照图 2-16 所示，录入本地市场的价格，单击“保存”按钮。

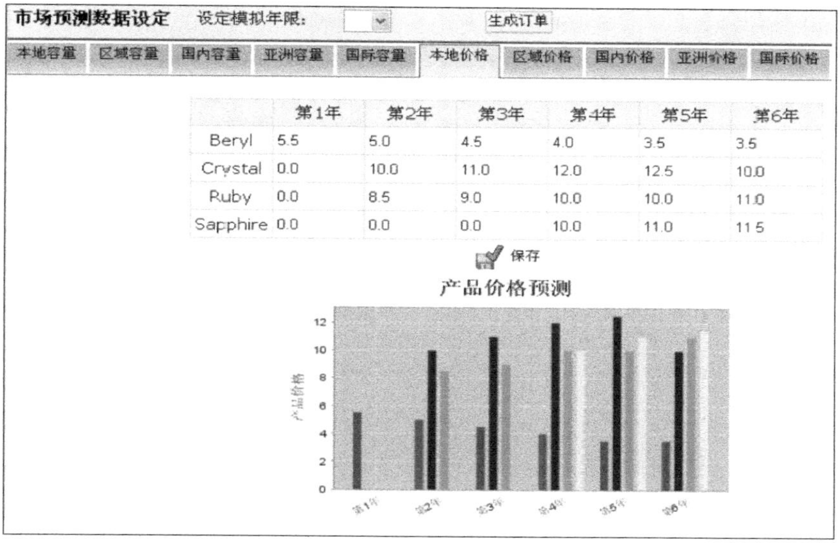


| | 第1年 | 第2年 | 第3年 | 第4年 | 第5年 | 第6年 |
|---|---|---|---|---|---|---|
| Beryl | 5.5 | 5.0 | 4.5 | 4.0 | 3.5 | 3.5 |
| Crystal | 0.0 | 10.0 | 11.0 | 12.0 | 12.5 | 10.0 |
| Ruby | 0.0 | 8.5 | 9.0 | 10.0 | 10.0 | 11.0 |
| Sapphire | 0.0 | 0.0 | 0.0 | 10.0 | 11.0 | 11.5 |

图 2-16　本地价格设置界面

选择“区域价格”页签，按照图 2-17 所示，录入区域市场的价格，单击“保存”按钮。

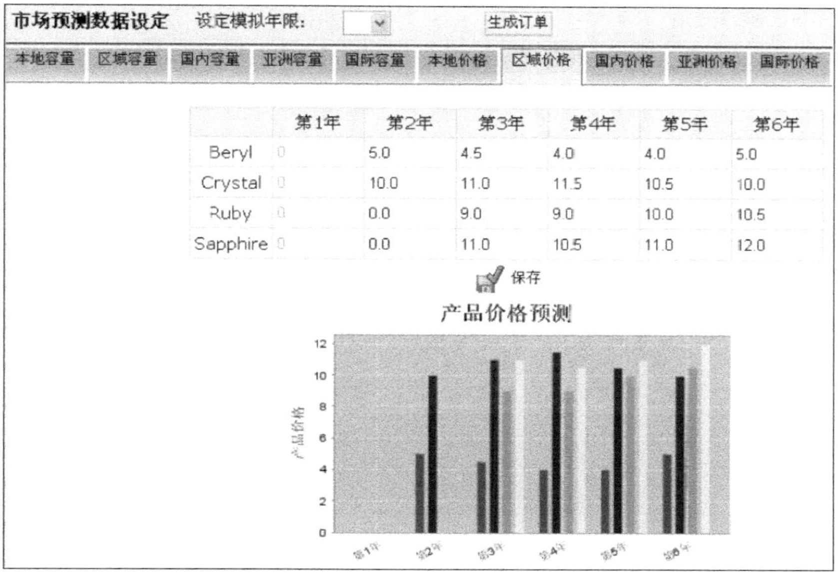


| | 第1年 | 第2年 | 第3年 | 第4年 | 第5年 | 第6年 |
|---|---|---|---|---|---|---|
| Beryl | 0 | 5.0 | 4.5 | 4.0 | 4.0 | 5.0 |
| Crystal | 0 | 10.0 | 11.0 | 11.5 | 10.5 | 10.0 |
| Ruby | 0 | 0.0 | 9.0 | 9.0 | 10.0 | 10.5 |
| Sapphire | 0 | 0.0 | 11.0 | 10.5 | 11.0 | 12.0 |

图 2-17　区域价格设置界面

如图 2-18 所示，录入国内市场的价格，单击“保存”按钮。

市场预测数据设定　设定模拟年限：　生成订单

本地容量 | 区域容量 | 国内容量 | 亚洲容量 | 国际容量 | 本地价格 | 区域价格 | 国内价格 | 亚洲价格 | 国际价格

| | 第1年 | 第2年 | 第3年 | 第4年 | 第5年 | 第6年 |
|---|---|---|---|---|---|---|
| Beryl | 0 | 0.0 | 5.0 | 5.5 | 4.5 | 4.0 |
| Crystal | 0 | 0.0 | 11.0 | 11.5 | 12.0 | 11.0 |
| Ruby | 0 | 0.0 | 9.0 | 9.0 | 9.0 | 8.0 |
| Sapphire | 0 | 0.0 | 0.0 | 10.0 | 11.0 | 12.0 |

保存

产品价格预测

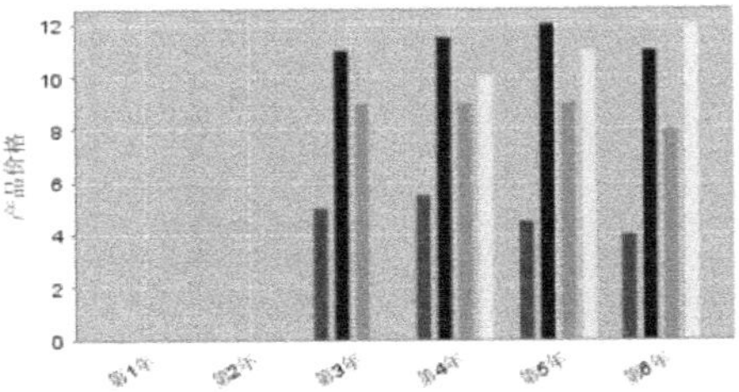


图 2-18　国内价格设置界面

如图 2-19 所示，录入亚洲市场的价格，单击“保存”按钮。

市场预测数据设定　设定模拟年限：　生成订单

本地容量 | 区域容量 | 国内容量 | 亚洲容量 | 国际容量 | 本地价格 | 区域价格 | 国内价格 | 亚洲价格 | 国际价格

| | 第1年 | 第2年 | 第3年 | 第4年 | 第5年 | 第6年 |
|---|---|---|---|---|---|---|
| Beryl | 0 | 0 | 0.0 | 5.0 | 4.5 | 4.0 |
| Crystal | 0 | 0 | 0.0 | 10.0 | 9.0 | 9.0 |
| Ruby | 0 | 0 | 0.0 | 9.0 | 10.0 | 11.0 |
| Sapphire | 0 | 0 | 0.0 | 11.0 | 11.5 | 12.0 |

保存

产品价格预测

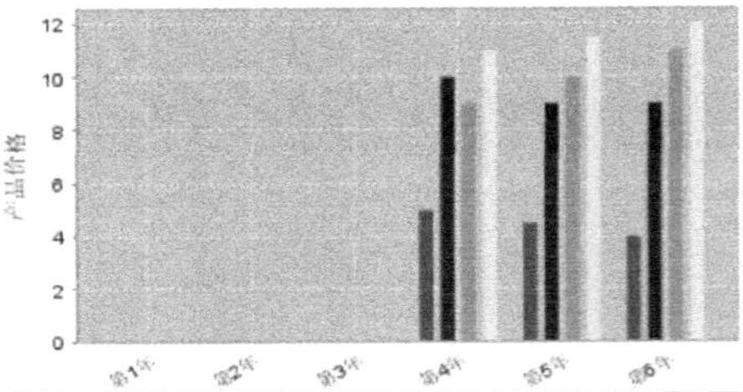


图 2-19　亚洲价格设置界面

如图 2-20 所示，录入国际市场的价格，单击“保存”按钮。

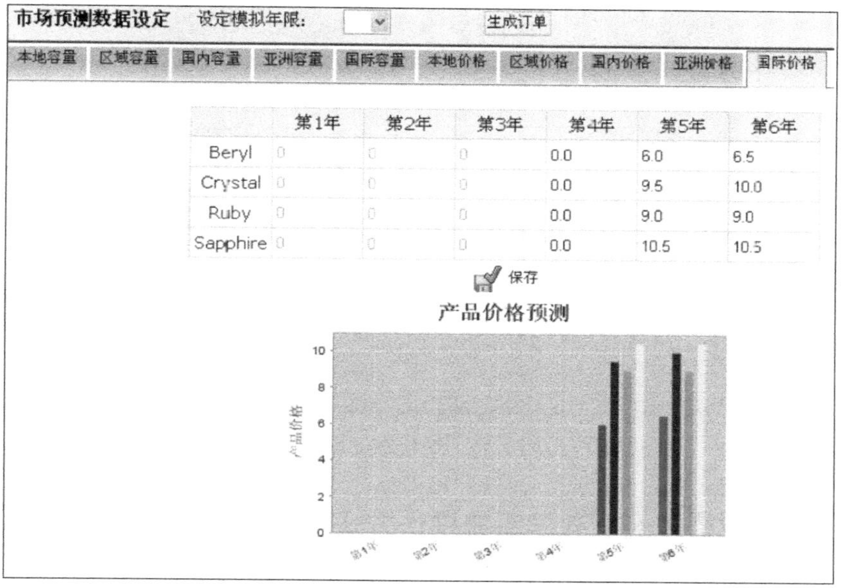


图 2-20　国际价格设置界面

### 9. 生成订单

当市场预测数据都录入完之后，在讲师界面，选择“设置—市场预测”选项，在市场预测的界面中，如图 2-21 所示，单击“生成订单”按钮，系统自动随机产生订单。这个操作在初始年不用进行，因为已设置了初始年订单，这个操作需要在进入第 1 年时在讲师端操作设定 6 年，再单击“生成订单”按钮，就可以开始后续 6 年的操作。

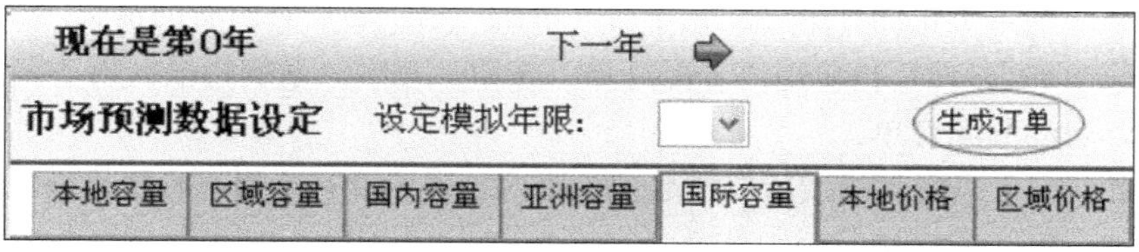


图 2-21　生成订单界面

## 2.2.5　工业企业模拟经营教学系统学生端登录

打开 IE 浏览器，在地址栏输入：http://服务器 IP 地址：8083/sandtable/login.jsp，进入登录界面，如图 2-22 所示，进行小组注册。一般情况下，小组的名称字数不能超过 16 个字符。

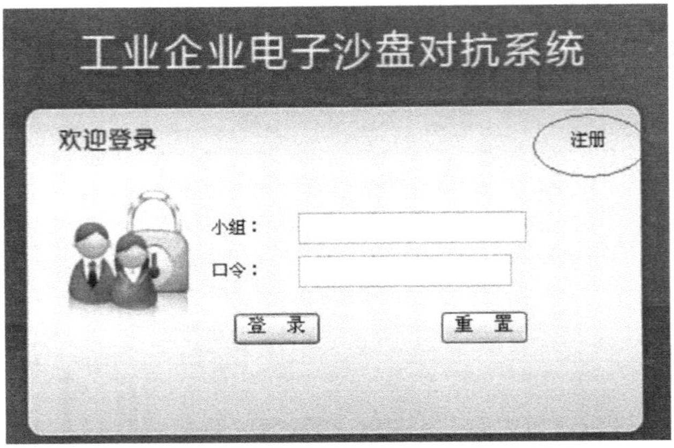


图 2-22　学生登录界面

### 2.2.6　工业企业模拟经营教学系统操作方式

#### 1．分配订单

分配订单主要用于比赛。当参赛小组较多时，采用发放订单的方法，会导致订单选取的时间过长，影响比赛进程。因此，改由系统根据排名来分配订单。

具体操作方式如下：

- 讲师选择“订单管理—发放订单”选项，然后单击“重置”按钮，将页面上的排名和轮次置为“第 1 名第 1 轮”。
- 讲师单击“分配订单”按钮，系统将根据排名的情况，自动分配订单。
- 当第 1 名第 1 轮的订单分配完毕后，单击“第 1 名”旁向右的箭头，变成“第 2 名第 1 轮”，然后再单击“分配订单”按钮。此时，系统将根据第 2 名排名的情况，自动分配订单。
- 如此反复，当所有轮次所有排名都为空时，表示没有小组再有资格获取订单，订单就已经分配完毕。

#### 2．规划生产线

如果想在本年度建设生产线，并规划该生产线的计划，可以选择“决策—生产决策—生产线建设决策”选项。在学生界面，单击“增加”按钮，在弹出的对话框中输入将建设的生产线类型、生产什么产品、预计何时开建。

在规划将建设的生产线时，还需要考虑可能支付的设备资金。因此，应选择“决策—预算决策”选项，在“生产线投资”中对应的季度做资金预算。系统根据输入的信息，生成建设规划，并计算出按照正常周期，何时能完成建设。

### 3. 规划产能

本年度预计将建成的生产线可用于安排生产。在学生界面，选择“决策—生产决策—生产线产能计划”选项，单击“增加”按钮，在弹出的对话框中就可以选择预计将建成的生产线。选择之后，系统就会自动带出生产线类型、生产什么产品。在选择“投产时间”时，一定要大于生产线建成的时间。

**说明**：对于半自动线、全自动线，其生产的产品在建设时就已经决定，因此不能更改。对于手工线、柔性线，可以生产任何类型的产品，故其生产的产品可以自由决定。

当规划生产线的生产计划时，还需要考虑相应的投产费用。因此，应选择“决策—预算决策”选项，在“生产费用”中对应的季度处填写费用预算。

### 4. 生产线建设

在学生界面，选择“过程管理—生产线建设”选项，单击“增加”按钮，可增加生产线，表示实际将建设该生产线了。

**特别说明**：

在“来源”中，有“自建”选项，表示该生产线是从供应商处购买设备来建设，建设完成时间按照生产线规则确定。如果选择“其他公司转让”选项，表示从其他公司购买生产线，购买后，马上就可以安排生产。

在建设生产线的同时，还需要支付设备的投资费用。因此，需要选中刚增加的生产线，如图 2-23 所示，单击“投资”按钮，系统自动记录投资金额与投资时间，并判别建设情况。当所有的投资都完成后，系统会将“建设情况”由“未完成”自动修改为“已完成”。

| 生产线号 | 生产线类型 | 产品 | 开建时间 | 建成时间 | 来源 | 最后投资时间 | 已投资金 | 建设情况 |
|---|---|---|---|---|---|---|---|---|
| 1号线 | 手工线 | Beryl | | | 自建 | | 5.0 | 已完成 |
| 2号线 | 手工线 | Beryl | | | 自建 | | 5.0 | 已完成 |
| 3号线 | 手工线 | Beryl | | | 自建 | | 5.0 | 已完成 |
| 4号线 | 半自动 | Beryl | | | 自建 | | 10.0 | 已完成 |
| 5号线 | 全自动 | Crystal | 第3年1季度 | 第3年4季度 | 自建 | 第3年1季度 | 5.0 | 未完成 |

图 2-23　生产线建设界面

同时，学生应选择“经营分析—报表—现金流量表”选项，在“生产线投资”中填写相应季度的生产线投资费用。

### 5. 变卖/撤销生产线

在学生界面，如果想变卖或者撤销生产线，可选择“过程管理—生产线建设”选项，选中某一个生产线，单击“删除/变卖”按钮。

如果该生产线上有在制品，系统会给出不能变卖生产线等提示。需要进入“过程管理—生产记录”中，删除该生产线上的在制品（表示废弃正在生产的产品），然后就可以取消该生产线了。

如果该生产线是卖给其他组，或者在出售时还有残余价值，可以将其转化成现金。因此，应选择“经营分析—报表”选项，在“变卖生产线”中填写产生的现金，如图 2-24 所示。

| | | |
|---|---|---|
| 应收款到期(+) | 0.0 | 7.0 |
| 变卖生产线(+) | 0.0 | 5.0 |

图 2-24　变卖生产线操作界面

### 6. 改造生产线

如果想改变生产线所生产的产品类型，可以做如下处理：选择“过程管理—生产线建设”选项，再选择需要改造的生产线，单击“修改”按钮，然后再选择产品类型，并单击“确定”按钮。系统会自动计算出改造完成的时间。改造生产线应该支付相应的费用。因此，选择“经营分析—报表—现金流量表”选项，在“设备改造费”中填写相应的资金，如图 2-25 所示。

| | | | |
|---|---|---|---|
| 成品采购支付现金 | 0.0 | 0.0 | 0.0 |
| 设备改造费 | 0.0 | 2.0 | 0.0 |

图 2-25　生产线改造操作界面

### 7. 撤销生产记录

如果某生产线已经安排生产，但现在想中止该生产，可以做如下处理。

假设想取消 4 号线的生产，但现在为第 1 季度，在生产记录中看不到 4 号线的生产情况。可单击状态栏的向右箭头，提前进入第 2 季度，然后选中 4 号线，再单击“删除”按钮，将取消该生产线的生产。

### 8. 从其他小组购买产品

如果订单过多，本组产能不足，无法完成，可以从其他组直接购买产成品。处理方式如下：选择“过程管理—生产记录”选项，单击“增加”按钮，在弹出的对话框中，选择“生产线号”中的“买产品”，并填写数量，就表示从其他组直接购买了产品，如图 2-26 所示。

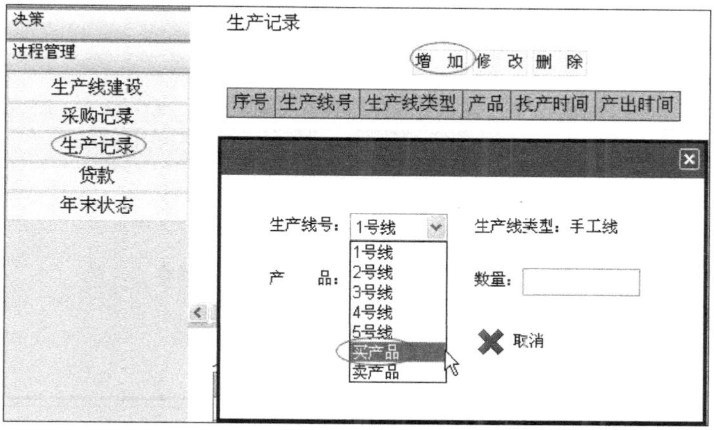


图 2-26　买卖产品操作界面

从其他组购买产品需要支付费用，因此，应在现金流量表中做处理。选择“经营分析—报表—现金流量表”选项，在“成品采购支付现金”中填写对应季度的费用。

### 9．将产品卖给其他组

在经营过程中，有可能将产品直接卖给其他组，可以做如下处理：选择“过程管理—生产记录”选项，单击“增加”按钮，在弹出的对话框中，选择“生产线号”中的“卖产品”，并填写数量，就表示将产品直接卖给了其他组。将产品卖给其他组将产生现金收入。因此，应在现金流量表中做处理。选择“经营分析—报表—现金流量表”选项，在“变卖原材料/产品”中填写对应季度的现金收入。

**特别说明：**在“损益表”的销售收入和成本中，应同时计算该笔销售产生的收入，以及对应的直接成本。

### 10．从其他组采购原材料

当采购计划做得不好，原材料不能及时采购到位，导致生产不能安排时，就需要从其他组采购原材料。处理方式：选择“过程管理—采购记录”选项，单击“增加”按钮，在弹出的对话框中的“来源”部分填写“其他公司转让”，表示从其他公司直接采购原材料。从其他公司采购原材料需要支付费用。选择“经营分析—报表—现金流量表”选项，在“原料采购支付现金”中填写费用。

### 11．将原材料卖给其他组

如果需要将原材料卖给其他组，可以做如下处理：选择“过程管理—采购记录”选项，单击“增加”按钮，在弹出的对话框中的“购买/变卖”部分选择“变卖”，表示将原材料卖给其他组，如图 2-27 所示。

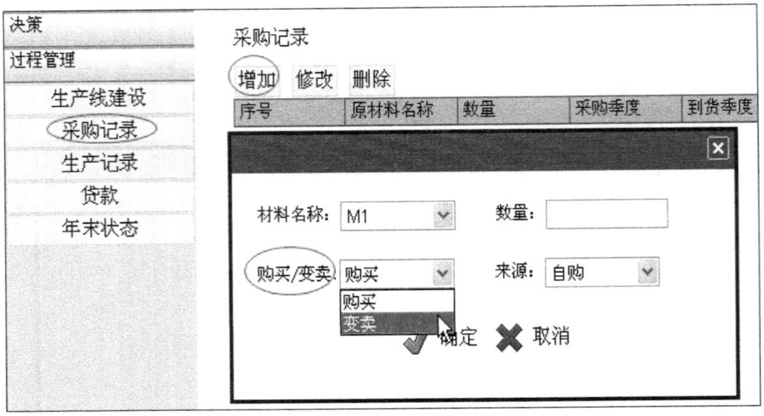


图 2-27 原材料变卖操作界面

将原材料卖给其他组将产生收入。选择“经营分析—报表—现金流量表”选项，在“变卖原材料/产品”中填写产生的收入。

### 12. 产品研发

**说明：** 如果某个产品的研发没有完成，则在下一年争取订单时，不能获取到该产品的订单。

**自主研发：** 选择“过程管理—产品研发”选项，在该界面中，单击“增加”按钮，选择产品和开发方式，再单击“确定”按钮。当每种产品研发的投资达到所规定的金额时，系统自动将该产品改为“已完成”。同时，在现金流量表中要记录所投资的费用。选择“经营分析—报表—现金流量表”选项，在当季度的“产品研发”一栏中填写支出的研发费用，并单击“保存”按钮。

**购买产品研发技术：** 如果是从其他组购买产品研发技术，同样需要在系统中记录购买的金额。选择“过程管理—产品研发”选项，在该界面中，单击“增加”按钮，选择产品，并选择开发方式为“购买技术”，系统自动带出所需投资的金额，单击“确定”按钮。当每种产品研发的投资达到所规定的金额时，系统自动将该产品改为“已完成”。同时，在现金流量表中要记录所投资的费用。选择“经营分析—报表—现金流量表”选项，在当季度的“产品研发”一栏中填写支出的研发费用，并单击“保存”按钮。

### 13. 市场开拓

在**每个年度末**进行市场开拓时，需要在系统中记录开拓情况。

**说明：** 如果某个市场开拓没有完成，在下一年不能获取到该市场的订单。

市场开拓的操作过程如下：

选择“过程管理—市场开拓”选项，在页面中单击“增加”按钮，选择市场，再单击“确定”按钮。

当某个市场的开拓金额达到规定的标准值时，系统自动将市场开拓改为“已完成”。

盘面上，从现金处拿出 1 个灰色的筹码放到左边市场开拓处的栏中相应处。同时，还需要在年末的现金流量表中记录所支出的市场开拓费用，并单击“保存”按钮。

### 14. ISO 认证

在**每个年度末**进行 ISO 认证时，需要在系统中记录认证情况。

**说明**：从第 4 年年初开始，如果没有完成 ISO 认证，则不能获取所有市场所有产品的订单。

ISO 认证的操作过程如下：

在第 2 年年末时，可考虑进行 ISO 14000 认证。在第 3 年年末时，可以考虑进行 ISO 9000 认证。

选择“过程管理—ISO 认证”选项，在页面中单击“增加”按钮，选择 ISO，单击“确定”按钮。

当 ISO 认证的金额达到规定的标准值时，系统自动将认证改为“已完成”。

盘面上，从现金处拿出 1 个灰色的筹码放入左边认证处。同时，还需要在年末的现金流量表中记录所支出的 ISO 认证费用，并单击“保存”按钮。

### 15. 如何处理小组破产？

当小组的所有者权益小于 0 时，表示该小组破产。因此，增加股东资本使所有者权益大于 0 即可，通常可以加 20M。

为了确保该小组能经营下去，可以引入外部资金，因此应增加“股东资本”的值。

处理方式如下：

选择“经营分析—报表—资产负债表”选项，在“股东资本”中输入新的股东资本即可。

### 16. 如何变更订单拥有者？

在学生经营企业的过程中，可能出现某个小组的订单无法交付，该组将放弃订单，或者订单转让给其他小组。这时，必须告知讲师，由讲师在系统中进行处理。在讲师界面，选择“订单管理—订单查看”选项，先选择某张订单，然后选择“变更订单拥有者”选项。如果该小组放弃订单，选择“未发放”。如果该小组将订单转让给其他小组，则选择其他小组，如图 2-28 所示。

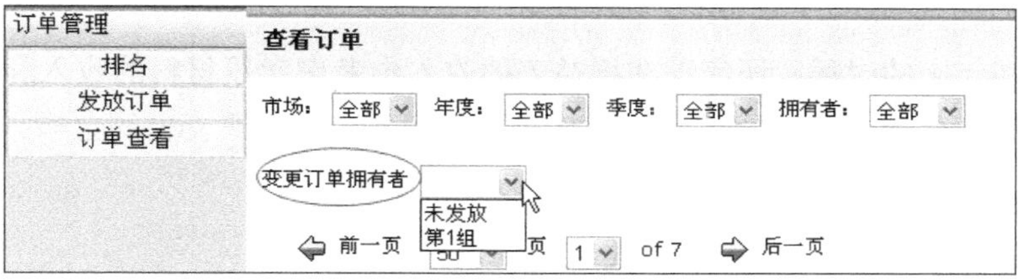


图 2-28 订单变更操作界面

**17．如何控制订单的准时交货？**

在讲师界面，选择“过程管理—交货”选项，讲师根据订单的交货季度、小组季度来判断，该小组是否准时完成该订单。如果交货季度大于小组季度，则表示该订单已经拖期，需要处以罚款。无法按时交货时，每过一个季度，按订单金额的1/5取整罚款，报表中填在“其他”栏。

**18．小组之间如何买卖原材料？**

购买方在系统中做如下处理：

选择“过程管理—采购记录”选项，单击“增加”按钮。在弹出的界面中，选择“购买/变卖”的内容为“购买”，“来源”为“其他公司转让”。当原材料买入后，会影响当期的预计库存量，如图2-29所示。

然后，要在现金流量表中记录所支付的费用。选择“经营分析—报表—现金流量表”选项，在“原料采购支付现金”中填写所支付的费用。

**另外，在年末编制损益表时，需在成本中考虑小组之间采购所支出的费用。**

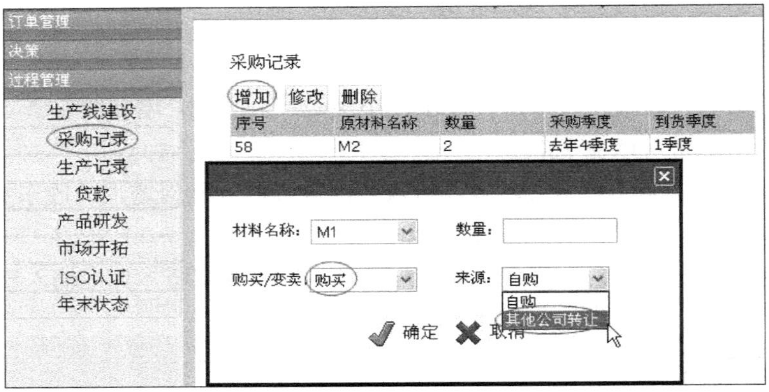


图2-29　原材料小组买进操作界面

卖材料方在系统中做如下处理：

选择“过程管理—采购记录”选项，单击“增加”按钮，在弹出的窗口中，选择“购买/变卖”为“变卖”。当原材料卖出后，会影响当期的预计库存量，还应在现金流量表中填写相应的收入。选择“经营分析—报表—现金流量表”选项，在“变卖原材料/产品”中填写相应的收入。

**另外，在年末的时候，还应该在损益表的收入中考虑卖原材料的收入和成本。**收入是指卖原材料产生的收入，成本是指原材料从供应商处采购所支付的金额。

**19．小组之间如何买卖产成品？**

购买方在系统中做如下处理：

选择“过程管理—生产记录”选项，单击“增加”按钮。在弹出的界面中，选择“生产线号”的内容为“买产品”。当产成品买入后，会影响当期的预计库存量。然后，要在现金流量表中记录所支付的费用。选择“经营分析—报表—现金流量表”选项。在“成品采购支付现金”中填写所支付的费用。

**另外，在年末编制损益表时，需在成本中考虑小组之间采购所支出的费用。**

卖产品方在系统中做如下处理：

选择“过程管理—生产记录”选项，单击“增加”按钮，在弹出的窗口中，选择“购买/变卖”为“变卖”。当产品卖出后，会影响当期的预计库存量，还应在现金流量表中填写相应的收入。选择“经营分析—报表—现金流量表”选项，在“变卖原材料/产品”中填写相应的收入。

**另外，在年末的时候，还应该在损益表的收入中考虑卖产品的收入和成本。**收入是指卖产品产生的收入，成本是指产品本身的原材料和加工费用。

**20．变卖生产线，如何处理？**

当学生想变卖或者废弃某条生产线时，可以做如下处理：

选择“过程管理—生产线建设”选项，选中要变卖或者废弃的生产线，单击“删除/变卖”按钮即可。如果系统给出不能“删除/变卖”的提示，表明还有生产线上有在制品，需要等在制品完成后才能处理生产线。

如果该生产线是卖给其他组，或者在出售时还有残余价值，将会产生现金收入。因此，应选择“经营分析—报表”选项，在“变卖生产线”中填写产生的现金收入。

**在年末处理损益表时，要考虑生产线处理产生的营业外净收益。**如果生产线在卖给其他组时，以高于残值卖出，例如：剩余3M的生产线价值，但以5M卖出，则营业外净收益为2M。如果生产线是废弃处理给讲师，则剩余多少价值就将该价值转到盘面现金部分。例如：剩余3M的生产线价值，则现金收入为3M，但营业外净收益为0，因为没有产生额外的收益。

**21．已投资的生产线，是否可以撤资？**

如果是以往季度投资的费用，则不能再撤资。如果是刚刚投资的费用，可以撤资。但考虑到后续可能资金紧张，需撤销。可单击“撤资”按钮，系统自动撤资。如果撤资成功，需要在现金流量表中修改已经支出的设备投资费用。

**22．小组之间进行订单买卖，如何处理？**

如果小组之间要买卖订单，可以先向讲师申请。讲师选择“订单管理—订单查看”选项，在界面中先选中要交易的订单，然后选择“变更订单拥有者”中的目标小组，就完成了小组之间的订单买卖。

对于卖订单的小组而言，有现金收入，因此该小组在学生端的现金流量表中需填写收入。可选择“经营分析—报表—现金流量表”选项，在“其他”中填写交易收入的金额。因“其他”栏默认为支出，因此填写时应为负数，才能表示收入。

对于购买订单的小组而言，有现金支出。因此也需要在学生端的现金流量表中填写支出。同样是在现金流量表中的“其他”栏填写。此时为支出，因此填写的数值应为正数。

**另外，在年末时，还需处理损益表。**

**对于变卖订单的小组，视为营业外收益，因此在“营业外净收益”中填写正数。**

**对于买订单的小组，视为营业外支出，因此在“营业外净收益”中填写负数。**

**23．年末小组的资产负债表不平时，应如何处理？**

当小组的资产负债表不平，而且也找不到具体的原因时，可以由老师来调平。这适合于比赛时使用。讲师需将时间状态先切换到下一年度，然后马上来调整。如果是资产总计>权益总计，可以通过减少现金来调平报表。讲师选择“经营分析—报表—现金流量表”选项，然后选择小组，以及“往年”中的年份，再在年末的“其他”栏中输入“资产总计”与“权益总计”之间的差值，单击“保存”按钮，系统将调整现金余额。这时，再查看资产负债表，就已经平衡了，如图 2-30 所示。

| | | | | | |
|---|---|---|---|---|---|
| 贴现费用 | 0.0 | 0.0 | 0.0 | 0.0 | 0.0 |
| 归还短贷及利息 | 0.0 | 0.0 | 0.0 | 42.0 | 0.0 |
| 归还高利贷及利息 | 0.0 | 0.0 | 0.0 | 0.0 | 0.0 |
| 原料采购支付现金 | 1.0 | 5.0 | 3.0 | 4.0 | 0.0 |
| 成品采购支付现金 | 0.0 | 0.0 | 0.0 | 0.0 | 0.0 |
| 设备改造费 | 0.0 | 0.0 | 0.0 | 0.0 | 0.0 |
| 生产线投资 | 0.0 | 0.0 | 0.0 | 0.0 | 0.0 |
| 加工费用 | 1.0 | 4.0 | 3.0 | 0.0 | 0.0 |
| 产品研发 | 0.0 | 0.0 | 0.0 | 0.0 | 0.0 |
| 行政管理费 | 1.0 | 1.0 | 1.0 | 1.0 | 0.0 |
| 长期贷款及利息 | 0.0 | 0.0 | 0.0 | 0.0 | 29.0 |
| 设备维护费 | 0.0 | 0.0 | 0.0 | 0.0 | 8.0 |
| 租金 | 0.0 | 0.0 | 0.0 | 0.0 | 4.0 |
| 购买新建筑 | 0.0 | 0.0 | 0.0 | 0.0 | 0.0 |
| 市场开拓投资 | 0.0 | 0.0 | 0.0 | 0.0 | 2.0 |
| ISO认证投资 | 0.0 | 0.0 | 0.0 | 0.0 | 2.0 |
| 其它 | 0.0 | 0.0 | 0.0 | 0.0 | 0.0 |
| 支出总计 | 9.0 | 10.0 | 7.0 | 47.0 | 45.0 |
| 现金余额 | 13.0 | 23.0 | 53.0 | 56.0 | 11.0 |

图 2-30　资产负债表操作界面一

如果是权益总计>资产总计，可以通过减少营业外净收益来调平报表。讲师选择“经营分析—报表—损益表”选项，然后选择小组，以及“往年”中的年份，再在今年的“营业外净收益”中输入“权益总计”与“资产总计”之间的差值，**注意应该是负值，**单击“保存”按钮，系统将调整净利润。这时，再查看资产负债表，就已经平衡了，如图 2-31 所示。

管理费用明细表（百万）

| 项目 | 金额 |
|---|---|
| 行政管理费 | 4.0 |
| 广告费 | 6.0 |
| 设备维护费 | 8.0 |
| 设备改造费 | 0.0 |
| 租金 | 4.0 |
| 产品研发 | 0.0 |
| 市场开拓 | 2.0 |
| ISO认证 | 2.0 |
| 其他 | 0.0 |
| 合计 | 26.0 |

总部损益表（百万）

| 项目 | 去年 | 今年 |
|---|---|---|
| 一、销售收入 | 28.0 | 70.0 |
| 减：成本 | 10.0 | 27.0 |
| 二、毛利 | 18.0 | 43.0 |
| 减：综合费用 | 23.0 | 26.0 |
| 折旧 | 3.0 | 11.0 |
| 财务净损益 | 6.0 | 9.0 |
| 三、营业利润 | -14.0 | -3.0 |
| 加：营业外净收益 | 0.0 | 0.0 |
| 四、利润总额 | -14.0 | -3.0 |
| 减：所得税 | 0.0 | 0.0 |
| 五、净利润 | -14.0 | -3.0 |

图 2-31　资产负债表操作界面二

**24．经营分析图**

每个小组在完成当年的经营，并编制完三大报表之后，讲师可以在系统中查看所有小组相应的指标分析图。使用“Ctrl”键+鼠标左键单击选择，可以组合选择多个小组。系统自动将多个小组的指标绘制在一起，便于分析比较。选择“经营分析—分析指标”选项，可以看到各个小组相应指标的变化情况。

## 2.3 企业经营沙盘规则

下面从几个主要角色岗位职责及沙盘操作来剖析企业经营沙盘规则。

**1．总经理**

【岗位职责】制定企业发展战略规划，带领团队共同决定企业决策，审核财务状况，掌握企业盈利（亏损）状况。

**提醒：**在沙盘模拟中，总经理发挥最大职能，如果所带领的团队在模拟对抗中意见不同，由总经理决定。总经理在决策过程中需要综合团队各方的意见，制定企业整体发展战略，并高效地管理团队。

【沙盘操作】在沙盘课程中任务清单的每一步，都需要由总经理发布指令，相关人员执行操作，任务结束后，总经理在任务清单上用签字笔打钩确认完成，特定步骤讲师需要依据总经理的任务清单确定该团队当前进行期间。

【课程注意事项】

（1）沙盘课程通常以团队的最终权益为评判标准。讲师也可以设置平衡积分卡来综合评价一家企业的经营状况。

（2）每个季度经营时间为 40～60 分钟，以讲师要求为准，各团队必须在规定的时间内完成决策和经营过程，上交需要的报表。不能准时交报表者，每延时 5 分钟，罚款 1M。

（3）盘面信息必须真实，团队必须严格按照任务清单规定步骤来经营企业，每发现一次违规，处以 1M 的罚款。

（4）报表信息必须绝对真实，发现蓄意做假账者，每发现一次，扣款 5M。

**2. 营销总监**

【岗位职责】开拓市场：稳定企业现有市场；积极拓展新市场，预测市场并制订销售计划，合理投放广告，根据企业生产能力取得匹配的客户订单，督促生产部门按时交货，监督货款的回收。

【沙盘模拟中的任务及规则】

1）制定广告方案

（1）规则：营销总监根据市场预测情况进行各个产品和地区的广告投放，每个市场的订单是有限的，并不是投放广告就能得到订单。

（2）沙盘模拟中的物理沙盘操作：在广告投放完毕后，营销总监向财务总监申请所投放的广告费总额放到费用计提的广告费中。

2）参加订单竞单

（1）规则：每年年初，客户（老师）会召集各公司营销总监，召开订货会。根据各个细分市场的广告投入的高低情况进行选单，谁投入的广告费高谁就有优先选单权。本课程的订单是以订单卡片的形式表现的。订单卡片由市场、产品名称、产品数量、单价、订单价值总额、账期、特殊要求等要素构成。

订单卡片上的交货期间规定了在什么时候交单，订单原则上不准许延期。

订单卡片上的账期代表客户收货时货款的交付方式，若为现金，则现金付款；若为 2Q，代表销售收到两账期的应收账款。

如果订单卡片上标注了“ISO 9000”或“ISO 14000”，那么要求生产单位必须取得了相应认证。从第四年开始，市场上会有需要 ISO 认证的订单。

（2）沙盘模拟中的物理沙盘操作：营销总监将获得的订单按照货品放到物理沙盘订单的规定区域中。

3）订单获取规则

每个细分市场，第一年按照广告投入排名，排名靠前的优先从市场上选取订单；从第二年开始，上一年该细分市场上销量最大者优先获取订单，其他的仍按广告排名；当两组广告一样时，以该组在该市场上本年广告投入总量大者，优先获取订单；当两组广告总量仍一样时，则通过订单来获取订单。

每小组在市场上投入 1M 广告时，在该细分市场最多参加一轮的选单，也就是最多拿一张订单；每多投 2M，有多获得一张订单的可能。

4）交货给客户

（1）规则：营销总监检查现有订单是否到期，仓库是否有足够的库存来交货，条件成熟则按照客户订单交付约定数量的产品给客户，并从客户方获得约定金额的应收账款或现金。

市场上获取的订单需要在规定的期间交货，**标注有“加急”的订单需要在每年第一季度交货**。在一年以内，每延期一期，需扣除订单金额的20%作为违约金，交货时从货款中扣除。如果因为产能不够或其他原因，在当年内不能完成交货，则订单取消，仍需缴纳订单金额的20%作为违约金，在第四季度交货时扣除。

（2）沙盘模拟中的物理沙盘操作：营销总监从成品仓库中取出规定数量的产成品，并从讲师处获得相应的筹码。若为订单（0账期）付款，营销总监直接将现金置于现金库，财务总监做好现金收支记录；若为应收账款，营销总监将现金置于应收账款相应账期处。

5）市场开拓/ISO资格认证

市场开拓/ISO资格认证规则如表2-1和表2-2所示。

**表2-1　市场开拓规则**

| 市　　场 | 本地市场 | 区域市场 | 国内市场 | 亚洲市场 | 国际市场 |
|---|---|---|---|---|---|
| 开拓时间 | 开放 | 1年 | 2年 | 3年 | 4年 |
| 开拓投入 | 无 | 1M/年 | 1M/年 | 1M/年 | 1M/年 |

- 市场开拓在每年的年末进行，每年只能进行一次，每次投入1M，不能加速开拓。
- 市场开拓不要求每年连续投入，在资金短缺的情况下可以停止对该市场的投资，但已经付出的投入不能收回；如果在停止开拓一段时间后想继续开拓该市场，可以在以前投入的基础上继续投入。
- 可以一次性开拓所有市场，也可以选择部分市场进行开拓。
- 只有在该市场完全开拓完成后，才能在下一年度里参与该市场的竞单。

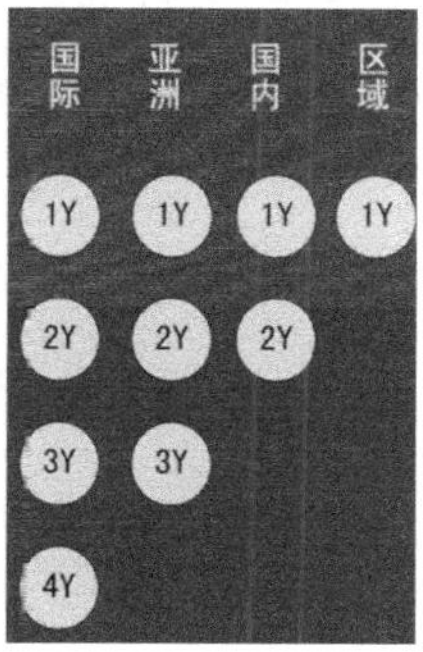


**表2-2　ISO资格认证规则**

| ISO 9000 | 质量 | ISO 14000 | 环境 |
|---|---|---|---|
| 时间 | 1年 | 时间 | 2年 |
| 投资 | 1 M | 投资 | 2 M |

（2）沙盘模拟中的物理沙盘操作：① 新市场开拓，营销总监向财务总监申请开拓市场的现金放置在要开拓的市场区域，由财务助理配合做好现金支出记录。市场开拓区域筹码摆满表示该市场开拓完成。② ISO认证投资，营销总监向财务总监申请认证的

现金放置在要认证的区域，由财务助理配合做好现金支出记录。

6）组间交易

小组获得的市场订单在自己不能交货时，可以卖给其他小组，交易价格自己协商，收入计入其他业务收入。买方购买订单的费用计入其他业务支出。

**3．生产总监**

【岗位职责】计划的制订者和决策者，生产过程的监控者；负责企业生产管理工作；协调完成生产计划，维持生产成本；落实生产计划和资源的调度；保持生产正常运行，及时交货；组织新产品研发，扩充、改进生产设备；做好生产车间的现场管理。

【沙盘模拟中的任务及规则】

1）产品研发投资

（1）产品研发投资规则如表 2-3 所示。

只有在研发完成后，取得该产品的生产技术，才可以进行该种产品的加工生产，没有研发完成时不能开工生产（但可以提前备料和安排生产线）。

产品的研发需要一定季度，每个周期只能投入一定的费用，不能加速研发。

可以同时研发所有的产品，也可以选择部分产品进行研发。

可以在任何时间里停止对产品技术的投资，但已经付出的钱不能收回。

如果在停止研发一段时间后想继续研发，可以在以前研发的基础上增加投入。

**表 2-3　产品研发投资**

| 产　品 | Beryl | Crystal | Ruby | Sapphire |
|---|---|---|---|---|
| 时　间 | 无 | 4Q | 6Q | 8Q |
| 投　资 | 0M | 4M | 12M | 16M |

（2）沙盘模拟中的物理沙盘操作：按照年初制订的产品研发计划，生产部主管向财务总监申请研发资金，置于相应产品技术投资区。财务总监做好现金收支处理。产品投资区域摆满筹码表示该产品研发完成。

2）更新生产完工入库

（1）规则：将每个再生产的生产线向成品库的方向靠近。

（2）沙盘模拟中的物理沙盘操作：

① 更新生产：由生产总监将各生产线上的在制品向前推进一格；

② 完工入库：产品下线表示产品完工，将产品放置于相应的产品成品库。

3）购买/更新/转产生产线

（1）生产线相关参数规则如表 2-4 所示。

表 2-4　生产线相关参数规则

| 生产线 | 购买价格 | 安装周期 | 搬迁周期 | 加工周期 | 改造周期 | 改造费用 | 维护费用 |
|---|---|---|---|---|---|---|---|
| 手工线 | 5 M | 1Q | 无 | 3Q | 无 | 无 | 1M/年 |
| 半自动线 | 10 M | 2Q | 无 | 2Q | 1Q | 2M | 1M/年 |
| 全自动线 | 15M | 3Q | 1Q | 1Q | 2Q | 6M | 2M/年 |
| 柔性线 | 25M | 4Q | 1Q | 1Q | 无 | 无 | 2M/年 |

（2）沙盘模拟中的物理沙盘操作：

① 购买：生产总监向供应商（讲师）购买所需要的生产线，从供应商（讲师）处拿回相应的生产线和产品标识，把生产线卡片倒扣在盘面上，现金并不是交给供应商（讲师），而是按照生产线的安装周期和投入安装费用分期投入，放在生产线下方的设备价值区域，经过相应的安装周期，把卡片翻过来投产使用。如：半自动线每期投入 5M，经过两季度安装，到第三个季度安装完成；柔性线第一次投入 10M，后面分三期投入 15M，经过四个季度安装，到第五个季度后投产使用。

当资金紧张时，生产线安装可以暂停，待资金条件成熟后继续投入。已投入的生产线费用不得收回。

② 转产：将沙盘上需要转产的生产线卡片换成新的产品标识，同时，把卡片倒扣在盘面上一定的周期，如全自动线是两个季度。分期投入相应的转产费用到盘面转产费，如全自动线转产，分两期每期投入 3M。

③ 变卖：闲置状态下的生产线可以按折旧后现值变卖，把所需卖掉的生产线交给供应商（讲师），把盘面的设备净值放回现金区。

④ 搬迁：将闲置状态下的生产线可以搬到另一个生产线区域，如果是全自动线或柔性线需要停产一个季度来重新调试。

备注：所有的生产线必须要在闲置状态下才可以进行生产线的转产，变卖和搬迁。

4）下材料采购计划、更新原材料订单

（1）规则：企业生产需要用到的原材料需要经过一定的时间才能完成采购，从下采购订单到原材料入库这段时间我们称之为“采购提前期”。

**M1、M2 原料需要一个季度的采购提前期，而 M3、M4 原料则需要两个季度的采购提前期。**

（2）沙盘模拟中的物理沙盘操作：

每季度到下原材料订单的步骤，生产总监从供应商（讲师）处拿回一定数量的黄色币，放在盘面原材料订单位置。更新原材料订单。

5）采购原材料

（1）规则：货物到达企业时，必须照单全收，并按规定支付原料费或计入应付账款。

采购原料与账期设置如表 2-5 所示。

**表 2-5　采购原料与账期设置**

| 原材料采购（每个原料价格 1M） | | 账　　期 |
|---|---|---|
| 每次每种原材料采购 | 4 个以下 | 现金 |
| | 4～8 个 | 1Q |
| | 9～12 个 | 2Q |
| | 13～16 个 | 3Q |
| | 17 个以上 | 4Q |

（2）沙盘模拟中的物理沙盘操作：

原材料订单更新到达企业时，生产总监需要拿原材料订单（黄色币），向财务总监申请采购费用，然后到供应商处换取相应的原材料（蓝色币）。

如果一次采购量（注：此处为一次采购量，而不是一次订购量，如第一季度订购了 3 个 M2，第二季度订购了 2 个 M1，则第三季度共采购 5M 的原材料，可以不必付现金）达到一定优惠条件，则不必马上付现金，从供应商（讲师）处拿相应数量的红色币，放在盘面相应账期应付账款位置。

6）开始新的生产

（1）规则：产品研发完成后，可以接单生产。生产不同的产品需要的原料不同，各种产品所用到的原料及数量如图 2-32 所示。

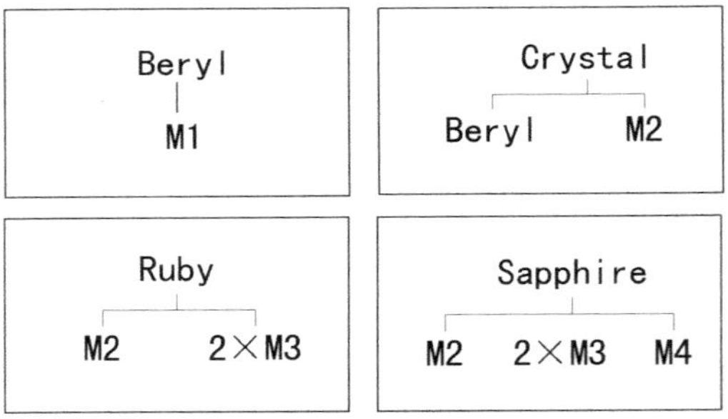


图 2-32　产品的物料清单结构图

每条生产线同时只能有一个产品在线。产品上线时需要支付加工费，不同生产线的生产效率不同，需要支付的加工费也是不相同的，如表 2-6 所示。

**表 2-6　加工费用规则**

| 产　　品 | 手工线 | 半自动线 | 全自动线 | 柔性线 |
|---|---|---|---|---|
| Beryl | 1M | 1M | 1M | 1M |
| Crystal | 2M | 1M | 1M | 1M |
| Ruby | 3M | 2M | 1M | 1M |
| Sapphire | 4M | 3M | 2M | 1M |

（2）沙盘模拟中的物理沙盘操作：

这个任务需要生产总监、仓库主管和财务总监共同来完成。生产总监根据产品结构到仓库（或成品库）领用相应原料，财务总监支付工人的加工费，将原料、加工费放入小桶中置于生产线上第一个生产周期处。我们用一份原材料和一份加工费用表示一个产品。

7）支付设备维护费

（1）规则：每条生产线经过一年的运转使用，在年底需要进行一次大规模的清洗、检修。每条生产线每年需要按照相应数据规则支付维护费。当年安装完成的生产线需要支付维护费（不管是否有产品下线），若生产线年内被出售，则不需要支付维护费，即生产线维护以年底生产线状态为准。

（2）沙盘模拟中的物理沙盘操作：生产总监从财务总监处取相应现金置于沙盘上的“维护费”处，并做好现金收支记录。

8）折旧

（1）规则：厂房不提折旧，设备按 5 年直线折旧法计提折旧，不留残值。在建工程及当年新建设备不提折旧。

（2）沙盘模拟中的物理沙盘操作：生产总监从生产线设备价值中取出相应折旧放置于沙盘上的“折旧”处。折旧到 0 为止，设备可以继续使用。

9）组间交易

（1）规则：小组之间可以交易原材料和产成品，当你生产产品缺料或交货缺了产成品时，可以和其他小组交易原材料或产成品，交易价格双方谈判协商。但前提是大家处于经营管理的同一个周期，比如不能 A 组第四季度下线的产品卖给 B 组第三季度交货。C 组第三季度缺原材料只能购买其他组第三季度及以前到库的原料。

和其他小组购买原材料或产成品的费用计入实际成本，在计算毛利时扣除，不计入其他业务支出。

另：原材料可从供应商处紧急采购。

**4．财务总监**

【岗位职责】筹集和管理资金，降低财务风险的同时降低财务成本；做好现金预算，管好、用好资金；支付各项费用，核算成本；核算企业经营成果，做好财务分析；对成本数据进行分类和分析。

【沙盘模拟中的任务及规则】

1）支付税金

（1）规则：企业所得税是对企业在一定时期内的纯所得（净收入）额征收的税种。企业所得税的法定税率为 25%。在沙盘模拟中规定的规则为税前利润除以 4，四舍五入取整。

（2）沙盘模拟中的物理沙盘操作：请财务总监按照上一年度利润表的“所得税”一项的数值取出相应的现金放置于沙盘上的“税金”处并做好现金收支记录。

2）获取贷款、更新贷款、归还贷款

（1）规则如表 2-7 所示。

**表 2-7　贷款规则**

| 融资方式 | 规定贷款时间 | 贷款额度 | 还贷规定 | 利　率 |
|---|---|---|---|---|
| 长期贷款 | 每年年末 | 长贷+短贷 ＜ 上年所有者权益 ×2 | 年底付息，到期还本 | 10% |
| 短期贷款 | 每季度初 | | 到期一次还本付息 | 5% |
| 高利贷 | 任何时间 | 银行协商 | 到期一次还本付息 | 20% |

（2）沙盘模拟中的物理沙盘操作：

更新贷款：如果企业有短期贷款，请财务总监将红色贷款标识向现金区方向移动一格。移至现金库时，表示贷款到期。

归还贷款：短期贷款的还款规则是到期一次还本付息。短期贷款到期时，每桶需要支付 $20M \times 5\% = 1M$ 的利息，因此，本金与利息共计 21M。财务总监从现金库中取现金，其中 20M 还给银行，1M 放置于沙盘上的“利息”处并做好现金收支记录，同时把红色币贷款标识归还讲师，表示贷款还清。

长期贷款的还款规则是每期付息，到期还本。每年年末，财务总监需从现金拿出相应利息，放入盘面利息中，到期归还本金。

获取贷款：短期贷款只有在每季度季初可以申请，所以财务总监在每季初需要对本季度和接下来几个季度的现金做很好的预算，一旦错过，只能采用其他融资途径。长期贷款只能在年末规定的步骤准许借贷。可以申请的最高额度为：上一年所有者权益 ×2−已有贷款（现有长贷+现有短贷）。

高利贷：企业随时可以申请民间融资，高利贷额度可以和讲师协商，记账时视同短期贷款。

考虑到利息不要出现小数，短期贷款必须为 20M 的倍数，长期贷款必须为 10M 的倍数，高利贷必须为 5M 的倍数。长贷最多 4 年，短贷通常为 4Q。

3）更新应收账款/归还应付账款

（1）规则：销售取得的应收账款或者采购原材料产生的应付账款，需要定期往前更新。

（2）沙盘模拟中的物理沙盘操作：

更新应收账款：财务总监将应收账款向现金库方向推进一格，到达现金区时即成为现金，做好现金收支记录。

归还应付账款：请财务总监将应付账款向现金区方向推进一格。到达现金库时，从现金库中取现金付清应付账款并做好现金收支记录。

4）应收账款贴现

（1）规则：贴现是将应收账款变成现金的动作，应收账款贴现随时可以进行。因为按照合同，客户款项尚未到期，贴现需要依照表 2-8 中比例支付一定贴现费用。应收账款贴现利息往上取整，如贴现 12 个 2Q 应收账款，贴现利息 2M，现金 10M，如表 2-8 所示。

**表 2-8　贴现规则**

| 应收账期 | 1Q | 2Q | 3Q | 4Q |
|---|---|---|---|---|
| 贴现比例 | 1/12 | 1/10 | 1/8 | 1/6 |

（2）沙盘模拟中的物理沙盘操作：以 2 账期应收账款为例，从 2Q 应收账款中取 10M 现金，其中 1M 作为贴现费用置于沙盘上的“贴现”处，9M 放入现金区，并做好现金收支记录。

5）支付行政管理费用

行政管理费用是企业为了维持运营发放的管理人员工资、差旅费、招待费、日常企业办公费用等。财务总监每个季度取出 1M 摆放在“行政管理费用”处，并做好现金收支处理。

6）购买（或租赁）厂房

（1）规则：沙盘盘面上设置了新华、法华、上中三种厂房，用于模拟企业生产制造环境。

厂房交易和租赁的价格及规模说明如表 2-9 所示。

**表 2-9　厂房价格及规模规则**

| 厂　　房 | 购　　价 | 租　　金 | 售价（账期） | 容　　量 |
|---|---|---|---|---|
| 新华 | 40M | 6M/年 | 40M（2Q） | 4 条生产线 |
| 上中 | 30M | 4M/年 | 30M（1Q） | 3 条生产线 |
| 法华 | 15M | 2M/年 | 15M | 1 条生产线 |

本课程默认厂房不提折旧。

厂房年底如果不购买，可以按使用季度支付租金，四舍五入取整。

厂房可随时按购买价值出售，得到与购买厂房价值相等的 2Q 应收账款。

（2）沙盘模拟中的物理沙盘操作：新华厂房为默认自主厂房，其他厂房可随时使用，年底厂房调整时再决定该厂房是购买还是租赁。如果购买，财务总监取出与厂房价值相等的现金置于沙盘上的厂房价值处；如果租赁，财务总监取出与厂房租金相等的现金置于沙盘上的“租金”处。无论购买还是租赁，财务总监应做好现金收支记录。

7）季末现金盘点

每个季度末，财务总监检查现金流水账，财务助理清点库存现金，检查账实是否相符，发现错误及时更正。不要等期末做报表不平时再处理。

8）关账

一年的经营下来，年终要做一次盘点，编制“利润表”和“资产负债表”。

做报表时，先做综合费用明细表，再做损益表，最后完成资产负债表。

**5. 特殊科目解释**

销售收入：销售产成品获得的收入，包括交订单（包括从其他小组购买的订单）或出售产品给其他小组的收入。

成本：所销售产品的成本，包括自己生产的加工费用和原材料成本，如果原材料属于购买其他小组或紧急采购的，按采购成本入账；或者直接购买其他小组的产成品，直接按购买价格入账。

综合费用：包括市场开发、投放广告、行政管理、产品研发、生产线改造、设备维护、厂房租金和 ISO 认证等费用；延期交货等的罚金等。

财务净损益：包括贷款利息和贴现费用。

营业外净收益：变卖原材料和订单的收入，从其他组购买订单的支出。

所得税：按照盈利的 25%，四舍五入计提，在下一年年初支付。按照现行会计规定，可以弥补以前 5 年亏损再计提所得税。

以前年度利润：上年和上年以前的利润，期末该项目等于期初的该项目和期初“当年净利润”之和。

在报表做好之后，财务总监需把盘面上费用计提区域的所有筹码清空，交还讲师，为来年做好准备。

**6. 破产规定**

当所有者权益小于零（资不抵债）时，或当企业到还款日（四个季度中规定的短期贷款还款期或每年年末的长期贷款还款期），企业没有能力归还银行贷款时，均视为破产。破产后，企业只能选择终止运行。

## 2.4 企业经营沙盘企业

本企业长期以来一直专注于某行业某产品的生产与经营，目前生产的 B 产品在本地市场知名度很高，客户也很满意。同时企业拥有自己的厂房，生产设施齐备，状态良好。

最近，一家权威机构对该行业的发展前景进行了预测，认为该产品将会从目前的相对低水平发展为一个高技术产品。

为此，公司董事会及全体股东决定将企业交给一批优秀的新人去发展，他们希望新的管理层：投资新产品的开发，使公司的市场地位得到进一步提升；开发本地市场以外的其他新市场，进一步拓展市场领域；扩大生产规模，采用现代化生产手段，获取更多的利润。

起始第 0 年的财务报表如表 2-10、表 2-11 所示。

**表 2-10　资产负债表**

单位：百万

| 资　　产 | 年初数 | 期末数 | 负债及所有者权益 | 年初数 | 期末数 |
|---|---|---|---|---|---|
| 流动资产： | | | 负债： | | |
| 现金 | 24 | | 短期负债 | 20 | |
| 应收账款 | 14 | | 应付账款 | 0 | |
| 原材料 | 2 | | 应交税金 | 3 | |
| 产成品 | 6 | | 长期负债 | 0 | |
| 在制品 | 6 | | | | |
| 流动资产合计 | 52 | | 负债合计 | 23 | |
| 固定资产： | | | 所有者权益： | | |
| 土地建筑净值 | 40 | | 股东资本 | 65 | |
| 机器设备净值 | 12 | | 以前年度利润 | 11 | |
| 在建工程 | 0 | | 当年净利润 | 5 | |
| 固定资产合计 | 52 | | 所有者权益合计 | 81 | |
| 资产总计 | 104 | | 负债及权益总计 | 104 | |

**表 2-11　管理费用明细表及损益表**

单位：百万

| 项　　目 | 金　　额 | 项　　目 | 去　　年 | 今　　年 |
|---|---|---|---|---|
| 行政管理费 | | 一、销售收入 | 38 | |
| 广告费 | | 减：成本 | 17 | |
| 设备维护费 | | 二、毛利 | 21 | |
| 设备改造费 | | 减：综合费用 | 8 | |
| 租金 | | 折旧 | 4 | |
| 产品研发 | | 财务净损益 | 1 | |
| 市场开拓 | | 三、营业利润 | 8 | |
| ISO 认证 | | 加：营业外净收益 | 0 | |
| 其他 | | 四、利润总额 | 8 | |
| 合计 | | 减：所得税 | 3 | |
| | | 五、净利润 | 5 | |

## 2.5 企业经营沙盘预演

### 2.5.1 组建公司

1．按照学号或者抽签分组，每个小组 4～7 人，每个人分别担任一个角色。学生不能自由组合组建。

公司的几个角色：

总裁（CEO，Chief Executive Officer）——战略决策
财务总监（CFO，Chief Financial Officer ）——资金运作，财务报表
财务总监助理（ACFO）——财务报表
营销总监（COO，Chief Operation Officer）——市场，销售
采购总监（CPO，Chief Purchase Officer）——计划，采购
生产总监（CMO，Chief Made Officer）——生产制造
研发（信息）总监（CIO，Chief Information Officer）——ISO、产品研发、情报
人力资源总监（CHO，Chief HumanResource Officer）——人力资源管理

2. 要求

（1）要有公司名称、公司标志、公司目标、公司口号。公司名称：例如“成功股份有限公司”，公司口号：例如“成功，成功，攻无不克，战无不胜”。

（2）人员任命首先由各组民主投票产生 CEO，其余由个人自荐及 CEO 任命，CEO 最终拍板决定。

（3）每组须有 CEO 将记录有公司组建信息的材料交到指导老师处。

（4）时间：20 分钟。

### 2.5.2 认识教具

蓝色筹码：代表原材料，有 M1、M2、M3、M4 四种。

黄色筹码：代表原材料采购订单，有 M1、M2、M3、M4 四种。

灰色筹码：代表钱币（现金）。

红色筹码：代表贷款（长贷、短贷、高利贷）及应付账款，有 10M、1M 两种。

产品标签：Beryl、Crystal、Ruby、Sapphire 四种。

生产线：分为柔性线、全自动线、半自动线、手工线四种。

销售订单：1～6 年不同市场、不同产品若干订单。

### 2.5.3 起始年物理盘面摆盘

每个公司根据起始年的公司财务报表数据，按照图 2-33 所示样图摆盘，摆盘应当由担任不同角色的学员分别摆放。

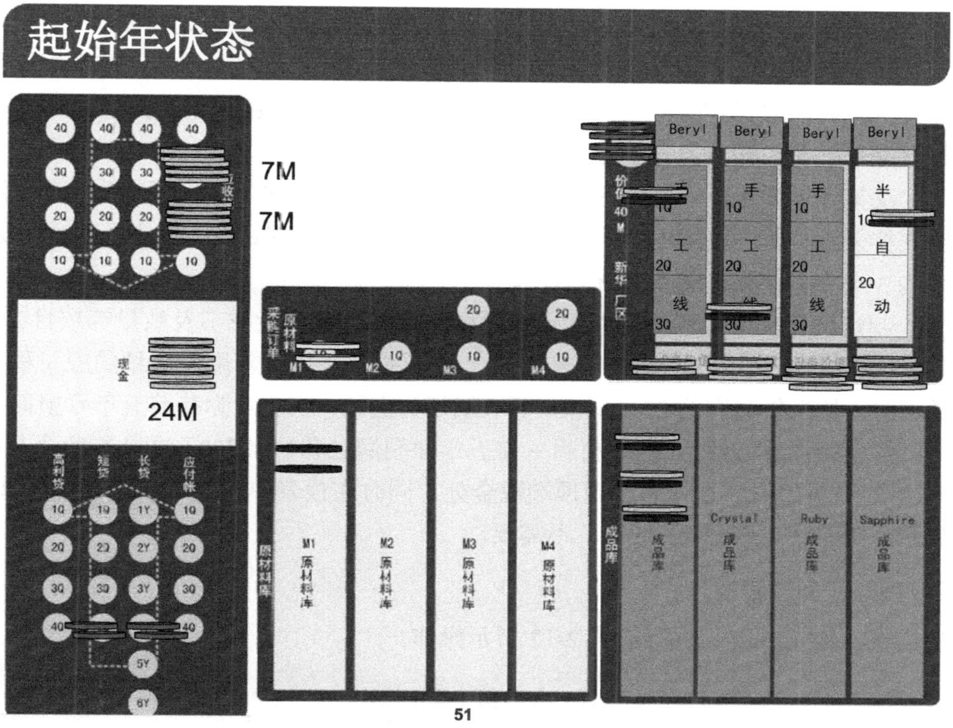


图 2-33　起始年物理盘面样图

## 2.5.4　起始年教师“传帮带”

起始年教师带领学生进行沙盘预演，前提是上述步骤已经完成。教师和学生登录电子沙盘系统，确认起始年物理沙盘盘面已经摆放好。

### 1. 管理决策

（1）订单管理—订单查看，查看当年订单，主要看有什么产品及产品数量。

（2）决策—生产决策。初始年不需要做生产线建设规划。

（3）决策—生产线产能计划：根据生产线的产能填写生产计划；根据填写的生产计划查看产品的预计库存量；根据产能计划编制原料采购计划。

初始年有在制品及成品，因此看产品的预计库存量，因为订单为 3 季度交货，所以这里看 3 季度的产品预计库存量，为 0 时表示能够完成这个订单任务。

**核心：若产品的预计库存量不为负数，就表示当年安排的生产计划一定能够完成。**

（4）决策—采购决策：查看原材料的预计入库量为多少。

（5）决策—生产线产能计划。

**核心：产品一旦下线，生产线就空出来，就可以安排生产。生产线空余实际也是损失。**

那么如何安排生产计划？编制生产计划主要是根据生产线上有无在制品。编制推算方法为从投产时间第 1 季度依次推到第 2 季度、第 3 季度、第 4 季度。**基本规律是：① 没有在制品且不打算卖掉的生产线先安排；② 投产时间接产出时间。**

**编制完后，可以看到产品的预计库存量发生变化。**

（6）决策—采购决策：可以看到原材料的预计库存量在第 4 季度时变为负数，这说明需要安排采购计划。根据生产计划，第 4 季度需要采购才能进行，单击“增加”按钮，编制采购 3 个 M1 在第 4 季度到货的计划。

（7）制定预算决策。预算特别要考虑采购计划罗列的到货季节及数量等项目。

（8）① 支付应付税（根据上年度结果）。查看损益表中上年度应缴纳的应付税是多少，盈利时，按当年利润的 25%计算，下一年年初交纳。当企业弥补前五年亏损而盈利之后，所得税的计算方法：（税前利润 + 前五年净利润之和）× 25%，这里在盘面上从**现金**中拿出 3 个灰色的现金筹码放到顶端**税金**处。同时在报表中输入 3M 的税金。② 支付广告费，无。③ 登记销售订单，不需要。

### 2. 按照任务流程操作

单击进入第 1 季度，进行如表 2-12 所示操作。

**表 2-12 第 1 季度操作**

| 流　　程 | 物理沙盘摆放 | 电子沙盘录入 |
|---|---|---|
| （1）申请短期贷款/更新短期贷款/短期贷款还本付息 | 将短期贷款 20M 移动到 3Q 位置；不用申请短期贷款 | 无 |
| （2）更新应付款/归还应付款 | 无 | 无 |
| （3）更新原料订单/原材料入库 | 将年初 1Q 的 2 个黄色 M1 采购订单加 2 个灰色的现金到讲师处换为 2 个蓝色 M1 原材料，移入原材料库 | 原料采购支付现金 2M |
| （4）下原料订单 | 无 | 无 |
| （5）更新生产/完工入库 | 将 1 号线、2 号线、4 号线上的在制品都往前推进一个格。2 号线有产品完工。将完工后的产品放入 Beryl 成品库 | 无 |
| （6）投资新生产线/生产线转产/变卖生产线 | 在初始年不建新生产线，也不用改造和变卖生产线 | 无 |
| （7）开始下一批生产 | 2 号线、3 号线上都放 1 个 M1 和 1 个现金筹码，开始生产 Beryl 产品 | 选择“过程管理—生产记录”选项，单击“增加”按钮，增加 2 号线的生产记录。用同样的方法，增加 3 号线的生产记录。<br>然后，选择“经营分析—报表—现金流量表”选项，在“加工费用”栏中输入 2M |
| （8）产品研发投资 | 初始年不做，略过 | 无 |

续表

| 流　　程 | 物理沙盘摆放 | 电子沙盘录入 |
| --- | --- | --- |
| （9）更新应收款/应收款收现 | 盘面上直接将 3Q 的 7M 移入 2Q 处，将 2Q 的 7M 移入 1Q 处 | 无 |
| （10）按订单交货 | 无 | 无 |
| （11）支付行政管理费用 | 在现金中拿出 1 个灰色的筹码放入顶端的行政管理 1Q 处 | 选择“经营分析—报表—现金流量表”选项，填写行政管理费为 1M |

单击进入第 2 季度，进行如表 2-13 所示操作。

**表 2-13　第 2 季度操作**

| 流　　程 | 物理沙盘摆放 | 电子沙盘录入 |
| --- | --- | --- |
| （1）申请短期贷款/更新短期贷款/短期贷款还本付息 | 将短期贷款 20M 移动到 2Q 位置；不用申请短期贷款 | 无 |
| （2）更新应付款/归还应付款 | 无 | 无 |
| （3）更新原料订单/原材料入库 | 无 | 无 |
| （4）下原料订单 | 选择“过程管理—采购记录”选项，可以看到决策规划时所编制的采购计划中，没有第 2 季度的采购计划。因此，不用下原料订单 | 无 |
| （5）更新生产/完工入库 | 将 1 号线、2 号线、3 号线、4 号线上的在制品都往前推进一个格。在学生界面，选择“过程管理—生产记录”选项，查看决策规划时所编制的生产计划。可以看到，4 号线有产品完工。将完工后的产品放入 Beryl 成品库 | 无 |
| （6）投资新生产线/生产线转产/变卖生产线 | 在初始年不建新生产线，也不用改造和变卖生产线 | 无 |
| （7）开始下一批生产 | 选择“过程管理—生产记录”选项，查看决策规划时所编制的生产计划。可以看到 4 号线在 2 季度可以安排生产。在盘面上，4 号线上都放 1 个蓝色 M1 和 1 个现金灰色筹码，开始生产 Beryl 产品 | 选择“过程管理—生产记录”选项，单击“增加”按钮，增加 4 号线的生产记录。同时，选择“经营分析—报表—现金流量表”选项，在“加工费用”栏中输入 1M |
| （8）产品研发投资 | 初始年不做 | 无 |
| （9）更新应收款/应收款收现 | 有 7M 的应收款到账，盘面上直接将 1Q 的 7M 移入现金处，另外将 2Q 的 7M 移入 1Q 处 | 选择“经营分析—报表—现金流量表”选项，在“应收款到期”栏中填写 7M |
| （10）按订单交货 | 无 | 无 |
| （11）支付行政管理费用 | 在现金中拿出 1 个灰色的筹码放入顶端的行政管理 2Q 处 | 选择“经营分析—报表—现金流量表”选项，填写行政管理费为 1M |

单击进入第 3 季度，进行如表 2-14 所示操作。

表 2-14　第 3 季度操作

| 流　　程 | 物理沙盘摆放 | 电子沙盘录入 |
| --- | --- | --- |
| （1）申请短期贷款/更新短期贷款/短期贷款还本付息 | 将短期贷款 20M 移动到 1Q 位置；不用申请短期贷款 | 无 |
| （2）更新应付款/归还应付款 | 无 | 无 |
| （3）更新原料订单/原材料入库 | 无 | 无 |
| （4）下原料订单 | 选择“过程管理—采购记录”选项，查看采购记录中，有第 3 季度的采购计划。从讲师处拿 3 个黄色的筹码放在原料采购 1Q 上 | 选择“过程管理—采购记录”选项，单击“增加”按钮，添加采购记录。预计入库量和预计库存量都发生变化 |
| （5）更新生产/完工入库 | 将 1 号线、2 号线、3 号线、4 号线上的在制品都往前推进一个格。选择“过程管理—生产记录”选项，查看决策规划时所编制的生产计划。可以看到，1 号线有产品完工。将完工后的产品放入 Beryl 成品库 | 无 |
| （6）投资新生产线/生产线转产/变卖生产线 | 在初始年不建新生产线，也不用改造和变卖生产线 | 无 |
| （7）开始下一批生产 | 选择“过程管理—生产记录”选项，查看决策规划时所编制的生产计划。可以看到 1 号线在 3 季度可以安排生产。在盘面上，1 号线上都放 1 个蓝色 M1 和 1 个现金灰色筹码，开始生产 Beryl 产品 | 选择“过程管理—生产记录”选项，单击“增加”按钮，增加 1 号线的生产记录。同时，选择“经营分析—报表—现金流量表”选项，在“加工费用”栏中输入 1M |
| （8）产品研发投资 | 初始年不做 | 无 |
| （9）更新应收款/应收款收现 | 有 7M 的应收款到账，将 1Q 的 7M 灰色筹码移入现金处 | 选择“经营分析—报表—现金流量表”选项，在“应收款到期”栏中填写 7M |
| （10）按订单交货 | 交纳 6 个 Beryl。即将 6 个灰色的现金和 6 个蓝色的 M1 筹码代表 6 个 Beryl 产品交货给订单商，到讲师处领取 36 个灰色的现金筹码，由于应收款账期为 1Q，因此放在应收账款 1Q 上 | 选择“订单管理—订单查看”选项，选中要交货的订单行，单击“申请交货”按钮，“完成情况”一列就变成了“申请交货”。在讲师界面，选择“过程管理—交货”选项，再选择“交货状态”的内容为“申请交货”，系统显示出申请交货的订单。勾选“交货确认”选项，单击“确定”按钮，讲师就确认学生交货了。选择“经营分析—报表—损益表”选项，可以看到系统自动将销售额计入账中 |
| （11）支付行政管理费用 | 在现金中拿出 1 个灰色的筹码放入顶端的行政管理 3Q 处 | 选择“经营分析—报表—现金流量表”选项，填写行政管理费为 1M |

单击进入第 4 季度，进行如表 2-15 所示操作。

表 2-15　第 4 季度操作

| 流　　程 | 物理沙盘摆放 | 电子沙盘录入 |
| --- | --- | --- |
| （1）申请短期贷款/更新短期贷款/短期贷款还本付息 | 将短期贷款 20M 移出，归还应付款；支付短期贷款利息 1M；申请 20M 的短期贷款。即，先将 2 个红色的 10M 筹码加上 20 个灰色的筹码还到讲师处，并将 1 个灰色的筹码现金放到利息处。此时，现金余额为 5M，后续将支付采购货款 3M，生产费用 3M，现金已经不能支撑企业的正常运营。因此，必须借短期贷款。此处先借 20M 的短期贷款，每个小组的学生到讲师处领取 20M 的短期贷款现金，即 20 个灰色筹码，以及 20M 的短期贷款筹码标识，即 2 个 10M 的红色筹码 | 选择“经营分析—报表—现金流量表”选项，填写“归还短贷及利息”为 21M。在学生界面，选择“过程管理—贷款”选项，在页面中选择将归还的贷款记录，单击“申请还贷”按钮，“已还款”列就更改为“申请还贷”。同时，在讲师界面，选择“过程管理—贷款”选项，单击“申请还贷”按钮。系统将显示各个小组申请还贷的记录。选择某个小组申请还贷的贷款，单击“修改”按钮，在弹出的对话框中，将状态改为“已还贷”。单击“确定”按钮后，贷款状态发生变化。<br>在讲师界面，选择“过程管理—贷款”选项，单击“增加”按钮，在弹出的对话框中输入数据（季度为 4），就增加了短期贷款 20M |
| （2）更新应付款/归还应付款 | 无 | 无 |
| （3）更新原料订单/原材料入库 | 在学生界面，选择“过程管理—采购记录”选项，查看采购记录中，本季度有到货的物料，即 M1 采购了 3 个。3 个 M1 采购入库，支付 3M 现金给供应商（即 1Q 的 3 个黄色 M1 加上 3 个灰色的筹码），并到讲师处领取 3 个蓝色的 M1 放入原材料库 | 选择“经营分析—报表—现金流量表”选项，在“原料采购支付现金”中填写 3M |
| （4）下原料订单 | 选择“过程管理—采购记录”选项，可以看到决策规划时所编制的采购计划中，没有第 4 季度的采购计划 | 无 |
| （5）更新生产/完工入库 | 将 1 号线、2 号线、3 号线、4 号线上的在制品都往前推进一个格，在学生界面，选择“过程管理—生产记录”选项。可以看到，2 号线、3 号线、4 号线有产品完工。将完工后的产品放入 Beryl 成品库 | 无 |
| （6）投资新生产线/生产线转产/变卖生产线 | 在初始年不建新生产线，也不用改造和变卖生产线 | 无 |
| （7）开始下一批生产 | 2 号线、3 号线、4 号线投产，生产 Beryl。在学生界面，选择“过程管理—生产记录”选项，查看决策规划时所编制的生产计划。可以看到 2 号线、3 号线、4 号线在 4 季度可以安排生产。在盘面上，2 号线、3 号线、4 号线上分别都放 1 个蓝色 M1 和 1 个现金灰色筹码，开始生产 Beryl 产品 | 选择“过程管理—生产记录”选项，单击“增加”按钮，增加 2 号线、3 号线、4 号线的生产记录。<br>同时，选择“经营分析—报表—现金流量表”选项，在“加工费用”中填写 3M |

续表

| 流　　程 | 物理沙盘摆放 | 电子沙盘录入 |
|---|---|---|
| （8）产品研发投资 | 初始年不做 | 无 |
| （9）更新应收款/应收款收现 | 有 36M 的应收款到账，因第 3 季度订单交货，产生 36M 的应收账款，即将应收账款 1Q 的灰色筹码移入现金处 | 选择“经营分析—报表—现金流量表”选项，在“应收款到期”中填写 36M |
| （10）按订单交货 | 无 | 无 |
| （11）支付行政管理费用 | 在现金中拿出 1 个灰色的筹码放入顶端的行政管理 4Q 处 | 选择“经营分析—报表—现金流量表”选项，填写行政管理费为 1M |

初始年年末：将状态转为年末，进行如表 2-16 所示操作。

**表 2-16　年末状态操作**

| 流　　程 | 物理沙盘摆放 | 电子沙盘录入 |
|---|---|---|
| （1）申请长期贷款/更新长期贷款/长期贷款支付利息 | 支付长期贷款利息 2M，将 2 个灰色的筹码放入顶端利息处；申请长期贷款 20M，为了让学生能在第 1 年经营时有足够的资金，此处先借长期贷款 20M。每个小组的学生到讲师处领取 20M 的长期贷款现金，即 20 个灰色筹码和 20M 的长期贷款标识，即 2 个 10M 的红色筹码 | 选择“经营分析—报表—现金流量表”选项，填写长贷及利息 2M。<br>在讲师界面，选择“过程管理—贷款”选项，单击“增加”按钮，按“长贷 4Y，季度 4”填写长期贷款。<br>在学生界面，选择“经营分析—报表—现金流量表”选项，就可以看到长期贷款已经增加 20M |
| （2）支付设备维修费 | 支付 4M，4 条生产线的设备维护费为 4M，即将 4 个灰色筹码放入顶端维护费处 | 选择“经营分析—报表—现金流量表”选项，填写设备维护费 4M |
| （3）支付租金（或购买建筑） | 由于厂房属于自购，因此不用支付租金 | 无 |
| （4）折旧 | 生产线折旧：按原值 5 年平均折旧。生产线折旧提取 5M，1 号线、2 号线、3 号线的折旧各为 1M，4 号线折旧为 2M，共 5M，即拿出 5 个灰色筹码放入顶端折旧上 | 选择“过程管理—年末状态”选项，在应收账款中填写 0M，应付账款中填写 0M，生产线折旧填 5，单击“确认”按钮。同时，单击“增加”按钮，将成品仓库、生产线上产品的金额填入 |
| （5）新市场开拓投资/ISO 资格认证投资 | 起始年不做，略过 | 无 |
| （6）关账 | 填写报表 | 所有经营填写结束之后，再补充填写年末状态的信息。选择“过程管理—年末状态”选项，单击“增加”按钮，并填写年末状态信息。注意：填写的是金额，而不是数量，即一个 Beryl 原材料价值 1M，加现金 1M 共计 2M。如 1 个 Beryl 产品的金额是 2M。同样，填写产成品的金额为 6M。只有交货后才具有成品价值 |

### 3．填写报表

（1）选择“经营分析—报表—现金流量表”选项，检查现金流量表的现金余额是否为68M。

（2）选择“经营分析—报表—损益表”选项，填写“成本”为12M（即原材料1M，加工费1M，6个成品共12M），“财务净损益”为3M（即全年所交的利息、贴现之和），单击“保存”按钮，系统自动计算出报表。

（3）选择“经营分析—报表—资产负债表”选项，填写土地净值为40M，机器设备净值为7M（即生产线下的数据标示，是折旧后的价值），股东资本为50M，单击“保存”按钮，系统自动计算出资产负债表，如表2-17所示。

**表2-17 起始年资产负债表**

单位：百万

| 资产 | 年初数 | 期末数 | 负债及所有者权益 | 年初数 | 期末数 |
|---|---|---|---|---|---|
| 流动资产： | | | 负债： | | |
| 现金 | 24.0 | 68.0 | 短期负债 | 20.0 | 20.0 |
| 应收账款 | 14.0 | 0.0 | 应付账款 | 0.0 | 0.0 |
| 原材料 | 2.0 | 0.0 | 应交税金 | 3.0 | 2.0 |
| 产成品 | 6.0 | 6.0 | 长期负债 | 20.0 | 40.0 |
| 在制品 | 6.0 | 8.0 | | | 62.0 |
| 流动资产合计 | 52.0 | 82.0 | 负债合计 | 43.0 | |
| 固定资产： | | | 所有者权益： | | |
| 土地建筑原价 | 40.0 | 40.0 | 股东资本 | 50.0 | 50.0 |
| 房屋净值 | 12.0 | 7.0 | 以前年度利润 | 4.0 | 11.0 |
| 在建工程 | 0.0 | 0.0 | 当年净利润 | 7.0 | 6.0 |
| 固定资产合计 | 52.0 | 47.0 | 所有者权益合计 | 61.0 | 67.0 |
| 资产总计 | 104.0 | 129.0 | 权益总计 | 104.0 | 129.0 |

讲师检查资产负债表、损益表、现金流量表的数据，没有错误，数据合理，表示起始年的运营已经完成。

### 4．第1年抢单预演

讲师端进入第1年，单击“市场预测”按钮，设定模拟年限为6，单击“生成订单”按钮。学生刷新界面，进入第1年，给学生10分钟广告投放时间，学生在设置—市场投入中录入计划投放的广告数额。讲师端单击“排名”按钮，就会呈现学生投放广告数额的排名，接着进入学生抢单环节。

至此，讲师所从事的“传帮带”环节告一段落。

THREE

# 第三篇 上岗实训

## 3.1 上岗实训准备

### 3.1.1 思想准备

讲师带领学生进行起始年的沙盘预演，从物理沙盘和电子沙盘录入均做了见习，那么接下来就是由学员开启思维能力、训练实战能力的阶段。上岗实训的沙盘业绩将作为各组的实训成绩，在这个过程当中，每位学员的表现将在一定程度上左右着团队的得分表现。

给学员 20 分钟时间复习沙盘操作的规则及要点。

### 3.1.2 电子沙盘准备

讲师端进入系统，如图 3-1、图 3-2 所示，选择“设置—重置”选项，系统弹出提示窗口，单击“是”按钮。

单击状态栏的“允许注册”按钮，将允许学生注册。各组学生根据分好的组号，录入已经组建的公司名称，进入上岗实训准备状态。

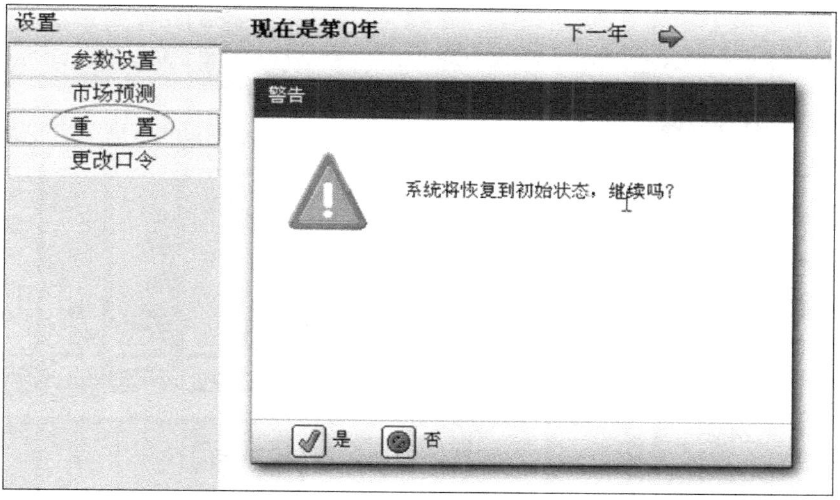


图 3-1　重置系统界面

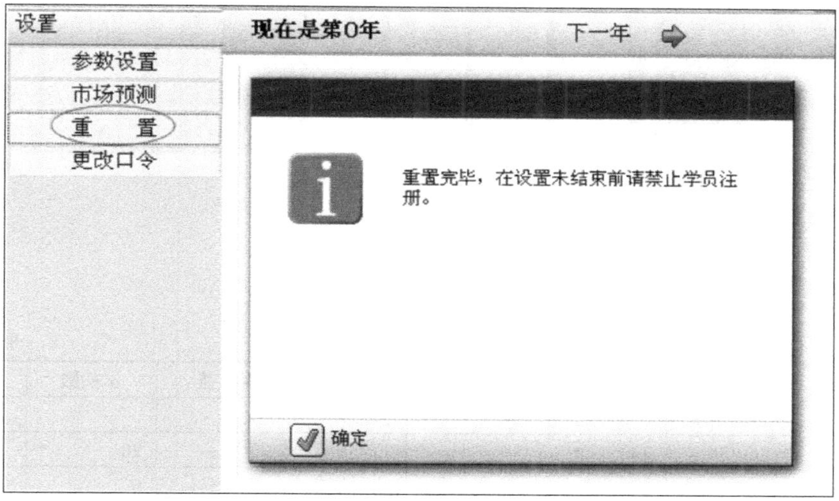


图 3-2　重置系统完毕界面

### 3.1.3　物理沙盘准备

每个公司根据起始年的公司财务报表数据，按照图 3-3 恢复摆盘，摆盘应当由担任不同角色的学员分别摆放。

# 起始年状态

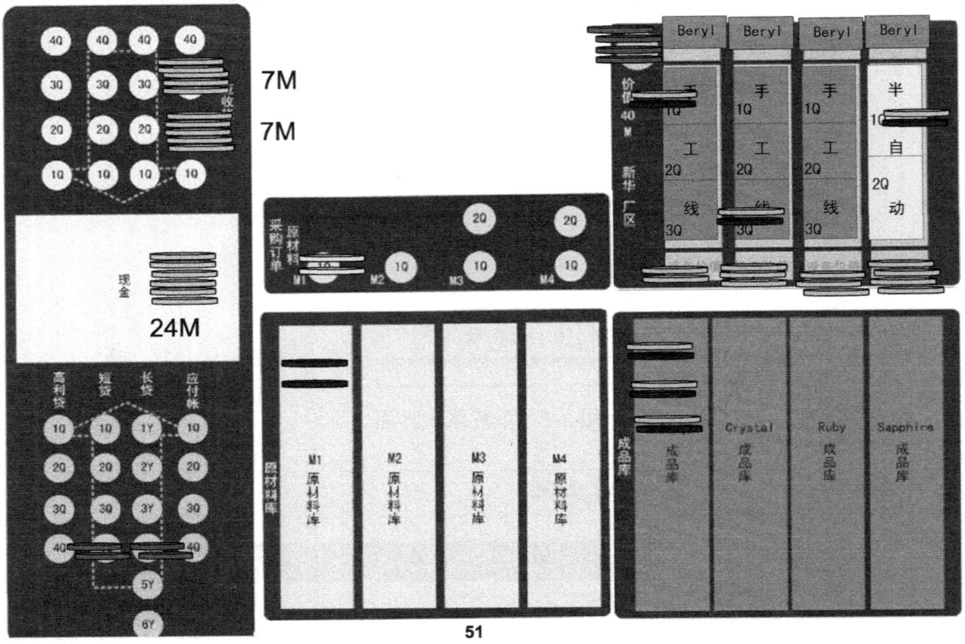


图 3-3　起始年物理盘面样图

起始第 0 年的财务报表，如表 3-1、表 3-2 所示。

**表 3-1　资产负债表**　　单位：百万

| 资　　产 | 年初数 | 期末数 | 负债及所有者权益 | 年初数 | 期末数 |
|---|---|---|---|---|---|
| 流动资产： | | | 负债： | | |
| 现金 | 24 | | 短期负债 | 20 | |
| 应收账款 | 14 | | 应付账款 | 0 | |
| 原材料 | 2 | | 应交税金 | 3 | |
| 产成品 | 6 | | 长期负债 | 0 | |
| 在制品 | 6 | | | | |
| 流动资产合计 | 52 | | 负债合计 | 23 | |
| 固定资产： | | | 所有者权益： | | |
| 土地建筑净值 | 40 | | 股东资本 | 65 | |
| 机器设备净值 | 12 | | 以前年度利润 | 11 | |
| 在建工程 | 0 | | 当年净利润 | 5 | |
| 固定资产合计 | 52 | | 所有者权益合计 | 81 | |
| 资产总计 | 104 | | 负债及权益总计 | 104 | |

表 3-2　综合管理费用明细表及损益表　　单位：百万

| 项　　目 | 金　　额 | 项　　目 | 去　　年 | 今　　年 |
|---|---|---|---|---|
| 行政管理费 | | 一、销售收入 | 38 | |
| 广告费 | | 减：成本 | 17 | |
| 设备维护费 | | 二、毛利 | 21 | |
| 设备改造费 | | 减：综合费用 | 8 | |
| 租金 | | 折旧 | 4 | |
| 产品研发 | | 财务净损益 | 1 | |
| 市场开拓 | | 三、营业利润 | 8 | |
| ISO 认证 | | 加：营业外净收益 | 0 | |
| 其他 | | 四、利润总额 | 8 | |
| 合计 | | 减：所得税 | 3 | |
| | | 五、净利润 | 5 | |

## 3.2　实训经营第 0 年——赢在决策

### 3.2.1　管理决策

**1．重要决策。**请把记录填写在表 3-3。

表 3-3　决策记录

| 1 季度 | 2 季度 | 3 季度 | 4 季度 | 年底 |
|---|---|---|---|---|
| | | | | |

**2．现金预算表。**请把记录填写在表 3-4。

表 3-4　现金预算表

| 项　　目 | 1 | 2 | 3 | 4 |
|---|---|---|---|---|
| **期初现金（+）** | | | | |
| 变卖生产线（+） | | | | |
| 变卖原料（+） | | | | |
| 变卖厂房（+） | | | | |
| 应收款到期（+） | | | | |
| 支付上年应交税 | | | | |
| 广告费投入 | | | | |
| 贴现费用 | | | | |
| 利息（短期贷款） | | | | |

续表

| 项　　目 | 1 | 2 | 3 | 4 |
|---|---|---|---|---|
| 支付到期短期贷款 | | | | |
| 原料采购支付现金 | | | | |
| 转产费 | | | | |
| 生产线投资 | | | | |
| 生产费用 | | | | |
| 产品研发投资 | | | | |
| 支付行政管理费用 | | | | |
| 利息（长期贷款） | | | | |
| 支付到期长期贷款 | | | | |
| 维修费 | | | | |
| 租金 | | | | |
| 购买新建筑 | | | | |
| 市场开拓投资 | | | | |
| ISO 认证投资 | | | | |
| 其他 | | | | |
| **现金余额** | | | | |
| **需要新贷款** | | | | |

**3．产能预估。**请把记录填写在表 3-5。

表 3-5　产能预估表

| | | 1 季度 | 2 季度 | 3 季度 | 4 季度 |
|---|---|---|---|---|---|
| 生产线 1 | 产品： | | | | |
| 生产线 2 | 产品： | | | | |
| 生产线 3 | 产品： | | | | |
| 生产线 4 | 产品： | | | | |
| 生产线 5 | 产品： | | | | |
| 生产线 6 | 产品： | | | | |
| 生产线 7 | 产品： | | | | |
| 生产线 8 | 产品： | | | | |

**4．生产计划与物料需求计划。**请把记录填写在表 3-6。

表 3-6　生产计划与物料需求计划表

产品：　　　　　　　　　　　　　　　　生产线类型：

| 项　　目 | 去　　年 | | | | 今　　年 | | | |
|---|---|---|---|---|---|---|---|---|
| | 1 季度 | 2 季度 | 3 季度 | 4 季度 | 1 季度 | 2 季度 | 3 季度 | 4 季度 |
| 产出计划 | | | | | | | | |
| 投产计划 | | | | | | | | |
| 原材料需求 | | | | | | | | |
| 原材料采购 | | | | | | | | |

产品：　　　　　　　　　　　　　　　　　　生产线类型：

| 项　目 | 去　年 | | | | 今　年 | | | |
|---|---|---|---|---|---|---|---|---|
| | 1 季度 | 2 季度 | 3 季度 | 4 季度 | 1 季度 | 2 季度 | 3 季度 | 4 季度 |
| 产出计划 | | | | | | | | |
| 投产计划 | | | | | | | | |
| 原材料需求 | | | | | | | | |
| 原材料采购 | | | | | | | | |

产品：　　　　　　　　　　　　　　　　　　生产线类型：

| 项　目 | 去　年 | | | | 今　年 | | | |
|---|---|---|---|---|---|---|---|---|
| | 1 季度 | 2 季度 | 3 季度 | 4 季度 | 1 季度 | 2 季度 | 3 季度 | 4 季度 |
| 产出计划 | | | | | | | | |
| 投产计划 | | | | | | | | |
| 原材料需求 | | | | | | | | |
| 原材料采购 | | | | | | | | |

产品：　　　　　　　　　　　　　　　　　　生产线类型：

| 项　目 | 去　年 | | | | 今　年 | | | |
|---|---|---|---|---|---|---|---|---|
| | 1 季度 | 2 季度 | 3 季度 | 4 季度 | 1 季度 | 2 季度 | 3 季度 | 4 季度 |
| 产出计划 | | | | | | | | |
| 投产计划 | | | | | | | | |
| 原材料需求 | | | | | | | | |
| 原材料采购 | | | | | | | | |

产品：　　　　　　　　　　　　　　　　　　生产线类型：

| 项　目 | 去　年 | | | | 今　年 | | | |
|---|---|---|---|---|---|---|---|---|
| | 1 季度 | 2 季度 | 3 季度 | 4 季度 | 1 季度 | 2 季度 | 3 季度 | 4 季度 |
| 产出计划 | | | | | | | | |
| 投产计划 | | | | | | | | |
| 原材料需求 | | | | | | | | |
| 原材料采购 | | | | | | | | |

**5．采购计划。**请把记录填写在表 3-7。

**表 3-7　采购计划表**

| 原材料 | 1 季度 | 2 季度 | 3 季度 | 4 季度 |
|---|---|---|---|---|
| M1 | | | | |
| M2 | | | | |
| M3 | | | | |
| M4 | | | | |

### 3.2.2 实训步骤

1. 任务流程

**每年年初：（根据提示，完成部分打钩）**

| | |
|---|---|
| （1）支付应付税（根据上年度结果） | □ |
| （2）支付广告费 | □ |
| （3）熟悉销售订单 | □ |

| **每个季度：** | **1 季度** | **2 季度** | **3 季度** | **4 季度** |
|---|---|---|---|---|
| （1）申请短期贷款/更新短期贷款/短期贷款还本付息 | □ | □ | □ | □ |
| （2）更新应付款/归还应付款 | □ | □ | □ | □ |
| （3）更新原料订单/原材料入库 | □ | □ | □ | □ |
| （4）下原料订单 | □ | □ | □ | □ |
| （5）更新生产/完工入库 | □ | □ | □ | □ |
| （6）投资新生产线/生产线转产/变卖生产线 | □ | □ | □ | □ |
| （7）开始下一批生产 | □ | □ | □ | □ |
| （8）产品研发投资 | □ | □ | □ | □ |
| （9）更新应收款/应收款收现 | □ | □ | □ | □ |
| （10）按订单交货 | □ | □ | □ | □ |
| （11）支付行政管理费用 | □ | □ | □ | □ |

**每年年末：**

| | |
|---|---|
| （1）申请长期贷款/更新长期贷款/长期贷款支付利息 | □ |
| （2）支付设备维修费 | □ |
| （3）支付租金（或购买建筑） | □ |
| （4）折旧 | □ |
| （5）新市场开拓投资/ISO 资格认证投资 | □ |
| （6）关账 | □ |

2. 起始年订单，如表 3-8 所示。

表 3-8 起始年订单表

| 项　　目 | | | | | | 合　　计 |
|---|---|---|---|---|---|---|
| 市场 | 本地 | | | | | |
| 产品名称 | Bery1 | | | | | |
| 账期 | 1Q | | | | | |
| 交货期 | Q3 | | | | | |
| 单价 | 6 | | | | | |
| 订单数量 | 6 | | | | | |
| 订单销售额 | 36 | | | | | |

续表

| 项　目 | | | | | | 合　计 |
|---|---|---|---|---|---|---|
| 成本 | 12 | | | | | |
| 毛利 | 24 | | | | | |

3．采购记录，如表 3-9 所示。

表 3-9　采购记录表

| 原材料 | 1 季度 | 2 季度 | 3 季度 | 4 季度 |
|---|---|---|---|---|
| M1 | | | | |
| M2 | | | | |
| M3 | | | | |
| M4 | | | | |

4．起始年财务报表，如表 3-10、表 3-11 所示。

表 3-10　起始年综合管理费用明细表及损益表　单位：百万

| 项　目 | 金　额 | 项　目 | 年初数 | 期末数 |
|---|---|---|---|---|
| 广告费 | | 一、销售收入 | 40 | |
| 转产费 | | 减：成本 | 17 | |
| 产品研发 | | 二、毛利 | 23 | |
| 行政管理 | 4 | 减：综合费用 | 8 | |
| 维修费 | 4 | 折旧 | 4 | |
| 租金 | | 财务净损益 | 1 | |
| 市场开拓 | | 三、营业利润 | 10 | |
| ISO 认证 | | 加：营业外净收益 | 0 | |
| 其他 | | 四、利润总额 | 10 | |
| 合计 | 8 | 减：所得税 | 3 | |
| | | 五、净利润 | 7 | |

表 3-11　起始年资产负债表　单位：百万

| 资　产 | 年初数 | 期末数 | 负债及所有者权益 | 年初数 | 期末数 |
|---|---|---|---|---|---|
| 流动资产： | | | 负债： | | |
| 现金 | 24 | | 短期负债 | 20 | |
| 应收账款 | 14 | | 应付账款 | 0 | |
| 原材料 | 2 | | 应交税金 | 3 | |
| 产成品 | 6 | | 长期负债 | 20 | |
| 在制品 | 6 | | | | |
| 流动资产合计 | 52 | | 负债合计 | 43 | |
| 固定资产： | | | 所有者权益： | | |
| 土地建筑净值 | 40 | | 股东资本 | 50 | |
| 机器设备净值 | 12 | | 以前年度利润 | 4 | |
| 在建工程 | 0 | | 当年净利润 | 7 | |
| 固定资产合计 | 52 | | 所有者权益合计 | 61 | |
| 资产总计 | 104 | | 负债及权益总计 | 104 | |

### 3.2.3 实训总结

**邀请每个公司的 CEO 上台汇报，汇报提纲如下。**

（1）管理的四大职能有哪些，怎么实施？

（2）谈谈你对企业经营模拟沙盘的认识？

（3）通过沙盘的实战模拟演练，你发现你的优点是什么？你的缺点有哪些？今后计划怎么做？

### 3.2.4 知识巩固：管理

#### 1. 什么是管理

管理活动作为人类最重要的一项活动，广泛地存在于现实的社会生活之中，大至国家、军队，小至企业、医院、学校等，凡是一个由两人以上组成的、有一定活动目的的集体就都离不开管理，管理是一切有组织的活动中必不可少的组成部分。因此，在社会生活中，特别是在组织的活动中，就有必要了解什么是管理，为什么要进行管理活动，怎样才能有效地进行管理活动。所谓管理，就是在特定的环境下，企业对组织所拥有的资源进行有效地计划、组织、领导和控制，以便达到组织既定目标的过程。

**如何理解管理的概念？**① 管理是为实现组织目标服务的，是一个有意识、有目的地进行的过程。② 管理工作的过程是由一系列相互关联、连续进行的活动所构成的。③ 管理工作要通过综合运用各种资源来实现组织的目标。④ 管理工作是在一定环境条件下进行的，环境提供了机会也提供了威胁。

#### 2. 管理者分类与管理技能

（1）管理者的分类。根据管理者在组织中所处的层次将管理者分为基层管理者、中层管理者和高层管理者。

**基层管理者**，也叫一线管理者，是组织中处于最低层次的管理人员，他们所管理的员工属于作业人员而不涉及其他管理者，其主要职责是给下属作业人员分派和执行具体的工作任务，直接指挥和监督现场的作业活动，保证各项任务有效地执行完成。如在制造企业中，基层管理者可能被称为班长、组长等。

**中层管理者**，是指居于高层管理人员和基层管理人员之间的一个或若干个中间层次的管理人员。他们的主要职责是贯彻执行高层管理人员所制定的重大决策，向更高层的管理者报告工作，给所管辖的基层管理人员或作业人员分派任务，并监督和协调基层人员完成布置和要求的工作。当今，大公司组织结构变革的一个明显趋势是管理层次扁平化，对中层管理的人员需求量减少。正如美国管理学家阿伦·肯尼迪和特伦斯·迪尔所指出的：中层管理阶层是 20 世纪公司生活的一个创造，对于未来的公司来说，这是一个过时的职业。中层管理者的范围可能是部门或办事处主任、项目经理、单位主管、地区经理、系主任、主教或部门经理等。

**高层管理者，**是指对整个组织的管理负有全面责任，并引导组织与环境相互作用的人。这个层次的管理者的主要职责是制定组织的总目标、总战略，掌握组织的大政方针并评价整个组织绩效。高层管理人员在与组织外界交往中，往往代表组织，并以企业权威人士的身份出现。他们通常有诸如总裁、副总裁、总监、总经理、首席执行官或者董事会主席、校长等头衔。

（2）管理人员的技能要求。通常而言，一名管理人员应该具备的管理技能包括技术技能、人际技能、概念技能三种基本类型。

**技术技能，**是指使用某一专业领域内有关的工作程序、技术和知识完成任务的能力。如外科医生、教师、工程师和音乐家都在他们各自不同的领域内具有技术技能；在公司里员工掌握的产品加工技能、会计核算技能、营销技能等。对于管理者来说，虽然没有必要使自己成为精通某一领域技能的专家，但要掌握一定的技术技能，否则就很难与他所主管的组织内的专业技术人员进行有效的沟通，从而也就无法对他所管辖的业务范围内的各项工作进行具体的指导。技术技能可以通过教育、培训和学习等途径来获得和掌握，专业知识掌握得越多，技术技能的水平一般也越高。

**人际关系技能，**是指与处理人际关系有关的技能或者说是与组织内外的人打交道的能力，即理解、激励他人并与他人共事的能力。对一个组织而言，如一个企业，对于不同层次和领域，管理者可能分别需要处理与上层管理者、同级管理者以及下属的人际关系，要学会说服上级领导，学会同其他部门的同事紧密合作，同时掌握激励和诱导下属的积极性和创造性的能力以及正确指导和指挥组织成员开展工作的能力。

与技术技能不同的是，决定一个人人际关系技能水平高低的因素不仅仅是他掌握的书本知识，更重要的是个人的性格。从这一意义上说，一个人能否成为成功的管理者，其先天性格是一个主要因素。这一点给我们的启示是：我们在进行管理者的分工和确定管理集体结构时，应该考虑不同管理工作对性格的特殊要求，以提高管理者的管理效率。

**概念技能，**也叫思维决策技能，是指综观全局、洞察组织与环境相互影响和作用的复杂性，并在此基础上加以分析、判断、抽象、概括并迅速做出正确决断的能力。具体地说，概念技能包括感知和发现环境中的机会与威胁的能力，理解事物的相互关联性并找出关键影响因素的能力，以及权衡不同方案的优劣和内在风险的能力等。显然，任何管理者都会面临一些混乱而复杂的环境，管理者应能看到组织的全貌和整体，并认清各种因素之间的相互联系，如组织与外部环境是怎样互动的，组织内部各部分是怎样相互作用的，经过分析、判断、抽象、概括，抓住问题的实质，并做出正确的决策。

### 3．管理职能

管理职能即管理者在管理过程中肩负的职责和发挥的作用、功能。对管理的职能，存在多种划分。早期的管理理论一般认为，管理有计划、执行、控制三大基本职能。法国的法约尔认为，管理有五大职能：计划、组织、指挥、协调和控制。美国的古利克提出管理的七项职能为：计划、组织、人事、指挥、协调、报告和预算。美国管理学家哈罗德·孔茨则认为管理职能包括计划、组织、人员配备、指导与领导、控制五项职能。斯蒂芬·P·罗宾斯将管理职能定位于**计划、组织、领导和控制**，如图 3-4 所示。

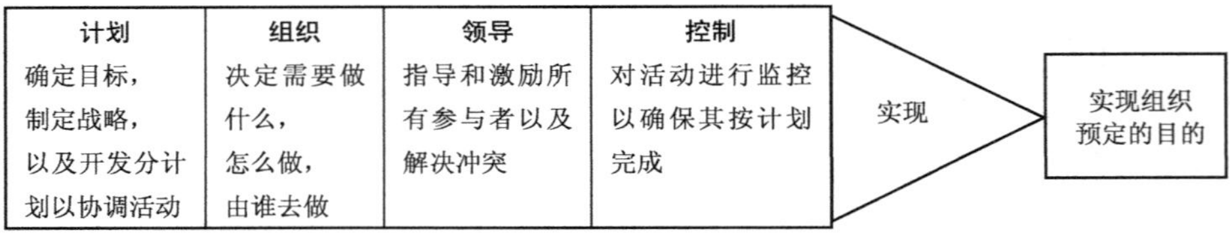


资料来源：斯蒂芬·P·罗宾斯著.管理学（第四版）.北京：中国人民出版社，1997，第 8 页

图 3-4　管理职能

计划是关于组织未来的蓝图，是组织未来一定时间内目标和实现途径的策划与安排。

组织指管理者所开展的组织行为、组织活动过程。组织工作的重要内容就是进行组织结构的设计（组织设计）和再设计（组织变革）。

领导是指指导和影响群体或组织成员为实现群体或组织目标而做出努力和贡献的过程或艺术，其本质在于组织成员的追随与服从。

控制是按照计划标准衡量计划的完成情况和纠正计划执行中的偏差，以确保计划目标的实现或者适当修正计划，使计划更加适合于实际的情况，即纠正和调适。控制与计划是一个事物的两个方面。

管理者在组织中所处的层次不同，管理者角色的重要性不同，管理者要求的技能也不相同。不仅如此，不同层次的管理者在执行管理职能时应各有侧重，他们在各种管理职能上花费的时间也不一样，如图 3-5 所示。

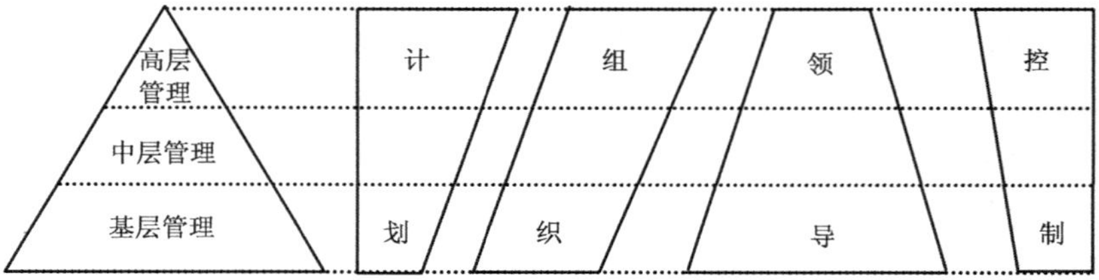


资料来源：刘明珠等编著. 管理学（MBA 联考）. 北京：北京大学出版社，2003，第 9 页

图 3-5　管理者层次分类与管理职能

### 4．管理就是决策

管理的核心是决策。可以认为，整个管理过程都是围绕着决策的制定和组织实施而展开的。无论是确定目标，还是制订计划，管理者都需要做出决策。不仅领导工作需要决策，其他各项管理工作也都需要决策。诺贝尔经济学奖得主西蒙就将管理定义为：管

理就是决策，决策贯穿了整个管理过程。决策在管理中的重要地位由此可见。

（1）决策的概念

许多管理学家都对决策的定义进行过探讨，尽管众说纷纭，但基本内涵大致相同，区别主要在于决策概念做狭义的理解还是广义的理解。从狭义上而言，决策是在几种行为方案中进行选择；从广义上讲，决策还包括在做出最后选择之前必须进行的一切活动，所以，决策就是人们为了达到一定目标，运用一定的、科学的方法拟定并评估各种方案，从两个以上的可行方案中选择一个合理的方案的分析判断过程。

（2）决策的特征

组织决策具有以下主要特点。

① 目标性。决策的目标就是决策所需要解决的问题所在，只有在存在问题，而且决策者认为这个问题必须解决的时候才会有决策，决策是通过解决某些问题来达到目标的。任何组织决策都必须先确定组织的活动目标，目标是组织在未来特定时限内完成任务程度的标志。没有目标，人们就难以拟定未来的活动方案，评价和比较这些方案就没有了评判的标准，对未来活动效果的检查也就失去了依据。无目标的决策或目标性不明的决策往往会导致决策没有针对性甚至失误。

② 可行性。决策所作的若干个备选方案应是可行的，这样才能保证决策方案切实可行。决策的可行性是指：能解决预订问题，实现预订目标；方案本身具有能够实行的条件，比如技术上、经济上都是可行的，方案的影响因素及效果可进行定性和定量的分析。

③ 选择性。决策的实质是选择，没有选择就没有决策。决策必须具有两个以上的备选方案，通过比较评定来进行选择，如果无法制定方案或只有一个方案，那就失去决策的意义。而要能有所选择，就必须提供可以相互替代的多种不同的活动方案，这些活动在资源要求、可能结果以及风险程度等方面均有所不同。因此，不仅有选择的可能，而且有选择的必要。

④ 超前性。任何决策都是针对未来行动的，是为了解决现在面临的、待解决的新问题以及将来可能出现的问题，所以决策是行动的基础。这就要求决策者要具有超前意识，思想敏锐，目光远大，能够预见事物的发展变化，适时做出正确的决策。

⑤ 过程性。决策是一个过程，而非瞬间行动，决策既非单纯的“出谋划策”，又非简单的“拍板定案”，而是一个多阶段、多步骤的分析判断过程。决策的重要程度、过程的繁简及所费时间的长短固然有别，但都必然具有过程性。

决策的过程特点可以从两方面去考察：

一方面，组织决策不是一项决策，而是一系列决策的综合。通过决策，组织不仅要选择业务活动的内容和方向，还要决定如何组织业务活动的具体展开，同时还要决定资源如何筹措、结构如何调整、人事如何安排。只有当这一系列的具体决策已经制定，相互协调，并与组织目标相一致时，才能认为组织的决策已经形成。这一系列的决策本身就是一个过程，从活动目标的确定，到活动方案的拟定、评价和选择，这本身就是一个包含了许多工作、由众多人员参与的过程。

另一方面，作为过程，决策是动态的，是一个不断循环的过程。它没有真正的起点，也没有真正的终点。这就要求决策者时刻监视并研究外部环境的变化，从中找到可以利用的机会，并据此调整组织的活动，实现组织与环境的动态平衡。

⑥ 科学性。科学决策并非易事，它要求决策者能够透过现象看到事物的本质，认识事物发展变化的规律性，做出符合事物发展规律的决策。科学性并非否认决策有失误、有风险，而是要善于从失误中总结经验教训，要尽量减少风险，这是决策科学性的重要内涵。

（3）决策的程序

决策作为管理的一种活动，包括了一定的步骤和程序，虽然决策的具体过程不尽相同，但就一般决策而言，主要分如下几个阶段。

① 发现问题。问题是决策的起点。任何管理组织的进步、管理活动的发展都是从发现问题开始，然后做出了变革而实现的。这里所说的问题，是指应有状况和实际状况之间的差距。应有状况，是指根据现实有条件应当也能够做到的事情或达到的水平。发现问题比较难，必须不断地对组织与环境适应情况进行深入地调查研究和创造性地思考才能做到。发现问题后还必须对问题进行分析，包括弄清问题的性质、范围、程度、影响、后果、起因等各个方面，为决策的下一程序做准备。可以认为，决策就是发现问题、分析问题和解决问题的过程。

② 确定目标。目标是指管理者在特定的条件下所要达到的一定结果。显然，目标与管理者追求有效管理的效果是相联系的。目标是决策的依据，而实现目标，则是取得预期的管理效果决策所要达到的终点。

目标具有三个明显的特征：方向性、时间性和可分解性。为了在既定的时间内实现既定的目标，须将组织目标分解于这个结构系统的各个方面、各个层次、各个时间段，形成与组织结构相对应的、保证目标实现的目标结构系统。

确定目标的要求如下：

其一，目标应明确而具体。决策目标的制订是为了实现它，因而要求决策目标订得准确，首先是要求概念必须明确，即决策目标的表达应当是单义的，并使执行者能够明确地领会含义。如果一个目标的含义怎样理解都可以，那么，无法做出有效的决策，也无法有效地执行。

其二，目标要分清主次。有的目标是必须达成的，有的目标是希望达成的。这样可以使实现目标的严肃性和灵活性更好地结合起来。在决策过程中，目标往往不止一个，多个目标之间既有协调一致的时候，也会有发生矛盾的时候。例如，要求商品物美价廉就有矛盾，物美往往要增加成本；价廉就得降低成本，有时还会影响质量。因此在处理多目标问题时，一般应遵循下列两条原则：在满足决策需要的前提下尽量减少目标的个数，因为目标越多，选择的标准就越多，选择方案越多越增加选择的难度；要分析各个目标的主要程度，分清主次，先集中力量实现必须达到的重要目标。

其三，要规定目标的约束条件。决策目标可以分为有条件目标和无条件目标两种，凡给目标附加一定条件者称为有条件目标，而所附加的条件则称为约束条件；不附加任何条件的决策目标为无条件目标。约束条件一般分为两类：一类是指客观存在的限制条件，如一定的人力、物力、财力；另一类是目标附加一定的主观要求，如目标的期望，以及不能违反国家的政策、法令等。凡是有条件目标，只有在满足其约束条件的情况下达到目标时，才算真正实现了决策目标，不顾约束条件，即使达成目标，后果也可能适得其反。

其四，决策目标要有时间要求。决策目标中必须包括实现目标的期限。即使将来在执行过程中有可能会因情况变化而对实现期限做一定修改，但确定决策目标时必须把预定完成期限规定出来。

其五，决策目标的数量化。就是要给决策目标规定出明确的数量界线。有些目标本身就是数量指标，例如产值、产量、利润等。在订立决策目标时要明确规定增加多少，而不要用大幅度和比较显著之类的词。有些属于组织问题、社会问题、质量问题等方面的决策，目标本身不是数量指标，可以用间接测定方法，例如，产品质量可以用合格品率、废品率等说明。

确定目标的步骤如下：

其一，必须认清所要解决问题的性质、特点、范围，找到问题的症结所在及其产生的原因。寻找问题的症结的办法是以差距的形式把它反映出来，即通过分析内部和外部的情况，把需要和现实之间所有的差距摆出来，进而抓住关键性的差距，并找出产生差距的原因。

其二，全面研究所要解决问题的需要和可能。决策者之所以要订立决策目标，是因为发现现实与要求之间存在着差距，并且这种差距已经运到不能满意的程度，才值得付出代价去消灭或缩小它。但决策时又不能仅仅考虑这么几个直接诱因，而应全面考虑各个方面的需求与可能，应当估计到有条件来实现这个目标，否则目标将成为空想。

其三，对于初步设想的目标，仍需要进行正反两面的论证，然后审慎地把决策目标确定下来。

③ 拟订可行方案。好与坏、优与劣，都是在比较中发现的。因此，只有拟出一定数量和质量的可行方案供对比选择，决策才能做到合理。如果只拟定一个方案，就无法对比，就难以辨认其优劣，也就没有选择的余地。所以有人说："没有选择就没有决策"。国外的决策人员常用这样的格言来提醒自己："如果你感到似乎只有一条路可走，那很

可能这条路就是走不通的”。对于复杂的决策问题，往往要分成以下两个阶段：设想阶段和精心设计阶段。

设想阶段的重点是保证备选方案的多样性，即从不同角度和多种途径，设想出各种各样的可能方案，以便为决策者提供尽可能广阔的思考与选择的余地。新方案的设想与构思，其关键在于要打破传统思想框架，大胆进行创新。能否创新，取决于他们的知识、能力和精神三个方面。对于所研究问题的广博知识是创新的基础。有较强的创新能力，多谋善断，头脑敏锐，是创新的保证。除具有坚实的知识基础和旺盛的创新能力，还须有敢于冲破习惯势力与环境压力束缚的精神。拟订方案人的精神面貌如何，取决于本人的事业心、进取心、强烈的求新欲，取决于决策环境，取决于决策的组织者创造一种有利于参加拟订方案的人们产生创造性思维的人际环境和信息环境。心理学和社会学的研究表明，有两种主要的心理障碍会影响创新：社会障碍，指有些人会自觉地或不自觉地向社会上看齐，人云亦云；思想认识障碍，即思想上的因循守旧。

如果说设想阶段特别需要勇于创新的精神和丰富的想象力，那么精心设计这一步正好相反，更需要冷静的头脑和求实的精神，需要进行严格的论证，反复的计算和细致的推敲，其目的是要在方案的创造性基础上保持其针对性。精心设计阶段主要包括两项工作：确定方案的细节；预测方案的实施结果。方案细节，包括制定政策、组织作业、安排日程、配备人员、落实经费等，通过设计把方案变成具体的行动规划，决策才能付诸实施。估计方案的执行结果，是对方案的优劣进行评估，以便最后抉择。估计方案的结果时，应注意几点：必须预计到明显影响决策目标的全部后果；对决策方案执行后果的正反两个方面都应做出正确的评价，既要对长处做充分估计，也要对短处充分估计；在预测方案的执行结果时，不能仅仅做技术上的推论，应当充分估计人的因素在执行中所起的作用。

④ 选择方案。拟订出各种备选方案后，就要根据目标的要求评估各种方案可能的执行后果，看其对决策目标的满足程度，然后从中选出一个优化方案来执行，这一工作又称决断。这是决策全过程的关键阶段。

方案选择的基本要求：谁决断，谁就要对决策后果负全责。按照管理权限划分，谁对某项工作负责，谁就有权对该项工作中的相关问题做出决策，谁就不对备选方案进行决断抉择；选择方案要重新回到问题和目标上去，审视决策方案对解决问题、实现目标的满意程度，比较择优；选择方案要充分思考方案实施的后果。决策者要从深层去考虑对下属利益的调整，心理承受力，涉及相关的社会影响等，同时还应考虑对可能出现的突发事件的应变措施的准备；选择方案要考虑付诸实施的时机；决策者要重视智囊、信息人员的工作成果，重视他们的工作在保证决策性方面的作用，又不能被智囊所左右，要充分利用自己的经验、智慧、胆量、魄力，做出优化决断。

方案选择的基本标准：价值标准问题。决策的目的是为了实现一定的决策目标，因此，越是符合目标的要求就越好，这就是决策方案的价值标准问题，而这个价值标准通常无法判断是否为最优，最优标准在理论上是适用的，但是最优标准是个理想化的标准，实际生活中往往不易达到，尤其是复杂的管理决策更是如此，绝对的最优化是不存在的。为此，西蒙提出一个现实的标准，即**“满意标准”**，认为只要决策“足够满意”即可。决策有确定型与不确定型之分，对于确定型决策来说，有了上述方面标准就可以进行方案选择了。但对于不确定型决策来说，具备上述标准后，还必须选好期望值。所谓期望值，又称均值，即按各种客观状况的出现概率计算的平均值，而概率就是出现可能性的计量。

方案选择的具体方法有以下几种。

经验判断方法：决策者根据以往的经验和掌握的材料，经过权衡利弊，做出决断，这里决策者个人的素质、性格、知识和能力起着决定性的作用。

数学分析方法：在控制变量属于连续型情况下，经验判断方法很难直接找到最优方案，需要借助于数学工具，在决策中应用数学方法，可使决策达到准确优化。

试验方法：即先取试点进行试验的方法。

经验判断、数学分析和试验三种方法各有优缺点，有赖于决策者根据具体情况灵活运用，才能对决策方案做出尽量合理的评价和最后的选择。

值得注意的是，不能把决策程序当作教条来看待，在具体决策过程中，各个阶段也可能有所交叉；由于决策对象不同，各个阶段的比例也不尽一致，在某些决策中，省略某个阶段也是可以的。总之，要视决策者的经验多少，决策对象及手段的不同等情况来定，这也就是对待决策步骤的灵活性问题。

### 3.2.5　拓展案例：太子奶从央视标王走入破产穷途

1996 年，李途纯在湖南株洲建立起太子奶集团的前身——太子牛奶厂。

1998 年，李途纯以 8 888 万元价格拿下了央视食品饮料类的年度“标王”，随后如雪片般从全国各地飞来的订单，使得“太子奶”发展实现“核聚变”，销售额迅速攀升，从创业之初的 500 余万元，变成 2008 年的 20 亿元，长期处于乳酸菌饮料行业的领军地位。

在大多数人心中，民营企业管理应该是比较有序的。但有记者在探讨“太子奶”企业管理时，一位原高管却说，“原来国有企业有的机构多、冗员多、浪费多的毛病，太子奶都有，而国有企业管理有序、职工训练有素、内部动作依章而行的优点都没有看到。”公司副总经理最多时有 20 多个，但却没有明确分工，谁管什么，都没有明确过。职工工资的多少、升降也是一种临时动议式的决定，这让采访的记者大吃一惊。这自然是“太子奶”走向失败的重要原因。

李途纯也承认，公司管理层一度达到 1 000 多人，副总经理有 20 多个，科室林立，内部管理没有章法，职工工资福利没有章程，全凭个人说了算。

2010年7月，株洲市中级人民法院依法裁定“太子奶”进入破产重整程序。

成也萧何，败也萧何。李途纯一手缔造的帝国倒在了对自身能量不切合实际的爆炸式预期的管理混乱中。

## 3.3 实训经营第1年——营销为王

### 3.3.1 管理决策

**1. 重要决策。**请把记录填写在表3-12。

表3-12 决策记录

| 1季度 | 2季度 | 3季度 | 4季度 | 年底 |
|---|---|---|---|---|
| | | | | |

**2. 现金预算表。**请把记录填写在表3-13。

表3-13 现金预算表

| 项　目 | 1 | 2 | 3 | 4 |
|---|---|---|---|---|
| **期初现金（+）** | | | | |
| 变卖生产线（+） | | | | |
| 变卖原料（+） | | | | |
| 变卖厂房（+） | | | | |
| 应收款到期（+） | | | | |
| 支付上年应交税 | | | | |
| 广告费投入 | | | | |
| 贴现费用 | | | | |
| 利息（短期贷款） | | | | |
| 支付到期短期贷款 | | | | |
| 原料采购支付现金 | | | | |
| 转产费 | | | | |
| 生产线投资 | | | | |
| 生产费用 | | | | |
| 产品研发投资 | | | | |
| 支付行政管理费用 | | | | |

续表

| 项　　目 | 1 | 2 | 3 | 4 |
|---|---|---|---|---|
| 利息（长期贷款） | | | | |
| 支付到期长期贷款 | | | | |
| 维修费 | | | | |
| 租金 | | | | |
| 购买新建筑 | | | | |
| 市场开拓投资 | | | | |
| ISO 认证投资 | | | | |
| 其他 | | | | |
| **现金余额** | | | | |
| **需要新贷款** | | | | |

**3．产能预估。**请把记录填写在表 3-14。

**表 3-14　产能预估表**

| | | 1 季度 | 2 季度 | 3 季度 | 4 季度 |
|---|---|---|---|---|---|
| 生产线 1 | 产品： | | | | |
| 生产线 2 | 产品： | | | | |
| 生产线 3 | 产品： | | | | |
| 生产线 4 | 产品： | | | | |
| 生产线 5 | 产品： | | | | |
| 生产线 6 | 产品： | | | | |
| 生产线 7 | 产品： | | | | |
| 生产线 8 | 产品： | | | | |

**4．生产计划与物料需求计划。**请把记录填写在表 3-15。

**表 3-15　生产计划与物料需求计划表**

产品：　　　　　　　　　　　　　　　　　　生产线类型：

| 项　　目 | 去　　年 | | | | 今　　年 | | | |
|---|---|---|---|---|---|---|---|---|
| | 1 季度 | 2 季度 | 3 季度 | 4 季度 | 1 季度 | 2 季度 | 3 季度 | 4 季度 |
| 产出计划 | | | | | | | | |
| 投产计划 | | | | | | | | |
| 原材料需求 | | | | | | | | |
| 原材料采购 | | | | | | | | |

产品：　　　　　　　　　　　　　　　　　　生产线类型：

| 项　　目 | 去　　年 | | | | 今　　年 | | | |
|---|---|---|---|---|---|---|---|---|
| | 1 季度 | 2 季度 | 3 季度 | 4 季度 | 1 季度 | 2 季度 | 3 季度 | 4 季度 |
| 产出计划 | | | | | | | | |
| 投产计划 | | | | | | | | |
| 原材料需求 | | | | | | | | |
| 原材料采购 | | | | | | | | |

产品：　　　　　　　　　　　　　　　　　　　　　　　　生产线类型：

| 项　目 | 去　年 | | | | 今　年 | | | |
|---|---|---|---|---|---|---|---|---|
| | 1季度 | 2季度 | 3季度 | 4季度 | 1季度 | 2季度 | 3季度 | 4季度 |
| 产出计划 | | | | | | | | |
| 投产计划 | | | | | | | | |
| 原材料需求 | | | | | | | | |
| 原材料采购 | | | | | | | | |

产品：　　　　　　　　　　　　　　　　　　　　　　　　生产线类型：

| 项　目 | 去　年 | | | | 今　年 | | | |
|---|---|---|---|---|---|---|---|---|
| | 1季度 | 2季度 | 3季度 | 4季度 | 1季度 | 2季度 | 3季度 | 4季度 |
| 产出计划 | | | | | | | | |
| 投产计划 | | | | | | | | |
| 原材料需求 | | | | | | | | |
| 原材料采购 | | | | | | | | |

产品：　　　　　　　　　　　　　　　　　　　　　　　　生产线类型：

| 项　目 | 去　年 | | | | 今　年 | | | |
|---|---|---|---|---|---|---|---|---|
| | 1季度 | 2季度 | 3季度 | 4季度 | 1季度 | 2季度 | 3季度 | 4季度 |
| 产出计划 | | | | | | | | |
| 投产计划 | | | | | | | | |
| 原材料需求 | | | | | | | | |
| 原材料采购 | | | | | | | | |

**5. 采购计划。**请把记录填写在表3-16。

表3-16　采购计划表

| 原材料 | 1季度 | 2季度 | 3季度 | 4季度 |
|---|---|---|---|---|
| M1 | | | | |
| M2 | | | | |
| M3 | | | | |
| M4 | | | | |

## 3.3.2　实训步骤

### 1. 任务流程

**每年年初：（根据提示，完成部分打钩）**

（1）支付应付税（根据上年度结果）　□

（2）支付广告费　□

（3）熟悉销售订单　□

**每个季度：** **1 季度 2 季度 3 季度 4 季度**

| | 1 季度 | 2 季度 | 3 季度 | 4 季度 |
|---|---|---|---|---|
| （1）申请短期贷款/更新短期贷款/短期贷款还本付息 | □ | □ | □ | □ |
| （2）更新应付款/归还应付款 | □ | □ | □ | □ |
| （3）更新原料订单/原材料入库 | □ | □ | □ | □ |
| （4）下原料订单 | □ | □ | □ | □ |
| （5）更新生产/完工入库 | □ | □ | □ | □ |
| （6）投资新生产线/生产线转产/变卖生产线 | □ | □ | □ | □ |
| （7）开始下一批生产 | □ | □ | □ | □ |
| （8）产品研发投资 | □ | □ | □ | □ |
| （9）更新应收款/应收款收现 | □ | □ | □ | □ |
| （10）按订单交货 | □ | □ | □ | □ |
| （11）支付行政管理费用 | □ | □ | □ | □ |

**每年年末：**

（1）申请长期贷款/更新长期贷款/长期贷款支付利息 □

（2）支付设备维修费 □

（3）支付租金（或购买建筑） □

（4）折旧 □

（5）新市场开拓投资/ISO 资格认证投资 □

（6）关账 □

**2．第 1 年订单。**请把记录填写在表 3-17。

表 3-17 订单记录表

| 项 目 | | | | | | 合计 |
|---|---|---|---|---|---|---|
| 市 场 | | | | | | |
| 产品名称 | | | | | | |
| 账 期 | | | | | | |
| 交 货 期 | | | | | | |
| 单 价 | | | | | | |
| 订单数量 | | | | | | |
| 订单销售额 | | | | | | |
| 成 本 | | | | | | |
| 毛 利 | | | | | | |

**3．第 1 年采购记录。**请把记录填写在表 3-18。

表 3-18 采购记录表

| 原材料 | 1 季度 | 2 季度 | 3 季度 | 4 季度 |
|---|---|---|---|---|
| M1 | | | | |
| M2 | | | | |

续表

| 原材料 | 1 季度 | 2 季度 | 3 季度 | 4 季度 |
|---|---|---|---|---|
| M3 | | | | |
| M4 | | | | |

**4. 第 1 年财务报表。**请把记录填写在表 3-19、表 3-20。

**表 3-19　综合管理费用明细表及损益表**　　单位：百万

| 项　目 | 金　额 | 项　目 | 年初数 | 期末数 |
|---|---|---|---|---|
| 广告费 | | 一、销售收入 | | |
| 转产费 | | 减：成本 | | |
| 产品研发 | | 二、毛利 | | |
| 行政管理 | | 减：综合费用 | | |
| 维修费 | | 折旧 | | |
| 租金 | | 财务净损益 | | |
| 市场开拓 | | 三、营业利润 | | |
| ISO 认证 | | 加：营业外净收益 | | |
| 其他 | | 四、利润总额 | | |
| 合计 | | 减：所得税 | | |
| | | 五、净利润 | | |

**表 3-20　资产负债表**　　单位：百万

| 资　产 | 年初数 | 期末数 | 负债及所有者权益 | 年初数 | 期末数 |
|---|---|---|---|---|---|
| **流动资产：** | | | **负债：** | | |
| 现金 | | | 短期负债 | | |
| 应收账款 | | | 应付账款 | | |
| 原材料 | | | 应交税金 | | |
| 产成品 | | | 长期负债 | | |
| 在制品 | | | | | |
| **流动资产合计** | | | **负债合计** | | |
| **固定资产：** | | | **所有者权益：** | | |
| 土地建筑净值 | | | 股东资本 | | |
| 机器设备净值 | | | 以前年度利润 | | |
| 在建工程 | | | 当年净利润 | | |
| **固定资产合计** | | | **所有者权益合计** | | |
| **资产总计** | | | **负债及权益总计** | | |

### 3.3.3　实训总结

**邀请每个公司的 COO 上台汇报，汇报提纲如下。**

（1）你对所担任的岗位的认识如何？你的公司是如何进行营销决策的？

（2）谈谈你对企业经营模拟沙盘的认识？

（3）通过沙盘的实战模拟演练，你发现你的优点是什么？你的缺点有哪些？今后计划怎么做？

### 3.3.4 知识巩固：营销知识

#### 1. 什么是市场营销

市场是社会分工和商品经济发展到一定程度的产物，狭义的市场指的是商品交换的场所，广义的市场则是由那些具有特定需要或欲望，并且愿意和能够通过交换来满足这种需要或欲望的全部顾客所构成的，这种市场范围，既可以指一定的区域，也可以指一定的商品，甚至还可以指某一类经营方式等。

**市场营销**是个人和群体通过创造产品和价值，并同他人进行交换以获得所需所欲的一种社会及管理过程。市场营销的内涵体现在：第一，市场营销是以满足消费者的需求为中心的研究；第二，市场营销是站在企业的角度对消费者的研究。我们可以得出以下判断：市场营销活动的主体是企业（最具典型意义的营销主体）；市场营销活动的客体是市场，是消费者，是企业的顾客；市场营销的媒体是产品，既包括有形产品，也包括无形产品；市场营销的核心概念是交换；市场营销的目的是满足交换各方的需要；市场营销的手段是整体营销；市场营销的原则是价值规律和等价交换。

要开展好营销工作，通常需要在做好相关市场调研的基础上制定好 STP 战略和 4P 营销组合策略。

#### 2. 什么是 STP 战略

市场细分的概念是美国营销学家温德尔·史密斯（Wended Smith）在 1956 年最早提出的，此后，美国营销学家菲利浦·科特勒进一步发展和完善了温德尔·史密斯的理论并最终形成了成熟的 STP 理论［市场细分（Segmentation）、目标市场选择（Targeting）和市场定位（Positioning）］。它是营销战略的核心内容。

STP 理论是指企业在一定的市场细分的基础上，确定自己的目标市场，最后把产品或服务定位在目标市场中的确定位置上。具体而言，市场细分是指根据顾客需求上的差异把某个产品或服务的市场逐一细分的过程。目标市场是指企业从细分后的市场中选择出来的决定进入的细分市场，也是对企业最有利的市场组成部分。而市场定位就是在营销过程中把其产品或服务确定在目标市场中的一定位置上，即确定自己的产品或服务在目标市场上的竞争地位，也叫“竞争性定位”。

STP 理论的根本要义在于选择确定目标消费者或客户，或称市场定位理论。根据 STP 理论，市场是一个综合体，是多层次、多元化的消费需求集合体，任何企业都无法满足所有的需求，企业应该根据不同需求、购买力等因素把市场分为由相似需求构成的消费群，即若干子市场，这就是市场细分。企业可以根据自身战略和产品情况从子市场中选取有一定规模和发展前景，并且符合公司的目标和能力的细分市场作为公司的目标市场。随后，企业需要将产品定位在目标消费者所偏好的位置上，并通过一系列营销活动向目标消费者传达这一定位信息，让他们注意到品牌，并感知到这就是他们所需要的。

**3. 营销学四大经典组合策略理论：4P、4C、4R、4I**

（1）4P 理论

即产品（product）、价格（price）、促销（promotion）、渠道（place）四要素。

由密西根大学教授杰罗姆·麦卡锡（E.Jerome Mccarthy）1960 年提出，“它的伟大在于它把营销简化并便于记忆和传播”。

产品包含核心产品、实体产品和延伸产品。广义的产品可以是有形的实体，也可以是无形的服务、技术、知识或智慧等。

价格的制定手段很多，有竞争比较法、成本加成法、目标利润法、市场空隙法，这些方法的目标是使产品成为可交换的商品。企业以盈利为目标，所以定价要具有兼顾销售效率和企业效益的双重考虑，打价格战是一种定价和竞争策略，但价格低并非总是凑效。信息不对称，使价格中蕴涵了太多的附加臆测信息，如品质、期限、真伪、质量、效用，价格不仅与产品本身相关联，也与品牌的附加内涵和价值相关联，与市场的供求关系相关联，与所选择的购物场所的信誉相联系。

传统意义的促销是人员推广、广告、公关活动和销售促进。这些方式在营销过程中有着非常广泛的应用。

渠道是产品从生产方到消费者终端所经历的销售路径。普通消费品会经过代理商、批发商、商场或零售店的环节。B2C 模式中也有电话直销、电视直销、网络直销、人员直销、专卖店直销等模式。直销模式大大缩减了从厂家到买家的中间环节，将中间利润让渡给消费者或作为新的营销模式所产生的额外费用的补偿。B2B 模式中也可能采取厂家对厂家的直接销售或选取代理商的中间销售模式。

4P 理论之后，因为服务业在 20 世纪 70 年代迅速发展，有学者又增加了第 5 个“P”，即“人（People）”；又因为包装在包装消费品营销中的重要意义，而使“包装（Packaging）”成为又一个“P”；70 年代，“营销管理之父”科特勒在强调“大营销”的时候，又提出了两个“P”，即公共关系（Publications）和政治（Politics）。当营销战略计划受到重视的时候，科特勒又提出了战略计划中的 4P 过程，即研究（Probing）、划分（Partitioning）、优先（Prioritizing）、定位（Positioning），营销组合演变成了 12P’s。但 4P 理论依然作为营销基础工具，发挥着非常重要的作用。

（2）4C 理论

虽然 4P 理论在营销领域被接受或认可近半个世纪，但到 20 世纪 90 年代，随着消费者个性化日益突出，加之媒体多元化，信息过载，传统 4P 理论渐渐被其他的营销理论所挑战。从本质上讲，4P 理论思考的出发点是企业中心，是企业经营者要生产什么产品、期望获得怎样的利润而制定相应的价格、要将产品以怎样的卖点传播和促销及以怎样的路径选择来销售。这其中忽略了顾客作为购买者的利益特征，忽略了顾客是整个营销服务的真正对象。以顾客为中心的新营销思路的出现，使顾客为导向的 4C 理论说应运而生。1990 年，美国学者劳特朋（Lauteborn）教授提出了与 4P 理论相对应的 4C 理论。

4C 理论的核心是顾客战略。而顾客战略也是许多成功企业的基本战略原则，比如，沃尔玛“顾客永远是对的”的基本企业价值观。4C 理论的基本原则是以顾客为中心进行企业营销活动规划设计，从产品到如何实现顾客需求（Consumer's Needs）的满足，从价格到综合权衡顾客购买所愿意支付的成本（Cost），从促销的单向信息传递到实现与顾客的双向交流与沟通（Communication），从通路的产品流动到实现顾客购买的便利性（Convenience）。

顾客需求，有显性需求和潜在需求之分。显性的需求满足的是迎合市场，潜在的需求满足的是引导市场。营销人的首要功课是要研究客户需求，发现其真实需求，再来制定相应的需求战略，以影响企业的生产过程。由于市场竞争的加剧，客户对于同质化产品表现出消费疲惫，而适度创新则是引导和满足客户需求的竞争利器。

顾客需求层次也是进行市场细分的依据之一。满足何种需求层次，直接决定了目标市场定位抉择。根据马斯洛的需求层次理论，顾客需求从基本的产品需求向更高的心理需求满足的层次发展，因此，企业不仅要做产品，还要做品牌、做生活，通过创建品牌核心价值，营造新的生活方式，实现顾客在社会认同、生活品位等层次需求的满足。

顾客成本是顾客购买和使用产品所发生的所有费用的总和。价格制定是单纯的产品导向，而顾客成本则除了产品价格之外，还包括购买和熟练使用产品所发生的时间成本、学习成本、机会成本、使用转换成本、购买额外配件或相关产品的成本付出的总和。对于这些成本的综合考虑，更有利于依据目标顾客群的特征进行相关的产品设计和满足顾客的真实需要。

顾客沟通首先明确企业传播推广策略是以顾客为导向而非企业导向或竞争导向。现实的许多企业以竞争导向制定促销策略，结果陷入了恶性竞争的迷茫之中。顾客导向才更能使企业实现竞争的差异性和培养企业的核心竞争能力。顾客沟通也更强调顾客在整个过程中的参与和互动，并在参与互动的过程中，实现信息的传递以及情感的联络。一方面，沟通要选择目标顾客经常接触的媒介管道；另一方面，由于社会信息爆炸，消费者每天所接触的信息来源非常广泛，因而单向的信息传递会由于消费者的信息接收过滤而造成传播效率低下。而沟通所强调的顾客参与，则使顾客在互动的过程中对信息充分接收并产生记忆。当前的体验营销就是客户在体验的过程中，了解产品与自身需求的契合，发现产品的价值所在，并在无形中领悟品牌文化，在潜移默化中达到心理的感动。而体验的过程中，顾客的心声被企业接纳，又成为下一次创新的方向。

可口可乐随处皆可买到，房地产的售楼专车，驾校提供上门接送服务，快餐店送餐上门……这些都是在实现产品到达的便利性。使顾客便利的目标是通过缩短顾客与产品的物理距离和心理距离实现的，以提升产品被选择的概率。

（3）4R 理论

以顾客战略为核心的 4C 理论，随着时代的发展，也显现了其局限性。当顾客需求与社会原则相冲突时，顾客战略也是不适应的。例如，在倡导节约型社会的背景下，部分顾客的奢侈需求是否要被满足。这不仅是企业营销问题，更成为社会道德范畴问题。同样，建别墅与国家节能省地的战略要求也相背离。美国的唐•E•舒尔茨（Don E Schultz）在 2001 年便又提出了关系（Relationship）、节省（Retrenchment）、关联（Relevancy）和报酬（Rewards）的 4R 新说，“侧重于用更有效的方式在企业和客户之间建立起有别于传统的新型关系”。

（4）4I 理论

网络时代，传统的营销经典已经难以适用。媒体是传统传播时代的帝王，而人才是网络传播时代的新君。在传统媒体时代，信息传播是“教堂式”，信息自上而下，单向线性流动，消费者们只能被动接受。而在网络媒体时代，信息传播是“集市式”，信息多向、互动式流动。声音多元、嘈杂、互不相同。网络媒体带来了多种“自媒体”的爆炸性增长，如微信、微博、博客、论坛、IM、SNS……借助这些，每个消费者都有了自己展示和讨论的板块。面对这些新兴的营销媒介，传统营销方式要由“狩猎”变成“垂钓”：营销人需要学会运用“创意真火”煨炖出诱人“香饵”，而将品牌信息作为“鱼钩”巧妙包裹在其中。如何才能完成这一转变？奥美的网络整合营销 4I 原则给出了最好的指引。

网络整合营销 4I 原则：趣味（Interesting）、利益（Interests）、互动（Interaction）、个性（Individuality）。

趣味原则：八卦是火爆的通行证，《馒头》是《无极》的墓志铭。当很多个性化的网民火爆网络时，当越来越多的信息都带好“泛娱乐化的假面”时，一个娱乐至上的时代来临了。中国互联网的本质是娱乐属性的，在互联网这个“娱乐圈”中混，广告、营销也必须是娱乐化、趣味性的。当我们失去权力对消费者说“你们是愿意听啊，是愿意听啊，还是愿意听啊，绝不强求”之时，显然，制造一些趣味、娱乐的“糖衣”的香饵，将营销信息的鱼钩巧妙包裹在趣味的情节当中，是吸引“鱼儿们”上钩的有效方式。“伟大的网络营销，它身上流淌着趣味的血液。它不是一则生硬的广告，它不是一则生硬的广告。娱乐因子在它身上灵魂附体！”

利益原则：天下熙熙，皆为利来，天下攘攘，皆为利往。网络是一个信息与服务泛滥的江湖，营销活动不能为目标受众提供利益，必然寸步难行。将自己变身一个消费者，设身处地、扪心自问一句，“我要参加这个营销活动，为什么呢？”

但这里想跟大家强调的是，网络营销中提供给消费者的“利益”外延更加广泛，我们头脑中的第一映射物质实际只是其中的一部分，还可能包括：

① 信息、资讯。广告的最高境界是没有广告，只有资讯。消费者抗拒广告，但消费者需要其需求产品的相关信息与资讯。直接推销类的广告吃到闭门羹的可能很大，但是化身成为消费者提供的资讯，面对免费利益，消费者接受度自然会大增。

② 功能或服务。

③ 心理满足，或者荣誉。

④ 实际物质或金钱利益。

互动原则：网络媒体区别于传统媒体的另一个重要的特征是其互动性，如果不能充分地挖掘运用网络这个时代元素，新瓶装旧酒，直接沿用传统广告的手法，无异于买椟还珠。再加上网络媒体在传播层面上失去了传统媒体的“强制性”，如此的“扬短避长”，单向布告式的营销，肯定不是网络营销的前途所在，只有充分挖掘网络的交互性，充分地利用网络的特性与消费者交流，才能扬长避短，让网络营销的功能发挥至极致。

不要再让消费者仅仅单纯接受信息，数字媒体技术的进步，已经允许我们能以极低的成本与极大的便捷性，让互动在营销平台上大展拳脚。而消费者们完全可以参与到网络营销的互动与创造中来。在陶艺吧中亲手捏制的陶器弥足珍贵，因为融入了自己的汗水。同样，消费者亲自参与互动与创造的营销过程，会给消费者留下更深的品牌印记。把消费者作为一个主体，发起其与品牌之间的平等互动交流，可以为营销带来独特的竞争优势。未来的品牌将是半成品，一半由消费者体验、参与来确定。当然，营销人找到能够引领和主导两者之间互动的方法很重要。

个性原则：个性化的营销，让消费者心理产生“焦点关注”的满足感，个性化营销更能投消费者所好，更容易引发互动与购买行动。但是在传统营销环境中，做到“个性化营销”成本非常之高，因此很难推而广之，仅仅是极少数品牌品尝极少次的豪门盛宴。但在网络媒体中，数字流的特征让这一切变得简单、便宜，细分出一小类人，甚至一个人，做到一对一行销都成为可能。

**4．如何选择目标市场**

市场细分揭示了企业所面临的市场机会，但利用什么样的机会，为哪些或哪类市场提供服务还需要进行目标市场的选择。

（1）评价细分市场

① 细分市场的规模和发展前景。细分市场的规模要适度，这是一个相对的概念。大企业一般重视销售量大的细分市场，而常忽视或避免进入销售量小的细分市场。小企业则避免进入规模较大的细分市场，因为需要太多的资源投入。发展前景是一种期望预期，因为企业总是希望销售额和利润能不断上升。但应注意，竞争对手会迅速抢占正在发展的细分市场，从而抑制本企业的盈利水平。

② 细分市场的结构和吸引力。有些细分虽具备了企业所期望的规模和发展前景，但可能缺乏盈利潜力。原因在于细分市场内的威胁较多，竞争对手、替代产品、购买者的议价能力、供应商的议价能力等都会带来较大的威胁。

③ 企业的目标和资源。在选择目标市场时，企业还要结合自己的目标和资源进行综合考虑。有时可能会放弃一些有吸引力的细分市场，因为这些市场不符合公司的长远目标；当细分市场符合公司的目标时，还要考虑企业能否拥有足够的技能和资源，保证在细分市场上取得成功。

（2）目标市场的选择

目标市场是企业为之提供产品和服务，满足其需求与欲望的细分市场。目标市场的选择就是企业决定应该进入哪个细分市场，即以哪个细分市场作为企业所要满足的对象。有 5 种目标市场的选择模式可供参考：

① 单一市场集中化，即企业只选择一个细分市场，通过集中营销，了解细分市场的需求，树立良好信誉，在细分市场上建立巩固的市场地位。例如，全食食品公司专门向在沃尔玛等大商场得不到满足的富裕顾客提供“天然的、有机的和美味的食品”，虽然只有 275 家商店和 65 亿美元的销售额，但增长速度很快，并且比任何一家巨型对手的盈利都要好。集中营销能够带来较高的收益，但同时风险也较大。

② 选择性专业化，是指企业有选择性地进入几个不同的细分市场。每个细分市场间很少或不发生联系，但在每个细分市场上都可盈利。这种方式可以有效地分散经营风险，一般来说，具有较强资源和营销能力的企业会选择此方式。

③ 产品专业化，是指同时向几个细分市场销售同一种产品。例如，饮水器厂只生产一个品种，同时向家庭、机关、学校、银行、餐厅等各类用户销售。通过这种策略，企业可以在特定的领域树立良好的信誉，但一旦有新技术、替代品出现，产品销售量面临大幅度下降的危险。

④ 市场专业化，指集中满足某一特定顾客群的需要，与这一顾客群建立良好的信誉关系，并可以不断针对这一顾客群开发新产品，使之成为有效的新产品销售渠道或新产品接受者。比如，某一工程机械公司专门向建筑业用户供应推土机、打桩机、起重机、水泥搅拌机等建筑工程中所需要的机械设备。

⑤ 全面进入，指企业向市场上所有的顾客提供所需要的所有产品。大企业可以通过以下两种途径全面进入市场：

- 无差异性营销，指忽略细分市场之间的差别，以一种产品满足市场上的所有需求，并设计一种市场营销方案，来吸引尽可能多的购买者。在大量生产、大量销售的产品导向时代，企业多数采取无差异营销策略，例如，20 世纪 60 年代前，可口可乐公司一直奉行典型的无差异策略，以单一的品种、标准的瓶装和统一的广告宣传，长期占领世界非酒类饮料市场。但此策略对大多数产品都是不适宜的。

- 差异性营销。指企业同时在几个细分市场上经营业务，并分别为每一个细分市场制订不同的营销计划。差异性营销更容易适应市场需求，从而提高企业的销售额，但经营成本会上升。

### 3.3.5 拓展案例：现代营销成就了海尔神话

自 1984 年创立以来，海尔集团在首席执行官张瑞敏确立的名牌战略指导下，始终坚持创自主品牌，满足全球用户需求，使一个亏损 147 万元、濒临倒闭的小厂，由小到大、由弱到强、由国内到国外，目前拥有包括白色家电、黑色家电、米色家电在内的 69 大门类，10 800 多个规格品牌群。海尔品牌旗下冰箱、空调、洗衣机、电视机、热水器、电脑、手机、家居集成等 19 个产品被评为中国名牌，其中海尔冰箱、洗衣机还被国家质检总局评为首批中国世界名牌。2008 年海尔品牌价值达 812 多亿元，自 2002 年以来，连续多年位居“中国最有价值品牌排行榜”榜首。目前海尔已在全球建立了 29 个制造基地，8 个综合研发中心，19 个海外贸易公司，已发展成为大规模的跨国企业集团。

张瑞敏认为，“名牌就是：别人卖不出去，我能卖出去；别人卖得少，我卖得多；别人卖得便宜，我卖得贵。”因此，在企业发展之初，海尔就确立了名牌发展战略，从 1984 年—1991 年，坚持只做冰箱一个产品，并打造了海尔冰箱的国内市场名牌地位；从 1992 年开始，适时地制定并实施了多元化战略，开始从 1 个冰箱名牌，向多个家电名牌产品发展，到 1998 年时已有几十种产品，即从白色家电进入黑色家电领域，打造了一个家电系列名牌。1998 年起，顺应世界经济全球化发展的趋势，海尔开始了其国际化发展战略，产品批量销往全球主要经济区域市场，在海外建立自己的经销商网络与售后服务网络。到 2005 年，海尔品牌已经有了一定的国际知名度、信誉度与美誉度。从 2006 年开始，海尔集团进入全球化品牌战略阶段，要在每一个国家的市场创造本土化的海尔品牌，使海尔从单一文化转变到多元文化，实现持续发展。

海尔方面表示：品牌价值来自于用户的口碑。目前面对互联网时代用户的个性化需求，海尔正在通过“虚实网结合的零库存下的即需即供”商业模式创新，努力打造满足用户动态需求的体系，一如既往地为用户不断创新，创出中华民族自己的世界名牌。

研究认为，在全球金融危机中，拥有自主品牌的中国企业与众多依靠国外订单加工的企业相比，获得了更大发展空间。金融危机下，海尔仍实现利润增幅是销售收入增幅的两倍就是最有力的证明。

# 3.4 实训经营第 2 年——苦心经营

## 3.4.1 管理决策

**1. 重要决策。**请把记录填写在表 3-21。

表 3-21 决策记录

| 1 季度 | 2 季度 | 3 季度 | 4 季度 | 年底 |
|---|---|---|---|---|
| | | | | |

**2. 现金预算表。**请把记录填写在表 3-22。

表 3-22 现金预算表

| 项　　目 | 1 | 2 | 3 | 4 |
|---|---|---|---|---|
| **期初现金（+）** | | | | |
| 变卖生产线（+） | | | | |
| 变卖原料（+） | | | | |
| 变卖厂房（+） | | | | |
| 应收款到期（+） | | | | |
| 支付上年应交税 | | | | |
| 广告费投入 | | | | |
| 贴现费用 | | | | |
| 利息（短期贷款） | | | | |
| 支付到期短期贷款 | | | | |
| 原料采购支付现金 | | | | |
| 转产费 | | | | |
| 生产线投资 | | | | |
| 生产费用 | | | | |
| 产品研发投资 | | | | |
| 支付行政管理费用 | | | | |
| 利息（长期贷款） | | | | |

续表

| 项　　目 | 1 | 2 | 3 | 4 |
|---|---|---|---|---|
| 支付到期长期贷款 | | | | |
| 维修费 | | | | |
| 租金 | | | | |
| 购买新建筑 | | | | |
| 市场开拓投资 | | | | |
| ISO 认证投资 | | | | |
| 其他 | | | | |
| **现金余额** | | | | |
| **需要新贷款** | | | | |

**3．产能预估。**请把记录填写在表 3-23。

**表 3-23　产能预估表**

| | | 1 季度 | 2 季度 | 3 季度 | 4 季度 |
|---|---|---|---|---|---|
| 生产线 1 | 产品： | | | | |
| 生产线 2 | 产品： | | | | |
| 生产线 3 | 产品： | | | | |
| 生产线 4 | 产品： | | | | |
| 生产线 5 | 产品： | | | | |
| 生产线 6 | 产品： | | | | |
| 生产线 7 | 产品： | | | | |
| 生产线 8 | 产品： | | | | |

**4．生产计划与物料需求计划。**请把记录填写在表 3-24。

**表 3-24　生产计划与物料需求计划表**

产品：　　　　　　　　　　　　生产线类型：

| 项　　目 | 去　　年 | | | | 今　　年 | | | |
|---|---|---|---|---|---|---|---|---|
| | 1 季度 | 2 季度 | 3 季度 | 4 季度 | 1 季度 | 2 季度 | 3 季度 | 4 季度 |
| 产出计划 | | | | | | | | |
| 投产计划 | | | | | | | | |
| 原材料需求 | | | | | | | | |
| 原材料采购 | | | | | | | | |

产品：　　　　　　　　　　　　生产线类型：

| 项　　目 | 去　　年 | | | | 今　　年 | | | |
|---|---|---|---|---|---|---|---|---|
| | 1 季度 | 2 季度 | 3 季度 | 4 季度 | 1 季度 | 2 季度 | 3 季度 | 4 季度 |
| 产出计划 | | | | | | | | |
| 投产计划 | | | | | | | | |
| 原材料需求 | | | | | | | | |
| 原材料采购 | | | | | | | | |

产品：　　　　　　　　　　　　生产线类型：

| 项　　目 | 去　　年 | | | | 今　　年 | | | |
|---|---|---|---|---|---|---|---|---|
| | 1 季度 | 2 季度 | 3 季度 | 4 季度 | 1 季度 | 2 季度 | 3 季度 | 4 季度 |
| 产出计划 | | | | | | | | |
| 投产计划 | | | | | | | | |
| 原材料需求 | | | | | | | | |
| 原材料采购 | | | | | | | | |

产品：　　　　　　　　　　　　生产线类型：

| 项　　目 | 去　　年 | | | | 今　　年 | | | |
|---|---|---|---|---|---|---|---|---|
| | 1 季度 | 2 季度 | 3 季度 | 4 季度 | 1 季度 | 2 季度 | 3 季度 | 4 季度 |
| 产出计划 | | | | | | | | |
| 投产计划 | | | | | | | | |
| 原材料需求 | | | | | | | | |
| 原材料采购 | | | | | | | | |

产品：　　　　　　　　　　　　生产线类型：

| 项　　目 | 去　　年 | | | | 今　　年 | | | |
|---|---|---|---|---|---|---|---|---|
| | 1 季度 | 2 季度 | 3 季度 | 4 季度 | 1 季度 | 2 季度 | 3 季度 | 4 季度 |
| 产出计划 | | | | | | | | |
| 投产计划 | | | | | | | | |
| 原材料需求 | | | | | | | | |
| 原材料采购 | | | | | | | | |

**5．采购计划。**请把记录填写在表 3-25。

表 3-25　采购计划表

| 原材料 | 1 季度 | 2 季度 | 3 季度 | 4 季度 |
|---|---|---|---|---|
| M1 | | | | |
| M2 | | | | |
| M3 | | | | |
| M4 | | | | |

## 3.4.2　实训步骤

### 1．任务流程

**每年年初：（根据提示，完成部分打钩）**

（1）支付应付税（根据上年度结果）　☐

（2）支付广告费　☐

（3）熟悉销售订单　☐

| 每个季度： | 1 季度 | 2 季度 | 3 季度 | 4 季度 |
|---|---|---|---|---|
| （1）申请短期贷款/更新短期贷款/短期贷款还本付息 | □ | □ | □ | □ |
| （2）更新应付款/归还应付款 | □ | □ | □ | □ |
| （3）更新原料订单/原材料入库 | □ | □ | □ | □ |
| （4）下原料订单 | □ | □ | □ | □ |
| （5）更新生产/完工入库 | □ | □ | □ | □ |
| （6）投资新生产线/生产线转产/变卖生产线 | □ | □ | □ | □ |
| （7）开始下一批生产 | □ | □ | □ | □ |
| （8）产品研发投资 | □ | □ | □ | □ |
| （9）更新应收款/应收款收现 | □ | □ | □ | □ |
| （10）按订单交货 | □ | □ | □ | □ |
| （11）支付行政管理费用 | □ | □ | □ | □ |

**每年年末：**

（1）申请长期贷款/更新长期贷款/长期贷款支付利息 □

（2）支付设备维修费 □

（3）支付租金（或购买建筑） □

（4）折旧 □

（5）新市场开拓投资 /ISO 资格认证投资 □

（6）关账 □

**2．第 2 年订单。**请把记录填写在表 3-26。

表 3-26　订单记录表

| 项　　目 | | | | | 合　　计 |
|---|---|---|---|---|---|
| 市场 | | | | | |
| 产品名称 | | | | | |
| 账期 | | | | | |
| 交货期 | | | | | |
| 单价 | | | | | |
| 订单数量 | | | | | |
| 订单销售额 | | | | | |
| 成本 | | | | | |
| 毛利 | | | | | |

**3．采购记录。**请把记录填写在表 3-27。

表 3-27　采购记录表

| 原材料 | 1 季度 | 2 季度 | 3 季度 | 4 季度 |
|---|---|---|---|---|
| M1 | | | | |

续表

| 原材料 | 1 季度 | 2 季度 | 3 季度 | 4 季度 |
|---|---|---|---|---|
| M2 | | | | |
| M3 | | | | |
| M4 | | | | |

**4. 第 2 年的财务报表。**请把记录填写在表 3-28、表 3-29。

表 3-28 综合管理费用明细表及损益表　　单位：百万

| 项　目 | 金　额 | 项　目 | 年初数 | 期末数 |
|---|---|---|---|---|
| 广告费 | | 一、销售收入 | | |
| 转产费 | | 减：成本 | | |
| 产品研发 | | 二、毛利 | | |
| 行政管理 | | 减：综合费用 | | |
| 维修费 | | 折旧 | | |
| 租金 | | 财务净损益 | | |
| 市场开拓 | | 三、营业利润 | | |
| ISO 认证 | | 加：营业外净收益 | | |
| 其他 | | 四、利润总额 | | |
| 合计 | | 减：所得税 | | |
| | | 五、净利润 | | |

表 3-29 资产负债表　　单位：百万

| 资　产 | 年初数 | 期末数 | 负债及所有者权益 | 年初数 | 期末数 |
|---|---|---|---|---|---|
| 流动资产： | | | 负债： | | |
| 现金 | | | 短期负债 | | |
| 应收账款 | | | 应付账款 | | |
| 原材料 | | | 应交税金 | | |
| 产成品 | | | 长期负债 | | |
| 在制品 | | | | | |
| 流动资产合计 | | | 负债合计 | | |
| 固定资产： | | | 所有者权益： | | |
| 土地建筑净值 | | | 股东资本 | | |
| 机器设备净值 | | | 以前年度利润 | | |
| 在建工程 | | | 当年净利润 | | |
| 固定资产合计 | | | 所有者权益合计 | | |
| 资产总计 | | | 负债及权益总计 | | |

### 3.4.3 实训总结

**邀请每个公司的 CMO 上台汇报，汇报提纲如下。**

（1）生产线建设产能能否满足营销需求，建设计划如何？

（2）谈谈你对企业经营模拟沙盘的认识？

（3）通过沙盘的实战模拟演练，你发现你的优点是什么？你的缺点有哪些？今后计划怎么做？

### 3.4.4　知识巩固：SWOT 分析模型

#### 1．什么是 SWOT 分析模型

SWOT 分析法（也称 TOWS 分析法、道斯矩阵）即态势分析法，20 世纪 80 年代初由美国旧金山大学的管理学教授韦里克提出，经常被用于企业战略制定、竞争对手分析等场合。SWOT 分析实际上是将对企业内外部条件各方面内容进行综合和概括，进而分析组织的优劣势、面临的机会和威胁的一种方法。

#### 2．SWOT 模型的含义

优劣势分析主要是着眼于企业自身的实力及其与竞争对手的比较，而机会和威胁分析将注意力放在外部环境的变化及对企业的可能影响上。在分析时，应把所有的内部因素（即优劣势）集中在一起，然后用外部的力量来对这些因素进行评估。

（1）机会与威胁分析（OT）

随着经济、社会、科技等诸多方面的迅速发展，特别是世界经济全球化、一体化过程的加快、全球信息网络的建立和消费需求的多样化，企业所处的环境更为开放和动荡。这种变化几乎对所有企业都产生了深刻的影响。正因为如此，环境分析成为一种日益重要的企业职能。

环境发展趋势分为两大类：一类表示环境威胁，另一类表示环境机会。环境威胁指的是环境中一种不利的发展趋势所形成的挑战，如果不采取果断的战略行为，这种不利趋势将导致公司的竞争地位受到削弱。环境机会就是对公司行为富有吸引力的领域，在这一领域中，该公司将拥有竞争优势。

对环境的分析也可以有不同的角度。比如，一种简明扼要的方法就是 PEST 分析，另外一种比较常见的方法就是波特的五力分析。

（2）优势与劣势分析（SW）

识别环境中有吸引力的机会是一回事，拥有在机会中成功所必需的竞争能力是另一回事。每个企业都要定期检查自己的优势与劣势，这可通过设计相关的企业经营管理检核表的方式进行。企业或企业外的咨询机构都可利用这一格式检查企业的营销、财务、制造和组织能力。每一要素都要按照特强、稍强、中等、稍弱或特弱划分等级。

当两个企业处在同一市场或者说它们都有能力向同一顾客群提供产品和服务时，如果其中一个企业有更高的盈利率或盈利潜力，那么，我们就认为这个企业比另外一个企业更具有竞争优势。换句话说，所谓竞争优势是指一个企业超越其竞争对手的能力，这

种能力有助于实现企业的主要目标——盈利。但值得注意的是：竞争优势并不一定完全体现在较高的盈利率上，因为有时企业更希望增加市场份额，或者多奖励管理人员或雇员。

竞争优势可以指消费者眼中一个企业或它的产品有别于其竞争对手的任何优越的东西，它可以是产品线的宽度、产品的大小、质量、可靠性、适用性、风格和形象以及服务的及时、态度的热情等。虽然竞争优势实际上指的是一个企业比其竞争对手有较强的综合优势，但是明确企业究竟在哪一个方面具有优势更有意义，因为只有这样，才可以扬长避短，或者以实击虚。

由于企业是一个整体，而且竞争性优势来源十分广泛，所以，在做优劣势分析时必须从整个价值链的每个环节上，将企业与竞争对手做详细的对比。如产品是否新颖，制造工艺是否复杂，销售渠道是否畅通，以及价格是否具有竞争性等。如果一个企业在某一方面或几个方面的优势正是该行业企业应具备的关键成功要素，那么，该企业的综合竞争优势也许就强一些。需要指出的是，衡量一个企业及其产品是否具有竞争优势，只能站在现有潜在用户角度上，而不是站在企业的角度上。

企业在维持竞争优势过程中，必须深刻认识自身的资源和能力，采取适当的措施。因为一个企业一旦在某一方面具有了竞争优势，势必会吸引到竞争对手的注意。一般，企业经过一段时间的努力，建立起某种竞争优势；然后就处于维持这种竞争优势的态势，竞争对手开始逐渐做出反应；而后，如果竞争对手直接进攻企业的优势所在，或采取其他更为有力的策略，就会使这种优势受到削弱。

而影响企业竞争优势的持续时间，有以下三个关键因素：

① 建立这种优势要多长时间？

② 能够获得的优势有多大？

③ 竞争对手做出有力反应需要多长时间？

如果企业分析清楚了这三个因素，就会明确自己在建立和维持竞争优势中的地位了。

显然，公司不应去纠正它的所有劣势，也不是对其优势不加利用。主要的问题是公司应研究它究竟是应该局限在已拥有优势的机会中，还是去获取和发展一些优势以找到更好的机会。有时，企业发展慢并非因为其各部门缺乏优势，而是因为它们不能很好地协调配合。例如有一家大电子公司，工程师们轻视销售员，视其为“不懂技术的工程师”；而推销人员则瞧不起服务部门的人员，视其为“不会做生意的推销员”。因此，评估内部各部门的工作关系作为一项内部审计工作是非常重要的。

波士顿咨询公司提出，能获胜的公司是取得公司内部优势的企业，而不仅仅是只抓住公司核心能力。每一个公司必须管好某些基本程序，如新产品开发、原材料采购、对订单的销售引导、对客户订单的现金实现、顾客问题的解决时间等。每一程序都创造价值和需要内部部门协同工作。虽然每一个部门都可以拥有一个核心能力，但如何管理这些优势能力开发仍是一个挑战。

### 3．SWOT 分析模型的方法

在适应性分析过程中，企业高层管理人员应在确定内外部各种变量的基础上，采用杠杆效应、抑制性、脆弱性和问题性四个基本概念进行这一模式的分析，如表 3-30 所示。

表 3-30　SWOT 分析表

| | Strengths（S）<br>列出优势 | Weaknesses（W）<br>列出劣势 |
|---|---|---|
| Opportunities（O）<br>列出机会 | SO 战略<br>发挥优势利用机会 | WO 战略<br>利用有利机会来克服劣势 |
| Threats（T）<br>列出风险 | ST 战略<br>利用机会避免风险 | WT 战略<br>使劣势最小化，并避免风险 |

（1）杠杆效应（优势+机会）。杠杆效应产生于内部优势与外部机会相互一致和适应时。在这种情形下，企业可以用自身内部优势撬起外部机会，使机会与优势充分结合发挥出来。然而，机会往往是稍瞬即逝的，因此企业必须敏锐地捕捉机会，把握时机，以寻求更大的发展。

（2）抑制性（机会+劣势）。抑制性意味着妨碍、阻止、影响与控制。当环境提供的机会与企业内部资源优势不适合，或者不能相互重叠时，企业的优势再大也将得不到发挥。在这种情形下，企业就需要提供和追加某种资源，以促进内部资源劣势向优势方面转化，从而迎合或适应外部机会。

（3）脆弱性（优势+威胁）。脆弱性意味着优势的程度或强度的降低、减少。当环境状况对公司优势构成威胁时，优势得不到充分发挥，出现优势不优的脆弱局面。在这种情形下，企业必须克服威胁，以发挥优势。

（4）问题性（劣势+威胁）。当企业内部劣势与企业外部威胁相遇时，企业就面临着严峻挑战，如果处理不当，可能直接威胁到企业的生死存亡。

### 4．SWOT 分析步骤

（1）确认当前的战略是什么？

（2）确认企业外部环境的变化（波特五力或者 PEST）。

（3）根据企业资源组合情况，确认企业的关键能力和关键限制，如表 3-31 所示。

表 3-31　SWOT 分析资源

| | 潜在外部威胁（T） | 潜在外部机会（O） |
|---|---|---|
| 外部环境 | 市场增长较慢<br>竞争压力增大<br>不利的政府政策<br>新的竞争者进入行业<br>替代产品销售额正在逐步上升<br>用户讨价还价的能力增强<br>用户需要与爱好逐步转变<br>通货膨胀递增及其他 | 纵向一体化<br>市场增长迅速<br>可以增加互补产品<br>能争取到新的用户群<br>有进入新市场或市场的可能<br>有能力进入更好的企业集团<br>在同行业竞争业绩优良<br>扩展产品线满足用户需要及其他 |
| | 潜在内部优势（S） | 潜在内部劣势（W） |
| 内部环境 | 产权技术<br>成本优势<br>竞争优势<br>特殊能力<br>产品创新<br>具有规模经济<br>良好的财务资源<br>高素质的管理人员<br>公认的行业领先者<br>买主的良好印象<br>适应力强的经营战略<br>其他 | 竞争劣势<br>设备老化<br>战略方向不明<br>竞争地位恶化<br>产品线范围太窄<br>技术开发滞后<br>营销水平低于同行业其他企业<br>管理不善<br>战略实施的历史记录不佳<br>不明原因导致的利润率下降<br>资金拮据<br>相对于竞争对手的高成本及其他 |

（4）按照通用矩阵或类似的方式打分评价

把识别出的所有优势分成两组，分的时候以两个原则为基础：它们是与行业中潜在的机会有关，还是与潜在的威胁有关。用同样的办法把所有的劣势分成两组，一组与机会有关，另一组与威胁有关。

（5）将结果在 SWOT 分析图上定位，如图 3-6 所示。

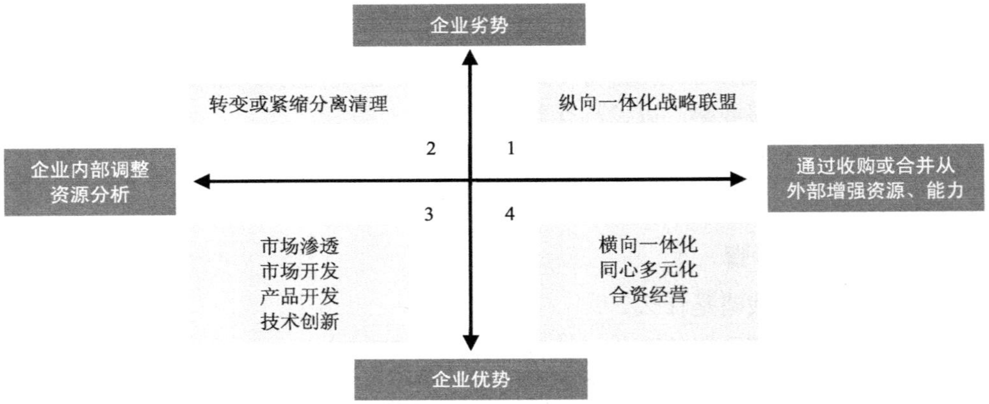


图 3-6　SWOT 分析定位

（6）战略分析，如图 3-7 所示。

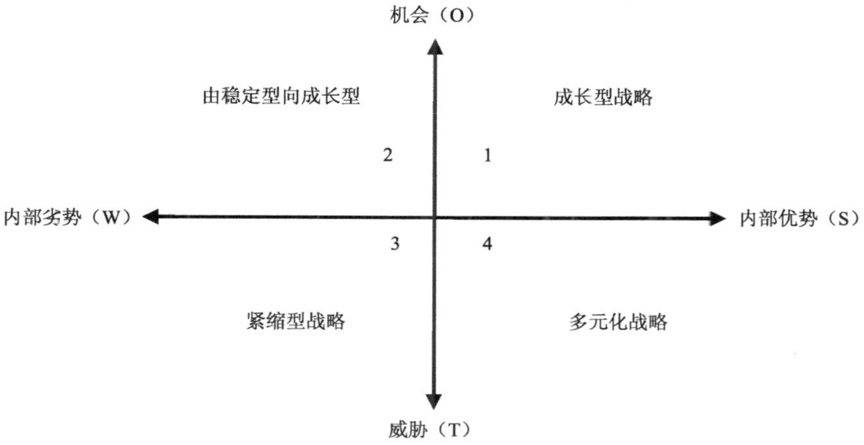


图 3-7　SWOT 战略分析

## 3.4.5　拓展案例：沃尔玛（Wal-Mart）SWOT 分析

**优势（Strengths）**

沃尔玛是著名的零售业品牌，它以物美价廉、货物繁多和一站式购物而闻名。

沃尔玛的销售额在近年内有明显增长，并且在全球化的范围内进行扩张。例如，它收购了英国的零售商 ASDA。

沃尔玛的一个核心竞争力是由先进的信息技术所支持的国际化物流系统。例如，在该系统支持下，每一件商品在全国范围内的每一间卖场的运输、销售、储存等物流信息都可以清晰地看到。信息技术同时也加强了沃尔玛高效的采购过程。

沃尔玛的一个焦点战略是人力资源的开发和管理。优秀的人才是沃尔玛在商业上成功的关键因素，为此沃尔玛投入时间和金钱对优秀员工进行培训并建立忠诚度。

**劣势（Weaknesses）**

沃尔玛建立了世界上最大的食品零售帝国。尽管它在信息技术上拥有优势，但因为其巨大的业务拓展，这可能导致对某些领域的控制力不够强。

因为沃尔玛的商品涵盖了服装、食品等多个部门，它可能在适应性上比起更加专注于某一领域的竞争对手存在劣势。

该公司是全球化的，但是目前只开拓了少数几个国家的市场。

**机会（Opportunities）**

采取收购、合并或者战略联盟的方式与其他国际零售商合作，专注于欧洲或者大中华区等特定市场。

沃尔玛的卖场当前只开设在少数几个国家内。因此，拓展市场（如未开展的国家或地区）可以带来大量的机会。

沃尔玛可以通过新的商场地点和商场形式来获得市场开发的机会。更接近消费者的商场和建立在购物中心内部的商店可以使过去仅仅是大型超市的经营方式变得多样化。

沃尔玛的机会存在于对现有大型超市战略的坚持。

**威胁（Threats）**

沃尔玛在零售业的领头羊地位使其成为所有竞争对手的赶超目标。

沃尔玛的全球化战略使其可能在其业务国家遇到政治上的问题。

多种消费品的成本趋向下降，原因是制造成本的降低。造成制造成本降低的主要原因是生产外包给了世界上的低成本地区。这导致了价格竞争，并在一些领域内造成了通货紧缩。恶性价格竞争是一个威胁。

## 3.5 实训经营第 3 年——精打细算

### 3.5.1 管理决策

**1．重要决策。**请把记录填写在表 3-32。

表 3-32 决策记录

| 1 季度 | 2 季度 | 3 季度 | 4 季度 | 年底 |
|---|---|---|---|---|
| | | | | |

**2．现金预算表。**请把记录填写在表 3-33。

表 3-33 现金预算表

| 项　　目 | 1 | 2 | 3 | 4 |
|---|---|---|---|---|
| 期初现金（+） | | | | |
| 变卖生产线（+） | | | | |
| 变卖原料（+） | | | | |
| 变卖厂房（+） | | | | |

续表

| 项目 | 1 | 2 | 3 | 4 |
|---|---|---|---|---|
| 应收款到期（+） | | | | |
| 支付上年应交税 | | | | |
| 广告费投入 | | | | |
| 贴现费用 | | | | |
| 利息（短期贷款） | | | | |
| 支付到期短期贷款 | | | | |
| 原料采购支付现金 | | | | |
| 转产费 | | | | |
| 生产线投资 | | | | |
| 生产费用 | | | | |
| 产品研发投资 | | | | |
| 支付行政管理费用 | | | | |
| 利息（长期贷款） | | | | |
| 支付到期长期贷款 | | | | |
| 维修费 | | | | |
| 租金 | | | | |
| 购买新建筑 | | | | |
| 市场开拓投资 | | | | |
| ISO 认证投资 | | | | |
| 其他 | | | | |
| 现金余额 | | | | |
| 需要新贷款 | | | | |

**3．产能预估。**请把记录填写在表 3-34。

**表 3-34 产能预估表**

| | | 1 季度 | 2 季度 | 3 季度 | 4 季度 |
|---|---|---|---|---|---|
| 生产线 1 | 产品： | | | | |
| 生产线 2 | 产品： | | | | |
| 生产线 3 | 产品： | | | | |
| 生产线 4 | 产品： | | | | |
| 生产线 5 | 产品： | | | | |
| 生产线 6 | 产品： | | | | |
| 生产线 7 | 产品： | | | | |
| 生产线 8 | 产品： | | | | |

**4．生产计划与物料需求计划。**请把记录填写在表 3-35。

表 3-35　生产计划与物料需求计划表

产品：　　　　　　　　　　　　　　　　　　生产线类型：

| 项　目 | 去　年 | | | | 今　年 | | | |
|---|---|---|---|---|---|---|---|---|
| | 1 季度 | 2 季度 | 3 季度 | 4 季度 | 1 季度 | 2 季度 | 3 季度 | 4 季度 |
| 产出计划 | | | | | | | | |
| 投产计划 | | | | | | | | |
| 原材料需求 | | | | | | | | |
| 原材料采购 | | | | | | | | |

产品：　　　　　　　　　　　　　　　　　　生产线类型：

| 项　目 | 去　年 | | | | 今　年 | | | |
|---|---|---|---|---|---|---|---|---|
| | 1 季度 | 2 季度 | 3 季度 | 4 季度 | 1 季度 | 2 季度 | 3 季度 | 4 季度 |
| 产出计划 | | | | | | | | |
| 投产计划 | | | | | | | | |
| 原材料需求 | | | | | | | | |
| 原材料采购 | | | | | | | | |

产品：　　　　　　　　　　　　　　　　　　生产线类型：

| 项　目 | 去　年 | | | | 今　年 | | | |
|---|---|---|---|---|---|---|---|---|
| | 1 季度 | 2 季度 | 3 季度 | 4 季度 | 1 季度 | 2 季度 | 3 季度 | 4 季度 |
| 产出计划 | | | | | | | | |
| 投产计划 | | | | | | | | |
| 原材料需求 | | | | | | | | |
| 原材料采购 | | | | | | | | |

产品：　　　　　　　　　　　　　　　　　　生产线类型：

| 项　目 | 去　年 | | | | 今　年 | | | |
|---|---|---|---|---|---|---|---|---|
| | 1 季度 | 2 季度 | 3 季度 | 4 季度 | 1 季度 | 2 季度 | 3 季度 | 4 季度 |
| 产出计划 | | | | | | | | |
| 投产计划 | | | | | | | | |
| 原材料需求 | | | | | | | | |
| 原材料采购 | | | | | | | | |

产品：　　　　　　　　　　　　　　　　　　生产线类型：

| 项　目 | 去　年 | | | | 今　年 | | | |
|---|---|---|---|---|---|---|---|---|
| | 1 季度 | 2 季度 | 3 季度 | 4 季度 | 1 季度 | 2 季度 | 3 季度 | 4 季度 |
| 产出计划 | | | | | | | | |
| 投产计划 | | | | | | | | |
| 原材料需求 | | | | | | | | |
| 原材料采购 | | | | | | | | |

**5．采购计划。**请把记录填写在表 3-36。

表 3-36　采购计划表

| 原材料 | 1 季度 | 2 季度 | 3 季度 | 4 季度 |
|---|---|---|---|---|
| M1 | | | | |
| M2 | | | | |
| M3 | | | | |
| M4 | | | | |

## 3.5.2　实训步骤

1．任务流程

**每年年初：（根据提示，完成部分打钩）**

| | | | | |
|---|---|---|---|---|
| （1）支付应付税（根据上年度结果） | □ | | | |
| （2）支付广告费 | □ | | | |
| （3）熟悉销售订单 | □ | | | |
| **每个季度：** | **1 季度** | **2 季度** | **3 季度** | **4 季度** |
| （1）申请短期贷款/更新短期贷款/短期贷款还本付息 | □ | □ | □ | □ |
| （2）更新应付款/归还应付款 | □ | □ | □ | □ |
| （3）更新原料订单/原材料入库 | □ | □ | □ | □ |
| （4）下原料订单 | □ | □ | □ | □ |
| （5）更新生产/完工入库 | □ | □ | □ | □ |
| （6）投资新生产线/生产线转产/变卖生产线 | □ | □ | □ | □ |
| （7）开始下一批生产 | □ | □ | □ | □ |
| （8）产品研发投资 | □ | □ | □ | □ |
| （9）更新应收款/应收款收现 | □ | □ | □ | □ |
| （10）按订单交货 | □ | □ | □ | □ |
| （11）支付行政管理费用 | □ | □ | □ | □ |
| **每年年末：** | | | | |
| （1）申请长期贷款/更新长期贷款/长期贷款支付利息 | □ | | | |
| （2）支付设备维修费 | □ | | | |
| （3）支付租金（或购买建筑） | □ | | | |
| （4）折旧 | □ | | | |
| （5）新市场开拓投资　/ISO 资格认证投资 | □ | | | |
| （6）关账 | □ | | | |

**2．第 3 年订单。**请把记录填写在表 3-37。

表 3-37　订单记录表

| 项　目 | | | | | 合　计 |
|---|---|---|---|---|---|
| 市场 | | | | | |
| 产品名称 | | | | | |
| 账期 | | | | | |
| 交货期 | | | | | |
| 单价 | | | | | |
| 订单数量 | | | | | |
| 订单销售额 | | | | | |
| 成本 | | | | | |
| 毛利 | | | | | |

**3．采购记录。**请把记录填写在表 3-38。

表 3-38　采购记录表

| 原材料 | 1 季度 | 2 季度 | 3 季度 | 4 季度 |
|---|---|---|---|---|
| M1 | | | | |
| M2 | | | | |
| M3 | | | | |
| M4 | | | | |

**4．第 3 年的财务报表。**请把记录填写在表 3-39、表 3-40。

表 3-39　综合管理费用明细表及损益表　　单位：百万

| 项　目 | 金　额 | 项　目 | 年初数 | 期末数 |
|---|---|---|---|---|
| 广告费 | | 一、销售收入 | | |
| 转产费 | | 减：成本 | | |
| 产品研发 | | 二、毛利 | | |
| 行政管理 | | 减：综合费用 | | |
| 维修费 | | 折旧 | | |
| 租金 | | 财务净损益 | | |
| 市场开拓 | | 三、营业利润 | | |
| ISO 认证 | | 加：营业外净收益 | | |
| 其他 | | 四、利润总额 | | |
| 合计 | | 减：所得税 | | |
| | | 五、净利润 | | |

表 3-40　资产负债表　　单位：百万

| 资　产 | 年初数 | 期末数 | 负债及所有者权益 | 年初数 | 期末数 |
|---|---|---|---|---|---|
| 流动资产： | | | 负债： | | |
| 现金 | | | 短期负债 | | |

续表

| 资　　产 | 年初数 | 期末数 | 负债及所有者权益 | 年初数 | 期末数 |
|---|---|---|---|---|---|
| 应收账款 | | | 应付账款 | | |
| 原材料 | | | 应交税金 | | |
| 产成品 | | | 长期负债 | | |
| 在制品 | | | | | |
| 流动资产合计 | | | 负债合计 | | |
| 固定资产： | | | 所有者权益： | | |
| 土地建筑净值 | | | 股东资本 | | |
| 机器设备净值 | | | 以前年度利润 | | |
| 在建工程 | | | 当年净利润 | | |
| 固定资产合计 | | | 所有者权益合计 | | |
| 资产总计 | | | 负债及权益总计 | | |

## 3.5.3　实训总结

**邀请每个公司的 CFO 上台汇报，汇报提纲如下。**

（1）公司亏损在什么地方，如何扭亏为盈？

（2）通过沙盘的实战模拟演练，你发现你的优点是什么？你的缺点有哪些？今后计划怎么做？

（3）投资的生产线的回收年数。

设备初始投资：________________

设备产生年收入：________________

设备经济寿命周期：________________

每年支付：________________

回收期：________________

（4）SWOT 分析，如表 3-41 所示。

表 3-41　SWOT 分析表

| 优势（Strengths） | 劣势（Weaknesses） |
|---|---|
| 机会（Opportunities） | 威胁（Threats） |

（5）关键指标计算

销售利润率＝营业利润 / 销售额＝____________________

资产周转率＝销售额 / 总资产＝____________________

毛利率＝毛利 / 销售额＝____________________

负债与股东权益的比率＝负债/股东权益＝____________________

现金流＝（净利润+折旧）/ 现金流＝____________________

流动性＝速动资产 / 短期负债＝____________________

### 3.5.4 知识巩固：财务报表知识

#### 1. 何为财务报表

财务报表是公司根据财务标准或准则（如 GAAP）编制的，向股东（如股票投资者）、高层管理者（CEO）、政府（如税务部门）或债权人（如银行）提供或报告的，公司在一段时期以来的有关经营和财务信息的正式文件，主要包括：资产负债表、损益表和现金流量表。

（1）有些公司通常还做第四张财务报表："股东权益变动表"。

（2）大多数国家（美国、中国等）和国际会计准则委员会（IASC）要求公司披露和公布上述三张财务报表，IASC 还要求附加"股东权益状况变动说明"。

（3）有些国家（如德国）不需要公司披露和公布其"现金流量表"。

#### 2. 财务报表和财务报告

（1）财务报表和财务报告略有区别。一般，财务报表是财务报告的组成部分，而财务报告除了"三表"之外，主要还包括"财务报表附注部分"和"审计报告"。

（2）"财务报表附注"提供了编制"三表"的具体说明和计算依据，包括"公司简介"、"会计政策、会计估计和会计报表编制方法说明"、"会计报表的项目注释"、"关联方关系及交易"、"或有事项"、"承诺事项"、"资产抵押说明"、"资产负债表日后事项"、"债务重组事项"和"其他事项"等，为财务报表分析提供了丰富的附加信息，使财务报表分析更加深入、客观和全面。

（3）审计报告是由 CPA 公司或会计师事务所提供的，审计报告按照审计的内容可以分为"专项审计报告"和"年度审计报告"。按照审计的（结果）意见可以分为"标准无保留审计意见"、"无保留+说明段的审计意见"、"有保留审计意见"、"否定的审计意见"和"拒绝发表意见"五类，其含义是：

- 标准无保留审计意见：公司的会计政策和处理符合会计准则；
- 无保留+说明段的审计意见：审计后提醒报表使用者注意某重要因素对公司会计报表的影响，但会计政策和处理符合会计准则；
- 有保留审计意见：公司某些会计政策或处理不符合会计准则；

- 否定的审计意见：公司的会计政策和处理方法不符合会计准则；
- 拒绝发表意见：由于公司的会计政策和处理与审计结果无法一致，审计人员拒绝对公司的财务报表发表任何意见。

### 3．财务报表的作用

（1）评价企业的经营业绩

- 企业的盈利能力如何？
- 影响企业盈利能力的主要因素是哪些？
- 企业的自我可持续增长能力如何？
- 影响企业自我可持续增长能力的主要因素是什么？

（2）诊断企业的财务健康状况

- 企业的负债状况如何？
- 企业是否具有财务风险？
- 企业是否具有偿债能力？
- 企业的经营风险如何？
- 企业是否面临财务困境或破产风险？

（3）计划未来的经营策略和财务政策

- 评价和决定企业未来的投资项目；
- 调整和制定企业未来的资本结构政策；
- 调整和制定企业未来的融资和筹资政策；
- 调整和制定企业未来的利润分配政策。

（4）评价企业的投资价值

- 投资者根据企业披露和公布的财务报表，确定企业股票（股权）和债券是否具有投资价值？
- 银行根据企业披露和公布的财务报表，决定是否批准或提出企业的贷款申请？

### 4．三张主要财务报表简介

（1）资产负债表

资产负债表反映的是公司在某一个特定时点，通常是某日（如年末、半年末、季度末、月末等）的全部资产、负债和所有者权益的状况，从而反映公司投资的资产价值情况（资产方）和投资回报的索取权价值（负债和所有者权益方）。

由于“总资产=负债+所有者权益”，所以资产负债表的基本目标实际上是报告股东某时点在公司的净投资的账面价值或会计价值。

由于资产负债表上的股东权益是账面价值，其一般与市场价值有差距。这种差距是因为投资者根据企业未来发展预期的判断所引起的。

**资产负债表的格式和内容**

根据“所有者权益=总资产-负债”，采取左右对应的“复合式表格”的格式，左方是资产方；右方是负债和所有者权益方，左方总数等于右方总数。因为：

所有者权益=总资产-负债=（流动资产+非流动资产）-（流动负债+非流动负债）

总资产=负债+所有者权益

流动资产+非流动资产=流动负债+非流动负债+所有者权益

所以，左方：资产方——反映资金的投向、构成和具体运用

总资产=流动资产+非流动资产

右方：负债和所有者权益方——反映资金的来源和构成

负债+所有者权益=流动负债+非流动负债+所有者权益

（2）损益表

损益表反映公司在一段时期内，通常是一年、半年、一季度或一个月期间内，使用资产从事经营活动所产生的净利润或净亏损，又被称作利润表或收益表。

由于公司编制损益表的依据是：“销售收入-销售成本-经营费用-管理费用-财务费用-利息-所得税=税后利润”，所以，净利润增加了投资者的价值，而净亏损减少了投资者的价值。

由于损益表的编制依据“权责会计制”，因此，利润不等于现金。假定其他因素不变，如果“应收账款”太多，盈利的企业可能没有现金；如果“应付账款”增加，亏损的企业不一定没有现金。

**损益表的格式和内容**

根据“销售收入-各项费用=净利润”，采取“单列式表格”的格式，以“销售收入”为基数，逐一减去各项费用，包括：销售成本、经营费用、管理费用、财务费用、利息和所得税，最后得到“税后利润”。

（3）现金流量表

现金流量表报告公司在一段时期内从事经营活动、投资活动和筹资活动所产生的现金流量。因此，该报表分别报告公司“来自经营活动的现金流量”（如净利润、折旧、摊销、递延所得税、流动资产与流动负债之差，等等），“来自投资活动的现金流量”（如资本性支出、并购支出、出售资产、投资回收，等等）和“来自筹资活动的现金流量”（长短期负债增减、配股、增发新股、利息和股利支出，等等）。

来自经营性活动的现金净流入量简称“净营业现金流”，它是由企业正常的经营活动产生的，与企业“出售资产”、“银行借款”、“发行股票”或“发行债券”无关。因此净营业现金流是企业现金流量表最重要的组成部分，其信息的含义对企业高层经理、投资者、银行和政府主管机关，都具有重要的政策启示。

**现金流量表的格式和内容**

通过前后年度的资产负债表和损益表，根据“现金流入的来源”和“现金流出的使用”，分别列示三个大项目：

营业活动现金流入–营业活动现金流出=营业活动净现金流入

投资活动现金流入–投资活动现金流出=投资活动净现金流入

筹资活动现金流入–筹资活动现金流出=筹资活动净现金流入

以上三项相加后可以得到：

总净现金流入=营业活动净现金流入+投资活动净现金流入+筹资活动净现金流入

按照上述关系，采取“单列式的表格”编制“现金流量表”。

**5．财务报表分析的三阶段十步骤**

**Stage I——初步分析阶段**

Step 1：阅读企业近三年来的财务报表和主要财务指标，同时阅读同行业领导者或竞争者的财务指标。

Step 2：回顾和找出企业过去一年中发生的重要事件和采取的重要决策或行动。

Step 3：初步归纳和判断企业本年度的财务状况、主要特点和异常现象。

**Stage II——技术分析阶段**

Step 4：应用系统的财务指标体系，计算有关财务比率，包括：① 盈利能力；② 资产使用效率；③ 流动性；④ 负债能力；⑤ 现金流量状况；⑥ 市场表现和股东回报；⑦ 价值创造。

Step 5：进行财务指标体系的“三维分析”：① 历史比较分析；② 行业比较分析；③ 构成比较分析。

Step 6：全面、系统地描述企业的财务状况，刻画其财务特征，自我披露其存在或潜在的问题。

Step 7：进行盈利能力、自我可持续增长能力、风险敏感、经营杠杆和财务杠杆程度、价值创造等分析。

**Stage III——财务决策阶段**

Step 8：深入分析企业财务状况及其特征的影响因素。

Step 9：检讨和考量企业现行财务政策和经营政策等，提出可能改进或修正的方案。

Step 10：研究新财务政策和经营政策的可行性和实施的可能效果，制定相关的实施计划。

**6．财务指标分析说明**

（1）流动比率

公式：流动比率=流动资产合计/流动负债合计

企业设置的标准值：2

意义：体现企业偿还短期债务的能力。流动资产越多，短期债务越少，则流动比率越大，企业的短期偿债能力越强。

分析提示：低于正常值，企业的短期偿债风险较大。一般情况下，营业周期、流动资产中的应收账款数额和存货的周转速度是影响流动比率的主要因素。

（2）速动比率

公式：速动比率=（流动资产合计–存货）/ 流动负债合计

保守速动比率=0.8（货币资金+短期投资+应收票据+应收账款净额）/ 流动负债

企业设置的标准值：1

意义：比流动比率更能体现企业偿还短期债务的能力。因为流动资产中，尚包括变现速度较慢且可能已贬值的存货，因此将流动资产扣除存货再与流动负债对比，以衡量企业的短期偿债能力。

分析提示：低于 1 的速动比率通常被认为是短期偿债能力偏低。影响速动比率的可信性的重要因素是应收账款的变现能力，账面上的应收账款不一定都能变现，也不一定非常可靠。

（3）资产负债率

公式：资产负债率=（负债总额 / 资产总额）×100%

企业设置的标准值：0.7

意义：反映债权人提供的资本占全部资本的比例。该指标也被称为举债经营比率。

分析提示：负债比率越大，企业面临的财务风险越大，获取利润的能力也越强。如果企业资金不足，依靠欠债维持，导致资产负债率特别高，偿债风险就应该特别注意了。资产负债率在 60%～70%，比较合理、稳健；达到 85%及以上时，应视为发出预警信号，企业应提起足够的注意。

（4）已获利息倍数

公式：已获利息倍数=息税前利润/利息费用

=（利润总额+财务费用）/（财务费用中的利息支出+资本化利息）

通常也可用近似公式：

已获利息倍数=（利润总额+财务费用）/财务费用

企业设置的标准值：2.5

意义：企业经营业务收益与利息费用的比率，用以衡量企业偿付借款利息的能力，也叫利息保障倍数。只要已获利息倍数足够大，企业就有充足的能力偿付利息。

分析提示：企业要有足够大的息税前利润，才能保证负担得起资本化利息。该指标越高，说明企业的债务利息压力越小。

（5）总资产周转率

公式：总资产周转率=销售收入/［（期初资产总额+期末资产总额）/2］

企业设置的标准值：0.8

意义：该项指标反映总资产的周转速度，周转越快，说明销售能力越强。企业可以采用薄利多销的方法，加速资产周转，带来利润绝对额的增加。

分析提示：总资产周转指标用于衡量企业运用资产赚取利润的能力。经常和反映盈利能力的指标一起使用，全面评价企业的盈利能力。

（6）流动资产周转率

公式：流动资产周转率=销售收入/［（期初流动资产+期末流动资产）/2］

企业设置的标准值：1

意义：流动资产周转率反映流动资产的周转速度，周转速度越快，会相对节约流动资产，相当于扩大资产的投入，增强企业的盈利能力；而延缓周转速度，需补充流动资产参加周转，形成资产的浪费，降低企业的盈利能力。

分析提示：流动资产周转率要结合存货、应收账款一并进行分析，和反映盈利能力的指标结合在一起使用，可全面评价企业的盈利能力。

（7）净资产收益率（权益报酬率）

公式：净资产收益率=净利润/［（期初所有者权益合计+期末所有者权益合计）/2］×100%

企业设置的标准值：0.08

意义：净资产收益率反映公司所有者权益的投资报酬率，也叫净值报酬率或权益报酬率，具有很强的综合性，是最重要的财务比率。

分析提示：杜邦分析体系可以将这一指标分解成相联系的多种因素，进一步剖析影响所有者权益报酬的各个方面。如资产周转率、销售利润率、权益乘数。另外，在使用该指标时，还应结合对“应收账款”、“其他应收款”、“待摊费用”进行分析。

（8）成本费用利润率

企业一定时期的利润总额同企业成本费用总额的比率。

计算公式：成本费用利润率=（利润总额/成本费用总额）×100%

成本费用总额是指企业销售（营业）成本、销售（营业）费用、管理费用、财务费用之和。成本费用利润率反映企业为取得利润而付出的代价，从企业支出方面评价企业的收益能力。该指标越高表明企业为取得收益所付出的代价越小，企业成本费用控制得越好，企业的获利能力越强。

（9）销售利润率

销售利润率是企业利润总额与销售收入净额的比率。

其计算公式为：

销售利润率=利润总额/销售收入净额

如上式中利润总额改为税后净利润，该比率则为销售净利润率。该比率用以反映和衡量企业销售收入的收益水平，比率越大，表明企业经营成果越好。

**7．沙盘系统给出的分析指标**

（1）净利润/销售收入

销售利润率是企业利润总额与销售收入净额的比率。

其计算公式为：

销售利润率=利润总额/销售收入净额

如上式中利润总额改为税后净利润，该比率则为销售净利润率。该比率用以反映和衡量企业销售收入的收益水平，比率越大，表明企业经营成果越好。利润率低表示企业销售订单少，设备闲置而固定支出无法削减或企业做了较多的投资。应考虑营销问题及持续经营是否受影响？

（2）广告/销售收入

反映营销总监能力，值高能力就差。应当用较少的广告投入获得较多的订单。

（3）研发投入/销售收入

反映企业当年研发投入占整体销售收入多少，研发多说明是技术性公司。兼顾第一个指标考虑。

（4）固定支出

反映企业规模大小，反映规模在增加，对比看销售收入是否在增加，如果没有增加说明成本控制存在问题，即结合净利润率来分析。

（5）资产周转率

公式：总资产周转率=销售收入/［（期初资产总额+期末资产总额）/2］

企业设置的标准值：0.8

意义：该项指标反映总资产的周转速度，周转越快，说明销售能力越强。企业可以采用薄利多销的方法，加速资产周转，带来利润绝对额的增加。**只反映周转效率，效率高并不一定创造价值的能力强。**

分析提示：资产周转指标用于衡量企业运用资产赚取利润的能力。经常和反映盈利能力的指标一起使用，全面评价企业的盈利能力。

（6）负债/股东权益比率

即资产负债率。

参见上述。

（7）速动比率

参见上述。

（8）资产回报率

公式：资产回报率=净利润/总资产×100%

反映利用资产创造价值及设备利用方面的能力。创造净利润的能力如何。回报低说明企业设备闲置或正在建设。

（9）股东权益回报率

参见上述。

（10）营业利润

公式：营业利润=营业收入−营业成本−营业税费−销售费用−管理费用−财务费用−资产减值损失+公允价值变动净收益+投资净收益。

2006 年财政部颁布的新企业会计准则−30 号财务报表列报中已对营业利润进行了调整，将投资收益调入营业利润，同时取消了主营业务利润和其他业务利润的提法，补贴收入被并入营业外收入，营业利润经营业外收支调整即得到利润总额。

营业利润是企业利润的主要来源。它是指企业在销售商品、提供劳务等日常活动中所产生的利润。其内容为主营业务利润和其他业务利润扣除期间费用之后的余额。其中主营业务利润等于主营业务收入减去主营业务成本和主营业务应负担的流转税，通常也称为毛利。其他业务利润是其他业务收入减去其他业务支出后的差额。

（11）贴现

如果数额少贴现至少须缴纳 1M 给银行，较多时按照相关比例。

（12）营业外收入

营业外收入是指与企业生产经营活动没有直接关系的各种收入。营业外收入并不是由企业经营资金耗费所产生的，不需要企业付出代价，实际上是一种纯收入，不可能也不需要与有关费用进行配比。因此，在会计核算上，应当严格区分营业外收入与营业收入的界限。

主要包括：固定资产盘盈、处置固定资产净收益、罚款净收入等。

① 固定资产盘盈是指企业在进行财产清查盘点中发生的固定资产的实存数量超过账面数量而出现的盈余。对于清查盘点中盘盈的固定资产应及时进行处理；对于确定属于盘盈的固定资产应当按照重置完全价值确定固定资产的价值，按照重置完全价值扣除估计折旧后的净值转销时作为营业外收入处理。

② 处置固定资产净收益是指企业处置固定资产所取得的收入扣除处置费用及固定资产净值后的余额，转入营业外收入的金额。

③ 罚款净收入是指企业取得的滞纳金和各种形式的罚款收入，在弥补由于对方违反合同或协议而造成的经济损失后的罚款净收入。

### 3.5.5 拓展案例：P公司某年财务报表分析

#### 一、资产负债表分析

1．资产规模和资产结构分析

表3-42 资产负债表

单位：万元

| 项　目 | 年初数 | | 年末数 | | 增减变动 | |
|---|---|---|---|---|---|---|
| 流动资产： | 金额 | 比重 | 金额 | 比重 | 金额 | 比重 |
| 货币资金 | 24 821 | 37.34% | 21 586 | 33.33% | –3 235 | 189.07% |
| 应收账款 | 290 | 0.44% | 154 | 0.24% | –136 | 7.95% |
| 预付账款 | 726 | 1.09% | 32 | 0.05% | –694 | 40.56% |
| 其他应收款 | 29 411 | 44.25% | 39 239 | 60.59% | 9 828 | –574.40% |
| 存货 | 3 399 | 5.11% | 2 137 | 3.30% | –1 262 | 73.76% |
| 其他流动资产 | 151 | 0.23% | 86 | 0.13% | –65 | 3.80% |
| 流动资产合计 | 58 798 | 88.46% | 63 234 | 97.65% | 4 436 | –259.26% |
| 长期股权投资 | 800 | 1.20% | 24 | 0.04% | –776 | 45.35% |
| 固定资产 | 9 187 | 13.82% | 2 458 | 3.80% | –6 729 | 393.28% |
| 减：累计折旧 | 3 359 | 5.05% | 1 684 | 2.60% | –1 675 | 97.90% |
| 固定资产净值 | 5 828 | 8.77% | 774 | 1.20% | –5 054 | 295.38% |
| 在建工程 | 42 | 0.06% | 46 | 0.07% | 4 | –0.23% |
| 无形资产 | 377 | 0.57% | 180 | 0.28% | –197 | 11.51% |
| 减：累计摊销 | 107 | 0.16% | 42 | 0.06% | –65 | 3.80% |
| 无形资产净值 | 270 | 0.41% | 138 | 0.21% | –132 | 7.71% |
| 长期待摊费用 | 732 | 1.10% | 543 | 0.84% | –189 | 11.05% |
| 非流动资产合计 | 7 672 | 11.54% | 1 525 | 2.35% | –6 147 | 359.26% |
| 资产总计 | 66 470 | 100.00% | 64 759 | 100.00% | –1 711 | 100.00% |
| 流动负债合计 | 38 784 | 57.44% | 29 962 | 45.19% | | |
| 非流动负债合计 | 28 739 | 42.56% | 36 334 | 54.81% | | |
| 负债合计 | 67 523 | 100.00% | 66 296 | 100.00% | | |

（1）资产规模分析

从表3-42可以看出，公司本年的非流动资产的比重2.35%远远低于流动资产比重97.65%，说明该企业变现能力极强、应变能力强、近期的经营风险不大。

与上年相比，流动资产的比重，由88.46%上升到97.65%；非流动资产的比重由11.54%下降到2.35%，主要是由于将公司原有的安盛购物广场、联营商场、旧物市场等非超市业态独立出去，报表结果显示企业的变现能力提高了。

（2）资产结构分析

从表3-42可以看出，流动资产占总资产比重为97.65%，非流动资产占总资产的比重为2.35%，说明企业灵活性较强，但底子比较薄弱，企业近期经营不存在风险，长期经营风险较大。

流动负债占总负债的比重为 57.44%，说明企业对短期资金的依赖性很强，企业近期偿债的压力较大。

非流动负债为 42.56%，说明企业在经营过程中对长期资金的依赖性也较强。企业长期的偿债压力较大。

2．短期偿债能力指标分析

短期偿债能力如表 3-43 所示。

**表 3-43　短期偿债能力指标**

| 指　　标 | 期末余额 | 期初余额 | 变动情况 |
|---|---|---|---|
| 营运资本 | 33 272 | 20 014 | 13 258 |
| 流动比率 | 2.11 | 1.52 | 0.59 |
| 速动比率 | 2.04 | 1.42 | 0.61 |
| 现金比率 | 0.72 | 0.64 | 0.08 |

营运资本=流动资产−流动负债

流动比率=流动资产/流动负债

速动比率=速动资产/流动负债

现金比率=（货币资金+交易性金融资产）/流动负债

（1）营运资本分析

营运资本越多，说明偿债越有保障，企业的短期偿债能力越强。债权人收回债权的概率就越高。因此，营运资金的多少可以反映偿还短期债务的能力。

对该企业而言，年初的营运资本为 20 014 万元，年末营运资本为 33 272 万元，表明企业短期偿债能力较强，短期不能偿债的风险较低，与年初数相比营运资本增加了 13 258 万元，表明企业营运资本状况继续上升，进一步降低了不能偿债的风险。

（2）流动比率分析

流动比率是评价企业偿债能力较为常用的比率。它可以衡量企业短期偿债能力的大小。

对债权人来讲，此项比率越高越好，比率高说明偿还短期债务的能力强，债权就有保障。对所有者来讲，此项比率不宜过高，比率过高说明企业的资金大量积压在持有的流动资产形态上，影响到企业生产经营过程中的高速运转和资金使用效率。若比率过低，说明偿还短期债务的能力低，影响企业筹资能力，势必影响生产经营活动顺利开展。

当流动比率大于 2 时，说明企业的偿债能力比较强；当流动比率小于 2 时，说明企业的偿债能力比较弱；当流动比率等于 1 时，说明企业的偿债能力比较危险；当流动比率小于 1 时，说明企业的偿债能力非常困难。

P 公司，期初流动比率为 1.52，期末流动比率为 2.11，按一般公认标准来说，说明企业的偿债能力较强，且短期偿债能力较上年进一步增强。

（3）速动比率分析

流动比率虽然可以用来评价流动资产总体的变现能力，但人们还希望，特别是短期债权人，希望获得比流动比率更进一步的有关变现能力的比率指标。这就是速动比率。

通常认为正常的速动比率为 1，低于 1 的速动比率被认为企业面临着很大的偿债风险。

影响速动比率可信性的重要因素是应收账款的变现能力。账面上的应收账款不一定都能变成现金，实际坏账可能比计提的准备要多；因此评价速动比率应与应收账款周转率相结合。速动比率同流动比率一样，反映的是期末状况，不代表企业长期的债务状况。

企业期初速动比率为 1.42，期末速动比率为 2.04，就公认标准来说，该企业的短期偿债能力是较强的。

进一步分析 P 公司偿债能力较强的原因，可以看出：

① 公司货币资金占总资产的比例较高，达 33.33%，公司货币资金占用过多会大大增加企业的机会成本。

② 企业应收款项占比过大，其中其他应收款占总资产的 60.59%，该情况可能会导致虽然速动比率合理，但企业仍然面临偿债困难的情况。

（4）现金比率分析

现金比率是速动资产扣除应收款后的余额。速动资产扣除应收款后计算出来的金额，最能反映企业直接偿付流动负债的能力。现金比率一般认为 20%以上为好。但这一比率过高，就意味着企业流动负债未能得到合理运用，而现金类资产获利能力低，这类资产金额太高会导致企业机会成本增加。

从表 3-42 中可以看出，期初现金比率为 0.64，期末现金比率为 0.72，比率远高于一般标准 20%，说明企业直接偿付流动负债的能力较好，但流动资金没有得到充分利用。

3．长期偿债能力指标分析

长期偿债能力指标如表 3-44 所示。

**表 3-44　长期偿债能力指标**

| 项　　目 | 期末数 | 期初数 | 变动情况 |
|---|---|---|---|
| 资产负债率 | 1.023 7 | 1.015 8 | 0.007 9 |
| 产权比率 | –43.133 4 | –64.124 4 | 20.991 0 |

资产负债率=总负债/总资产

产权比率=总负债/股东权益

（1）资产负债率

资产负债率反映企业偿还债务的综合能力，如果这个比率越高，说明企业偿还债务的能力越差；反之，偿还债务的能力较强。

一般认为，资产负债率的适宜水平是 0.4～0.6。对于经营风险比较高的企业，为减少财务风险，选择比较低的资产负债率；对于经营风险低的企业，为增加股东收益应选择比较高的资产负债率。

P 公司期末资产负债率为 1.023 7，期初资产负债率为 1.015 8，远超出适宜水平 0.4～0.6。数据显示企业处于资不抵债状态，说明该企业的偿债能力极弱，长期偿债压力大。

（2）产权比率

产权比率不仅反映了由债务人提供的资本与所有者提供的资本的相对关系，而且反映了企业自有资金偿还全部债务的能力，因此它又是衡量企业负债经营是否安全、有利的重要指标。一般，这一比率越低，表明企业长期偿债能力越强，债权人权益保障程度越高，承担风险越小。一般认为这一比率为 1，即在 1 以下，应该是有偿债能力的，但还应该结合企业具体情况加以分析。当企业的资产收益率大于负债成本率时，负债经营有利于提高资金收益率，获得额外的利润，这时的产权比率可以适当高些。产权比率高，是高风险、高报酬的财务结构；产权比率低，是低风险、低报酬的财务结构。

P 公司期末产权比率为–43.133 4，期初产权比率为–64.124 4，表明 P 公司负债大于总资产，债权人的权益得不到保障，属于高风险的财务结构。期末的产权比率由期初的–64.124 4 上升到了–43.133 4，说明企业的长期偿债能力有所上升，但长期偿债能力仍然极差。

## 二、利润表分析

1．利润表结构分析

利润表结构如表 3-45 所示。

**表 3-45　利润表结构**

| 项　　目 | 本年累计 | 上年同期 | 增减变动 |
|---|---|---|---|
| 主营业务利润 | 262 | 466 | –204 |
| 其他业务利润 | 756 | 3 349 | –2 593 |
| 利润总额 | –464 | –1 921 | 1 457 |
| 净利润 | –464 | –1 921 | 1 457 |

根据利润表构成表可知，P 公司的主营业务利润、其他业务利润是盈利的，但是利润总额和净利润都是亏损的，由此可以看出 P 公司是具备盈利能力的，但由于费用较大，导致公司亏损。

2．利润表构成比重分析

利润表构成比重如表 3-46 所示。

**表 3-46　利润表构成比重分析表**

| 项　　目 | 本年累计 | 构　成 | 上年同期 | 构　成 | 增减变动 | 结构变动比率 |
|---|---|---|---|---|---|---|
| 一）主营业务收入 | 8 713 | 100.00% | 10 591 | 100.00% | –1 878 | 0.00% |
| 减：销售折扣与折让 | 8 | 0.09% | 23 | 0.22% | –15 | –0.13% |

续表

| 项　　目 | 本年累计 | 构　成 | 上年同期 | 构　成 | 增减变动 | 结构变动比率 |
|---|---|---|---|---|---|---|
| 主营业务收入净额 | 8 705 | 99.91% | 10 569 | 99.79% | −1 864 | 0.12% |
| 减：主营业务成本 | 8 063 | 92.54% | 9 561 | 90.27% | −1 498 | 2.27% |
| 销售费用 | 337 | 3.87% | 335 | 3.16% | 2 | 0.70% |
| 主营业务税金及附加 | 43 | 0.49% | 206 | 1.95% | −163 | −1.45% |
| 二）主营业务利润 | 262 | 3.01% | 466 | 4.40% | −204 | −1.39% |
| 加：其他业务利润 | 756 | 8.68% | 3 349 | 31.62% | −2 593 | −22.94% |
| 减：管理费用 | 1 901 | 21.82% | 3 845 | 36.30% | −1 944 | −14.49% |
| 财务费用 | 994 | 11.41% | 1 916 | 18.09% | −922 | −6.68% |
| 三）营业利润 | −1 877 | −21.54% | −1 946 | −18.37% | 69 | −3.17% |
| 加：投资收益 | 1 468 | 16.85% | 0 | 0.00% | 1 468 | 16.85% |
| 营业外收入 | 84 | 0.96% | 43 | 0.41% | 41 | 0.56% |
| 减：营业外支出 | 19 | 0.22% | 19 | 0.18% | 0 | 0.04% |
| 加：以前年度损益调整 | −120 | −1.38% | 0 | 0.00% | −120 | −1.38% |
| 四）利润总额 | −464 | −5.33% | −1 921 | −18.14% | 1 457 | 12.81% |
| 减：所得税费用 | 0 | 0.00% | 0 | 0.00% | 0 | 0.00% |
| 五）净利润 | −464 | −5.33% | −1 921 | −18.14% | 1 457 | 12.81% |

从利润表构成比重分析表可看出企业各项财务成果的构成情况，本年主营业务成本占主营业务收入的比重为 92.54%，比上年同期的 90.27% 增长了 2.27 个百分点。主营业务税金及附加占主营业务收入的比重为 0.49%，比上年同期的 1.95%降低了 1.45 个百分点。销售费用占主营业务收入的比重增加了 0.7 个百分点，但管理费用、财务费用占主营业务收入的比重都有所降低，两方面相抵的结果是营业利润占主营业务收入的比重降低了 3.17 个百分点。由于本年实现投资收益 1 468 万元，导致净利润占主营业务的比重比上年同期增加了 12.81 个百分点。从以上的分析可以看出，本年净利润比上年同期亏损额度小，并不是由于企业经营状况好转导致的，相反，本年的经营状况较上年有所恶化。虽然公司通过努力降低管理费用和财务费用的方式提高公司盈利水平，但对利润总额的影响不是很大。

3．收入盈利能力分析

收入盈利能力分析见表 3-47。

**表 3-47　收入盈利能力分析表**

| 项　　目 | 本年累计 | 上年同期 | 本年比上年 |
|---|---|---|---|
| 销售毛利率 | 7.47% | 9.72% | −2.26% |
| 营业利润率 | −19.72% | −13.69% | −6.03% |
| 销售利润率 | −4.88% | −13.52% | 8.64% |
| 销售净利率 | −4.88% | −13.52% | 8.64% |

销售毛利率=（主营业务收入−主营业务成本）/主营业务收入

营业利润率=营业利润/营业收入

销售利润率=利润总额/营业收入

销售净利率=净利润/营业收入

通过表 3-46 可知，P 公司本年销售毛利率、营业利润率指标比上年同期降低了，这表明公司的获利能力降低了。公司获利能力降低主要是由于经营规模和利润空间缩减导致的。

4．成本费用盈利能力分析

成本费用盈利能力分析见表 3-48。

**表 3-48 成本费用盈利能力分析**

| 项 目 | 本年累计 | 上年同期 | 本年比上年 |
|---|---|---|---|
| 成本费用利润率 | −4.09% | −12.06% | 7.97% |

成本费用利润率=利润/成本费用

成本费用=主营业务成本+其他业务成本+营业费用+管理费用+财务费用

利润=营业利润+投资收益+补贴收入+营业外收入−营业外支出

成本费用利润率反映了公司成本费用和净利润之间的关系，P 公司本年成本费用利润率比上年同期有所增长，表明公司耗费一定的成本费所得的收益增加不少，它直接反映出了 P 公司增收节支、增产节约效益，降低成本费用水平，以此提高了盈利水平。

5．资产盈利能力分析

资产盈利能力分析见表 3-49。

**表 3-49 资产盈利能力分析**

| 项 目 | 本年累计 | 上年同期 | 本年比上年 |
|---|---|---|---|
| 资产净利率 | −0.71% | −2.93% | 2.22% |

资产净利率=净利润/资产平均总额

净资产收益率=税后利润/所有者权益

公司资产净利率本年累计的比上年同期的增长了 2.22%，这表明公司资产利用的效益有所好转，利用资产创造的利润增加。

在分析公司的盈利能力时，应重点分析公司的净资产收益率，因为该指标是最具综合力的评价指标，其是被投资者最为关注的指标。但从公司的资产负债表可以看出，公司的股东权益已经为负数，分析净资产收益率已经没有任何意义。

综合以上分析，可判断出公司现在的盈利能力极弱，随着行业内部竞争压力增大，利润空间呈下滑的趋势，公司想要生存下去只有做到：

① 扩大经营规模，实现薄利多销，才能扭转亏损的趋势。

② 努力拓展其他业务，寻找新的经济增长点，否则企业会存在经营费用过高，发展后劲不足的风险。

### 三、现金流量表分析

1．现金流量结构分析

现金流量结构见表 3-50。

表 3-50　现金流量结构表

| 项　　目 | 本期金额 | 构成 | 上年同期 | 构成 | 增减变动 | 增减变动率 |
|---|---|---|---|---|---|---|
| 一）经营活动产生的现金流量： | | | | | | |
| 销售商品、提供劳务收到的现金 | 10 318 | 84.20% | 11 758 | 51.55% | −1 440 | 32.65% |
| 收到的租金 | 129 | 1.05% | 1 029 | 4.51% | −900 | −3.46% |
| 收到的税费返还 | 1 576 | 12.86% | 1 819 | 7.97% | −243 | 4.89% |
| 收到其他与经营活动有关的现金 | 231 | 1.89% | 8 204 | 35.97% | −7 973 | −34.08% |
| 经营活动现金流入小计 | 12 254 | 100.00% | 22 809 | 100.00% | −10 555 | 0.00% |
| 购买商品、接收劳务支付的现金 | 10 165 | 80.72% | 12 202 | 51.63% | −2 037 | 29.09% |
| 经营租赁支付的现金 | 0 | 0.00% | 0 | 0.00% | 0 | 0.00% |
| 支付给职工以及为职工支付的现金 | 1 202 | 9.54% | 1 364 | 5.77% | −162 | 3.77% |
| 支付的各项税费 | 305 | 2.42% | 462 | 1.95% | −157 | 0.47% |
| 支付其他与经营活动有关的现金 | 921 | 7.31% | 9 605 | 40.64% | −8 684 | −33.33% |
| 经营活动现金流出小计 | 12 593 | 100.00% | 23 632 | 100.00% | −11 039 | 0.00% |
| 经营活动产生的现金流量净额 | −339 | | −823 | | 484 | 0.00% |
| 二）投资活动产生的现金流量： | | | | | | |
| 收回投资收到的现金 | 2 244 | 100.00% | 0 | | 2 244 | 100.00% |
| 取得投资收益收到的现金 | 0 | 0.00% | 0 | | 0 | 0.00% |
| 处置固定资产、无形资产和其他长期资产收回的现金净额 | 0 | 0.00% | 0 | | 0 | 0.00% |
| 收到其他与投资活动有关的现金 | 0 | 0.00% | 0 | | 0 | 0.00% |
| 投资活动现金流入小计 | 2 244 | 100.00% | 0 | | 2 244 | 100.00% |
| 购建固定资产、无形资产和其他长期资产所支付的现金 | 70 | 100.00% | 272 | 100.00% | −202 | 0.00% |
| 投资支付的现金 | 0 | 0.00% | 0 | 0.00% | 0 | 0.00% |
| 支付其他与投资活动有关的现金 | 0 | 0.00% | 0 | 0.00% | 0 | 0.00% |
| 投资活动现金流出小计 | 70 | 100.00% | 272 | 100.00% | −202 | 0.00% |

续表

| 项　　目 | 本期金额 | 构成 | 上年同期 | 构成 | 增减变动 | 增减变动率 |
|---|---|---|---|---|---|---|
| 投资活动产生的现金流量净额 | 2 174 | | −272 | | 2 446 | 0.00% |
| 三）筹资活动产生的现金流量： | | | | | | |
| 吸收投资收到的现金 | 0 | 0.00% | 0 | 0.00% | 0 | 0.00% |
| 取得借款收到的现金 | 29 500 | 102.56% | 42 000 | 94.59% | −12 500 | 7.96% |
| 收到其他与筹资活动有关的现金 | −735 | −2.56% | 2 401 | 5.41% | −3 136 | −7.96% |
| 筹资活动现金流入小计 | 28 765 | 100.00% | 44 401 | 100.00% | −15 636 | 0.00% |
| 偿还债务支付的现金 | 31 405 | 92.82% | 23 073 | 91.01% | 8 332 | 1.80% |
| 分配股利、利润或偿还利息支付的现金 | 2 431 | 7.18% | 2 279 | 8.99% | 152 | −1.80% |
| 支付其他与筹资活动有关的现金 | 0 | 0.00% | 0 | 0.00% | 0 | 0.00% |
| 筹资活动现金流出小计 | 33 836 | 100.00% | 25 352 | 100.00% | 8 484 | 0.00% |
| 筹资活动产生的现金流量净额 | −5 070 | | 19 049 | | −24 119 | 0.00% |
| 四）汇率变动对现金及现金等价物的影响 | 0 | | 0 | | 0 | 0.00% |
| 五）期末现金及现金等价物余额 | 21 586 | | 37 014 | | −15 428 | 0.00% |
| 减：期初现金及现金等价物余额 | 24 821 | | 19 060 | | 5 761 | 0.00% |
| 六）现金及现金等价物净增加额 | −3 235 | | 17 954 | | −21 189 | 0.00% |

现金流量结构分析整理表如表 3-51 所示。

**表 3-51　现金流量结构分析整理表**

| 项　　目 | 本期金额 | 构成 | 上年同期 | 构成 | 增减变动 | 构成变动率 | 增减变动率 |
|---|---|---|---|---|---|---|---|
| 经营活动现金流入小计 | 12 254 | 28.32% | 22 809 | 33.94% | −10 555 | −5.61% | −46.28% |
| 投资活动现金流入小计 | 2 244 | 5.19% | 0 | 0.00% | 2 244 | 5.19% | 0 |
| 筹资活动现金流入小计 | 28 765 | 66.49% | 44 401 | 66.06% | −15 636 | 0.43% | −35.22% |
| 现金流入小计 | 43 263 | 100.00% | 67 210 | 100.00% | −23 947 | 0.00% | −35.63% |
| 经营活动现金流出小计 | 12 593 | 27.08% | 23 632 | 47.98% | −11 039 | −20.90% | −46.71% |
| 投资活动现金流出小计 | 70 | 0.15% | 272 | 0.55% | −202 | −0.40% | −74.26% |
| 筹资活动现金流出小计 | 33 836 | 72.77% | 25 352 | 51.47% | 8 484 | 21.30% | 33.46% |

续表

| 项　　目 | 本期金额 | 构成 | 上年同期 | 构成 | 增减变动 | 构成变动率 | 增减变动率 |
|---|---|---|---|---|---|---|---|
| 现金流出小计 | 46 499 | 100.00% | 49 256 | 100.00% | –2 757 | 0.00% | –5.60% |
| 现金及现金等价物净增加额 | –3 236 | | 17 954 | | –21 190 | | –118.02% |

公司现金流量表结构分析，包括流入结构、流出结构和流入流出比例分析：

（1）流入结构分析

在全部现金流入量中，经营活动所得现金占 28.32%，比上年同期下降 5.61%；投资活动所得现金占 5.19%，比上年同期上升 5.19%；筹资活动所得现金占 66.49%，比上年同期上升 0.43%。由此可以看出公司现金流入产生的主要来源为经营活动、筹资活动，其投资活动对于企业的现金流入贡献很小。

（2）流出结构分析

在全部现金流出量中，经营活动流出现金占 27.08%，比上年同期下降 20.90%；投资活动流出现金占 0.15%，比上年同期下降 0.40%；筹资活动流出现金占 72.77%，比上年同期上升 21.30%。公司现金流出主要在经营活动、筹资活动方面，其投资活动占用现金流出很少。

（3）流入流出比例分析

从公司的现金流量结构分析整理表可以看出：

经营活动中：现金流入量 12 254 万元，现金流出量 12 593 万元

公司经营活动现金流入流出比为 0.97，表明 1 元的现金流出可换回 0.97 元现金流入。

投资活动中：现金流入量 2 244 万元，现金流出量 70 万元

公司投资活动现金流入流出比为 32.06，表明公司正处于投资回收期。

筹资活动中：现金流入量 28 765 万元，现金流出量 33 836 万元

筹资活动流入流出比为 0.85，表明还款明显大于借款。

将现金流出与现金流入量和流入流出比例分析相结合，可以发现该公司的现金流入与流出主要来自于经营活动和筹资活动。其部分投资活动现金流量净额用于补偿经营活动支出和筹资支出。

2．盈利质量分析表

盈利质量分析表如表 3-52 所示。

**表 3-52　盈利质量分析表**

| 项　　目 | 本期金额 | 上年同期 | 增减变动 | 增减变动率 |
|---|---|---|---|---|
| 经营流量净额 | –339 | –823 | 484 | 158.81% |
| 投资流量净额 | 2 174 | –272 | 2 446 | 999.26% |
| 筹资流量净额 | 33 836 | 25 352 | 8 484 | 33.46% |

续表

| 项　　目 | 本期金额 | 上年同期 | 增减变动 | 增减变动率 |
| --- | --- | --- | --- | --- |
| 汇率流量净额 | 0 | 0 | 0 | 0 |
| 现金流量净额 | –3 235 | 17 954 | –21 189 | –118.02% |

（1）盈利现金比率=经营现金净流量 / 净利润

公司本年经营现金净流量为：–339 万元，营业利润为：–464 万元，现金比率为：73.06%，因公司处于亏损状态，所以分析该指标无意义。

（2）再投资比率=经营现金净流量/资本性支出

=经营现金净流量/（固定资产+长期投资+其他资产+营运资本）

=经营现金净流量/［固定资产+长期投资+其他资产+（流动资产–流动负债）］

公司本年经营现金净流量为：–339 万元，2009 年资本性支出 34 254 万，再投资比率：–0.99%，说明在未来企业扩大规模、创造未来现金流量或利润的能力很弱。

综合以上两项指标可以看出公司在未来的盈利能力很弱，且目前企业经营活动处在亏损状态，经营活动现金流量不足，必须找到新的利润增长点，才能摆脱困境。

3．筹资与支付能力分析

强制性现金支付比率=现金流入总额/（经营现金流出量 ＋ 偿还债务本息付现）

公司本年现金流入总额为：43 263 万元，经营现金流出量为：12 593 万元，偿还债务本息付现为：33 836 万元，其计算的此指标值为：0.93，说明公司本年创造的现金流入量不足以支付必要的经营和债务本息支出。表明公司在筹资能力、企业支付能力方面较弱。

综合以上量化分析本年公司在现金流量方面得出如下结论：

（1）获现能力很弱，且主要以偶然性的投资活动获得，其经营活动、筹资获现能力为负值，这样造成企业以偶然性的投资活动所产生的现金来补偿其日常经营活动、筹资所产生现金不能补偿其本身支出的部分支出，可以看出公司维持日常经营活动及偿还筹资所需的资金压力较大，如运营不当，极易造成资金链断裂。

（2）偿债能力很弱，没有充足的经营现金来源偿还借款。

通过对以上财务报表的分析，可以看出，由于取得长期借款，公司短期内流动资金比较充裕，能够满足日常经营和偿还短期借款的需要，但是由于企业现有的经营活动不能给企业带来利润，企业未来面临极大的偿债压力。如果不能找到新的利润增长点，企业会面临经营危机。

（资料来源：引自http://wenku.baidu.com/view/9969b6da83d049649b6658d2.html）

# 3.6 实训经营第 4 年——渡过危机

## 3.6.1 管理决策

**1．重要决策。**请把记录填写在表 3-53。

表 3-53 决策记录

| 1 季度 | 2 季度 | 3 季度 | 4 季度 | 年底 |
|---|---|---|---|---|
| | | | | |

**2．现金预算表。**请把记录填写在表 3-54。

表 3-54 现金预算表

| 项 目 | 1 | 2 | 3 | 4 |
|---|---|---|---|---|
| **期初现金（+）** | | | | |
| 变卖生产线（+） | | | | |
| 变卖原料（+） | | | | |
| 变卖厂房（+） | | | | |
| 应收款到期（+） | | | | |
| 支付上年应交税 | | | | |
| 广告费投入 | | | | |
| 贴现费用 | | | | |
| 利息（短期贷款） | | | | |
| 支付到期短期贷款 | | | | |
| 原料采购支付现金 | | | | |
| 转产费 | | | | |
| 生产线投资 | | | | |
| 生产费用 | | | | |
| 产品研发投资 | | | | |
| 支付行政管理费用 | | | | |
| 利息（长期贷款） | | | | |
| 支付到期长期贷款 | | | | |
| 维修费 | | | | |

续表

| 项　　目 | 1 | 2 | 3 | 4 |
|---|---|---|---|---|
| 租金 | | | | |
| 购买新建筑 | | | | |
| 市场开拓投资 | | | | |
| ISO 认证投资 | | | | |
| 其他 | | | | |
| **现金余额** | | | | |
| **需要新贷款** | | | | |

**3．产能预估。**请把记录填写在表 3-55。

**表 3-55　产能预估表**

| | | 1 季度 | 2 季度 | 3 季度 | 4 季度 |
|---|---|---|---|---|---|
| 生产线 1 | 产品： | | | | |
| 生产线 2 | 产品： | | | | |
| 生产线 3 | 产品： | | | | |
| 生产线 4 | 产品： | | | | |
| 生产线 5 | 产品： | | | | |
| 生产线 6 | 产品： | | | | |
| 生产线 7 | 产品： | | | | |
| 生产线 8 | 产品： | | | | |

**4．生产计划与物料需求计划。**请把记录填写在表 3-56。

**表 3-56　生产计划与物料需求计划表**

产品：　　　　　　　　　　　　　　　　　　　　生产线类型：

| 项　　目 | 去　　年 | | | | 今　　年 | | | |
|---|---|---|---|---|---|---|---|---|
| | 1 季度 | 2 季度 | 3 季度 | 4 季度 | 1 季度 | 2 季度 | 3 季度 | 4 季度 |
| 产出计划 | | | | | | | | |
| 投产计划 | | | | | | | | |
| 原材料需求 | | | | | | | | |
| 原材料采购 | | | | | | | | |

产品：　　　　　　　　　　　　　　　　　　　　生产线类型：

| 项　　目 | 去　　年 | | | | 今　　年 | | | |
|---|---|---|---|---|---|---|---|---|
| | 1 季度 | 2 季度 | 3 季度 | 4 季度 | 1 季度 | 2 季度 | 3 季度 | 4 季度 |
| 产出计划 | | | | | | | | |
| 投产计划 | | | | | | | | |
| 原材料需求 | | | | | | | | |
| 原材料采购 | | | | | | | | |

产品：　　　　　　　　　　　　　　　　　　生产线类型：

| 项　　目 | 去　　年 | | | | 今　　年 | | | |
|---|---|---|---|---|---|---|---|---|
| | 1 季度 | 2 季度 | 3 季度 | 4 季度 | 1 季度 | 2 季度 | 3 季度 | 4 季度 |
| 产出计划 | | | | | | | | |
| 投产计划 | | | | | | | | |
| 原材料需求 | | | | | | | | |
| 原材料采购 | | | | | | | | |

产品：　　　　　　　　　　　　　　　　　　生产线类型：

| 项　　目 | 去　　年 | | | | 今　　年 | | | |
|---|---|---|---|---|---|---|---|---|
| | 1 季度 | 2 季度 | 3 季度 | 4 季度 | 1 季度 | 2 季度 | 3 季度 | 4 季度 |
| 产出计划 | | | | | | | | |
| 投产计划 | | | | | | | | |
| 原材料需求 | | | | | | | | |
| 原材料采购 | | | | | | | | |

产品：　　　　　　　　　　　　　　　　　　生产线类型：

| 项　　目 | 去　　年 | | | | 今　　年 | | | |
|---|---|---|---|---|---|---|---|---|
| | 1 季度 | 2 季度 | 3 季度 | 4 季度 | 1 季度 | 2 季度 | 3 季度 | 4 季度 |
| 产出计划 | | | | | | | | |
| 投产计划 | | | | | | | | |
| 原材料需求 | | | | | | | | |
| 原材料采购 | | | | | | | | |

**5．采购计划。**请把记录填写在表 3-57。

**表 3-57　采购计划表**

| 原材料 | 1 季度 | 2 季度 | 3 季度 | 4 季度 |
|---|---|---|---|---|
| M1 | | | | |
| M2 | | | | |
| M3 | | | | |
| M4 | | | | |

### 3.6.2　实训步骤

#### 1．任务流程

**每年年初：（根据提示，完成部分打钩）**

（1）支付应付税（根据上年度结果）　☐

（2）支付广告费　☐

（3）熟悉销售订单　☐

**每个季度：　1 季度　2 季度　3 季度　4 季度**

（1）申请短期贷款/更新短期贷款/短期贷款还本付息　☐　☐　☐　☐

(2) 更新应付款/归还应付款 □ □ □ □
(3) 更新原料订单/原材料入库 □ □ □ □
(4) 下原料订单 □ □ □ □
(5) 更新生产/完工入库 □ □ □ □
(6) 投资新生产线/生产线转产/变卖生产线 □ □ □ □
(7) 开始下一批生产 □ □ □ □
(8) 产品研发投资 □ □ □ □
(9) 更新应收款/应收款收现 □ □ □ □
(10) 按订单交货 □ □ □ □
(11) 支付行政管理费用 □ □ □ □

**每年年末：**

(1) 申请长期贷款/更新长期贷款/长期贷款支付利息 □
(2) 支付设备维修费 □
(3) 支付租金（或购买建筑） □
(4) 折旧 □
(5) 新市场开拓投资 /ISO 资格认证投资 □
(6) 关账 □

**2．第 4 年订单。**请把记录填写在表 3-58。

表 3-58 订单记录表

| 项　目 | | | | | 合　计 |
|---|---|---|---|---|---|
| 市场 | | | | | |
| 产品名称 | | | | | |
| 账期 | | | | | |
| 交货期 | | | | | |
| 单价 | | | | | |
| 订单数量 | | | | | |
| 订单销售额 | | | | | |
| 成本 | | | | | |
| 毛利 | | | | | |

**3．采购记录。**请把记录填写在表 3-59。

表 3-59 采购记录表

| 原材料 | 1 季度 | 2 季度 | 3 季度 | 4 季度 |
|---|---|---|---|---|
| M1 | | | | |
| M2 | | | | |
| M3 | | | | |
| M4 | | | | |

**4．第 4 年的财务报表。**请把记录填写在表 3-60、表 3-61。

表 3-60　综合管理费用明细表及损益表　　单位：百万

| 项　目 | 金　额 | 项　目 | 年初数 | 期末数 |
|---|---|---|---|---|
| 广告费 | | 一、销售收入 | | |
| 转产费 | | 减：成本 | | |
| 产品研发 | | 二、毛利 | | |
| 行政管理 | | 减：综合费用 | | |
| 维修费 | | 折旧 | | |
| 租金 | | 财务净损益 | | |
| 市场开拓 | | 三、营业利润 | | |
| ISO 认证 | | 加：营业外净收益 | | |
| 其他 | | 四、利润总额 | | |
| 合计 | | 减：所得税 | | |
| | | 五、净利润 | | |

表 3-61　资产负债表　　单位：百万

| 资　产 | 年初数 | 期末数 | 负债及所有者权益 | 年初数 | 期末数 |
|---|---|---|---|---|---|
| 流动资产： | | | 负债： | | |
| 现金 | | | 短期负债 | | |
| 应收账款 | | | 应付账款 | | |
| 原材料 | | | 应交税金 | | |
| 产成品 | | | 长期负债 | | |
| 在制品 | | | | | |
| 流动资产合计 | | | 负债合计 | | |
| 固定资产： | | | 所有者权益： | | |
| 土地建筑净值 | | | 股东资本 | | |
| 机器设备净值 | | | 以前年度利润 | | |
| 在建工程 | | | 当年净利润 | | |
| 固定资产合计 | | | 所有者权益合计 | | |
| 资产总计 | | | 负债及权益总计 | | |

## 3.6.3　实训总结

**邀请每个公司的 CPO 上台汇报，汇报提纲如下。**

（1）采购在公司中重不重要，有没有影响到整个公司的业绩？

（2）谈谈你对企业经营模拟沙盘的认识？

（3）通过沙盘的实战模拟演练，你发现你的优点是什么？你的缺点有哪些？今后计划怎么做？

### 3.6.4　知识巩固：目标管理

**1．目标的概念**

目标：一个组织在未来一段时间内所要达到的预期成果。

目标表示最后结果，而总目标需要由子目标来支持。这样，组织及其各层次的目标就形成了一个目标网络。作为任务分配、自我管理、业绩考核和奖惩实施的目标具有如下特征。

（1）目标的层次性

组织目标形成一个有层次的体系，范围从广泛的组织战略性目标到特定的个人目标。这个体系的顶层包含组织的远景和使命陈述。第二层次是组织的任务。在任何情况下，组织的使命和任务必须要转化为组织总目标和战略，总目标和战略更多地指向组织较远的未来，并且为组织的未来提供行动框架。这些行动框架必须要进一步地细化为更多的具体的行动目标和行动方案，这样，在目标体系的基层，有分公司的目标、部门和单位的目标、个人目标等。

在组织的层次体系中的不同层次的主管人员参与不同类型目标的建立。董事会和最高层主管人员主要参与确定企业的使命和任务目标，也参与在关键成果领域中更多的具体的总目标。中层主管人员如副总经理、营销经理或生产经理，主要是建立关键成果领域的目标、分公司和部门的目标。基层主管人员主要关心的是部门和单位的目标以及他们的下级人员目标的制订。

（2）目标的网络性

如果说目标体系是从整个组织的整体观来考察组织目标的话，那么，目标网络则是从某一具体目标的实施规划的整体协调方面来进行工作。目标与计划方案，通常均形成所希望的结果和结局的一种网络。如果各种目标不互相关联，不相互协调且也互不支持，则组织成员往往出于自利而采取对本部门看来可能有利而对整个公司却不利的途径。目标网络的内涵表现为以下四点。

其一，目标和计划很少是线性的，即并非一个目标实现后接着去实现另一个目标，如此等等。目标和规划形成一个互相联系着的网络。

其二，主管人员必须确保目标网络中的每个组成部分要相互协调。不仅执行各种规划要协调，而且完成这些规划在时间上也要协调。

其三，组织中的各个部门在制订自己部门的目标时，必须要与其他部门相协调。有人研究得出结论，一家公司的一个部门似乎很容易制订完全适合于它的目标，但这个目标却在经营上与另一个部门的目标相矛盾。

其四，组织制订各种目标时，必须要与许多约束因素相协调。企业的各个目标互相联系构成一个庞大的网络，所以要注意各目标之间的互相协调，还要注意与制约各个目标的其他因素的协调。

（3）目标的多样性

企业任务的主要目标，通常是多种多样的。同样，在目标层次体系中的每个层次的具体目标，也可能是多种多样的。有人认为，一位主管人员不可能有效地追求更多的目标，以 2～5 个为宜。其理由是，过多的目标会使主管人员应接不暇从而顾此失彼，更为可怕的是，可能会使主管人员过多注重于小目标而有损于主要目标的实现。也有人认为，即使排除了日常的事务性工作，似乎也没有目标的限定数目，主管人员可能同时追求 10～15 个重要目标。但这个结论是值得怀疑的，如果目标的数目过多，如果某个目标没有受到足够的注意，则计划工作是无效的。因此，在考虑追求多个目标时，必须对各目标的相对重要程度进行区分。

（4）目标的可考核性

目标考核的途径是将目标量化。目标定量化往往也会损失组织运行的一些效率，但是对组织活动的控制、成员的奖惩会带来很多方便。目标可考核表达的是这样一个意思：人们必须能够回答这样一个问题，“在期末，我如何知道目标已经完成了？”比如，获取合理利润的目标，可以最好地指出公司是盈利还是亏损的，但它并不能说明应该取得多少利润。因为在不同人的思想里，“合理”的解释是不同的，对于下属人员是合理的东西，可能完全不被上级领导接受。如果意见不合，下属人员一般无法争辩。如果我们将此目标明确地定量为“在本会计年度终了实现投资收益率 10%”，那么它对“多少?”“什么?”“何时?”都做出了明确回答。

有时要用可考核的措辞来说明结果会有更多的困难，对高层管理人员以及政府部门尤其如此。但原则是：只要有可能，我们就规定明确的、可考核的目标。

（5）目标的可接受性

根据美国管理心理学家维克多• 弗鲁姆（Victor Vroom）的期望理论，人们在工作中的积极性或努力程度（激发力量）是效价和期望值的乘积，其中效价指一个人对某项工作及其结果（可实现的目标）能够给自己带来满足程度的评价，即对工作目标有用性（价值）的评价；期望值指人们对自己能够顺利完成这项工作可能性的估计，即对工作目标能够实现概率的估计。因此。一个目标对其接受者如果要产生激发作用的话，那么对于接受者来说，这个目标必须是可接受的，可以完成的。对一个目标完成者来说，如果目标超过其能力所及的范围，则该目标对其是没有激励作用的。

（6）目标的挑战性

同样根据弗鲁姆的期望理论，如果一项工作完成所达的目的对接受者没有多大意义，接受者也是没有动力去完成该项工作的；如果一项工作很容易完成，对接受者来说，是件轻而易举的事情，那么接受者也没有动力去完成该项工作。所谓“跳一跳，摘桃子”，说的就是这个道理。

目标的可接受性和挑战性是对立统一的关系，但在实际工作中，我们必须把它们统一起来。

（7）目标的伴随信息反馈性

信息反馈是把目标管理过程中，目标的设置、实施情况不断地反馈给目标设置和实施的参与者，让人员时时知道组织对自己的要求和自己的贡献情况。如果建立了目标再加上反馈，就能更进一步加强员工工作表现。

综上所述，设置目标，一般要求，目标的数量不宜太大（多样性），包括工作的主要特征，并尽可能地说明必须完成什么和何时完成，如有可能，也应明示所期望的质量和实现目标需要的计划成本（可考核性）。此外，目标能促进个人和职业上的成长和发展。对员工具有挑战性（可接受性、挑战性），并适时地向员工反馈目标完成情况（伴随信息反馈性）。

**2．目标的确定要符合 SMART 原则**

（1）具体的，而且科学的（specific）。要用具体的语言清楚地说明要达成的行为标准。明确的目标几乎是所有成功团队的一致特点。很多团队不成功的重要原因之一就是目标定得模棱两可，或没有将目标有效地传达给相关成员。

示例：目标——“增强客户意识”。这种对目标的描述就很不明确，因为增强客户意识有许多具体做法，如：减少客户投诉，过去客户投诉率是 3%，把它降低到 1.5%或者 1%。提升服务的速度，使用规范礼貌的用语，采用规范的服务流程，也是客户意识的一个方面。

有这么多增强客户意识的做法，我们所说的“增强客户意识”到底指哪一块？不明确就没有办法评判、衡量。所以建议这样修改，比方说，我们将在月底前把前台收银的速度提升至正常的标准，这个正常的标准可能是两分钟，也可能是一分钟，或分时段来确定标准。

实施要求：目标设置要有项目、衡量标准、达成措施、完成期限以及资源要求，使考核人能够很清晰地看到部门或科室月计划要做哪些事情，计划完成到什么样的程度。

（2）可衡量的，尽量量化和可描述的（measurable）。

衡量性就是指目标应该是明确的，而不是模糊的。应该有一组明确的数据，作为衡量是否达成目标的依据。

如果制订的目标没有办法衡量，就无法判断这个目标是否实现。比如领导有一天问“这个目标离实现大概有多远？”团队成员的回答是“我们早实现了”。这就是领导和下属对团队目标所产生的一种分歧。原因就在于没有给他一个定量的可以衡量的分析数据。但并不是所有的目标都可以衡量，有时也会有例外，大方向性质的目标就难以衡量。比方说，“为所有的老员工安排进一步的管理培训”。“进一步”是一个既不明确也不容易衡量的概念，到底指什么？是不是只要安排了这个培训，不管谁讲，也不管效果好坏都叫“进一步”？

改进一下：准确地说，在什么时间完成对所有老员工关于某个主题的培训，并且在这个课程结束后，学员的评分在 85 分以上，低于 85 分就认为效果不理想，高于 85 分就是所期待的结果。这样目标变得可以衡量。

实施要求：目标的衡量标准遵循“能量化的量化，不能量化的质化”。使制订人与考核人有一个统一的、标准的、清晰的可度量的标尺，杜绝在目标设置中使用形容词等概念模糊、无法衡量的描述。对于目标的可衡量性应该首先从数量、质量、成本、时间、上级或客户的满意程度五个方面来进行，如果仍不能进行衡量，可考虑将目标细化，细化成分目标后再从以上五个方面衡量，如果仍不能衡量，还可以将完成目标的工作进行流程化，通过流程化使目标可衡量。

（3）可达成的，起到激励作用的（achievable）。目标是要能够被执行人所接受的，如果上级利用一些行政手段，利用权力性的影响力把自己所制订的目标强压给下属，下属典型的反应是一种心理和行为上的抗拒：我可以接受，但是否完成这个目标，有没有最终的把握，这个可不好说。一旦有一天这个目标真完成不了，下属有一百个理由可以推卸责任：你看我早就说了，这个目标肯定完成不了，但你坚持要压给我。

“控制式”的领导喜欢自己订目标，然后交给下属去完成，他们不在乎下属的意见和反应，这种做法越来越不适用。今天员工的知识层次、学历、本身的素质，以及他们主张的个性张扬的程度都远远超出从前。因此，领导者应该更多地吸纳下属来参与目标制订的过程，即便是团队整体的目标。

制订目标就先不要想达成的困难，不然热情还没点燃就先被畏惧给打消念头了。

实施要求：目标设置要坚持员工参与、上下沟通，使拟定的工作目标在组织及个人之间达成一致。既要使工作内容饱满，也要具有可达性。可以制订出跳起来“摘桃”的目标，不能制订出跳起来“摘星星”的目标。

（4）相互关联的（relevant）。目标的相关性是指实现此目标与其他目标的关联情况。如果实现了这个目标，但与其他的目标完全不相关，或者相关度很低，那这个目标即使被达到了，意义也不是很大。

因为毕竟工作目标的设定，是要和岗位职责相关联的。比如一个前台，你让她学点英语以便接电话的时候用得上，这时候提升英语水平和前台接电话的服务质量有关联，即学英语这一目标与提高前台工作水准这一目标直接相关。若你让她去学习六西格玛，就比较跑题了，因为前台学习六西格玛与提高前台工作水准的相关度很低。

（5）有时间限制的（time-bound）。目标的时限性就是指目标是有时间限制的。例如，我将在下一年 5 月 31 日之前完成某事。5 月 31 日就是一个确定的时间限制。没有时间限制的目标没有办法考核，或带来考核的不公。上下级之间对目标轻重缓急的认识程度不同，上级着急，但下属不知道。到头来上级可能暴跳如雷，而下属觉得委屈。这种没有明确的时间限定的方式也会带来考核的不公正，伤害工作关系，伤害下属的工作热情。

实施要求：目标设置要具有时间限制，根据工作任务的权重、事情的轻重缓急，拟定出完成目标项目的时间要求，定期检查项目的完成进度，及时掌握项目进展的变化情况，以方便对下属进行及时的工作指导，以及根据工作计划的异常情况变化及时地调整工作计划。

总之，无论是制订团队的工作目标，还是员工的绩效目标，都必须符合上述原则，五个原则缺一不可。制订的过程也是对部门或科室先期的工作掌控能力提升的过程，完成计划的过程也就是对自己现代化管理能力历练和实践的过程。

### 3. 目标管理（MBO）

第二次世界大战后西方经济恢复发展，企业急需采用新的方法调动员工的积极性以提高竞争力。“目标管理”应运而生，它的概念是管理专家德鲁克（Peter Drucker）1954年在其名著《管理实践》中最先提出的。

目标管理的概念：一个组织中上下级管理人员以及员工共同制订组织目标，然后把组织目标分解具体分配到组织中每个部门、每个个人，同时确定与目标相联系的责任和权力，并用这些措施来进行管理、评价和决定每个部门和人员的贡献及报酬的一整套系统化的管理方式。

目标管理的实质是“目标结构体系+自我控制和管理”。

目标管理的意义：

（1）强调以目标为中心的管理，建立目标结构体系。

（2）强调以人为中心的主动式管理，强调“自我控制”、“自我评估”，促使权力下放的参与式管理办法。

（3）重视成果为主，过程的监督控制为辅。

### 4. 目标管理的程序

目标管理的具体做法分三个阶段：第一阶段为目标的设置；第二阶段为实现目标过程的管理；第三阶段为测定与评价所取得的成果。

第一阶段：目标的设置。

这是目标管理最重要的阶段，可以细分为四个步骤：

① 高层管理预订目标。这是一个暂时的、可以改变的目标预案，即可以上级提出，再同下级讨论；也可以由下级提出，上级批准。无论哪种方式，必须共同商量决定。而且，领导必须根据企业的使命和长远战略，估计客观环境带来的机会和挑战，对本企业的优劣有清醒的认识。对组织应该和能够完成的目标心中有数。

② 重新审议组织结构和职责分工。目标管理要求每一个分目标都有确定的责任主体。因此预订目标之后，需要重新审查现有组织结构，根据新的目标分解要求进行调整，明确目标责任者和协调关系。

③ 确立下级的目标。首先下级明确组织的规划和目标，然后商定下级的分目标。在讨论中上级要尊重下级，平等待人，耐心倾听下级意见，帮助下级发展一致性和支持性目标。分目标要具体量化，便于考核；分清轻重缓急，以免顾此失彼；既要有挑战性，又要有实现的可能。每个员工和部门的分目标要和其他的分目标协调一致，支持本单位和组织目标的实现。

④ 上级和下级就实现各项目标所需的条件以及实现目标后的奖惩事宜达成协议。分目标制订后，要授予下级相应的资源配置的权力，实现权、责、利的统一。由下级写成书面协议，编制目标记录卡片，整个组织汇总所有资料后，绘制出目标图。

第二阶段：实现目标过程的管理。

目标管理重视结果，强调自主、自治和自觉。但并不等于领导可以放手不管，相反，由于形成了目标体系，一环失误，就会牵动全局。因此领导在目标实施过程中的管理是不可缺少的。首先，进行定期检查，利用双方经常接触的机会和信息反馈渠道自然地进行；其次，要向下级通报进度，便于互相协调；再次，要帮助下级解决工作中出现的困难问题，当出现意外、不可测事件严重影响组织目标实现时，也可以通过一定的手续，修改原订的目标。

第三阶段：总结和评估。

达到预订的期限后，下级首先进行自我评估，提交书面报告；然后上下级一起考核目标完成情况，决定奖惩；同时讨论下一阶段目标，开始新循环。如果目标没有完成，应分析原因，总结教训，切忌相互指责，以保持相互信任。

#### 5．实行目标管理的基本条件

实行目标管理，要有以下的基本条件。

（1）推行目标管理要有一定的思想基础和科学管理基础。要教育员工树立全局观念，长远利益观念，正确理解国家、公司和个人之间的关系。因为推行目标管理容易滋长急功近利本位主义倾向，如果没有一定的思想基础，设定目标时就可能出现不顾整体利益和长远利益的现象。科学管理基础是指各项规章制度比较完善，信息比较畅通，能够比较准确地度量和评估工作成果。这是推行目标管理的基础。而这个基础工作是需要长期的培训和教育才可以逐步建立起来的。

（2）推行目标管理关键在于领导。领导对各项指标都要心中有数，工作不深入，没有专业的知识，不了解下情，不熟悉生产，不会经营管理是不行的，因而对领导的要求更高。领导与下属之间不是命令和服从的关系，而要平等、尊重、信赖和相互支持。领导要改进作风、提高水平、发扬民主、善于沟通，在目标设立过程和执行过程中，都要善于沟通，使大家的方向一致，目标之间相互支持，同时领导还要和下级就实现各项目标所需要的条件以及实现目标的奖惩事宜达成协议，并授予下级相应的支配人、财、物和对外交涉等权力，充分发挥下属的个人能动性以使目标得以实现。

（3）目标管理要逐步推行、长期坚持。推行目标管理有许多相关配套工作，如提高员工的素质，健全各种责任制，做好其他管理的基础工作，制定一系列的相关政策。这些都是企业的长期任务，因此目标管理只能逐步推行，而且要长期坚持，不断完善，才能达到良好的效果。

（4）推行目标管理要确定好目标。一个好的目标应该是切合实际的，通过努力可以实现的（不通过努力可以实现的目标，不能算好目标）。而且一个好的目标，必须具有关联性、阶段性，并兼顾结果和过程，还需要数据采集系统、差距检查与分析、及时激励制度的支撑。这些量化管理方法与目标管理相辅相成，可以帮助经理人在激发员工的主动性和创造性的同时，还能及时了解整个团队的工作进度，不折不扣地完成任务。从而在更大程度上促进员工的主动性，为在日常工作中提高员工领导力，提供了良性循环的基础。

（5）推行目标管理要注重信息管理。目标管理体系中，信息的管理扮演着举足轻重的角色，确定目标需要获取大量的信息作为依据；展开目标需要加工、处理信息；实施目标的过程就是信息传递与转换的过程。信息工作是目标管理得以正常运转的基础。

### 3.6.5 拓展案例：保险销售员的故事

有个同学举手问老师："老师，我的目标是想在一年内赚 100 万！请问我应该如何计划我的目标呢？"老师便问他："你相不相信你能达成？"他说："我相信！"老师又问："那你知不知道要通过哪个行业来达成？"他说："我现在从事保险行业。"老师接着又问他："你认为保险业能不能帮你达成这个目标？"他说："只要我努力，就一定能达成。"

"我们来看看，你要为自己的目标做出多大的努力，根据我们的提成比例，100 万的佣金大概要做 300 万的业绩。一年 300 万业绩，一个月就是 25 万业绩，每一天就是 8 300 元业绩。"老师说。"每一天 8 300 元业绩。大概要拜访多少客户？"老师接着问他，"大概要 50 个客户。"，"那么一天要 50 个客户，一个月要 1 500 人；一年呢？就需要拜访 18 000 个客户。"

这时老师又问他："请问你现在有没有 18 000 个 A 类客户？"他说没有。"如果没有的话，就要靠陌生拜访。平均一个客户你要谈上多长时间呢？"他说："至少 20 分钟。"老师说："每个客户要谈 20 分钟，一天要谈 50 个客户，也就是说你每天要花 16 个多小时在与客户交谈上，还不算路途时间。请问你能不能做到？"他说："不能。老师，我懂了。这个目标不是凭空想象的，是需要凭着一个能达成的计划而定的。"

**人对目标的期望强度**

（1）如果期望强度为 0，那么它相应的表现特征就有两种情况，一种是真的不想要；另一种是找借口，但真实原因是不敢想，不知为什么要，害怕付出和失败，害怕做不到别人会笑话。我们将此定义为不想要，当然他的结果是得不到。

（2）期望强度为 20%～30%，表现特征是空想，整天做白日梦，光说不做，不愿付出，不知从何开始，连自己都不敢相信会变为事实。将这一类定义为瞎想，其结果是过不了几天就会忘记自己曾经这样想过。

（3）期望强度为 50%，表现为有最好，没有也罢，努力争取一段时间之后便会放弃，凡事 3 分钟热度，碰到困难就退缩，这一类定义为想要，但十有八九不成功。

（4）期望强度为 70%～80%，确实是他真正的目标，但似乎决心不够，尤其是改变自己的决心不够，等待机遇，靠运气成功，即使得不到也会转为安慰自己：曾经努力过，也算对得起自己，马上再换另一个目标。这一类定义为很想要，有可能成功，因为运气而成功，也因为运气而失败。

（5）期望强度为 99%，潜意识中那一丝放弃的念头，决定他关键时刻不能排除万难，坚持到底，直到成功。对他而言，也许付出 100%的努力比达不到目标更为痛苦，其实第 99 步放弃与此时的 100%之间的差别不是 1%而是 100%。

（6）期望强度为 100%，其表现特征为不惜一切代价，不达目的誓不休，没有任何退路可言，对于他们来说，达不成目的的后果很严重。这一种的定义是一定要，所以他们一定有办法得到。

## 3.7 实训经营第 5 年——精益求精

### 3.7.1 管理决策

**1．重要决策。**请把记录填写在表 3-62。

表 3-62 决策记录

| 1 季度 | 2 季度 | 3 季度 | 4 季度 | 年底 |
|---|---|---|---|---|
| | | | | |

**2．现金预算表。**请把记录填写在表 3-63。

表 3-63　现金预算表

| 项　　目 | 1 | 2 | 3 | 4 |
|---|---|---|---|---|
| **期初现金（+）** | | | | |
| 变卖生产线（+） | | | | |
| 变卖原料（+） | | | | |
| 变卖厂房（+） | | | | |
| 应收款到期（+） | | | | |
| 支付上年应交税 | | | | |
| 广告费投入 | | | | |
| 贴现费用 | | | | |
| 利息（短期贷款） | | | | |
| 支付到期短期贷款 | | | | |
| 原料采购支付现金 | | | | |
| 转产费 | | | | |
| 生产线投资 | | | | |
| 生产费用 | | | | |
| 产品研发投资 | | | | |
| 支付行政管理费用 | | | | |
| 利息（长期贷款） | | | | |
| 支付到期长期贷款 | | | | |
| 维修费 | | | | |
| 租金 | | | | |
| 购买新建筑 | | | | |
| 市场开拓投资 | | | | |
| ISO 认证投资 | | | | |
| 其他 | | | | |
| **现金余额** | | | | |
| **需要新贷款** | | | | |

**3．产能预估。**请把记录填写在表 3-64。

表 3-64　产能预估表

| | | 1 季度 | 2 季度 | 3 季度 | 4 季度 |
|---|---|---|---|---|---|
| 生产线 1 | 产品： | | | | |
| 生产线 2 | 产品： | | | | |
| 生产线 3 | 产品： | | | | |
| 生产线 4 | 产品： | | | | |
| 生产线 5 | 产品： | | | | |
| 生产线 6 | 产品： | | | | |
| 生产线 7 | 产品： | | | | |
| 生产线 8 | 产品： | | | | |

**4．生产计划与物料需求计划。**请把记录填写在表 3-65。

表 3-65　生产计划与物料需求计划表

产品：　　　　　　　　　　　　　　　生产线类型：

| 项　目 | 去　年 | | | | 今　年 | | | |
|---|---|---|---|---|---|---|---|---|
| | 1 季度 | 2 季度 | 3 季度 | 4 季度 | 1 季度 | 2 季度 | 3 季度 | 4 季度 |
| 产出计划 | | | | | | | | |
| 投产计划 | | | | | | | | |
| 原材料需求 | | | | | | | | |
| 原材料采购 | | | | | | | | |

产品：　　　　　　　　　　　　　　　生产线类型：

| 项　目 | 去　年 | | | | 今　年 | | | |
|---|---|---|---|---|---|---|---|---|
| | 1 季度 | 2 季度 | 3 季度 | 4 季度 | 1 季度 | 2 季度 | 3 季度 | 4 季度 |
| 产出计划 | | | | | | | | |
| 投产计划 | | | | | | | | |
| 原材料需求 | | | | | | | | |
| 原材料采购 | | | | | | | | |

产品：　　　　　　　　　　　　　　　生产线类型：

| 项　目 | 去　年 | | | | 今　年 | | | |
|---|---|---|---|---|---|---|---|---|
| | 1 季度 | 2 季度 | 3 季度 | 4 季度 | 1 季度 | 2 季度 | 3 季度 | 4 季度 |
| 产出计划 | | | | | | | | |
| 投产计划 | | | | | | | | |
| 原材料需求 | | | | | | | | |
| 原材料采购 | | | | | | | | |

产品：　　　　　　　　　　　　　　　生产线类型：

| 项　目 | 去　年 | | | | 今　年 | | | |
|---|---|---|---|---|---|---|---|---|
| | 1 季度 | 2 季度 | 3 季度 | 4 季度 | 1 季度 | 2 季度 | 3 季度 | 4 季度 |
| 产出计划 | | | | | | | | |
| 投产计划 | | | | | | | | |
| 原材料需求 | | | | | | | | |
| 原材料采购 | | | | | | | | |

产品：　　　　　　　　　　　　　　　生产线类型：

| 项　目 | 去　年 | | | | 今　年 | | | |
|---|---|---|---|---|---|---|---|---|
| | 1 季度 | 2 季度 | 3 季度 | 4 季度 | 1 季度 | 2 季度 | 3 季度 | 4 季度 |
| 产出计划 | | | | | | | | |
| 投产计划 | | | | | | | | |
| 原材料需求 | | | | | | | | |
| 原材料采购 | | | | | | | | |

**5．采购计划。**请把记录填写在表3-66。

表3-66　采购计划表

| 原材料 | 1季度 | 2季度 | 3季度 | 4季度 |
| --- | --- | --- | --- | --- |
| M1 | | | | |
| M2 | | | | |
| M3 | | | | |
| M4 | | | | |

## 3.7.2　实训步骤

### 1．任务流程

**每年年初：（根据提示，完成部分打钩）**

| | | | | |
| --- | --- | --- | --- | --- |
| （1）支付应付税（根据上年度结果） | □ | | | |
| （2）支付广告费 | □ | | | |
| （3）熟悉销售订单 | □ | | | |
| **每个季度：** | **1季度** | **2季度** | **3季度** | **4季度** |
| （1）申请短期贷款/更新短期贷款/短期贷款还本付息 | □ | □ | □ | □ |
| （2）更新应付款/归还应付款 | □ | □ | □ | □ |
| （3）更新原料订单/原材料入库 | □ | □ | □ | □ |
| （4）下原料订单 | □ | □ | □ | □ |
| （5）更新生产/完工入库 | □ | □ | □ | □ |
| （6）投资新生产线/生产线转产/变卖生产线 | □ | □ | □ | □ |
| （7）开始下一批生产 | □ | □ | □ | □ |
| （8）产品研发投资 | □ | □ | □ | □ |
| （9）更新应收款/应收款收现 | □ | □ | □ | □ |
| （10）按订单交货 | □ | □ | □ | □ |
| （11）支付行政管理费用 | □ | □ | □ | □ |
| **每年年末：** | | | | |
| （1）申请长期贷款/更新长期贷款/长期贷款支付利息 | □ | | | |
| （2）支付设备维修费 | □ | | | |
| （3）支付租金（或购买建筑） | □ | | | |
| （4）折旧 | □ | | | |
| （5）新市场开拓投资/ISO资格认证投资 | □ | | | |
| （6）关账 | □ | | | |

**2．第 5 年订单。**请把记录填写在表 3-67。

表 3-67　订单记录表

| 项　　目 | | | | | 合　　计 |
|---|---|---|---|---|---|
| 市场 | | | | | |
| 产品名称 | | | | | |
| 账期 | | | | | |
| 交货期 | | | | | |
| 单价 | | | | | |
| 订单数量 | | | | | |
| 订单销售额 | | | | | |
| 成本 | | | | | |
| 毛利 | | | | | |

**3．采购记录。**请把记录填写在表 3-68。

表 3-68　采购记录表

| 原材料 | 1 季度 | 2 季度 | 3 季度 | 4 季度 |
|---|---|---|---|---|
| M1 | | | | |
| M2 | | | | |
| M3 | | | | |
| M4 | | | | |

**4．第 5 年的财务报表。**请把记录填写在表 3-69、表 3-70。

表 3-69　综合管理费用明细表及损益表　　单位：百万

| 项　　目 | 金　　额 | 项　　目 | 年初数 | 期末数 |
|---|---|---|---|---|
| 广告费 | | 一、销售收入 | | |
| 转产费 | | 减：成本 | | |
| 产品研发 | | 二、毛利 | | |
| 行政管理 | | 减：综合费用 | | |
| 维修费 | | 折旧 | | |
| 租金 | | 财务净损益 | | |
| 市场开拓 | | 三、营业利润 | | |
| ISO 认证 | | 加：营业外净收益 | | |
| 其他 | | 四、利润总额 | | |
| 合计 | | 减：所得税 | | |
| | | 五、净利润 | | |

表 3-70　资产负债表　　单位：百万

| 资　　产 | 年初数 | 期末数 | 负债及所有者权益 | 年初数 | 期末数 |
|---|---|---|---|---|---|
| 流动资产： | | | 负债： | | |
| 现金 | | | 短期负债 | | |

续表

| 资　　产 | 年初数 | 期末数 | 负债及所有者权益 | 年初数 | 期末数 |
|---|---|---|---|---|---|
| 应收账款 | | | 应付账款 | | |
| 原材料 | | | 应交税金 | | |
| 产成品 | | | 长期负债 | | |
| 在制品 | | | | | |
| 流动资产合计 | | | 负债合计 | | |
| 固定资产： | | | 所有者权益： | | |
| 土地建筑净值 | | | 股东资本 | | |
| 机器设备净值 | | | 以前年度利润 | | |
| 在建工程 | | | 当年净利润 | | |
| 固定资产合计 | | | 所有者权益合计 | | |
| 资产总计 | | | 负债及权益总计 | | |

### 3.7.3　实训总结

**邀请每个公司的 CEO 上台汇报，汇报提纲如下。**

（1）公司的核心竞争力在什么地方，如何打造？

（2）谈谈你对企业经营模拟沙盘的认识？

（3）通过沙盘的实战模拟演练，你发现你的优点是什么？你的缺点有哪些？今后计划怎么做？

### 3.7.4　知识巩固：企业核心竞争力

#### 1．核心竞争力的概念

1990 年，美国著名管理学者普拉哈德和哈默尔提出了核心竞争力的概念，他们认为，随着世界的发展变化，竞争加剧，产品生命周期的缩短以及全球经济一体化的加强，企业的成功不再归功于短暂的或偶然的产品开发或灵机一动的市场战略，而是企业核心竞争力的外在表现。按照他们给出的定义，核心竞争力是能使公司为客户带来特殊利益的一种独有技能或技术。这种能力首先能很好地实现顾客所看重的价值，如：能显著地降低成本，提高产品质量，提高服务效率，增加顾客的效用，从而给企业带来竞争优势。索尼公司的核心能力是“迷你化”，它给顾客的核心利益是好携带；联邦快递的核心能力是极高水准的后勤管理，它给顾客的核心利益是即时运送。

其次，核心竞争力还必须是企业所特有的，并且是竞争对手难以模仿的，也就是说它不像材料、机器设备那样能在市场上购买到，而是难以转移或复制。这种难以模仿的能力能为企业带来超过平均水平的利润。

最后，核心竞争力还具有延展性，能够同时应用于多个不同的任务，使企业能在较大范围内满足顾客的需要。如：佳能公司利用其光学镜片成像技术和微处理技术方面的核心竞争力，成功地进入了复印机、激光打印机、照相机、扫描仪以及传真机等二十多个产品领域；本田公司的核心专长是引擎设计和制造，这支撑了小汽车、摩托车、割草机和方程式赛车的制造。

核心竞争力不仅可以表现在技术上，还可以表现在生产经营、营销和财务上。如苹果电脑的产品设计创新能力，它首开使用鼠标操作电脑的先河，它的麦金托电脑可看可感的设计，极大地促进了个人和家庭电脑市场的发展；宝洁、百事可乐优秀的品牌管理及促销能力；丰田的精益生产能力等。正是由于具有这种独特的能力，使公司取得了成功。

探讨公司持续成功的原因是西方管理学和战略学的一条主线，一直处于管理学和战略学的学术前沿。正因为如此，西方产生了一些出名的企业，知名的科学家和诺贝尔奖得主。近几年来，我国企业界也开展起对这一问题的学习热潮，无论在理论上还是在实践上都取得了长足的进步。《哈佛商业评论》对**核心竞争力**最权威的定义是：**"在一组织内部经过整合了的知识和技能，尤其是关于怎样协调多种生产技能和整合不同技术的知识和技能。"**很显然，知识与技能不是核心竞争力，只有能够协调和整合知识与技能的知识与技能才是真正的核心竞争力。

### 2. 企业核心竞争力的组成要素

企业核心竞争力的组成要素包括：企业经济实力、国际化水平、政府干预度、投融资能力、基础设施、企业管理、技术创新能力、人力资源。所以任何片面强调某要素为企业核心竞争力的认识都是不全面的。一个企业，要想真正打造自己的核心竞争力，唯一的办法就是综合分析、正确判断企业的各方条件，寻找自己的长处，从生产管理、质量、规模、销售模式、渠道、售后服务、品牌认知、价格、人才等各方面入手，做好其中一项或多项工作，并扬优成势，才能最终形成自己的核心竞争力。

培养企业核心竞争力应具备的要素条件是：拥有一支知识结构合理的人才队伍，保证企业的知识积累；培养一批具有超前意识和洞察力的经营管理者；培养企业成为一个学习型组织；企业核心竞争力的形成与各种资源的投入密切相关，需要在信息、知识、智力方面有大胆投入，需要有高新技术的推动，雄厚资金支撑智力的占有，走大规模、快速度、高投入、高产出的发展道路；塑造企业文化等。

### 3. 核心竞争力必须具备多种特征

（1）知识集合性。核心竞争力是各种资源、知识和能力的特定组合，也是内部团队及个人不同核心力的集合。笠原清志认为，核心竞争力是隐身于企业内部的独自的技能、技术或知识的综合。众所周知，摩托罗拉公司依靠综合协调各种能力来不断提高产品质量。集合性使得企业核心竞争力具有"普通模糊"的特性。普通模糊是 S·A·里普曼和 R·P·罗曼尔特对核心竞争力的复杂性及不易识别等特点的概括。核心竞争力的集合性也决定了企业核心竞争力虽然和特殊的个人有关，但并不会因某一个人的离开而失去。

（2）技术叠加性。由于核心竞争力具有企业的异质性，各个企业往往处于不同的技术层次或类型上，因此一种核心竞争力可以作为一种技术成分，成为更高层次核心竞争力的组成部分。德国宝马公司收购英国劳斯公司，正是看中了劳斯公司在驱动力、减噪、安全性等方面的核心技术，通过收购将其纳入自己的核心竞争力体系，进而增强自己的核心竞争力。这样既能降低研究开发成本，又能缩短核心竞争力的培育时间。

（3）盈利持久性。即意指核心竞争力能够为所赖以存在的企业提供持久的高盈利。D·福克纳和C·鲍曼认为，核心能力是适应市场机会的，更有可能实现持续竞争优势，获得超平均利润。由于产品和技术生命周期不断地在缩短，企业大部分资产的耐久性已大大降低了。这种降低主要影响有形资产提供可持续利润的耐久性，而对于像企业的核心能力、品牌、团队精神等无形资产却未因此受影响，这些无形资产经历了多代产品而长盛不衰，在历史的磨炼中显示出持久的性质。

（4）价值优越性。核心竞争力具备最终产品消费者和感知的客户价值，能够为客户提供根本上和实质性的利益和效用。换个角度说，企业核心竞争力具有市场价值，能给消费者带来价值增加。如冰箱制造行业的无氟制冷技术，可使用户直接感受到产品的效用并从中获益。G·哈默尔认为，核心竞争力必须对顾客的期望价值做出贡献。艾德里安·里恩斯、罗杰·莫尔等指出，核心竞争力不仅仅集中于企业内部，相反，它能够通过战略，创造独特的客户价值。沃尔玛成功的秘密在于它的基于核心能力的竞争战略。其出发点是自始至终以满足客户需求为中心，目标是为顾客提供价廉物美的商品，随时随地满足顾客对这些商品的需求，创造更多的客户价值。不仅如此，核心竞争力还应当有利于企业效率的提高，能够使企业在创造价值和降低成本方面比竞争对手更具有优势。

（5）路径依赖性。知识的发展一般按一定的路径进行。核心竞争力无法通过一次重大的发明或资源并购实现跃进，也不是通过相应的要素市场买卖获得的，而是企业在长期的生产技术实践中以特定方式、沿着特定的技术轨道逐步积累和培育起来的。如果指望通过一蹴而就的项目建立核心竞争力，绝大部分会以失败告终。核心竞争力的建立一般要5～10年，甚至更长的时间。有些核心竞争力还是企业特殊历史经历的产物，是企业历史的遗产，是深深扎根于组织的知识，有较强的持久性和进入壁垒，企业很难在不丧失原有核心竞争力的前提下培育新的竞争能力，因而具有路径的依赖性。

（6）难以替代性。核心竞争力应是很难被替代的。它是与知识相关的，类似于无形资产。这种无形资产，如技术或管理诀窍是难买卖的，因而受到替代品的威胁相对较小。购买核心竞争力不是不可能，但非常困难，因为它取决于一个组织内多种职能之间的合作，而不存在于某项特别技术、某项专利或者某一两个重要人物的头脑中。核心竞争力培育而成后，在较长的时间内不会被其他核心竞争力所替代。

（7）不可占用性。核心竞争力是企业资源、知识、技术和能力的有机结合。它具有与众不同的独到之处，应不易为企业中的个人所占有，也应不易为企业外他人占用。因为，核心竞争力是企业累积的知识，是长期形成的战略性资产。战略性资产的开发不但花费一定时间，而且具有相当难度。它是企业不易仿制、难以买卖，能拥有持久优势的稀缺性的东西。它如果被企业中的个人所占有，企业将为使用核心竞争力而支付这些个人较高的报酬，从而使得企业的收益降低；如果它能够轻易地通过买卖转移到其他企业，或其他企业通过交易轻易地拥有相同的核心竞争力，则核心竞争力所带来的企业竞争优势会迅速消失。

（8）多元延展性。核心竞争力应该具备一定的延伸性，能为企业在未来的发展变化中衍生出成群的或系列的新品和进入多个市场提供潜在途径，对企业一系列产品或服务的竞争都有促进作用。甚至，企业可以将自己的核心竞争力逐步移植到相关产业，使之能够进行相关多元化经营，可以最大程度地实现范围经济。因此，核心竞争力决定了企业的规模和边界，也决定了企业多元化战略和跨国经营战略的广度和深度。如夏普公司的液晶显示技术，使其可以在笔记本电脑、袖珍计算器、大屏幕电视显像技术等领域都比较容易地获得一席之地，而不是将其优势领域限制在一个很小范围。

（9）动态调整性。核心竞争力不是一成不变的，它应该随着企业所处阶段、业务架构和产业环境的变动而动态调整，始终使自己处于市场竞争的最前沿。

把握核心竞争力这些特征，对培育企业核心竞争力，提高企业盈利绩效，促进企业价值增长意义重大。

首先，核心竞争力超越了具体的产品和服务，以及企业内部所有的战略业务单位，将企业之间的竞争直接升华为企业整体实力之间的博弈，因此，它的生命周期比任何产品或服务都长。关注核心竞争力比局限于具体产品和 SBU 的发展，更能准确地反映企业长远发展的客观需要，使企业的长远发展具有更为深远的意义。

其次，核心竞争力可以增强企业在相关产品市场上的竞争地位和优势，其意义超过单一产品市场上的成败得失，对企业的价值增长尤为重要。佳能公司建立其精密仪器研制技术专长基础之上的核心竞争力，不仅使其在精密机械、精密化学等方面的产品市场上享有持久的优势地位，而且在微电子、电子成像等产品领域取得先发效应。

再次，企业核心竞争力的构建，更多地依靠经验和知识的积累，而不是某项重大发明导致的“突飞猛进”，因此不能搞“突击”创设。即使因技术更新加快导致产品周期越来越短，核心竞争力的构建仍需要数年甚至更长的时间。这就要求和促使公司高层管理人员摒弃急功近利的短期行为，超越部门利益和市场机遇的局限，更多地从企业整体战略和长远发展的角度考虑问题，重视识别和构建核心竞争力，以取得长期的竞争优势。

最后，基于核心竞争力的企业经营战略理论，不鼓励企业进入那些与其核心竞争力缺乏较强战略关联的产业领域，认为只有建立在企业自身现存优势基础之上的思路，才会引导企业获得或保持持久的战略优势。所以，企业应更多地考虑自己的资源、知识与技能，在自己拥有核心竞争力的领域附近经营，而不是简单地考虑市场吸引力，盲目进入其他领域，片面追求多元化经营。

**4．构建核心竞争力的途径**

（1）内部培育核心竞争力。理论和实践都证明，企业竞争优势的直接来源在于内部管理型战略的实施能力。换句话说，企业的核心竞争力是植根于不断积累的企业知识和技能之上的，并通过内部管理使其得以培育和巩固。因此，企业的核心竞争力只能直接由内部培育。内部培育核心竞争力的典型例子很多，例如沃尔玛公司、可口可乐公司、英特尔公司、微软公司等。沃尔玛公司的首席执行官戴维• 格拉斯（David Glass）将沃尔玛的特征概括为："总是先建立内部能力，而从不凭空跳跃。"

内部培育的基本方式是独立开发。独立开发是指在企业战略目标指导下，遵循一定的模式和程序，实现企业资源、知识和技能的最佳配置和有效利用，最终建立起企业的核心竞争力。许多核心能力强的优秀大企业都积极推行这一模式。它要求对企业生存和发展的核心竞争力进行准确的界定和描述，这有赖于企业经营者的战略视野和对技术与需求发展趋势的正确判断；要求企业高层管理人员勇于承担核心竞争力构建的投资风险，并能动员起企业的全部技能、知识和资源；要求企业建立和完善技术创新体系，强化研发力量，加大科技创新的投入，积极培养和引进各类科研人员，并激发或调动其积极性；要求各个战略业务单位服从企业的整体战略，超越部门利益的局限，将其技能、知识和资源投入到核心竞争力的构建之中。其优点是稳健、有序、控制程度高，其约束条件是企业必须具备一定的知识和资源，并且需要相当长的时间。

（2）外部并购核心竞争力。从理论上说，核心竞争力是不能移植的。但是，通过兼并收购机制，企业把外在的关键技术企业并入企业内部，经过资产重组和企业结构调整，使被兼并企业的技术专长变成企业的新能力，从而成为企业自身的核心专长和核心能力。外部并购是指企业通过对拥有构建某种核心竞争力所需的知识、能力和资源的企业进行收购或与其合并，从而建立起某种核心竞争力的策略。它是通过产权交易迅速增强和获得核心竞争力的有效途径。企业核心竞争力的构建单靠自身的积累是难以实现的，并购是扩展和增强的必由之路。乔治•斯蒂格勒在研究美国著名大企业发展的经验时曾指出，没有一个美国大公司不是通过某种程度、某种方式的兼并而成长起来的，几乎没有一家大公司主要靠内部扩展成长起来。并购是促进核心竞争力的形成和发展的重要途径。实践经验证明，通过并购关键技术企业，可以迅速形成核心专长，提升企业核心竞争力，增强企业的竞争优势。

并购获取核心竞争力的做法：一是搜寻具有某种能力、知识和资源的企业作为并购对象并实施低成本收购兼并。二是将本企业所拥有的能力和资源与被收购兼并企业的能力和资源进行有机整合，形成核心竞争力。任何单个能力、资源都不会成为企业的核心竞争力。比如企业在某项技术上有独树一帜的优势，但只有与企业内部的其他资源整合，才能使这种技术优势转化为企业的核心竞争力。但是，并购必须通过内部资源和能力的整合，将其吸收并予以发展，才能成为真正的企业核心竞争力。

（3）联合开发核心竞争力。企业赢得市场领先地位的关键是针对核心竞争力进行投资。如果组织缺乏能够满足这个必要条件的能力，可以通过联合开发，即建立合资企业和一些战略联盟的方法来获取一些技能和资源，从而逐渐形成一种必需的新竞争力。由此可见，合资企业和战略联盟都是联合开发形成核心竞争力的重要方式。

通过与具有某种能力和资源的企业建立合资企业，是企业构建核心竞争力的一种方式。科格曾将合资企业看成是公司学习、寻求并保持其核心竞争力的工具。公司是由知识基础所构成，加之保持商业秘密的需要，这些知识基础是难以在企业的边界以外传递和扩散的。但公司可以借助合资企业这种方式，使组织长期以来所积累的知识得以在组织间传递或转换，使核心竞争力在联合中得到提升。企业可在希望取得另一方组织知识或维持其组织能力，同时又能从另一方的现有知识和成本优势中收益的两种情形下采用合资方式。

（4）建立战略联盟是企业构建核心竞争力的又一方式。所谓战略联盟是企业之间为了实现一定的战略目标，在一定时期内进行的合作安排。建立战略联盟早已成为跨国公司对世界市场的参与方式。从 20 世纪 80 年代起，战略联盟在西方和日本企业得到迅速发展。它的形成基于两个原因：一是企业间资源的相互依赖和经营活动互补。企业的资源和知识通过联盟进行新的组合和延伸，从而形成一种能更多地获取潜在利润的能力；二是联盟为企业间的相互学习和影响、形成新的知识和技能创造了必要条件。值得注意的是，通过合资企业和战略联盟构建企业的核心竞争力，在合作的目的性、信任度、经营管理等方面都存在着一定的障碍。

### 3.7.5 拓展案例：揭秘四大电商平台核心竞争力

电子商务平台可以帮助中小企业甚至个人，自主创业，独立营销一个互联网商城，达到快速盈利的目的，而且只需要很低的成本就可以实现这一愿望。淘宝系、京东商城、苏宁易购、腾讯作为中国四大巨头的电商平台，它们都有着怎么样的核心竞争力呢？

**淘宝系**

“打造开放的生态系统”一直是马云在电商行业排兵布阵的主要战略。早在 2008 年，中国电子商务研究中心“大淘宝战略”的提出就进一步明确了淘宝系的定位是电商开放平台，打造大淘宝生态系统的方向。

事实证明，这个决策还是相当有前瞻性的。2012 年，淘宝系突破了一万亿元的交易规模。这样的交易规模已经形成一个巨型的产业链，需要完善的社会分工协作。仅凭淘宝后台的几千个“小二”，是不可能服务好这数亿的消费者和数百万的商家的。只有开放平台，将更多的需求和商业机会开放给创业者，才能完成整个产业链的良性运作。

按照马云的策略，在这个开放的生态体系中，淘宝系自身提供的是“水、电、煤”等基础设施的服务，而更多的应用以及服务的机会则由合作伙伴提供。以软件开发为例，截至 2011 年 10 月 31 日，淘宝开放平台已开放 297 个 API 接口，累计注册开发者人数 240 968 个，上线运行中的应用 174 449 个。在这个庞大的社会化开发的群体中也诞生了像商派、管易软件、百胜软件等销售额过千万，并且获得风险投资注资的公司。

除了软件服务，在淘宝系的整个生态系统中也慢慢形成了专业化分工的公司，比如专注于网店运营，专注于模特拍照，甚至专注于社会化营销的公司。这些既服务于用户或者商户，又能获取收益的公司越多，淘宝的生态体系就越发达，就容易产生新机会，从而吸引更多的用户、商户或者服务商，形成良性循环。通过开放，淘宝系自己的团队可以将更多的精力放在创新型的业务上。整个淘宝体系中，从支付宝的支付服务，到一淘的比价搜索，甚至是聚划算的团购业务以及未来的无线业务，这些业务的发展中又不断地衍生出新业务模式，形成淘宝系一个巨大的产业链闭环。这其实也是淘宝系成为电商界武林盟主的关键性武器。

**京东商城**

京东升级了物流配送系统后，在物流方面构建了更高效的信息管理系统，提升了配送人员的工作效率。升级后的系统不仅支持京东自营配送站和自提点的配送业务，还支持对外承接物流配送业务。在实现配送站点收货、验货、配送员收货、配送等正向操作功能的同时，也实现了上门取件、上门退换货等逆向物流的功能；该系统还支持第三方商家逆向上门取件、货到付款等服务。

京东商城可谓电商界的“融资王”。刘强东在接受记者采访时多次强调，京东的大量投资是投在仓储和配送上。自建物流在规模达到一定量时，总体成本比第三方物流更低。更重要的是，自建物流避免了第三方物流的账期，从而加快了资金周转速度。

除此之外，物流是用户网购过程中的“最后一公里”，成为用户体验的重要一环，自建物流更易于提供优化用户体验的增值服务。例如，2012 年 7 月，京东晚间配送服务上线，覆盖北京、上海、武汉、成都、广州五大城市，这样的服务靠第三方物流是很难实现的。

有业内人士分析称，未来电商的竞争归根结底是物流的竞争，而电商想要通过物流来提升服务质量则需要大力付出和坚持。在当前竞争的环境下，无论是淘宝系还是苏宁易购都看到了物流的价值，并在物流上发力。然而在这个方面，京东已经抢先起跑了。

**苏宁易购**

供应链从目前初成规模的电子商务企业的发展历程来看，每一家公司最初都有一个起家的核心产品。比如京东商城是3C，而当当网是图书等。

苏宁易购的起家是其最有优势的产品——家电，这是一个对供应链要求很高的品类。传统的“空冰洗彩”（空调、冰箱、洗衣机、彩电）的上游供应商，经过市场竞争已经形成寡头格局。在这种寡头格局下，苏宁经过多年发展已经成为了强势渠道，并在采购上形成了自己的优势。

苏宁易购的执行总裁李斌曾表示，供应商可共享苏宁线上线下的不同渠道，整个集团有“采购总部”的概念，采购成本是相同的。据苏宁易购内部人士透露，苏宁易购在大家电上的采购成本比竞争对手低8个点左右。

在大家电这种高单价的产品上，采购优势很容易在聚合用户方面体现出来，从而以优惠价格吸引海量的用户，然后再从家电品类拓展到百货品类就相对容易很多。2012年，苏宁易购也在走家电化路线，但是其核心品类带来的优势才是其在竞争中最关键的杀手锏。

还有一点是不可忽视的，即苏宁易购目前在着力打通线上线下渠道。截至2012年年底，苏宁有1 400多家店，94个配送中心，4 000多个售后服务网点。这种网络的建成需要大量的投入时间，而这恰恰就是苏宁这么多年积累的线下优势。一旦苏宁将线上和线下整合起来，线上的流量以及线下的配送等问题都将迎刃而解，最终将会形成最优的供应链体系，而这将会爆发出巨大的竞争力。

不过，要想打通线上线下，需要解决的不仅仅是系统问题还有利益分配、管理以及激励机制等问题，这些问题要完成，几乎就是对苏宁的再造，难度并不小。

**腾讯系**

假如投资电子商务是一场马拉松的话，在腾讯真正发力上场时，竞争对手至少已经跑出去几公里了。但是，对于财大气粗的腾讯来说，唯一的办法就是用“投资”来抵消这种后发的劣势。

在电商领域，腾讯并非是一片空白的后来者。定位于C2C的拍拍网若干年来不温不火，远不及淘宝。然而在看清电商的方向之后，腾讯果断出手了。先是投资并控股3C数码B2C易迅网，又于2011年先后以5 000万美金和1 000万美金投资鞋类B2C好乐买和钻石B2C珂兰钻石，另外还入股了E龙，投资了团购网站F团。这些大手笔的投资，为QQ网购上线打通了各种电商类目的资源。

投资之后即是整合。2012年，腾讯电商从腾讯集团独立出来，有了更大的施展空间。腾讯电商的策略是双管齐下，一手开放平台，一手采用自营模式。QQ网购除了将其投资好乐买、珂兰钻石等现有的B2C及SKU导入其中外，还将1号店、天天网等其他类目的B2C企业接入进来。2012年7月，QQ网购正式开放平台，招商规模达300家。而自营则主要依靠易迅。据了解，易迅线上部分由易迅和腾讯的一个联合团队共同运营，且以腾讯的技术支持为主。而线下供应链部分则是易迅的长项，由易迅的团队来运营。在这一块，易迅走的完全是自营的路线，到2015年将会在全国建设80万平方米的仓储运营中心。可以看出，通过易迅，腾讯意在将整个电子商务的供应链控制起来。

腾讯电商正处于稳健发展期，对于腾讯这个巨头来说，战略性的亏损正是其未来在电商领域占有一席之地的必然路径。更重要的是，一旦腾讯将电商业务提上战略性高度，无论是流量还是资本，都算不上是问题了。

## 3.8 实训经营第6年——团队制胜

### 3.8.1 管理决策

**1．重要决策。**请把记录填写在表3-71。

表3-71 决策记录

| 1季度 | 2季度 | 3季度 | 4季度 | 年底 |
|---|---|---|---|---|
| | | | | |

**2．现金预算表。**请把记录填写在表3-72。

表3-72 现金预算表

| 项　　目 | 1 | 2 | 3 | 4 |
|---|---|---|---|---|
| **期初现金（+）** | | | | |
| 变卖生产线（+） | | | | |
| 变卖原料（+） | | | | |
| 变卖厂房（+） | | | | |

续表

| 项　　目 | 1 | 2 | 3 | 4 |
|---|---|---|---|---|
| 应收款到期（+） | | | | |
| 支付上年应交税 | | | | |
| 广告费投入 | | | | |
| 贴现费用 | | | | |
| 利息（短期贷款） | | | | |
| 支付到期短期贷款 | | | | |
| 原料采购支付现金 | | | | |
| 转产费 | | | | |
| 生产线投资 | | | | |
| 生产费用 | | | | |
| 产品研发投资 | | | | |
| 支付行政管理费用 | | | | |
| 利息（长期贷款） | | | | |
| 支付到期长期贷款 | | | | |
| 维修费 | | | | |
| 租金 | | | | |
| 购买新建筑 | | | | |
| 市场开拓投资 | | | | |
| ISO 认证投资 | | | | |
| 其他 | | | | |
| **现金余额** | | | | |
| **需要新贷款** | | | | |

**3．产能预估。**请把记录填写在表 3-73。

**表 3-73　产能预估表**

| | | 1 季度 | 2 季度 | 3 季度 | 4 季度 |
|---|---|---|---|---|---|
| 生产线 1 | 产品： | | | | |
| 生产线 2 | 产品： | | | | |
| 生产线 3 | 产品： | | | | |
| 生产线 4 | 产品： | | | | |
| 生产线 5 | 产品： | | | | |
| 生产线 6 | 产品： | | | | |
| 生产线 7 | 产品： | | | | |
| 生产线 8 | 产品： | | | | |

**4．生产计划与物料需求计划。**请把记录填写在表 3-74。

**表 3-74 生产计划与物料需求计划表**

产品：　　　　　　　　　　　　　　　　　　生产线类型：

| 项　目 | 去　年 | | | | 今　年 | | | |
|---|---|---|---|---|---|---|---|---|
| | 1 季度 | 2 季度 | 3 季度 | 4 季度 | 1 季度 | 2 季度 | 3 季度 | 4 季度 |
| 产出计划 | | | | | | | | |
| 投产计划 | | | | | | | | |
| 原材料需求 | | | | | | | | |
| 原材料采购 | | | | | | | | |

产品：　　　　　　　　　　　　　　　　　　生产线类型：

| 项　目 | 去　年 | | | | 今　年 | | | |
|---|---|---|---|---|---|---|---|---|
| | 1 季度 | 2 季度 | 3 季度 | 4 季度 | 1 季度 | 2 季度 | 3 季度 | 4 季度 |
| 产出计划 | | | | | | | | |
| 投产计划 | | | | | | | | |
| 原材料需求 | | | | | | | | |
| 原材料采购 | | | | | | | | |

产品：　　　　　　　　　　　　　　　　　　生产线类型：

| 项　目 | 去　年 | | | | 今　年 | | | |
|---|---|---|---|---|---|---|---|---|
| | 1 季度 | 2 季度 | 3 季度 | 4 季度 | 1 季度 | 2 季度 | 3 季度 | 4 季度 |
| 产出计划 | | | | | | | | |
| 投产计划 | | | | | | | | |
| 原材料需求 | | | | | | | | |
| 原材料采购 | | | | | | | | |

产品：　　　　　　　　　　　　　　　　　　生产线类型：

| 项　目 | 去　年 | | | | 今　年 | | | |
|---|---|---|---|---|---|---|---|---|
| | 1 季度 | 2 季度 | 3 季度 | 4 季度 | 1 季度 | 2 季度 | 3 季度 | 4 季度 |
| 产出计划 | | | | | | | | |
| 投产计划 | | | | | | | | |
| 原材料需求 | | | | | | | | |
| 原材料采购 | | | | | | | | |

产品：　　　　　　　　　　　　　　　　　　生产线类型：

| 项　目 | 去　年 | | | | 今　年 | | | |
|---|---|---|---|---|---|---|---|---|
| | 1 季度 | 2 季度 | 3 季度 | 4 季度 | 1 季度 | 2 季度 | 3 季度 | 4 季度 |
| 产出计划 | | | | | | | | |
| 投产计划 | | | | | | | | |
| 原材料需求 | | | | | | | | |
| 原材料采购 | | | | | | | | |

**5．采购计划。**请把记录填写在表3-75。

表3-75　采购计划表

| 原材料 | 1季度 | 2季度 | 3季度 | 4季度 |
|---|---|---|---|---|
| M1 | | | | |
| M2 | | | | |
| M3 | | | | |
| M4 | | | | |

## 3.8.2　实训步骤

### 1．任务流程

**每年年初：（根据提示，完成部分打钩）**

| | |
|---|---|
| （1）支付应付税（根据上年度结果） | □ |
| （2）支付广告费 | □ |
| （3）熟悉销售订单 | □ |

| **每个季度：** | **1季度** | **2季度** | **3季度** | **4季度** |
|---|---|---|---|---|
| （1）申请短期贷款/更新短期贷款/短期贷款还本付息 | □ | □ | □ | □ |
| （2）更新应付款/归还应付款 | □ | □ | □ | □ |
| （3）更新原料订单/原材料入库 | □ | □ | □ | □ |
| （4）下原料订单 | □ | □ | □ | □ |
| （5）更新生产/完工入库 | □ | □ | □ | □ |
| （6）投资新生产线/生产线转产/变卖生产线 | □ | □ | □ | □ |
| （7）开始下一批生产 | □ | □ | □ | □ |
| （8）产品研发投资 | □ | □ | □ | □ |
| （9）更新应收款/应收款收现 | □ | □ | □ | □ |
| （10）按订单交货 | □ | □ | □ | □ |
| （11）支付行政管理费用 | □ | □ | □ | □ |

**每年年末：**

| | |
|---|---|
| （1）申请长期贷款/更新长期贷款/长期贷款支付利息 | □ |
| （2）支付设备维修费 | □ |
| （3）支付租金（或购买建筑） | □ |
| （4）折旧 | □ |
| （5）新市场开拓投资 /ISO资格认证投资 | □ |
| （6）关账 | □ |

**2．第 6 年订单。**请把记录填写在表 3-76。

表 3-76　订单记录表

| 项　　目 | | | | | 合　　计 |
|---|---|---|---|---|---|
| 市场 | | | | | |
| 产品名称 | | | | | |
| 账期 | | | | | |
| 交货期 | | | | | |
| 单价 | | | | | |
| 订单数量 | | | | | |
| 订单销售额 | | | | | |
| 成本 | | | | | |
| 毛利 | | | | | |

**3．采购记录。**请把记录填写在表 3-77。

表 3-77　采购记录表

| 原材料 | 1 季度 | 2 季度 | 3 季度 | 4 季度 |
|---|---|---|---|---|
| M1 | | | | |
| M2 | | | | |
| M3 | | | | |
| M4 | | | | |

**4．第 6 年的财务报表。**请把记录填写在表 3-78、表 3-79。

表 3-78　综合管理费用明细表及损益表　　单位：百万

| 项　　目 | 金　　额 | 项　　目 | 年初数 | 期末数 |
|---|---|---|---|---|
| 广告费 | | 一、销售收入 | | |
| 转产费 | | 减：成本 | | |
| 产品研发 | | 二、毛利 | | |
| 行政管理 | | 减：综合费用 | | |
| 维修费 | | 折旧 | | |
| 租金 | | 财务净损益 | | |
| 市场开拓 | | 三、营业利润 | | |
| ISO 认证 | | 加：营业外净收益 | | |
| 其他 | | 四、利润总额 | | |
| 合计 | | 减：所得税 | | |
| | | 五、净利润 | | |

表 3-79　资产负债表　　单位：百万

| 资　　产 | 年初数 | 期末数 | 负债及所有者权益 | 年初数 | 期末数 |
|---|---|---|---|---|---|
| 流动资产： | | | 负债： | | |
| 现金 | | | 短期负债 | | |

续表

| 资　　产 | 年初数 | 期末数 | 负债及所有者权益 | 年初数 | 期末数 |
|---|---|---|---|---|---|
| 应收账款 | | | 应付账款 | | |
| 原材料 | | | 应交税金 | | |
| 产成品 | | | 长期负债 | | |
| 在制品 | | | | | |
| 流动资产合计 | | | 负债合计 | | |
| 固定资产： | | | 所有者权益： | | |
| 土地建筑净值 | | | 股东资本 | | |
| 机器设备净值 | | | 以前年度利润 | | |
| 在建工程 | | | 当年净利润 | | |
| 固定资产合计 | | | 所有者权益合计 | | |
| 资产总计 | | | 负债及权益总计 | | |

### 3.8.3 实训总结

**每个公司自选一位队员上台汇报（已经上过台汇报的不在列）。汇报提纲如下。**

（1）团队管理的重要意义在哪里？

（2）谈谈你对企业经营模拟沙盘的认识？

（3）通过沙盘的实战模拟演练，你发现你的优点是什么？你的缺点有哪些？今后计划怎么做？

### 3.8.4 知识巩固：团队管理

#### 1. 团队概述

所谓团队（team），就是指多个具有共同愿景和奋斗目标的个人所组成的工作团体。团队与团体的区别，如表3-80所示。

**表3-80　团队与团体的区别**

| | 团体（group） | 团队（team） |
|---|---|---|
| **成员特色** | 成员知识、技能、经验相异性小，不具相互依存性，成员可以自由决定或采取行动 | 成员具有不同的专长而互相依赖，任何成员的行动决定会影响到别的成员 |
| **目标性质** | 目标与组织的目标相似，能为成员所辨识 | 被赋予特定的目标，目标为全体成员所认同 |
| **运作方式** | 有一位明确而强势的领导者，由领导者主导形成决策，指派或授权由个人执行任务 | 成员共享领导权，轮流担任领导者，决策过程由全体成员参加，决策内容为全体成员所认同；任务的达成要成员彼此交换信息及资源、协调行动 |
| **成员评估** | 偏重个别成员的影响，工作成败由个别成员承担 | 以集体的工作成果为衡量标准，工作成败由全体成员共同承担 |

#### 2. 团队的基本要素构成

- 有比较明确的、共同的团队奋斗目标。

- 具体的团队业绩目标。
- 成员都被充分赋权。
- 互补的技能，包括：解决问题和决策的技能；技术性或职能性的专业技能；人际关系技能。
- 相互的责任：相互依靠，共同分担责任。

有调查显示，80%的世界 500 强企业中有一半或者一半以上的员工在团队中工作，68%的美国小型制造企业在其生产管理中采用团队的方式。团队管理已经被广泛应用在制造业、零售业等。现在，团队的运作方式已经蔓延到几乎所有的组织中，一大批觉醒的企业正在不遗余力地致力于建设高绩效团队。

一个高绩效的团队是当今社会所必需的。团队建设能聚集集体的力量，把所有的组织成员的才能都充分发挥出来，以 1+1>2 的效果完成组织的任务目标。

**3．团队特征**

英国剑桥大学的产业培训研究部在贝尔滨教授的领导下做了九年的团队研究。其中大部分研究是在亨利管理人员学院进行的，其中心任务就是在不同的假设和设计前提下研究团队的构成。

他们在试验中组建了 120 支管理团队，大部分团队都由六名成员组成。团队效率的衡量标准则是他们在管理游戏中所取得的财务业绩。还有另外 70 家“公司”也在他们的考察范围之内。它们或是由亨利的管理人员组建，或是由学员们自己组建。

通过这些试验，他们得到的一个最核心的概念就是团队角色。它定义了具有特定性格特征和能力的成员所能为团队做出的贡献。有用的团队角色数量有限，团队的成功要依赖于它们的组合模式以及它们履行职责的情况。

团队关键特征包括：① 相互依赖与协作；② 角色定位与责任分担；③ 信息沟通与知识共享；④ 自我管理与授权。

团队常见的失败原因有：

- 目的和目标不明确。
- 目标无法测量。
- 界限和责任不明确。
- 成员不合适，缺乏所需的关键知识或技能。
- 缺乏对成员进行协作和解决问题的培训。
- 领导作风和行为不恰当。
- 会议效果不佳。
- 团队不愿承担责任。
- 奖赏或认可更偏重于个人。
- 职能性阻力和权术。

- 抑制个人主义和个人的创造性。

**4．制定团队纲领**

（1）团队纲领的定义

团队纲领是一份清楚的、团队成员一致认可的书面文字，它描述了团队的使命以及团队与企业的目标具有怎样的联系。团队纲领包括权力、资源以及完成任务所需要的关键机制。它的作用就是成为团队成员之间以及团队和其主办者之间的一份契约。

（2）团队纲领的内容

团队纲领是一个团队的总体计划，是对你的团队将要完成的最重要结果的概述，包括工作流程图、里程碑（目标）、总体时间表和行动计划四部分。

- 工作流程图可以描绘出你的团队将要执行的每一步的行动路线。
- 里程碑是你的团队将要达到的具体的、可预期的目标，以其作为工作过程中的考核点。
- 总体时间表是为每个里程碑和每一步工作流程提供一个目标开始和完成的日期。
- 行动计划是你和你的队友采取的个人的步骤，借助行动计划你们将达到每个里程碑。行动计划确定了你们的策略。它是达到一个里程碑所必需的完整有序的一系列步骤。

**5．引导团队合作**

团队领导在团队中处于非常重要的位置，无论是否愿意，他的言行都会影响到团队。团队领导应该负责管理会议的结构，在具体考虑会议内容时则要保持中立，因为会议内容应由团队来共同完成。

领导力与管理的重点差异，如表 3-81 所示。

**表 3-81　领导力与管理的区别**

| 项　　目 | 领 导 力 | 管　　理 |
|---|---|---|
| 中心对象 | 人 | 管理系统 |
| 控制机能 | 情绪、承诺 | 合法、会计审核 |
| 主要要素 | 愿景、价值、企业文化、行为 | 预算、规章、规划、控制 |
| 关键词 | 感觉、激励、荣耀 | 效率、目标、系统结构 |

**6．团队凝聚力的基本规律**

- 领导者的高期望。
- 信息沟通畅通。
- 团队达成目标的程度高。
- 成员需求的满足程度高。
- 团队成员之间的联系程度超过与外界的联系。

- 团队规模较小（12 个之内）。
- 成员的相似性强。
- 外界对团队的压力大。
- 团队进入门槛高。
- 团队在组织或社会中的地位高。

**7．监控团队进程方法**

（1）头脑风暴法

头脑风暴法从 20 世纪 50 年代开始流行，常用在决策的初级阶段，以解决组织中的新问题或重大问题。头脑风暴法一般只用来产生方案，而不是进行决策。它是指在一定的情况下，让参与会议的人完全放开思维、集思广益、随心所欲地发表看法。

头脑风暴法应遵守如下原则：

- 严格限制讨论对象的范围，使参加者把注意力集中于所涉及的问题。
- 庭外判决原则。对各种意见、方案的评判必须放到最后阶段。认真对待任何一种设想，而不管其是否适当和可行。
- 欢迎各抒己见，百家争鸣。创造一种自由的气氛，激发参加者提出各种想法。
- 追求数量。意见越多，产生好意见的可能性越大。
- 探索取长补短和改进的办法。除提出自己的意见外，鼓励参加者对他人已经提出的设想进行补充、改进和综合。
- 发言简单，不需详细论述。
- 不允许参加者宣读事先准备好的建设发言稿。

（2）鱼骨图法

鱼骨图，又称特性—要因图，是用图来表示决定达到目的、目标的方法。它是将一个问题的特性（结果）与造成该特性的重要原因（要因）归纳整理而成的。由于其外形类似鱼骨，因此一般俗称为鱼骨图。该图形是由日本品管专家石川馨博士所发明的，故又名石川图。

鱼头向右者为原因寻求型，鱼头向左者为对策拟定型。鱼头右侧代表问题的特性；鱼骨左侧代表造成该特性的重要原因，包括背骨（脊椎骨）、大骨、中骨、小骨等，分别代表制程、大要因、中要因、小要因等，要点齐全才能成为完整的鱼骨图。

使用要领：

- 分析要因时，应采用头脑风暴法，并配合专业知识和经验进行。
- 鱼骨图可以与层别法一起运用，绘制成层别鱼骨图。
- 鱼骨图除了用作结果和原因间的分析外，还可用作目的和手段间的分析以及全体和要素间的分析。

- 分析要因时，若发现不同要因间彼此互相关联（有因果关系），要改用关联图进行分析。

（3）帕累托法

帕累托法则又称 80/20 原理：往往在日常工作中重要的少数只占 20%，而无关重要的多数占 80%；而这重要的少数却又影响了 80%的成效，假若把精力与时间致力于 80%的无关重要的多数，则只能影响 20%的成效。在坐标轴的纵轴有两种衡量尺度，左边是品质特性，右边是百分比。横轴是分析的项目，项目排列的顺序是从大到小，其他在最后。

（4）甘特图法

甘特图因在 20 世纪初由一名叫亨利·甘特的工程师首先使用而得名。它基本上是一种线条图，横轴表示时间，纵轴表示要安排的活动，线条表示在整个期间计划的和实际的活动完成情况。甘特图直观地表明任务计划在什么时候进行以及实际进展与计划要求的对比情况。

在甘特图中水平线条表示一个项目每一个重要阶段的起点和终点，把图表的左上角称之为最早的行动，把下面的图表作为以后的行动，把底端的时间线标上日期。然后靠近每一阶段画上线条，根据时间线从开始时间开画，在结束时间画完，最后得到的图表形象地展示了行动的流动，并且可以同时表现行动的阶段。

### 3.8.5 拓展案例：智猪博弈

假设猪圈里有一头大猪和一头小猪。猪圈的一头有猪食槽，另一头安装着控制猪食供应的按钮，按一下按钮会有一定单位的猪食进槽。如果是小猪按动按钮，则大猪会在小猪到达食槽前把食物全部吃光；如果是大猪按动按钮，则大猪到达食槽时只能和小猪抢食剩下的一些残羹冷炙。既然小猪劳动不得食，则小猪不会主动按按钮，而大猪为了生存，尽管只能吃到一部分，还是会选择劳动（按钮）。那么，在两头猪都有智慧的前提下，最终结果是小猪选择等待。

在企业团队建设中，如同“智猪博弈”的事情时有发生，通常被叫作“搭顺风车”现象。因为，通常对团队的绩效激励来源于团队的集体绩效，那么弱者（小猪）主动劳动，可能换来的集体绩效的提高非常有限，并不能得到额外的奖励，弱者就会选择等待。而强者（大猪）为了得到额外的奖励只能选择主动劳动来提高集体绩效，而所得的绩效奖励又不得不与弱者共同分配。

因此，要建立高绩效的团队不能把重点只放在团队绩效的管理上，还要重视团队成员的角色匹配和绩效分解，让每一个团队成员都能够真正地充分发挥作用，进而促进整体团队绩效的提高。

## 3.9 经营成绩统分

统计各组最终的经营成绩排名，首先将各组到运营最末年度各个区域各个产品的累计销量进行统计排名，将每个市场排名第一的组别记录到表 3-82。然后将表 3-81 获得的结果加分填入表 3-83 中。接下来，对每个组的各类加分情况进行统计，将结果记录到表 3-83 中。进行简单的表格运算，可以得出各组的总得分及排名情况。

表 3-82　最终市场排名统计表

| | Beryl | Crystal | Ruby | Sapphire |
|---|---|---|---|---|
| 本地产品市场排名 10 分/第一 | | | | |
| 区域产品市场排名 10 分/第一 | | | | |
| 国内产品市场排名 10 分/第一 | | | | |
| 亚洲产品市场排名 10 分/第一 | | | | |
| 国际产品市场排名 10 分/第一 | | | | |

表 3-83　经营成绩统分

| | A 组 | B 组 | C 组 | D 组 | E 组 | F 组 |
|---|---|---|---|---|---|---|
| 公司名称 | | | | | | |
| | | | | | | |
| 本地产品市场排名 10 分/第一 | | | | | | |
| 区域产品市场排名 10 分/第一 | | | | | | |
| 国内产品市场排名 10 分/第一 | | | | | | |
| 亚洲产品市场排名 10 分/第一 | | | | | | |
| 国际产品市场排名 10 分/第一 | | | | | | |
| Crystal 产品加 20 分 | | | | | | |
| Ruby 产品加 30 分 | | | | | | |
| Sapphire 产品加 40 分 | | | | | | |
| 区域市场开发加 10 分 | | | | | | |
| 国内市场开发加 20 分 | | | | | | |
| 亚洲市场开发加 30 分 | | | | | | |
| 国际市场开发加 40 分 | | | | | | |
| ISO9000 加 15 分 | | | | | | |
| ISO14000 加 30 分 | | | | | | |
| 手工线加 5 分/条 | | | | | | |
| 半自动线加 10 分/条 | | | | | | |
| 全自动线加 15 分/条 | | | | | | |
| 柔性线加 20 分/条 | | | | | | |
| 购买了 A 厂房加 40 分 | | | | | | |
| 购买了 B 厂房加 30 分 | | | | | | |
| 购买了 C 厂房加 20 分 | | | | | | |

续表

| | A组 | B组 | C组 | D组 | E组 | F组 |
|---|---|---|---|---|---|---|
| 未借高利贷加 20 分 | | | | | | |
| 未贴现加 20 分 | | | | | | |
| 长贷未还–5 分 | | | | | | |
| 短贷未还–10 分 | | | | | | |
| 其他扣分情况 | | | | | | |
| 总分 | | | | | | |
| | | | | | | |
| 权益 | | | | | | |
| 最终得分［权益×（1+总分/100）］ | | | | | | |
| | | | | | | |

FOUR

# 第四篇 竞技策略

## 4.1 典型策略

### 4.1.1 典型策略介绍

做沙盘模拟前，各个公司应当对未来六年有一个总的战略规划，并且准备好 2～3 套应变方案，这样才能在实战过程中临危不乱。

**1．力压群雄——霸王策略**

（1）策略介绍

在沙盘开始之初，利用贷款在刚开始所拥有的限额筹到大量资金用于增加生产线，扩大产能，保证产能第一，以高广告策略夺取本地市场老大，并随着产品开发的节奏，成功实现 Beryl 向 Crystal、Ruby 等主流产品过渡。在竞争中始终保持主流产品销售量和综合销售量第一。后期用高广告策略争夺主导产品的最高价市场的龙头地位，保持权益最高，使对手望尘莫及，难以超越，最终直捣黄龙，夺得头筹。

（2）运作要点

运作好此策略关键有两点：一是资本运作，使自己有充足的资金用于产能扩大，并能抵御强大的还款压力，使资金运转正常，所以此策略对财务总监要求很高。二是精确的产能测算与生产成本预算，如何安排自己的产能扩大节奏？如何实现零库存？如何进行产品组合与市场开发？这些将决定着最终的成败。

（3）评述

采取霸王策略的团队要有相当的魄力，敢于破釜沉舟，谨小慎微者不宜采用。此策略的劣势在于如果资金或广告在某一环节出现失误，则会使自己陷入十分艰难的处境，过大的还款压力，可能将自己逼上破产的境地，所以此策略风险很高。

**2．忍辱负重——越王策略**

（1）策略介绍

采取此策略者通常是有很大的产能潜力，但由于期初广告运作失误，导致权益过低，处于劣势地位。所以在第二、第三年不得不靠 Beryl 维持生计，延缓产品开发计划，或进行 Crystal 产品开发，积攒力量，度过危险期。在第四年时，突然推出 Ruby 或 Sapphire 产品，配以精确广告策略，出其不意攻占对手们的薄弱市场。在对手忙于应对时，自己早已把 Ruby、Sapphire 的最高价市场把持在手，并抓住不放，不给对手机会，最终称霸中原。

（2）运作要点

此策略制胜的关键点在于广告运作和现金测算上，因为要采取精确广告策略，所以一定要仔细分析对手情况，找到他在市场中的薄弱环节，以最小的代价夺得市场，减少成本。其次，现金测算，因为要出奇兵（Ruby 或 Sapphire），但这些产品对现金要求很高，所以现金测算必须准确，因为如果出现现金断流，关键是完不成订单，会受到处罚，那将前功尽弃，功亏一篑。

（3）评述

越王策略，不是一种主动的策略，多半是在不利的情况下采取的，所以团队成员要有很强的忍耐力与决断力，不要为眼前一时的困境所压倒，并学会“每分钱用在刀刃上”，节约开支，降低成本，先生存，再夺占。

**3．见风使舵——渔翁策略**

（1）策略介绍

当市场上有两家实力相当的企业争夺第一时，渔翁策略就派上用场了，首先在产能上要努力跟随前两者的开发节奏，同时在内部努力降低成本，在每次新市场开辟时均采用低广告策略，规避风险，稳健经营，在双方两败俱伤时立即占领市场。

（2）运作要点

此策略的关键：第一，在于一个“稳”字，即经营过程中一切按部就班，广告投入和产能扩大都是循序渐进，逐步实现，稳扎稳打。第二，要利用好时机，因为时机是稍纵即逝的，对对手一定要仔细分析。

（3）评述

渔翁策略在比赛中是常见的，但要成功一定要做好充分准备，只有这样才能在机会来临时，一下抓住，从而使对手无法超越。

### 4.1.2　需要整合的要素分析

企业经营沙盘模拟对抗当中，需要整合的要素并不是很多，从开源的角度考虑，为增加营业收入，我们要开拓新的市场，抢到更多的市场订单，那就要开发新的产品，满足新市场的需求，这样就要加快研发费用的投入，因而也就要考虑节流的问题了，收入还没实现，钱像流水样用出去是不可行的。银行贷款、广告费、财务费用、维修费用、这些可变的和不可变的投入怎样计划呢？

**1．产能领先制胜法**

想产能领先别人，就要扩大生产能力，投资新的生产线，为减少生产周期就会对原有手工生产线进行变卖，转向投资全自动或是柔性生产线。生产能力提高后可以充分满足市场订单的需要，在会计年度顺利生产出所需求的产品，实现销售收入的扩大。然而以产能控制市场，是更多经营者能够在第一时间想到的胜出方案，那么也就是说更多的人首先意识到争取资本增加的最好的方法是来自大量的市场订单，销售额的扩大会使企业顺利扩大规模，最后胜出。但是消费者的购买量也就是订单是有限的，想把产出变成实际的资金回笼还需开拓更多的市场。这样就造成投入与产出的矛盾，因为市场开拓是需要时间和费用的，过早扩大生产线，提高产能在销售环节上造成失误，不能顺利变现，只能造成库存的积压，从而增加整个企业的资金压力，再者先期能扩大生产线的资金来自银行的贷款，如此会产生大量的财务费用，加上生产线的维修费用和生产线的折旧费用，每年将使企业很难盈利。

**2．保权益胜出法**

激进失败的队员都认为在企业的长贷问题上很难判断，队员会对贷款和贴现产生质疑，特别是财务总监会非常清楚每年的利息和长贷到期时还本付息的压力是企业的一大难题。根据规则经营的虚拟企业同现实的企业一样，只要能满足贷款的要求，就会得到银行的贷款。那么为减少企业的财务费用而保权益的方案也会在比赛实战中出现。然而企业经营的目标是创造利润，这样的企业让人感到是日落西山，没有生机。若能胜出就是各家突飞猛进的企业在冒进中身受重伤时抓住的机会，但这种可能性的发生纯粹是种偶然，等待在别人的失误中找机会的经营方案不是卓越的方案。反过来我们可以这样看，在保权益时，最好的做法是减少企业新产品的研发、新市场的开拓、避免以负债建设生产线的形式，从企业发展角度说，只能证明这个企业的发展潜力不足，或是资金利用率很低，如此，机会就算摆在眼前能够抓住多少呢？产出能力太低，明显的后劲不足，禁不起对手的打压，其实风险更大。

**3．先入为主的广告策略法**

企业要想占领先机，抢占市场老大，就要打广告，广告的投入在各个未曾交过手的商家之间是个强烈的博弈过程。在此最适合生存的决策一定不是先入为主，因为最为关键的是，打江山容易，守江山难，不惜代价打下的江山还需要守住、守好，使它成为自己的生存之本，这不是件容易的事，商家都会对利润丰厚的市场虎视眈眈，不容一家坐享其成的，随时都会遇到生存发展的拦路虎，开始靠大量投入广告做市场，很想降低下一年的广告投入，此时产品开发和生产线投资不到位，过早引来更多对手的攻击，也会在市场维护上大伤脑筋，最不想发生的前功尽弃之事，却屡次发生。

### 4.1.3 把握机遇

企业资源计划是在企业资源有限的情况下，如何去整合企业可利用的资源，使之在提高企业竞争力的同时，也使企业的收益最大化。在企业经营沙盘对抗赛中经营的虚拟企业中做好资源计划，就需要对企业的整体资源做出长远的计划。如此在财务方面一定要做好现金预测，这对财务总监及其助理提出了更高的要求。财务总监需要做好企业资源计划，是基于战略发展的需要，战略方向确定后，财务总监就要开始这一工作。

#### 1. 以销定产再以产定销

选择主要想进入的市场匹配相应的产品组合，再投入相应的生产线。每个市场有它独特的产品需要，比如区域市场从第三年开始最偏爱的是 Sapphire 产品，只要它与其他任何两种产品相配合就可以稳定市场老大的地位了。因为 Sapphire 产品的研发费用高，回收期长，所以大多数公司的资金不能支持开发 Sapphire 产品。由于产品研发的周期（6Q）大于生产线投资建设的周期，所以若投资全自动生产线（4Q）可以在产品研发第三周期开始，在同一季度同时投资完成。这样生产线和 Sapphire 产品的研发费用会在第二年内完成，资金将得到充沛利用，尽管企业遇到巨大的资金压力，但未来企业的竞争力是很强的。很多参赛队在生产线投资时倾向于柔性生产线没有转产周期和费用，而不去投资全自动生产线。但是一条柔性线比全自动线多投入 10M，并不是个小数目，几乎需要 5 个 Beryl 产品或 2.5 个 Crystal 产品的毛利实现。在此，参赛队必须清晰规划自己的战略组合，市场定位一定要清晰，深入分析市场中的需求量，最终确定自己的产品组合。再进行生产组合的分析和决策，才会做得更好。而不必靠柔性线来保持灵活。如果把所有的产品都开发了，想拿所有产品的最大销售订单，是不现实的，即使做到了，广告投入也非常大。产品组合确定了，生产能力也能满足市场的预测了，接下来就看销售总监在市场上临阵的本领了。

#### 2. 信息就是竞争力

能否搜集到必要且准确的市场信息是企业战略制定和执行的关键。尽管竞争对手很多都身受竞争环境的困扰不得解脱，但没有想经营破产的企业。所以当各家都认识到经营企业不是闭门造车时，都想看别人是怎么造“车”的，也都在想保持自己的秘密战略，能遮能掩的操作就是不让对手看到，即使经营的是正规的财务公开的大企业，遮掩也并不违规，财务公开在年末，等年底真的糊弄了对手，让对手做出了错误的判断，自己就是一场胜利。所以做好这门工作，需要掌握最新的市场信息，把握竞争对手非常细微的动作。比如在年末公布企业经营情况时，就要把竞争对手的在建工程及产品原材料订单等数据及时抓住，这样就会对下一年对手期初用哪条生产线、生产哪种产品做出判断。这样会尽量避免与对手在下年年初同一市场上广告的拼杀。

在模拟的场景中，每个市场的需求量是不变的，不断变化的是满足需求时各家的最终决策。每一项决策的最终拍板并不像赌徒把钱孤注一掷一样，否则，付出的代价太大，认识到代价惨重时，后悔也来不及了。所以“宝”还是要押的，但要有90%的把握。例如，各家企业在第一年广告投入都很小，本地市场老大被A公司7M广告投入拿走。第一年本地广告没有比拼在第二年却有6家公司来抢本地市场老大，广告投入很大，A公司没能守住市场，这么多家关照他的市场，而不去竞争区域市场，这种特别的关照可以看出那6家公司的决策似乎如出一辙，从中可知信息保守得很好，信息搜集也非常不好。

**3．做好团队管理是管理团队成功的基础**

没有完美的个人，却有优秀的个人，优秀的个人创造出完美的团队。实现团队协作是参赛团队所追求的目标，然而这一目标远非说和想那样轻松。团队成员的默契若想在短时间内实现，就要在不断的冲突中充分用实践去证明自己的观点是禁得起考验的。假设财务经理对生产总监和市场总监以及采购总监的行为不做出判断，当他们需要费用时就给，情况很快就会严峻起来，从中也可以说当此种情况发生时更多是其他部门对严峻未来的慎重思考所致。企业经营沙盘模拟更多的是教我们如何去做企业资源的计划，而不是通过某种侥幸获得意外的收益。

## 4.2 产品组合策略

经营企业最为重要的一个环节就是公司的经营战略。经营什么?如何经营?怎样才能获取最高的利润?这是每一个公司决策层首先需要考虑的问题。很多的模拟企业在经营伊始就犯下致命的错误，所以在过程中绞尽脑汁也无法使企业走出困境。

**1．策略一：Beryl+Crystal策略**

（1）优势

该策略的研发费用较低，仅为4M，能有效控制住综合费用，进而使得利润、所有者权益能够保持在一个较高的水平，这样对于后期的发展非常有利。通常情况下，第一年的所有者权益控制在44M、45M为最佳，第二年实现盈利后，所有者权益会飙升至57M以上。接下来在第三年扩建成一条生产线，这是扩大产能速度较快的一种策略。当然即使环境恶劣到第二年一个产品都没有卖出去而收不到任何的现金，依然可以轻松地坚持到下一年。如果要迅速扩张，以产能来挤压竞争对手的生存空间，这条策略无疑是最优的。

（2）劣势

这种策略的劣势相对不易察觉，使用该策略可以在前期获得很大的优势，但在后期通常神不知鬼不觉地被超越，该类例子从普通训练赛到国家级比赛不胜枚举。原因有二：其一，Beryl、Crystal 策略在后期缺乏竞争力，当大家都扩建起 8 条线的时候，Beryl、Crystal 的利润显然不如 Ruby、Sapphire，所以被所有者权益相差 20 以内的对手反超不足为奇；其二，当队员用此策略建立起前期优势后，难免有些心理上的松懈，赛场如战场，形势可能一日数变，如果缺乏足够的细心和耐心处理对手的信息，被超越的可能性也是很大的。

（3）使用环境

该策略主要用在初学者的竞技中，当对手大多采用 Ruby、Sapphire 时也可运用该策略。

### 2. 策略二：Crystal+Ruby 策略

这套策略可以称之为攻守兼备，推荐选择 2 条柔性线，Crystal、Ruby 各一条自动线。

（1）优势

此策略的优势在于使用者可以在比赛全程获得产品上的优势：Crystal 在第三年和第四年两年的毛利可以达到 6M / 个，这时可以用 3 条生产线生产 Crystal，达到利润的最大化，后期 Crystal 的利润仍然保持在 4M 左右，而 Ruby 利润为 5M 左右，差距不是很大。此外，到后期生产 Crystal 的柔性线可转产其他产品，极大地增加了转产的机动性。总之，这种策略的优势概括起来就是全程保持较高的利润，无论战况如何都能处于比较有利的位置。

（2）劣势

这套策略虽然可以使经营趋于一种稳定的状态，但倘若想要有一番大的作为必须要尽可能地再添加几分筹码，比如后期扩张时多开几条 Sapphire 生产线。

（3）使用环境

当所有产品中的对手分布比较均衡时，或者 Beryl、Sapphire 市场过于拥挤时可以使用该策略。

### 3. 策略三：单一 Crystal 策略

Crystal 是一个低成本高利润的产品，前期倘若能卖出数量可观的 Crystal 产品必定能使企业腾飞。

（1）优势

投资纯 Crystal 产品所需成本仅为 4M，而 Crystal 产品利润均在 3.5M 以上，最高的第 3 年和第 4 年两年单个产品利润可以超过 5M，即便后期的第 5 年和第 6 年两年，Crystal 产品的利润也在 4M 以上，倘若可以在前期拿到足够的订单，企业可以迅速崛起。

（2）劣势

由于 Crystal 产品的利润相当高，觊觎这块肥肉的人自然不在少数，所以极有可能造成市场紧张，以致拿不到足够的订单，风险颇大。

（3）使用环境

Crystal 产品的市场不是很紧张或 Crystal 产品生产线占总体的 40%以下均可使用。

**4．策略四：单一 Ruby 产品策略**

该策略是一款堪称经典的策略。一方面，只研发 Ruby 产品的研发费用比较高，需要 12M；另一方面，第三年以后 Ruby 产品的市场颇为可观。

（1）优势

无论何种级别的比赛，Ruby 产品似乎都是“鸡肋”，表面上看来是“食之无味，弃之可惜”。但如果读者能够静下心来仔细揣摩参赛者的心理就可以明白，Ruby 产品前期不如 Crystal 产品的利润大，后期不如 Sapphire 产品的利润大，而且 Ruby 产品门槛不高，这都是 Ruby 产品的明显缺陷。正是这些缺陷才导致了 Ruby 产品不会过于显眼，竞争也不会过于激烈。所以使用单一 Ruby 产品策略往往可以起到规避风险的作用，大大降低市场广告费用的投放，也就是变相地提高了产品的利润。此外，Ruby 产品后期利润有所增加，市场很大，故而建成 8 条生产线也完全可以做大做强。

（2）劣势

因为 Ruby 产品的研发周期较长，所以在第 2 年卖不出多少，第 2 年真的要生产面临生产线维修等诸多问题。从第 3 年生产就会导致权益太低，前期被压制十分辛苦，心理压力会增大，一旦失手就会输掉比赛。因此，选择这套策略一定要沉着冷静，具备很高的心理素质。

（3）使用环境

在 Crystal 或者 Sapphire 被普遍看好的情况下，或参赛队生产 Ruby 总量不足需求量的 50%时，适合用该策略。

**5．策略五：单一 Sapphire 产品策略**

单一 Sapphire 产品策略绝对可以称为一个险招，所谓“不成功则成仁”。

（1）优势

该策略优势很明显，Sapphire 产品的利润巨大，每卖出一个产品都能获得比别人多 1M 以上的利润，1 条生产线可以多 4M，4 条就可以多 16M，8 条就是 32M。在比赛前期，16M 意味着什么?这意味着你可以多贷出 40M 的贷款，40M 的贷款就可以多建 3 条生产线，一般来说前期的 5M 差距到后期就可以扩大到 20M 以上，何况 16M。此外，Sapphire 产品还有一个优势，就是要进入这个市场比进入 Ruby 产品市场难多了，不仅多了 4M 研发费用，原料成本也是很大的，如果对手不在初期进入 Sapphire 市场，后期基本进不来，所以一旦前期确立了优势，那就意味着胜利到手了。此外，Sapphire 产品的单价极高，倘若比赛规则中有“市场老大”，则使用纯 Sapphire 产品的同学可以轻易地拿到“市场老大”，从而以最低的广告成本选择最优的订单。

（2）劣势

因为纯 Sapphire 产品的前期投入很大，有损所有者权益，所以往往要采用长期贷款策略，但这就背负上了很大的还款压力。而且 Sapphire 产品的市场容量较小，一旦前期对手较多则可能导致优势减弱或者全无，陷入苦战之中，结局就会很悲惨了。前期需要借长期贷款，对于初学者来说基本上要借出 150M，控制长期贷款的利息是很困难的，一定要小心谨慎。可以使用短期贷款，但操作中难度较大，不建议初学者使用。倘若竞争对手很多，一定要在市场上挤垮对手，因为 Sapphire 产品在前期市场比较紧，只要有一次接不到合适的单子基本就很难生存下去了，能坚持到最后的才是王者，所以，千万不要吝惜广告。

（3）使用环境

只要 Sapphire 产品市场不是很紧张就可以，Sapphire 产品生产线占总生产线数的25%以下就可放心使用。

#### 6. 策略六：Crystal +Sapphire 产品策略

这套策略可以视为保守的 Sapphire 产品策略，道理浅显易懂。

（1）优势

前期在 Sapphire 产品订单数不足时可以将一定的产能分散到 Crystal 产品的市场，保证了第二年的盈利，这样就可以解决纯 Sapphire 产品策略的长贷利息问题。使用短期贷款，第二年的利润就可以大大增加，以便提高扩建生产线的速度。此外 Crystal 产品、Sapphire 产品的搭配对于夺得“市场老大”也是很有优势的，两个产品进攻同一个市场，一般的对手谁能挡得住?

（2）劣势

前期研发费用有 16M，太高了，而且生产这两种产品的生产成本很高，资金流转速度太慢，需要较高的控制水平。

（3）使用环境

该策略适用于已有“市场老大”且 Sapphire 产品竞争对手较多时，当然也要根据市场环境适当进行调整，灵活把握，避免犯教条主义错误。

## 4.3 常见注意点

应该用一种战略的眼光去看待业务的决策和运营，我们要根据产品的需求预测做出正确而有效的企业运营决策，然后在资金预算允许的范围内，在合适的时间开发新产品，提高公司的市场地位，在此基础上，开发本地市场以外的其他新市场，进一步拓展市场领域，从而再扩大生产规模，采用现代化生产手段，努力提高生产效率。另外，每个人还要各尽其责，在必要的基础上，充分利用其他企业良好的人力资源，为企业进一步发展作铺垫，从而使企业获得更好的经济效益。

从小的方面来说，每组中必须指定一个人负责任务清单的核查。每步都需要团队中每个人集中精力去听、去做，不能出一点差错。否则会直接影响到本年的报表不平或是下一年的任务混乱。每年的企业运营过程中，以下几点须引起重视。

### 1. 广告

（1）每年年初打广告时，要注意在上年年末时特别注意一下留存的现金，要保证足以支付下年的广告费，如若不够，则要立即贴现，留够下年的广告费，再作报表。

（2）第一年投广告费时，一定要占领本地“市场老大”，在以后几年市场竞争激烈时，至少要保住一个“市场老大”。另外，如若没有二次加单，则营销总监只能根据市场预测一次性的投入广告费，这就从根本上给营销总监打广告增加了一定难度，需要更好地预测及推测市场情况。

（3）在接下来几年的运营中，广告费至关重要，一定不可马虎。只有广告打好了，才能保证拿好订单，否则，即使企业的生产能力再强，如果订单没拿够，那么生产出的产品在库存积压卖不出去就又成了问题，如果订单拿够，而产品不够，而应及时考虑到其他企业，也就是周围的人力资源，做彼此间的交易，如买订单，买产品等，以确保企业的正常运行与稳步发展。

### 2. 查看销售订单

（1）一定要认真，细心。分清订单的交货日期、个数以及应收账款期限。

（2）每种产品的直接成本一定要计算清楚，不能混淆。否则，将直接影响到计算毛利及净利润，从而影响报表的不平。

### 3. 有关长期贷款/短期贷款/高利贷

（1）如果企业在第一年的第一季度短贷，则要在第二年的第一季度还本付息。如果所有者权益允许，则还可续借短贷，但要支付利息。

（2）企业要充分利用短贷的灵活性，根据企业资金的需要，分期短贷，这样可以减轻企业的还款压力。

（3）不论长贷还是短贷，在每次还款时，都要先看贷款额度。

（4）申请贷款时，要注意一点：长贷+短贷<上年所有者权益×2。

### 4. 原材料入库及下原料订单

规则中规定：原材料采购需提前下达采购订单。而只要下了订单，都必须入库。所以采购经理和运营总监一定要根据 CEO 的决策提前预算出每季度每种材料下订单的个数及入库产品的种类和个数。

原材料达到一定数量可以缓交货款，这样实际上可以缓冲资金的压力。

**5．产品研发投资**

（1）一个好的企业不会局限于生产单一的产品，这样的企业是不会长久的。

（2）越是有实力的企业，它推出的产品在市场划分中就越细，而没有远见的企业一般只会去做一种产品，所以说在“产品研发投资”上，我们应在预算允许的前提下开发多种产品，从而提高企业的市场地位，为公司的长远发展做打算。

**6．折旧**

（1）当年新投资的机器设备当年不计提折旧。

（2）在计提折旧时，按设备购买价值的 1/5 计算。

（3）在会计最后一个年度，生产线可以在折旧前卖掉，这样少折旧可以避免权益的损失。

**7．财务预算**

“月初富二代，月末是乞丐”，指的是学生月初的生活费比较充裕，但是由于没有计划性消费，导致月末可能连基本的生活费都没有了。个人尚且需要有计划，企业更是需要有预算。盲目的开支，走一步算一步，这样的企业非常容易因为现金断流而破产。所以，沙盘竞赛财务预算显得尤为重要。

**8．失败乃成功之母**

中国有句古语叫“一将成名万骨枯”，这句话除了对战争残酷性的批判之外，还揭示了一个更加深刻的管理学问题，那就是完全依靠管理实践在实战中培养管理者，其代价是极其惨重的，任何组织和个人都难以承受如此巨大的培养成本。战场上的火线历练固然可以培养攻无不克的将军，大范围的岗位轮换也是培养经营型管理人才的有效方法，但这些方法同样会使组织付出高昂的培养成本，承受极大的失败风险。但是在沙盘模拟训练中，多犯错误收获更大。不管你犯了多少低级可笑的错误，暴露了多少自身存在的缺点，有多少决策和执行的失误，这些只能更有助于你在短期内很好地掌握竞技要点。与实战相比，模拟经营中那些痛苦的教训和失败的经历能令我们在特定的竞争环境下有更深切和具体的体会。

# 附录 A
# 学生沙盘实训报告展示 1

## 湖南电气职业技术学院经管系实训鉴定表

| 姓　　名 | 张　莉 | 班　　级 | 11 电会 01 |
|---|---|---|---|
| 实训时间 | 2013 年 6 月 16 日～2013 年 6 月 21 日 | | |
| 实训内容 | 企业经营沙盘模拟实训 | | |
| 实训地点 | 3 教学楼 303 企业经营沙盘实训室 | | |
| 指导老师 | 彭仁孚 | | |

在这为期一周的实训里，我深深地感觉到了公司经营的不易，特别是存在强大市场竞争中的企业，存亡往往就在一念之间，或许这一季度你还存活着，下一季度你就死无葬身之地。

首先介绍一下我们公司的基本情况。我们公司的名称是“爱 GO 有限责任公司”，公司主营 Beryl、Crystal 产品，我们公司秉着“义利并举，厚义薄利”的理念，大胆决策，勇于创新。我们公司的口号是“快乐购物，快乐到家”。我们公司领导层有八名主要的高层领导人，分别是：张莉担任 CEO，CFO 为易佳，COO 为曾辉，CPO 为阳柳，CMO 为杨名，CIO 为易玲，CHO 为姚倩，ACFO 为杨丹丹。我们八位成员充分合作、各尽所能，合力完成了为期六年的经营任务，体会到了企业经营中的复杂与艰辛。现将公司六年经营状况总结如下。

**一、公司运营概况**

1．第 1 年，激进开端，奠定全局。

第一次接触企业沙盘，受到实际情况的限制，我们没有其他市场的准入证，其他产品在第 1 年也暂时研发不出来，我们只能把广告重点放在本地 Beryl 产品上。但因为对市场了解得不够透彻，我们只投了 3 百万的广告费，没能取得 Beryl 产品的标王，且拿到了一张 Beryl 产品订单，导致 Beryl 产品大量库存。但是这一年里，我们建设了 1 条全自动生产线，为第 2 年 Crystal 的生产奠定了基础。年底我们商量第 2 年的广告投入量以及生产和建设估算可用资金。

2．第2年，按部就班，保守发展。

由于我们上一年费用支出很高，资金相对来说比较短缺，这一年我们的广告费支出相对较大，在生产线上的建设放慢了节奏。我们很好地利用银行贷款，继续进行ISO的一个认证投资。我们的企业进入了正常的运营轨道。

3．第3年，风起云涌，危机四伏。

前两年我们在所有小组中相对来说比较低调，但是我们默默地积累实力，在区域市场订单的占有量保持我们的优势。这一年我们花费了较多的广告支出，并拿下了较多的订单，继续保持了生产线的投入。就在我们继续在本地市场老大的地位欢悦时，一个严峻的问题出现在了我们面前。我们发现我们的资金非常紧张，虽然我们有足够的生产线生产我们的产品以完成订单，但我们仅有刚刚好的资金去完成这些订单的生产和企业的基本开销。还有较长的账期才能有新的资金收入。如果我们继续生产完成订单，到了年底我们将会遇到没有充足的资金去准备下一年的广告费，从而陷入下一年拿不到订单和销售大幅下降的窘境；如果我们预留资金，不去生产产品完成订单，我们就将受到规则上的处罚，这真是个两难的境地。拿着一把订单，又让我想到了“鸡肋”。

4．第4年，山重水复，柳暗花明。

由于上一年我们的问题没有得到有效的解决，我们的资金相对来说较紧张。因为本地市场Beryl产品市场平均价格有明显下降，在计算原料价、广告费用与其他费用后，所得利润不大，经过团队集体商议，最终决定放弃Beryl，转产为Crystal产品。此后，Crystal成了我们的主打产品。接下来就是商议广告费用，由于上年年末交还了短期贷款，所剩余额不多，于是在广告投入方面没法做到最高者，又经一番商议后决定采取用最低费用接单。由于生产线和ISO 9000认证已经顺利开发，加上Beryl还存有少量库存，这使得这一年的订单量还是很充足。在拿到订单后，我们抓紧了对Crystal产品的生产，采购、生产、销售等环节依次正常运行，并偿还了一系列款项，公司终于不是亏损。

5．第5年，步步为营，突遇萧何。

企业的发展遇到了瓶颈，本地销售收入名列前茅，所以我的决策是：步步为营，稳定发展，向其他市场扩大冲击力度。就在我们以高额广告费砸向市场时，我们遇到了真正的对手。E小组在这次广告费投入得非常多。我们在选择订单的时候出现了失误，导致我们在本地市场中销售收入大度下跌。再加上资金周转不灵，企业又陷入危机。

6．第6年：龙头开端，意外结尾。

年初我们投放了适量的广告费，并且拿到了足够的订单，确保了我们的资金能够有充足的周转力度。由于我们有全自动生产线，第三期开始我们已完成所有订单，换回了盆满钵满的应收账款。但由于负债累累，我们只好把大厂房、生产线变卖套现，使得所有者权益大幅下降。之后我们细心盘点，制作报表，结果虽然不尽如人意，但我们充实、快乐、有收获！

**二、企业年报分析**

1．净资产收益率分析

净资产收益率亦称所有者权益报酬率或股东权益报酬率，它是企业利润净额与平均所有者权益之比，该指标表明了企业所有者获得的投资收益。

| | 第 1 年 | 第 2 年 | 第 3 年 | 第 4 年 | 第 5 年 | 第 6 年 |
|---|---|---|---|---|---|---|
| 净利润 | −20 | −7 | −4 | 2 | −11 | 2 |
| 所有者权益 | 46 | 39 | 35 | 37 | 26 | 28 |
| 净资产收益率（%） | −35.71 | −16.47 | −10.81 | 5.56 | −34.92 | 7.41 |

分析：从上表中我们可以看出，本公司的净资产收益率总体上处于下降的趋势，尽管在第 4 年、第 6 年有增长趋势。其上升的原因在于税后净利润达到五年中的最高点，而其他四年都很低，这说明本公司在经营管理方面存在问题。

2．销售净利率分析

销售净利率是指企业的净利润与当期的销售收入之比，它是获利能力的代表性财务指标，用于衡量企业一定时期的销售收入获取利润的能力。该指标植越高说明企业的销售获利能力越强。

| | 第 1 年 | 第 2 年 | 第 3 年 | 第 4 年 | 第 5 年 | 第 6 年 |
|---|---|---|---|---|---|---|
| 净利润 | −20 | −7 | −4 | 2 | −11 | 2 |
| 销售收入 | 11 | 44 | 55 | 50 | 36 | 32 |
| 销售净利润（%） | −181.82 | −15.91 | −7.27 | 4 | −30.56 | 6.25 |

分析：由上表可知，该公司的销售净利率指标值在前四年保持上升的趋势，在第 4 年达到最高点，第 5 年呈现出较大幅度的下降。此外，净利润除第 4 年、第 6 年外都是负数，而且销售收入的趋势跟净利润趋势基本一致，两者之比致使销售净利率逐年下降。

3．资产净利率分析

资产净利率是衡量一个企业总资产获利能力的指标，它等于净利润与资产平均总额之比，两者对资产净利率均产生重要影响。下面将对其进行分析。

| | 第 1 年 | 第 2 年 | 第 3 年 | 第 4 年 | 第 5 年 | 第 6 年 |
|---|---|---|---|---|---|---|
| 净利润 | −20 | −7 | −4 | 2 | −11 | 2 |
| 资产总额 | 106 | 109 | 85 | 117 | 86 | 28 |
| 平均资产总额 | 107 | 107.5 | 97 | 101 | 101.5 | 57 |
| 资产净利率（%） | −18.69 | −6.51 | −4.12 | 1.98 | −10.83 | 3.51 |

分析：由上表可知，资产净利率总体处于上升的趋势，销售总额过低或者成本总额过大造成净利润少，随之造成资产净利率低。

**三、总结与反思**

第一：决策失误。广告费用的投入是非常重要的。但我觉得这次我们的广告费用投入太缺乏理智了，而且很局限。还有第 1 年、第 2 年不会看各年对市场各种产品的需求量及价格波动图，到第 3 年才知道它的重要性。等于一开始我们就在盲目经营。

第二：对规则不够熟悉。在我们自己动手实训操作前老师带着我们将实训的有关规则和事项了解了一遍，但事后我们组成员基本上就没有再对这些规则进行认真地研究，导致了问题的出现：季度不能贷长款、货交不上必须罚款、借高利贷要罚款，还有一点，我们的厂房在最后一年为了还债也变卖了，却不知厂房可以帮我们加分。

第三：分工合作的重要性。在这次实训中，我们组没有很好地分工合作。在工作期间出现过越权的现象，这样会造成工作程序的紊乱，容易出错，同时决策也容易出现失误。如几次的账不平都和分工不明确有很大的关系。

第四：认真、细心是重点。账不平是我们实训中遇到的棘手问题，第一次不平因为费用计算错误，第二次不平因为材料的成本计算错误。每次都在老师的指导下才找出问题的所在。这些都是不应该犯的错误，却因不细心让这不应该成了常犯。

**四、对日后工作、学习的启示**

1．我发现自己的知识面不够广。实践的结果证明走马观花般地了解 EPR 的各方面是不够的，以至在运作中失利。我今后一定会更加广泛地阅读和搜集，吸取别人的经验，开阔眼界、增长见识。

2．我深刻地感觉到过于零散的知识块不能在决策中起到指导作用。今后我们还应该加强学习，注重知识间的连通，使知识成为一个体系。这样才能使我们在今后的学习工作中发挥得游刃有余。

3．经验很重要，但过于相信经验往往会害死你；经验是一定要参考的，但应该根据实际灵活地运用。经验是一把双刃剑，对它爱恨要分清，这一点在今后的学习、工作中要多多注意。

4．凡事应认真对待，一旦认真对待了就要不离不弃，毫无怨言地做到最好，更不应该半途而废。

5．关注很多很多的细节及时纠正小错误，无论在生活还是工作中都一样。事实告诉我们，再小的一个错误都有可能无限放大。

游戏就是生活，每个人应做好自己的人生规划，不要走一步算一步，做好每一天，

<table>
<tr><td colspan="2">为以后的成功铺下基石。机会总是留给有准备的人的。同时感谢企业沙盘模拟使我收获了这么多，感谢亲爱的老师对我们悉心的指导。<br>签名：张莉</td></tr>
<tr><td rowspan="2">实训鉴定评语<br>实训报告表述条理清晰，语言精练，层次鲜明，对每年度的财务分析较为全面，综合评价优。</td><td>综合成绩：优</td></tr>
<tr><td>指导老师签名：<br>彭仁孚<br>2013年6月25日</td></tr>
</table>

# 附录 B
# 学生沙盘实训报告展示 2

## 湖南电气职业技术学院经管系实训鉴定表

| 姓　　名 | 文　赛 | 班　级 | 12 电商 01 |
|---|---|---|---|
| 实训时间 | 2014 年 2 月 19 日～2014 年 2 月 28 日 | | |
| 实训内容 | 企业经营沙盘模拟实战演练 | | |
| 实训地点 | 3 教学楼 305 企业经营沙盘实训室 | | |
| 指导老师 | 彭仁孚 | | |

**一、前言**

大二第二学期刚开学，我们电子商务专业的同学就迎来了第一次实训。这个实训由我们的彭仁孚老师指导，在学校经管系综合实验楼的企业经营沙盘实训室里进行。从 2 月 19 日开始，我们就对这个名为“企业经营管理沙盘模拟对抗”的实训，展开了为期两周的沙盘模拟系统对抗赛。整个实训，我们都是在紧张和兴奋中度过的，让我们感受到了经营的风险和艰辛。

企业经营管理沙盘的设计借鉴了军事沙盘、建筑模型等其他沙盘的优势，将一个企业的运营关键环节——战略规划、资金筹集、市场营销、产品研发、生产组织、物资采购、设备投资与改造、财务核算与管理等几个部分设计为沙盘的主要内容，将理论知识与实践相结合，让我们将企业管理的知识运用到实践中。企业结构和管理的操作全部展示在模拟沙盘上，让我们都能直接参与模拟企业的运作，从中体验复杂、抽象的经营管理理论。

**二、实训过程**

开始一周，我们对企业沙盘模拟实训进行了预演，为下周真正实训奠定了基础。首先，我们班分成了 8 组，每组 5～6 人，各组成员分总经理、财务总监、生产总监、采购总监、研发总监和销售总监。而我被分在第三组 C 组，我们组叫“腾飞股份有限公司”，我担任了 C 组总经理的角色；财务总监是胡丽梅；生产总监是李灿；营销总监是张奇星；采购总监是邓思。老师说现在我们不是同学关系，而是同事关系，是一个新组建的团队。第一天上午老师先给我们讲解了沙盘的规则以及一些操作，还让我们熟悉了电脑操作的流程，老师让我们在做营销策划的时候一定要看好市场的容量需求，还要做好市场的开拓，尤其要做好整年的计划。

开始时，8 个小组的资产规模、生产能力、市场占有、资金状况等方面都是一样的，这体现了竞争的平等性。在熟悉了每个职位应该做的事情之后，我们公司很积极地展开了我们的讨论，规划了我们前两年的经营策略，构建长远的企业经营战略思维模式。第一周的练习我们主打 Ruby 产品，开发区域、国内和亚洲三个区域。但是到第 5 年，我们由于还不起贷款和高利贷而不幸破产，成为了我们班第一个破产的小组。后来我们为了在第二周真正比赛的时候不会破产，我们吸取教训，总结经验。我们的失误总结起来主要有以下几点。

（1）没有分析好市场容量需求，导致广告费白投，生产的产品卖不出去，囤积在仓库。

（2）最开始贷款贷少了，这就导致了当其他组都在努力地开发生产线的时候，我们组却苦于资金匮乏而无法开发，彻底打乱了我们组的既定路线，使得我们在以后的几年经营中很是被动。

（3）决策失误，抢订单没有抢好。

（4）不该借高利贷。

（5）区域开拓没有与市场容量相匹配。

（6）贷款不要一次贷太多。

（7）生产线的建设要和产品相关。

第二周开始真正的比赛了，我们总结上次的经验教训，决定这次主打产品还是 Ruby，因为我们调研发现很多组主打产品都是 Crystal，而我们就不要和他们一样，就要特别一点。我们开发区域和亚洲两个区域，因为我们发现 Ruby 的国内容量很少。第 0 年，我们这次一开始就换了一条全自动生产线和半自动生产线。Ruby 产品研发需要一年半才能研发好，亚洲区域需要三年才能开发完成。所以我们从第 0 年开始就研发 Ruby 和开发区域和亚洲区域。生产线到第 1 年才能建设完全，第 2 年才能真正投入使用。而 Ruby 在第 1 年就能开发完成，亚洲区域到第 2 年就能开发完毕。所以我们在第 1 年就能抢 Ruby 的订单了，就有钱赚了。年末的时候，考虑到下一年所需的资金，我们贷款了三千万。前三年，是黎明前的黑暗，只有度过这三年，才能看到以后的日出。

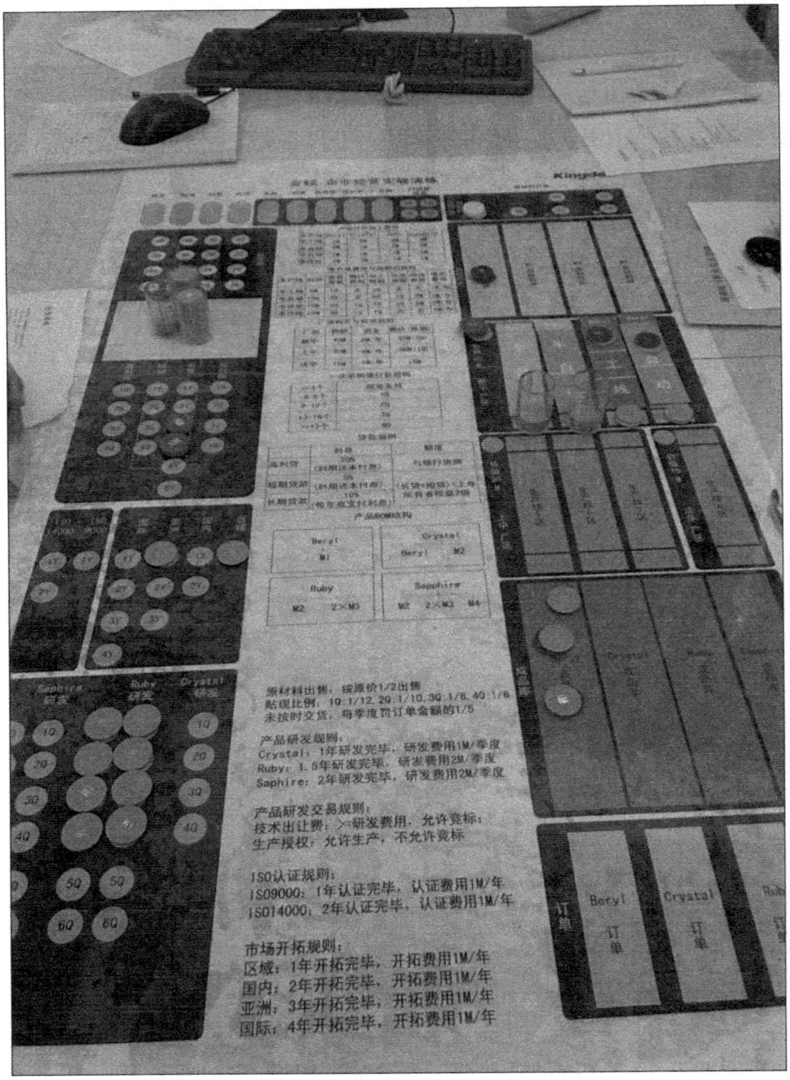


第 1 年，我们公司 Ruby 研发完成，两条生产线也建设完成。年末的时候考虑到第 2 年还要卖原材料，所以又贷款了两千万。这一年我们公司有个失误就是原料订单没有及时更新，导致罚款五百万，还好没有造成大的损失。我们吸取了这次的教训，以后都要记得及时更新下原料订单。

**总部资产负债表**

| 资　　产 | 年初数 | 期末数 | 负债及所有者权益 | 年初数 | 期末数 |
|---|---|---|---|---|---|
| 流动资产： | | | 负债： | | |
| 现金 | 46 | 23 | 短期负债 | 0 | 0 |

续表

| | | | | | |
|---|---|---|---|---|---|
| 应收账款 | 0 | 11 | 应付账款 | 0 | 0 |
| 原材料 | 3 | 4 | 应交税金 | 1 | 0 |
| 产成品 | 6 | 6 | 长期负债 | 50 | 70 |
| 在制品 | 4 | 4 | | | |
| 流动资产合计 | 59 | 48 | 负债合计 | 51 | 70 |
| 固定资产： | | | 所有者权益： | | |
| 土地建筑原价 | 40 | 40 | 股东资本 | 50 | 50 |
| 设备净值 | 14 | 26 | 以前年度利润 | 11 | 12 |
| 在建工程 | 0 | | 当年净利润 | 1 | –18 |
| 固定资产合计 | 54 | 66 | 所有者权益合计 | 62 | 44 |
| 资产总计 | 113 | 114 | 权益总计 | 113 | 114 |

这时我们的所有者权益只有44了，第2年不能再贷款了，所以下一年我们必须要有好的订单，能够有钱进来，不然我们就很危险，所以我们下一年就要投好广告费，抢好的订单。

第2年，我们出了一个重大失误，那就是错失了抢订单的机会，不仅白白损失了广告费，还使得Ruby在今年只有我们公司抢订单的时候没有抢，下一年就要和其他公司竞争，要多加广告费。不过庆幸的是，Beryl都卖出去了，还是有钱能进行下一年公司的运作。因为第4年ISO认证要完成，所以从今年起要开始ISO认证了。

**总部资产负债表**

| 资　　产 | 年初数 | 期末数 | 负债及所有者权益 | 年初数 | 期末数 |
|---|---|---|---|---|---|
| 流动资产： | | | 负债： | | |
| 现金 | 23 | 4 | 短期负债 | 0 | 0 |
| 应收账款 | 11 | 10 | 应付账款 | 0 | 0 |
| 原材料 | 4 | 10 | 应交税金 | 0 | 0 |
| 产成品 | 6 | 9 | 长期负债 | 70 | 70 |
| 在制品 | 4 | 9 | | | |
| 流动资产合计 | 48 | 42 | 负债合计 | 70 | 70 |
| 固定资产： | | | 所有者权益： | | |
| 土地建筑原价 | 40 | 40 | 股东资本 | 50 | 50 |
| 设备净值 | 26 | 23 | 以前年度利润 | 12 | –6 |
| 在建工程 | 0 | | 当年净利润 | –18 | –9 |
| 固定资产合计 | 66 | 63 | 所有者权益合计 | 44 | 35 |
| 资产总计 | 114 | 105 | 权益总计 | 114 | 105 |

第3年，正如老师所说的那样，是黎明的开始。我们公司开始有一些盈利，ISO 9000和ISO 14000也都认证完成，其他一切都按计划进行得很好。

| 管理费用明细表（百万） | | 总部损益表（百万） | | |
|---|---|---|---|---|
| 项　目 | 金　融 | 项　目 | 去　年 | 今　年 |
| 行政管理费 | 4 | 一、销售收入 | 25 | 28 |
| 广告费 | 3 | 减：成本 | 10 | 10 |
| 设备维护费 | 4 | 二、毛利 | 15 | 18 |
| 设备改造费 | 0 | 减：综合费用 | 14 | 13 |
| 租金 | 0 | 折旧 | 3 | 3 |
| 产品研发 | 0 | 财务净损益 | 7 | 8 |
| 市场开拓 | 0 | 三、营业利润 | −9 | −6 |
| ISO 认证 | 2 | 加：营业外净收益 | 0 | |
| 其他 | | 四、利润总额 | −9 | −6 |
| 合计 | 13 | 减：所得税 | 0 | 0 |
| | | 五、净利润 | −9 | −6 |

第 4 年，开始可以抢亚洲区域的订单了，而只有我们公司开发完成了，所以我们可以不要急了。所以我们以适当的广告投放额获取了在生产能力范围内的最大订单，每个组员都兴奋得不得了。我们也在这一年实现了真正的盈利，所有者权益一下就提高到了 64，所以我们就还清了两个贷款。这一年也可以说是我们的逆转年。

**总部资产负债表**

| 资　产 | 年初数 | 期末数 | 负债及所有者权益 | 年初数 | 期末数 |
|---|---|---|---|---|---|
| 流动资产： | | | 负债： | | |
| 现金 | 14 | 25 | 短期负债 | 20 | 0 |
| 应收账款 | 0 | 0 | 应付账款 | 0 | 0 |
| 原材料 | 7 | 8 | 应交税金 | 0 | 1 |
| 产成品 | 10 | 4 | 长期负债 | 50 | 0 |
| 在制品 | 8 | 13 | | | |
| 流动资产合计 | 39 | 50 | 负债合计 | 70 | 41 |
| 固定资产： | | | 所有者权益： | | |
| 土地建筑原价 | 40 | 40 | 股东资本 | 50 | 50 |
| 设备净值 | 20 | 15 | 以前年度利润 | −15 | −21 |
| 在建工程 | 0 | 0 | 当年净利润 | −6 | 35 |
| 固定资产合计 | 60 | 55 | 所有者权益合计 | 29 | 64 |
| 资产总计 | 99 | 105 | 权益总计 | 99 | 105 |

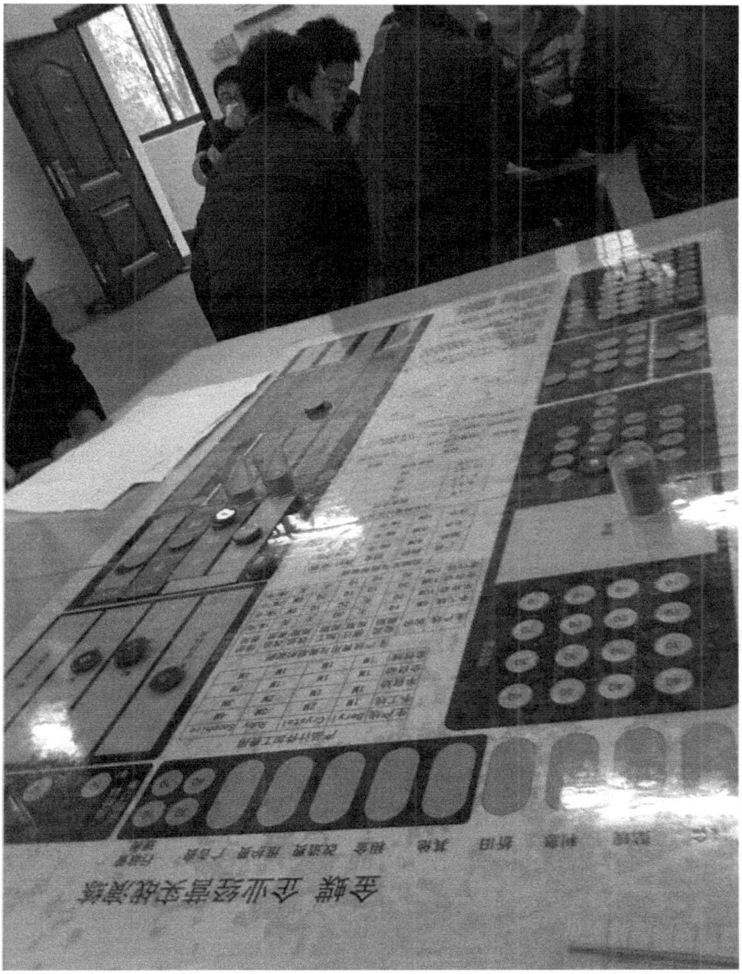

第5年，是我们赚得最多的一年。因为订单抢得好，成品仓库里没有留货。证明我们计划决策做得好。但是我们今年有个失误就是没有及时下原料订单，导致生产有点跟不上进度。所以我们吸取教训要及时下好原料订单。

| 管理费用明细表（百万） | | 总部损益表（百万） | | |
|---|---|---|---|---|
| 项　目 | 金　额 | 项　目 | 去　年 | 今　年 |
| 行政管理费 | 4 | 一、销售收入 | 94 | 104 |
| 广告费 | 5 | 减：成本 | 33 | 36 |
| 设备维护费 | 5 | 二、毛利 | 61 | 68 |
| 设备改造费 | 0 | 减：综合费用 | 14 | 14 |
| 租金 | 0 | 折旧 | 5 | 5 |
| 产品研发 | 0 | 财务净损益 | 6 | 4 |

续表

| 管理费用明细表（百万） | | 总部损益表（百万） | | |
|---|---|---|---|---|
| 项　　目 | 金　　额 | 项　　目 | 去　　年 | 今　　年 |
| 市场开拓 | 0 | 三、营业利润 | 36 | 45 |
| ISO 认证 | 0 | 加：营业外净收益 | 0 | |
| 其他 | | 四、利润总额 | 36 | 45 |
| 合计 | 14 | 减：所得税 | 1 | 11 |
| | | 五、净利润 | 35 | 34 |

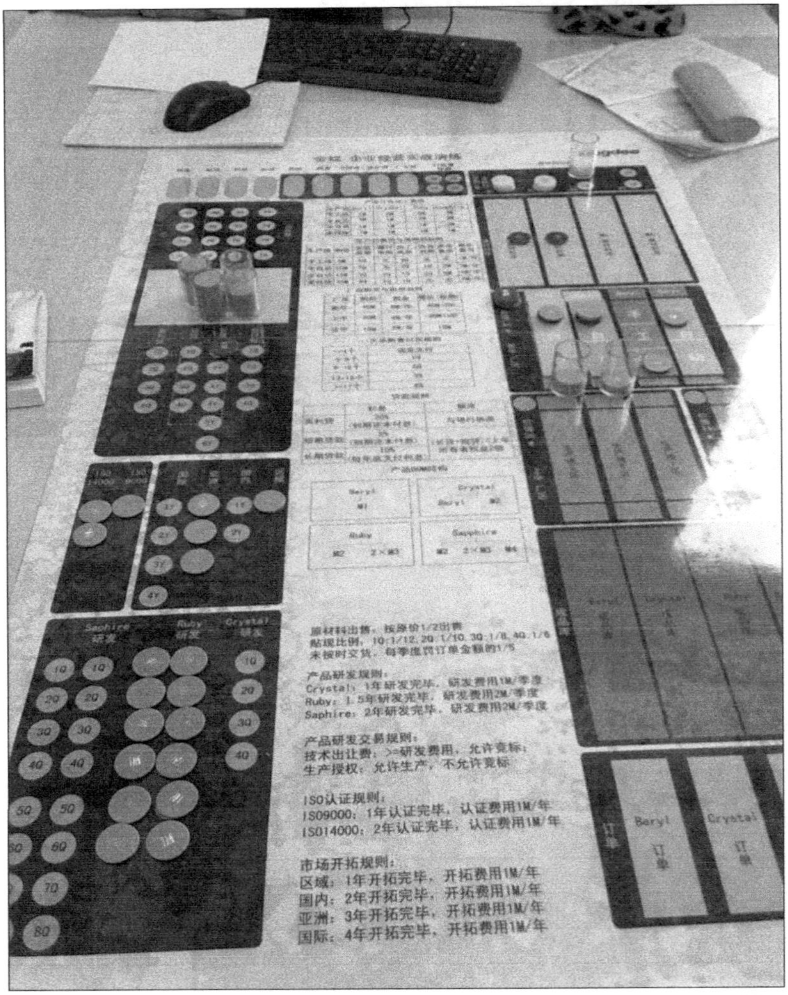


最后一年，我们继续盈利，而且把贷款全部交清。所有者权益达到了 120。这一年是过得最轻松的一年，在没有任何压力的情况下我们提前完成了任务，顺利完成了本次的实训。

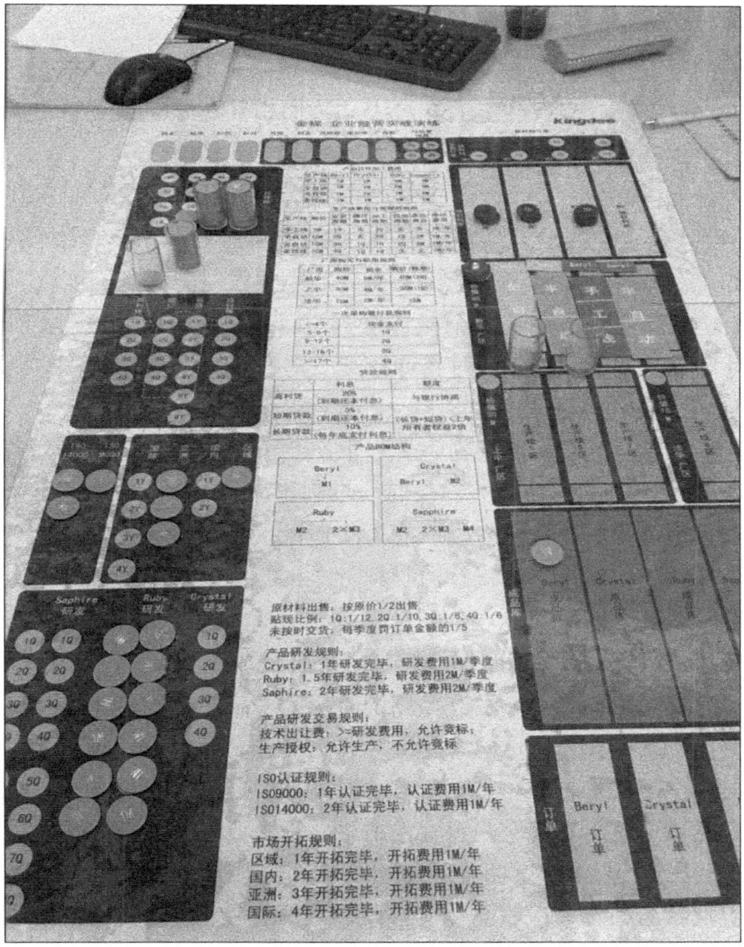


| | | | | | |
|---|---|---|---|---|---|
| 流动资产： | | | 负债： | | |
| 现金 | 64 | 22 | 短期负债 | 0 | 0 |
| 应收账款 | 0 | 43 | 应付账款 | 0 | 0 |
| 原材料 | 2 | 15 | 应交税金 | 11 | 7 |
| 产成品 | 0 | 2 | 长期负债 | 20 | 0 |
| 在制品 | 13 | 0 | | | |
| 流动资产合计 | 79 | 82 | 负债合计 | 31 | 7 |
| 固定资产： | | | 所有者权益： | | |
| 土地建筑原价 | 40 | 40 | 股东资本 | 50 | 50 |
| 设备净值 | 10 | 5 | 以前年度利润 | 14 | 48 |
| 在建工程 | 0 | | 当年净利润 | 34 | 22 |
| 固定资产合计 | 50 | 45 | 所有者权益合计 | 98 | 120 |
| 资产总计 | 129 | 127 | 权益总计 | 129 | 127 |

三、实训总结

为期两周的沙盘模拟对抗演习，虽然我们不是最后的胜利者，但是，有开心，有郁闷，有感悟，有收获。在和队友的交流中，我们相互切磋、相互学习，学到了许多在书本上不曾学到的东西。

原本以为企业战略仅仅是一个企业的领导者制定的企业发展方向。而通过这次的实训，让我懂得一个企业的经营战略以及其战略思维是应该建立在全体组织成员的意识和行动上的，就是要从整体上来思考问题，而不仅仅是只考虑自身部门的问题。另外，一个企业建立企业的战略是一个相当重要的问题，是要有远见，要对企业的未来有规划，不可只看当期的发展，要对企业持续发展和长期利益进行深刻的考虑，否则是很容易导致难以经营甚至破产。

通过这次模拟沙盘实训，我深刻体会到生产制造型企业的运转流程。营销、生产、采购、财务，环环紧扣，息息相关，任何一步都不能出差错。了解各个模块的过程，生产的计划根据市场订单，又要与生产能力相适应，主要还是把握好生产能力与市场供需的平衡。生产计划安排好后进行原材料计划的预算。要时刻计算现金的流动。在财务方面，经常要感受短期贷款、应付账款、账期、贴现等带来的压力。

从我们公司的经营来看，有两个地方要特别注意。

一是生产预算和原料预算。生产预算同时影响着订单选择和生产原料的预购。我们就试过，没有严谨计算分析这两个预算项目的时候，导致接单失误、原料订购浪费或不足。原料订少了直接导致生产线停产；原料订多了可能导致资金周转问题。

二是企业的流通资金。资金是企业的血液，是企业任何活动的支撑，必要的流通资金是必需的。在沙盘模拟中，我们的企业都是尚未上市的公司，因此其融资渠道只能是向银行借款、高利贷和应收账款、贴现。经营企业的过程中，由于经常要贷款，所以在贷款之前更要充分地考虑能流通够偿还的资金是多少、到了还款期限是否能够还清。还有就是各种综合费用的预算也要在流通资金中扣除。流通资金是否足够，在企业经营中是很重要很关键的。我们经营的企业就曾因为忽略这个问题，盲目投资扩产，到还贷的时候才发现资金不够。那次失误，不仅导致生产的中断，而且直接造成我们企业的破产。企业的现金流是不能断的，因为这是控制我们能不能继续做下去的决定性因素。

而作为一个公司的 CEO，我的责任集聚了其他总监的全部决策权，一旦决策失误，则导致 6 年的经营失败。还要能够统筹全局，有长远眼光，可以保证企业长远发展。而且，我还要使本组人全部融入工作中去，以此协调彼此的工作顺利进行。我们不能忘记相互的依靠，彼此的协调。因为一个企业的成功，团队合作是最为重要的一个因素。市场的预测是相当有风险的，当然如果你的市场预测是正确的，而其他的方面跟不上去，沙盘的模拟也就有危险了。例如，很多时候，我们在财务方面与生产的配套是跟不上去的，因为在每个季度及年末的时候，我们得到的销售额都小于财政支出，所以只有去“贷款”了。所以在整个沙盘模拟中，重要的是团体的参与与合作，离开了团体的合作，企业也就会成为真正的“沙盘”了。

我在我们公司的管理方式如下。

**一、人力资源合理配置——让合适的人做合适的工作**

我始终坚信“没有做不好的工作，只有不用心去做的工作”。如何让我们组的成员都能够用心去做好他们的工作，是我成为 CEO 后所考虑的第一个问题。要让大家都用心去做工作，就必须安排他们各自适合的工作。财务总监我选择心思细腻、工作严谨，并且具有统筹规划能力的胡丽梅同学担任；销售总监我选择思维敏锐、善于社交的张奇星同学担任；生产总监我选择工作一丝不苟的李灿同学担任；采购总监我选择工作认真负责的邓思同学担任。随着大家对规则逐渐了解，参与热情也日益高涨，所有成员团结互助，呈现出良好的团队风貌。

**二、全员参与决策，发挥每个人的主观能动性**

每个人都是企业的主人。我努力使每个人都最大限度地发挥主观能动性，参与我们虚拟公司的各项决策，从一开始大家对规则不熟悉到后来的轻车熟路，我都坚持让所有成员大胆提议、大胆决策、大胆操作，因为只有在实践中，才能更快速地学习，更全面地认识，更熟练地掌握。

**三、学习第一，成败第二**

沙盘实训归根结底是管理学课程的一部分，模拟的企业运营及市场竞争并不可能很真实。我组在实训过程中坚持“学习第一，成败第二”的原则，不论成绩如何，大家都主动参与、主动操作、大胆尝试、大胆行动，虽然在这个过程中我们出现了很多错误，但是我们学习的热情是不容否定的，我组成员工作的激情是不容否定的，我们所学到的知识也是不可估量的。

纵观整个沙盘模拟，我发现了几点是需要我们注意的：

（1）市场的预测。在整个企业生产中，我们要做到的就是尽量地让企业生产更多的产品、卖更多的产品、赚更多的利润。因此，在沙盘模拟中对市场进行预测是很重要的，并且有一点更为重要的是——企业的生产也是由市场预测来决定的。企业是否需要调整生产线，是否需要购买或租赁厂房，企业该生产哪种产品，这都是需要根据市场预测做出决定的。

（2）流通资金。经营一个企业，我们希望的是让它能够长久地经营下去，因此，必要的流通资金是必要的，特别是在一些特殊的时候。在我们企业的经营中，就曾出现过流通资金不足的情况，只好拿应收款去兑换，结果我们付出的代价是每 12M 就要失去 1M，这是慢性自杀的行为。在经营企业的过程中，我们由于经常要贷款，所以在贷款之前更要充分地考虑能够流通的资金是多少、到了还款期限是否能够还清，

<table>
<tr><td colspan="2">
而且各种综合费用的预算也要在流通资金中扣除。总体而言，流通资金的足够与否，在企业经营中是至关重要的。如果不够的话，可能会导致生产的中断，从而导致企业的破产。<br>
（3）广告的效益。广告投入量的多少，决定了每年你是否能拿到订单。在企业沙盘中，订单是企业生存的命脉。没有合理的订单投入再好的规划都是空的。在投入广告时，需要商业间谍去调查竞争对手的情况。如果能事先得知其他公司的广告投入额，我们就可以根据他们的广告投入，来合理确定我们的广告投入，从而进一步降低成本。就能做到投入最少的广告，获得最大的效益。<br>
最后尽管我们组的排名不是太好，成绩不是很理想，但这并不重要，主要的是我们能在这次实训中学到什么，这才应该是我们的目的所在，也是本实训课开设的目的所在。做什么事情之前都应该有个计划，有个预算，也许在运作的时候会出现什么意想不到的情况。虽说“计划赶不上变化”，但是制订计划是相当重要的，有了计划一旦出现一些状况，也不至于乱了阵脚，无从着手。我想这是企业管理者在经营企业的时候很重要的一环。<br>
自从完成了实际操作后，我深深地体会到，要经营企业并不是想象中的那么简单。实训虽然只进行了两周，但我仿佛真实地经历了六年的企业运行。在此过程中，要考虑很多的事情，特别是 CEO，作为一名企业的决策者，很可能一个计划没做好就将面临非常大的困难。在做每一个决定的时候，我们一定要进行充分详细的调查分析，而不能凭主观臆断来盲目指示。学无止境，我们除了做好本职工作，还要提高自身的素质，这就要求我们不断地补充新知识和新技能，企业管理沙盘模拟培训就是给我们提供的一个很好的机会。<br>
同时，我认为多犯错误收获更大。不管你犯了多么低级可笑的错误，暴露了多少自身存在的缺点，有多少决策和执行的失误，组员们都会细心地帮你解决掉，总比以后走上工作岗位以后才发现要好得多。通过这次沙盘模拟，我们更深切并且具体地体会到了一家企业经营过程中比较容易出现的问题，我想这对于我们以后的工作或是创业应该会有不少的帮助。希望还能有机会模拟，相信到时的经营状况会大不一样的。<br>
感激老师和学校给予我们这次锻炼的机会，希望我们在以后能够更多地参与这样的活动，锻炼自己，成长自己，充实自己。<br>
签名：文骞<br>
2014 年 3 月 3 日
</td></tr>
<tr><td rowspan="2">实训鉴定评语<br>条理清晰，有图有真相，结构合理，层次鲜明，表达较为流畅，反映出真实操作中的感受，综合评价优。</td><td>综合成绩：优</td></tr>
<tr><td>指导老师签名：彭仁孚<br>2014 年 3 月 5 日</td></tr>
</table>

# 参考文献


[1] 吴雪贤．企业经营管理沙盘模拟实训教程．北京：北京师范大学出版社，2014．

[2] 吴崑．企业管理实务．北京：高等教育出版社，2007．

[3] 刘明珠．管理学．北京：北京大学出版社，2003．

[4] 斯蒂芬·P·罗宾斯著．管理学．第七版．北京：中国人民大学出版社，2004．

[5] 于兆河，李艳杰．企业经营沙盘模拟．北京：科学出版社，2011．

[6] 王宝双．ERP 沙盘模拟实训指导．北京：中国铁道出版社，2012．

[7] 张星．企业经营决策仿真实训教程．北京：电子工业出版社，2011．

[8] 陶正，王娟．企业经营沙盘实训教程．北京：中国纺织出版社，2014．

[9] 周三多．管理学原理．南京：南京大学出版社，2009．

[10]中国电子商务研究中心：http://www.100ec.cn/.

[11]金蝶公司工业企业沙盘经营比赛规则．

# 反侵权盗版声明